Innovationen managen
in Hotellerie und Gastronomie

Burkhard von Freyberg • Axel Gruner • Laura Schmidt

Innovationen managen
in Hotellerie und Gastronomie

MATTHAES VERLAG GMBH
Ein Unternehmen der dfv Mediengruppe

INHALT

12	**1 INNOVATION VERSTEHEN**
	1.1 Unerlässlichkeit und bedeutende Auslöser von Innovationen
31	1.2 Aktuelle Tragweite des Innovationsmanagements in der Hospitality-Industrie
34	1.3 Der Begriff des Innovationsmanagements
48	1.4 Wie Herausforderungen bei der Innovationstätigkeit zu meistern sind
60	**2 INNOVATION PLANEN**
	2.1 Obligatorisches Grundwissen
73	2.2 Die Innovationsstrategie als Weg zum Innovationserfolg
82	2.3 Erfolgsfaktor Mitarbeiter
94	**3 INNOVATION ENTWICKELN**
	3.1 Einen individuellen Innovationsprozess gestalten und verfolgen
103	3.2 Systematisch neue Ideen gewinnen
129	3.3 Gewonnene Ideen bewerten, auswählen und testen
142	**4 INNOVATION UMSETZEN**
144	4.1 Letzter Halt: Markterfolg – einen innovationsspezifischen Umsetzungsplan entwickeln und einhalten
148	4.2 Tue Innovatives und sprich darüber
160	4.3 Der Gefahr von Imitationen begegnen
163	4.4 Ideen mithilfe von professionellen Innovationsworkshops erfolgreich umsetzen
182	**5 INNOVATION STEUERN UND EVALUIEREN – INNOVATIONSCONTROLLING**
	5.1 Grundlagen und Instrumente der kontinuierlichen Prozesssteuerung
188	5.2 Grundlagen und Dimensionen der abschließenden Erfolgskontrolle
196	**6 VON ERFOLGREICHEN INNOVATOREN LERNEN**
197	6.1 Product
206	6.2 Price
213	6.3 Place
216	6.4 Promotion
221	6.5 Process
230	6.6 People
235	6.7 Physical Environment
252	**7 LAST, BUT NOT LEAST**
253	Quellenverzeichnis
262	Die Autoren
264	Impressum

GRUSSWORT

»Wer nicht mit der Zeit geht, geht mit der Zeit!« Eigentlich bestand für Unternehmer schon immer die Notwendigkeit, innovativ zu sein und sich permanent an die sich kontinuierlich ändernden Marktbedingungen anzupassen. Dies bedeutet grundsätzlich nicht, Altbewährtes über Bord zu werfen. Oftmals ist es das wertvolle Gut, auf dem weiter aufgebaut werden kann. Die Frage nach der Marktfähigkeit des eigenen Konzepts sollte aber ein ständiger Begleiter sowohl für die Geschäftsführung als auch für jeden Mitarbeiter sein. Nur wenn das eigene Angebot attraktiver ist als das der Mitbewerber, wenn der Gastgeber zwei Schritte voraus ist, wird man in einem hochkompetitiven Markt wie der Hotellerie und Gastronomie zu den Gewinnern zählen.

Mit Motel One haben wir sicherlich damals zur richtigen Zeit ein Angebot geschaffen, welches in dieser Art gänzlich neu war und unter anderem den Beweis angetreten, dass »Design für wenig Geld« im Gastgewerbe möglich ist. Mit vielen kleinen und großen Ideen konnten wir unsere Gäste begeistern, ihnen durch Problemlösungen Zeit schenken und sehr gute Qualität bieten und zudem die Wirtschaftlichkeit unserer Hotels optimieren. Unser innovatives Konzept sorgte dafür, dass wir innerhalb weniger Jahre in allen wichtigen Städten Deutschlands sowie zunehmend auch in Europa präsent sind. Mittlerweile haben wir viele Nachahmer, das Budgetsegment der Hotellerie wurde durch unseren Anstoß revitalisiert. Die Mitbewerber sorgen dafür, dass wir nicht stehenbleiben. Viele kreative Persönlichkeiten in unserem Unternehmen generieren ständig neue innovative Impulse. Ein Beispiel hierfür ist unsere One Academy. Wer hätte vor 10 Jahren gedacht, dass ein Hotelanbieter im Budgetsegment einmal eine eigene Ausbildungseinrichtung gründet, die mittlerweile im Markt höchst erfolgreich etabliert ist.

Wie Innovationsmanagement strukturiert und strategisch betrieben werden kann, angefangen von der Ideenfindung bis zur Implementierung sowie dem Innovations-Controlling, zeigt das Buch »Innovationen managen in Hotellerie und Gastronomie« in hervorragender Weise auf. Eine Pflichtlektüre für jeden, dem Neues in unserer Branche am Herzen liegt, und darin seine Chance sieht!

Dieter Müller, Gründer und CEO Motel One

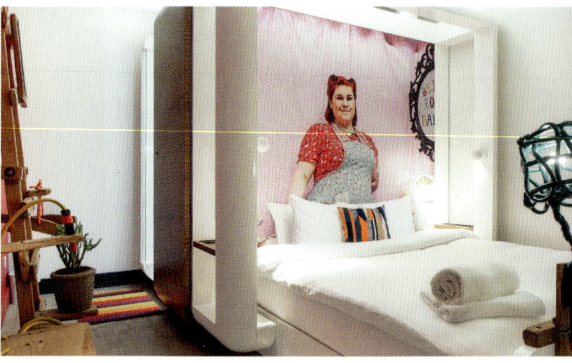

VORWORT

Die Hospitality-Industrie des frühen 21. Jahrhunderts zeichnet sich durch beschleunigte und bisweilen sich sprunghaft ändernde Rahmenbedingungen aus. Gastgeber sehen sich einem harten nationalen wie auch internationalen Wettbewerb, stetem technologischem Fortschritt sowie sich rasch wandelnden Kundenbedürfnissen gegenüber. Mit der Reiseerfahrung wachsen auch die Ansprüche des Gastes. Gleichzeitig erobern neue Geschäftsmodelle bedeutende Marktanteile, und so ist es für Hoteliers und Gastronomen essentiell, für den langfristigen Fortbestand ihres Unternehmens fortlaufend mit innovativen Lösungen aufzuwarten.

Doch was ist unter Innovationen konkret zu verstehen, und wodurch werden sie angestoßen?

Womit beginnt die Innovationstätigkeit, und ist sie jemals abgeschlossen?

Was sind die Innovationstreiber?

Wie kann man Innovationen systematisieren?

Wie schafft man im Unternehmen ein Innovationsklima?

Antworten auf diese sowie weitere Fragen liefert das vorliegende Buch, in dem die theoretische Herangehensweise durch zahlreiche Beispiele und Interviews aus der Praxis anschaulich ergänzt wird. Ein hilfreicher Ratgeber beim Finden des eigenen Innovationsweges! Neben Erfolgspotenzialen, notwendigen Voraussetzungen sowie Methoden zur tatsächlichen Umsetzung zukunftsfähiger Ideen werden die Wege bereits erfolgreicher Innovatoren offengelegt, die zum eigenen Aufbruch anregen.

Erfahrene Unternehmer wie auch Dienstleister in ihren Anfängen werden in diesem praxisnahen Werk beim erfolgreichen Planen, Durchführen und Bewerten ihrer innovativen Tätigkeiten begleitet.

München, im Juli 2016

Burkhard von Freyberg   Axel Gruner   Laura Schmidt

1 INNOVATION VERSTEHEN

Die Basis jeder planenden, entwickelnden und umsetzenden Tätigkeit sollte deren fundierte Zergliederung und ihr anschließend tiefgreifendes Verständnis bilden, um in der Folge einen stabilen Oberbau auf diesem Fundament errichten zu können. So fußen auch die Planung, Entwicklung und Einführung von Innovationen auf einer anfänglichen intensiven Auseinandersetzung mit dem Gesamtkontext des Themas.

Die folgenden Abschnitte beleuchten daher, was es für den Gastgeber auf dem Gebiet der Innovation zu erschließen gilt, bevor er mit der eigentlichen Innovationstätigkeit beginnen kann.

»Man braucht nichts im Leben zu fürchten, man muss nur alles verstehen.« Marie Curie

1.1 | Unerlässlichkeit und bedeutende Auslöser von Innovationen

Innovationen wirken seit jeher als Treiber des Tourismus und bilden die Grundlage der modernen Hospitality-Industrie (TIGU, IORGULESCU und RAVAR 2013, S. 12 und CROTTS und GUPTA 2013, S. 1). In den letzten Jahrzehnten hat sich der Tourismus stetig weiterentwickelt, und so weist seine Geschichte eine starke Prägung durch kontinuierliche Neudefinition und Wiedererfindung auf, bedingt durch sich wandelnde Gästebedürfnisse. Als beispielsweise der Massentourismus die Wettbewerbsfähigkeit touristischer Destinationen nicht länger gewährleisten konnte, entfalteten sich Kreativität und Innovationsvermögen zu zentralen Themen in Dienstleistungsunternehmen (TIGU, IORGULESCU und RAVAR 2013, S. 12).

Heute, im frühen 21. Jahrhundert, zeichnet sich die Hospitality-Industrie durch einen intensiven Wettbewerb aus, der sich durch gänzlich neue Geschäftsmodelle immer weiter zuspitzt. Dabei buhlen die Anbieter gastgewerblicher Leistungen um die Gunst immer reiseerfahrenerer Gäste, deren Bedürfnisse und Ansprüche zunehmend komplexer werden. Nur Wenige werden sich bei ihrem Aufenthalt in einem Hotel oder Restaurant mit reizlosen Standardleistungen zufriedengeben. Zwar bleibt der Grundnutzen von Hotelübernachtungen und Aufenthalten in Gastronomiebetrieben seit Anbeginn derselbe: ein Bett samt Decke und einem Kissen, auf das man sein müdes Haupt betten kann, und die Möglichkeit, seinen Hunger und Durst zu stillen. Doch der Gast kauft heutzutage mehr denn je mit einer Dienstleistung den Zusatznutzen »Erlebnis«, der sich zu einem festen Element der touristischen Leistung entwickelt hat (GRUNER, FREYBERG und PHEBEY 2014, S. 10). Ein Erlebnis wird hierbei als »ein Ereignis, das vom Gewohnten oder Alltäglichen abweicht«[1] charakterisiert. Das Verlassen altbekannter und vertrauter Pfade durch den Gastgeber muss somit die logische Konsequenz darstellen, um dem Bedürfnis des Gastes nach stets Neuem gerecht zu werden.

Auf eben diesem Bewusstsein fußt die willentliche und existenzielle Entscheidung des Unternehmers zur Innovation. Die tatsächlich resultierende Innovationskraft seines Unternehmens wird von der Wettbewerbsintensität im bespielten Markt und dessen Bedeutung im internationalen Vergleich bestimmt (POMPL und BUER 2006, S. 23). Im Hinblick auf den stetig zunehmenden quantitativen wie auch qualitativen Wettbewerb, der sich im deutschsprachigen Raum abzeichnet, darf vermutet werden, dass Hoteliers und Gastronomen ihre innovativen Kräfte kontinuierlich stärken müssen, um langfristige Ausdauer und Widerstandsfähigkeit zu erreichen. Hierbei kann die heutige, bisweilen sehr schnelllebige Welt jedoch auch entscheidende Vorteile bieten. Gänzlich neue Optionen können ebenso wie stete Verbesserungen zum Erfolg führen, denn die Märkte geben keine starren Vorgaben mehr, deren Einhalten eine erfolgsentscheidende Bedingung darstellt (THIEL 2014, S. 36).

Neben dem Ziel, seine Gäste mithilfe von Innovationen stets begeistern und in der Folge loyalisieren zu können, spielen Qualitätsverbesserungs- und Kostensenkungspotenziale eine wesentliche Rolle bei der Entscheidung, innovativ zu werden (OTTENBACHER und GNOTH 2005, S. 205 und GRISSEMANN, PIKKEMAAT und WEGER 2013, S. 7). Diese Potenziale können nicht nur zur Steigerung der Margen genutzt werden, sondern auch zu einer Erhöhung des Ansehens bei der

---

[1] GRUNER, FREYBERG und PHEBEY 2014, S. 11

bestehenden beziehungsweise potenziellen Zielgruppe führen (OTTENBACHER und GNOTH 2005, S. 208 und DEN HERTOG, GALLOUJ und SEGERS 2011, S. 1441). Eventuellen Umsatzrückgängen sowie dem Ende von Produktlebenszyklen kann mithilfe von Revitalisierungen und innovativen Neukonzeptionierungen entgegengewirkt werden, ohne die Gäste lediglich über den Faktor »Preis« für sich einzunehmen. Allein durch günstige Preise nämlich den langfristigen Fortbestand eines gastgewerblichen Unternehmens in Zeiten von dynamischen und rauen Umweltgegebenheiten sichern zu wollen, kann und darf nicht ausreichen (RIEMANN 2015, online).

Zusätzlich zu den bisher aufgeführten Gründen, die Innovationen innerhalb der Hotellerie und Gastronomie so bedeutsam machen, lässt sich die Tatsache vorbringen, dass sich die Hospitality-Industrie als ganze Branche behaupten muss. So muss sie etwa gegen andere Möglichkeiten, mit denen Menschen ihre Zeit verbringen können, (z. B. zu Hause entspannen oder feiern anstatt in Hotels und Restaurants) oder auch gegen andere Industriezweige (z. B. die Airline-Industrie, die es Kunden ermöglicht, in einem Tag eine Destination zu erreichen und wieder heimzukehren) (DEN HERTOG, GALLOUJ und SEGERS 2011, S. 1433) ankommen. Auch die rasche Zunahme von Wohnungen und Zimmern, die über Privatzimmervermittler wie Airbnb für Aufenthalte in Destinationen weltweit gebucht werden können, eröffnete Konsumenten touristischer Leistungen gänzlich neue Möglichkeiten außerhalb des klassischen Gastgewerbes. Starker Lobbyismus und aggressives Marketing durch entsprechende Unternehmen tun hierbei ein Übriges.

Herkömmliche Reisemarktmechanismen und das mit ihnen verbundene Reiseverhalten werden mehr und mehr aufgebrochen, und so gilt es, derartige Entwicklungen proaktiv zu nutzen, anstatt möglicherweise zu spät auf sie zu reagieren.

Bevor der Begriff der Innovation und dessen Tragweite im Detail auseinandergesetzt wird, behandeln die folgenden Abschnitte konkrete Faktoren, die die Dringlichkeit von bewussten Innovationen in Hotellerie und Gastronomie verdeutlichen.

TEILEN UND HERRSCHEN – WIE GESCHÄFTSMODELLE DER SHARING ECONOMY IMMER MEHR AN EINFLUSS GEWINNEN

San Francisco, kurz nach 22 Uhr. Jordan Morrison parkt seinen Toyota vor einem Wohnblock nahe der Bay Bridge im Halteverbot. Er rennt hoch zu einer Wohnung im ersten Stock, die ein Tourist aus Los Angeles für drei Tage gemietet hat. Morrison checkt die Wohnung kurz, nimmt den Schlüssel in Empfang und verabschiedet den Gast. Kaum im Auto, ruft eine aufgeregte Frau an. Sie hat das Tor zufallen lassen und kommt nicht mehr in ihre Ferienwohnung. Ob Morrison nicht mal eben vorbeikommen könnte?

Der 35-jährige Kalifornier kümmert sich für die Besitzer mehrerer Wohnungen in San Francisco um die Vermietung von Zimmern an Airbnb-Gäste: Ein- und auschecken, Schlüsselübergaben, Reinigungspersonal organisieren und auch mal einen Abfluss reparieren. »Ich bin für meine Auftraggeber Concierge und mehr«, sagt Morrison. Solche Auftraggeber gibt es in San Francisco immer häufiger. Sie verwandeln normalen Wohnraum in kurzfristig anmietbare Übernachtungsmöglichkeiten. Die Technologie funktioniert, das Geschäftsmodell funktioniert – und damit Letzteres auch so bleibt, schlägt nun die Stunde der Lobbyisten. »Wir brauchen Politiker, die stark genug sind, um Raum für Innovationen zu schaffen«, sagt Pierre-Dimitri Gore-Coty, Europa-Chef des umstrittenen Fahrdienstes Uber. In Sachen Lobbying ist auch Airbnb in Europa aktiv: »Wir reden mit Gesetzgebern über die Art Gesetze, die wir für unser Geschäft und unsere Nutzer für angebracht halten – und die unser Wachstum ermöglichen«, sagt Patrick Robinson. Er ist Chef des europäischen Public-Policy-Teams von Airbnb. In jeder Stadt herrschen unterschiedliche Regelungen, die Airbnb einzeln angehen muss. Trotzdem sollte laut Robinson immer ein Grundsatz gelten: »Die Leute sollten das Heim, in dem sie leben, gelegentlich mit Gästen teilen dürfen.« Dass bei vielen Gastgebern von »gelegentlich« nicht die Rede sein kann, ist laut Robinson nicht Airbnbs Angelegenheit: »Wir sind eine offene Plattform, wir kontrollieren nicht alle gelisteten Immobilien.«

Quelle: THIEME et al. 2014, online

1.1.1 | Trends und neue Technologien als externe Impulse

Der Begriff »Trend« kann als langfristige Entwicklungstendenz definiert werden, die sich in der Gegenwart bereits abzeichnet und von der begründet angenommen werden kann, dass sie sich in Zukunft fortsetzt (GESER et al. 2007, S. 18 und GRUNER 2008, S. 333). Dem gegenüber stehen Hypes oder Modeerscheinungen. Sie stellen lediglich »Welle{n} oberflächlicher Begeisterung« dar, die sehr rasch wieder abebben können. Eine Technologie beschreibt die »Gesamtheit der zur Gewinnung oder Bearbeitung von Stoffen nötigen Prozesse und Arbeitsgänge«.

Trends als fruchtbarer Innovationsboden

Die Zukunft stellt ein wichtiges Element des Innovationsmanagements dar. Dabei fußt sie auf der Gegenwart (THIEL 2014, S. 12) und ist durch jene bedingt (BOLZ 2005, S. 17). Das frühzeitige Erkennen zukünftiger und langfristiger Entwicklungstendenzen in Bezug auf Lebenseinstellungen, Lebensstile oder Reisegewohnheiten (INNERHOFER 2012, S. 215) ermöglicht es dem Unternehmer, künftig bedeutsame Bedürfnisse und Ansprüche seiner Gäste zu erfüllen, noch bevor sich diese als allgemeines Nachfrageelement am Markt etablieren (WITHIAM 1991, S. 62). Er mag damit anfangs womöglich nur eine relativ kleine Zielgruppe erreichen, die sich aus den sogenannten Innovatoren und frühen Adoptoren zusammensetzt. Jene zeichnen sich jedoch durch ihre Risikobereitschaft verbunden mit einer frühen Kaufentscheidung aus und nehmen nicht selten die Rolle eines Meinungsführers ein, wodurch Folgekäufer angelockt werden. Eine positive Umsatzentwicklung geht meist mit diesem Zusammenhang einher. Der schlüssellose Zugang zu Hotelzimmern etwa lockt aktuell bereits technologieaffine Gäste an, die in der Möglichkeit, ihr Zimmer via Smartphone öffnen zu können, ein wichtiges Kaufentscheidungskriterium sehen. Als Meinungsführer überzeugen sie Folgekäufer von den Vorzügen dieser Technologie, und zunehmend mehr Gäste werden sie in der Zukunft nachfragen. Hotels, die einen schlüssellosen Zimmerzugang anbieten, werden im Laufe des Adoptionsprozesses dieser Technologie also Umsatzzuwächse generieren. Zudem können wichtige Alleinstellungsmerkmale generiert werden, sofern die Mitbewerber die erkannten Entwicklungstendenzen noch nicht wahrgenommen und für sich genutzt haben.

Als Grundlage des Bietens von Lösungen für Probleme, die der Gast möglicherweise selbst noch nicht als solche erkannt hat (FREHSE 2006, S. 247), bilden Trends einen wertvollen Nährboden für die Innovationstätigkeit eines Unternehmens. Zugleich erwächst aus ihrem Wahrnehmen dringlicher Handlungsbedarf, um als Gastgeber nicht an einen Punkt zu gelangen, an dem das Angebot an der Nachfrage durch den Gast vorbeizielt. Das frühzeitige Erfassen von Trends erfordert eine kontinuierliche Beobachtung des Marktes (POMPL und BUER 2006, S. 40), um in der Folge die Kombination von unternehmenseigenen Ressourcen sowie Kompetenzen und den Marktanforderungen optimieren zu können. Das Beobachten des Marktes führt zu Lerneffekten und eröffnet dem Gastgeber neue Blickwinkel in Bezug auf sein Angebot (VAN WULFEN 2013, S. 116). Er kann beispielsweise durch Wettbewerbsanalysen und Benchmarking[2] oder durch das Erfassen von Entwicklungen in anderen Branchen wertvolle Erkenntnisse für seinen einzuschlagenden Innovationskurs gewinnen (INNERHOFER 2012, S. 234 und VAN WULFEN 2013, S. 75).

Zwar werden Trends häufig erst dann – und aus geschäftlicher Sicht betrachtet somit zu spät – erkannt, wenn sie sich bereits eingestellt haben (HORX 2015, online). Der folgende simple Ansatz jedoch führt zu einer Schärfung der persönlichen Fähigkeit, künftige Tendenzen zu antizipieren: Der Medien- und Kommunikationswissenschaftler Norbert Bolz charakterisiert die Zukunft als ein selbstkritisches Bild der Gegenwart (BOLZ 2005, S. 17), woraus im Zeitverlauf ein Wandel resultiert. Durch diesen soll das kritisch bewertete gegenwärtige Verhalten geändert oder abgelegt werden. Diese Auffassung von der Entstehung von Trends kann durch ausgewählte Beispiele unterstützt werden:

Das Umweltbewusstsein der Gesellschaft wie auch jenes für eine ökonomische und soziale Nachhaltigkeit wird zunehmend geschärft, und so stellt nachhaltiges Handeln in Hotellerie und Gastronomie heutzutage einen entscheidenden

[2] Geeignete Instrumente zur Erforschung des Marktes und der Unternehmensumwelt werden im Kapitel OBLIGATORISCHES GRUNDWISSEN ausgeführt

WAS DIE HOSPITALITY VON DER AIRLINE INDUSTRIE LERNEN KONNTE

Der Begriff des Revenue Managements ist heutzutage in der Hospitality weitverbreitet. Seinen Ursprung findet er jedoch in der Airline Industrie. Diese begann bereits in den 1970er Jahren durch geschickte preisliche Abgrenzungen sowie ein aktives Überbuchen, ihre Kapazitäten bestmöglich auszulasten. Ende der 1980er Jahre zeichneten sich erste Ansätze des heutigen Revenue Managements in amerikanischen Hotelketten ab. Dieses verfolgt das Prinzip das richtige Zimmer an den richtigen Kunden zur richtigen Zeit zum richtigen Preis über den richtigen Distributionskanal zu verkaufen. Das dahinterstehende Ziel ist die Optimierung des betrieblichen Ertragspotenzials. Inzwischen trägt es in vielen Unternehmen dazu bei, Erträge proaktiv zu steuern anstatt lediglich auf sie zu reagieren, nachdem sie generiert wurden.

Quelle: STUART-HILL o.J., online

»VON DER ERDE BIS ZUM TELLER«

In der zweiten Hälfte des 20. Jahrhunderts etablierten sich zunehmend US-amerikanische Fast Food Konzepte in Europa. Die Stadtbilder werden seitdem vermehrt vergleichbar, denn bekannte Ketten sind in jeder Innenstadt zu finden. Dieser Abkehr vom bewussten Genießen und einer nachhaltige Esskultur begegnet seit 1989 der internationale Verein Slow Food. Der italienische Gründer Carlo Petrini verfolgte die Entwicklung hin zu einem Restaurantaufenthalt von weniger als 10 Minuten mit zunehmendem Unmut. Die Herkunft der Zutaten ist für den Gast nicht rück zu verfolgen und ein genussvoller Verzehr kommt mehr und mehr abhanden. 1992 wurde schließlich der deutsche Slow Food Verein gegründet. Die Philosophie entwickelte sich ebenfalls in Anbetracht der zunehmenden »Fast Food-isisierung« und umfasst die Eckpfeiler gut, sauber im Sinne von nachhaltig und fair. Slow Food Deutschland veranstaltet regelmäßige Märkte, Messen, Kochkurse etc., um so den Blick der Bevölkerung wieder auf genussvollen Verzehr zu lenken. Die Slow Food Bewegung zählt in Deutschland derzeit über 12.000 Mitglieder in rund 80 Convivien (lokalen Gruppen).

Quelle: www.slowfood.de

GEMEINWOHLÖKONOMIE – NEUES WIRTSCHAFTEN IN DER HOTELLERIE

Vom Schwein bleibt in der Küche des Vier-Sterne-Hotels Drumlerhof in Sand in Taufers nur das Auge übrig. Der Slow-Food-Gedanke ist integrierende Basis des Hauses. Die Eigentümer Ruth und Stefan Fauster Innerhofer haben in ihrem Südtiroler Traditions- und Wellnesshotel, Mitglied bei der Kooperation Wanderhotel, gemeinsam mit dem Terra Institute Brixen ihre erste Gemeinwohlbilanz erstellt.

Laut Herrn Fauster bringt die Gemeinwohlbilanz ein hohes Maß an Sensibilisierung für Nachhaltigkeit und ist ein viel dynamischeres Instrument als etwa ein Ökolabel. Die Gemeinwohlbilanz bindet auch Mitarbeiter, die Gäste und die Lieferanten bewusst ein.

Die Gemeinwohlbilanz misst unternehmerischen Erfolg in einer neuen Bedeutung. Die Wirtschaft soll dem Gemeinwohl dienen, und auf der Unternehmensebene kann das durch die Bilanz zusammen mit dem Gemeinwohlbericht belegt werden. Der Finanzgewinn ist in Bezug auf die eigentlichen Ziele des Wirtschaftens zu aussageschwach: Schaffung von Nutzwerten, Bedürfnisbefriedigung, Sinnstiftung, Teilhabe aller, Mitbestimmung, Geschlechterdemokratie, ökologische Nachhaltigkeit, Lebensqualität spielen eine große Rolle. Der Finanzgewinn sagt nichts über die Mehrung des Gemeinwohls aus. Er kann steigen, wenn die Lieferantenpreise gedrückt werden, Mitarbeiter trotz Gewinn entlassen, Steuern vermieden, Frauen diskriminiert werden oder die Umwelt ausgebeutet wird.

Quelle: www.ecogood.org/gemeinwohl-bilanz/was-ist-die-gemeinwohl-bilanz; HELFER 2015, online

Erfolgsfaktor dar (FREYBERG, GRUNER und HUEBSCHMANN 2015, S.10). Mehrfachverwendung von Handtüchern, wassersparende Duschköpfe und Toilettenspülungen, Verzicht auf Minibars in Hotelzimmern und viele weitere Maßnahmen mögen anfangs vielfach belächelt und als Modeerscheinung – als Hype – abgetan worden sein. Die gesellschaftliche Erkenntnis über einen übermäßigen und oftmals unbedachten Ressourcenverbrauch führte jedoch zu einer langfristigen Entwicklung hin zu verantwortungsvollerem Handeln, die wohl auch in Zukunft anhalten wird (FREYBERG, GRUNER und HUEBSCHMANN 2015, S.11).

Auch dem wachsenden Verlangen der Gäste nach biologisch erzeugten beziehungsweise regional bezogenen Produkten kommen bereits viele Gastronomen mit einem entsprechenden Angebot nach. Die selbstkritische Betrachtungsweise des eigenen Verhaltens in Bezug auf die bisweilen herrschende Ignoranz gegenüber Herkunft und Verarbeitung von Produkten regt zu einem Umdenken und Andershandeln in der Zukunft an, wodurch eine länger- bis langfristige Entwicklungstendenz entsteht.

Die nachfolgende Abbildung illustriert ausgewählte Megatrends sowie soziokulturelle und Konsumtrends, die sich heute abzeichnen.

FLÜCHTLINGE AUS ALLER WELT BETREIBEN HOTEL IN WIEN

Im Frühjahr 2015 öffnete das von der Caritas betriebene Kein-Stern-Hotel Magdas im Wiener Prater-Viertel seine Pforten. Der Start eines innovativen Social Business-Projekts, das es so in Europa bisher nicht gab: Wo sonst ausgegrenzt oder nur geduldete Fußnote am Arbeitsmarkt, bilden 20 anerkannte Flüchtlinge hier das Herzstück, die als Rezeptionisten, Barkeeper und Servicekräfte Gäste aus aller Welt in mehreren Sprachen willkommen heißen. Im Alltagsbetrieb werden sie von fünf Branchenprofis und einem Job-Coach unterstützt; für viele ist es der erste Job in dem Metier, wenn nicht der erste Job überhaupt. Die Vision ist, dass das Magdas Hotel ein Ort der Begegnung wird, an dem Vorurteile abgebaut werden. Soziale Probleme mit marktwirtschaftlicher Logik lösen, Menschen, die nicht auf der Sonnenseite des Lebens stehen, eine Perspektive geben – das sind die Ziele des Betriebs. An der Gestaltung des Magdas Hotel mit seinen 78 Zimmern haben sich Studierende der Wiener Akademie der bildenden Künste beteiligt.

Quelle: MOSTEGEL 2015, online; WOJCIECH 2015, online

Die Grafik erhebt dabei keinen Anspruch auf Vollständigkeit, sondern dient vielmehr als Anstoß für die eigene »Innova(k)tivität«. Die aufgeführten Trends sollten von Gastgebern nicht ignoriert, sondern auf Relevanz für das eigene Unternehmen untersucht und zudem bestmöglich mithilfe der oben illustrierten Sichtweise um weitere Antizipationen ergänzt werden, um den Gästekreis mit zukunftsfähigen Leistungen begeistern zu können. Dabei ist zu beachten,

BEDEUTENDE MEGA-, KONSUM- UND SOZIOKULTURELLE TRENDS

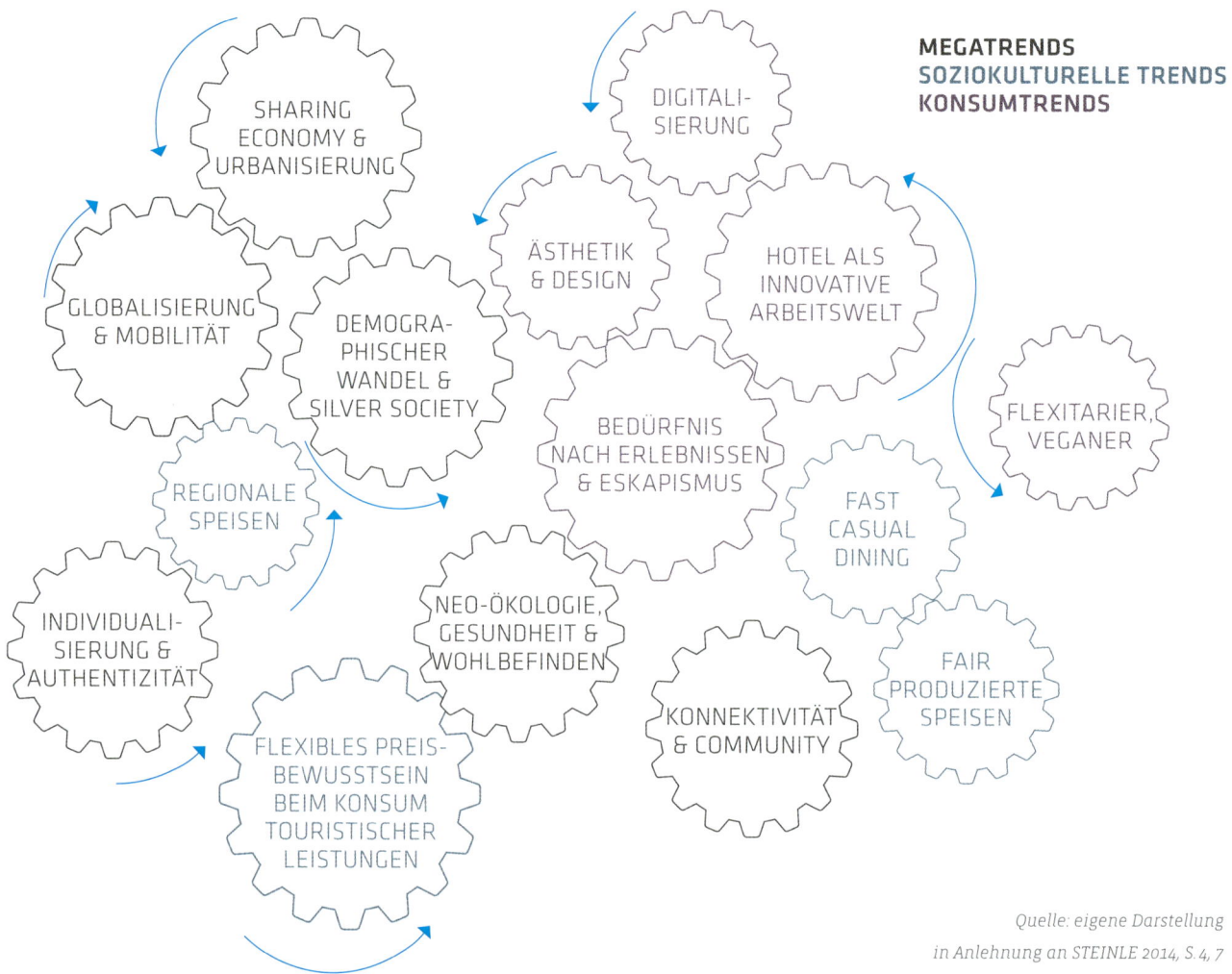

Quelle: eigene Darstellung in Anlehnung an STEINLE 2014, S. 4, 7

dass Trends keine singulären Symptome darstellen und unabhängig voneinander betrachtet werden können. Vielmehr greifen sie, Zahnrädern gleich, ineinander und sind in ein gemeinsames System eingebettet (HORX 2015, online).

Megatrends beschreiben globale Veränderungen, deren Auswirkungen sowohl Gesellschaft als auch Ökonomie und Technik betreffen. Die Stärke dieser Auswirkungen sowie ihr epochaler Charakter sind ihre entscheidenden Merkmale (STEINLE 2014, S. 7). Soziokulturelle Trends entspringen zumeist einem gesellschaftlichen Entwicklungsdefizit, dessen Ausgleich sich in Form von Sehnsüchten und Lebensgefühlen äußert. Konsumtrends zeichnen sich in der Regel vor dem Hintergrund von Markt- und Produktlebenszyklen ab und betreffen somit insbesondere Konsumprodukte (HORX 2015, online). Deshalb umfasst die Zusammenschau insbesondere Food-Trends sowie Trends in Bezug auf Hotelangebote.

Jeder Gastgeber muss in Bezug auf Trends kritisch reflektieren, wie bald sich eine künftige Entwicklung als Grundanforderung an sein Angebot manifestieren wird. Das Thema der Barrierefreiheit, verknüpft mit dem Megatrend »demografischer Wandel«, beispielsweise mag für viele noch eine Maßnahme der Zukunft sein. Doch mit voranschreitender Zeit nimmt auch die Zahl der Gäste aus unserer alternden Gesellschaft zu. Ein sogenanntes »All Age Design« wird bald kein Alleinstellungsmerkmal mehr sein, sondern bildet vielmehr eine zwingend erforderliche Voraussetzung für den Absatz eines Hotel- oder Gastronomieprodukts. Auch die zunehmende Beliebtheit von Hotelbuchungen, die über mobile Endgeräte vorgenommen werden (in Zusammenhang mit dem Trend

[3] Zur genauen begrifflichen Bestimmung von Innovation siehe DER BEGRIFF DES INNOVATIONSMANAGEMENTS

der Digitalisierung), legt nahe, dass sich derartige Lösungen in der Zukunft zu Standardleistungen entwickeln werden (BORKMANN, RIEF und WEBER 2011, S. 104). Laut dem Marktforschungsunternehmen comScore betrug die Zahl der Smartphone-Nutzer in Deutschland Anfang des Jahres 2015 rund 45 Millionen (de.statista.com). Dies entspricht einem Anteil der deutschen Bevölkerung von mehr als 50 Prozent.

Eng mit langfristigen Entwicklungstendenzen verknüpft ist das Wissen des Hoteliers und Gastronomen um die Bedürfnisse und Ansprüche seiner Gäste sowie künftigen Gäste, da diese die Entwicklungstendenzen vorantreiben. Dieser Notwendigkeit widmet sich das Kapitel IMPULSGEBER KONSUMENT – DEM GAST GEBEN, WAS ER WÜNSCHT. Zuvor stellt sich die Frage, ob auch die eingangs angeführten Hypes beziehungsweise Modeerscheinungen innovationsrelevant sein können oder ob diese eine eher untergeordnete Rolle spielen.

Was ist diese Saison in Mode?

Kann es gelingen, eine erfolgversprechende und lohnende Neuerung[3] umzusetzen, sich eine Welle zunutze zu machen, von der man nur vage mutmaßen kann, wie bald sie sich wieder brechen wird? Kann man überhaupt vorhersagen, dass es sich lediglich um eine Modeerscheinung handelt und nicht vielmehr um die Anfänge eines Trends? Auf diese Frage kann diese Buch keine Antwort geben. Vielmehr gilt es, den Markt und die Potenziale, die er bietet, kritisch zu hinterfragen und eigenen Schlüsse daraus zu ziehen.

Auf Wogen oberflächlicher Begeisterung schwimmen zu wollen, kann unter Umständen lebensgefährlich sein und sogar zum Ertrinken eines Unternehmens führen. Als Beispiel für ein derartiges Szenario lässt sich der Hype um Bubble Tea in Deutschland anführen.

Innovationen haftet allgemein eine Ungewissheit über den Erfolg bzw. die Wirkung an (VAHS und BREM 2013, S. 33). Ohne die Meldung über eine mögliche Gesundheitsgefährdung hätte sich das Erfrischungsgetränk taiwanesischen Ursprungs womöglich etabliert. Ein Ignorieren hätte dann entgangene Gewinne zur Folge haben können. In der Realität jedoch hat sich die Konzentration auf diese kurzzeitige Woge der

WIE DIE BUNTEN BUBBLES SCHLIESSLICH PLATZTEN

Zur Boom-Zeit des Kultgetränks im Sommer des Jahres 2012 entstanden unzählige Bubble Tea Bars in deutschen Innenstädten. Der auffallend bunte und vor allem süße Trunk lockte insbesondere Jugendliche zu Hauf in die Filialen, in denen die Eigentümer oder Betreiber den rasant gewachsenen Markt, der mit hohen Gewinnanteilen lockte, bestmöglich abzuschöpfen versuchten. Auch große Ketten wie beispielsweise McDonald's, hatten Bubble Tea in ihr Angebot aufgenommen, um ebenfalls von der erfolgversprechenden Welle zu profitieren. Nachdem jedoch Ende August 2012 erstmals über eine mögliche Gesundheitsgefährdung in Form von krebserregenden Stoffen berichtet worden war, sanken die Umsätze aus dem Verkauf des Modegetränks binnen Tagen drastisch. Zahlreiche kleine Bubble-Tea-Bars gingen daraufhin insolvent und waren zur Schließung ihres Unternehmens gezwungen. Die Entwarnung in Bezug auf eine gesundheitliche Bedenklichkeit im September 2012 kam zu spät. Die Verunsicherung der Kunden war unabänderlich, und der Hype um den Bubble Tea flaute so rasch wieder ab, wie er aufgekommen war. Mangelnde Transparenz bezüglich Inhaltsstoffen, Künstlichkeit versus Nachhaltigkeit – das Getränk verstieß gegen die Regeln und konnte sich kein gutes Image aufbauen wie beispielsweise Red Bull.

Quelle: DUONG 2012, online; LORENZEN 2012, online

EINMAL ORANGE-SAFRAN-OLIVE UND EINMAL ERDBEER-AGAVE, BITTE!

Der Wiener Eissalon VEGANISTA wartet täglich mit etlichen ausgefallenen Eissorten auf. Alle Inhaltsstoffe sind dabei mit größter Sorgfalt ausgewählt und natürlich vegan. Dass die meisten Sorten aus Sojamilch, manche auch aus Reis- oder Hafermilch, hergestellt werden, schmecken auch Nicht-Veganer nicht. So gehören Letztere in großer Zahl zum Kundenstamm von VEGANISTA, weil sie die Frische und Qualität des Eises so schätzen.

Quelle: www.veganista.at

Begeisterung – wie man im Nachhinein weiß – als Fehlentscheidung erwiesen.

Doch eine derartige Begeisterung der Konsumenten kann auch zu dauerhaften Entwicklungen führen, deren »Verschlafen« existenzbedrohend wirken kann (FREYBERG, GRUNER und LANG 2012, S.75). Das aufkommende Interesse nicht nur an vegetarischen, sondern auch an veganen Speisengeboten mag in seinen Anfängen von vielen Gastgebern als Welle oberflächlicher Begeisterung eingeschätzt worden sein. Mittlerweile lässt sich jedoch belegen, dass es sich dabei keineswegs um die Mode einer Saison handelt. Während sich das Kochbuch »Vegan for fit« zum meistverkauften Kochbuch des Jahres 2013 aufschwang, suchen die Konsumenten ein derartiges Angebot auch außer Haus. Antwort auf dieses Bedürfnis geben diverse etablierte Gastgeber wie auch Newcomer in Form von veganen Eissalons, Restaurants und Pop-up-Restaurants oder auch veganen Speiseangeboten im Urlaub durch Hotels (GLOCKE 2014, online).

Die zunehmende Zahl an Lifestyle-Hotels am deutschen wie auch internationalen Markt lässt darauf schließen, dass es sich bei diesem Segment ebenfalls nicht nur um die Woge einer kurzzeitigen Begeisterung handelt. Ganze Hotelgesellschaften schneiden ihr Angebot auf »kreative, urbane Nomaden, die zwischen Luxus und Askese pendeln«[4] zu (z.B. 25HOURS, RUBY HOTELS, CITIZEN M HOTELS). Und auch internationale Hotelketten erweitern ihr Markenportfolio zunehmend um Lifestyle-Marken (z.B. Starwood's ALOFT, ELEMENT und W, Marriott's MOXY, Hilton's CANOPY), um der Entwicklungstendenz hin zu funktionalen und hochtechnisierten Angeboten zu bezahlbaren Preisen bei gleichzeitigem Fokus auf Design und die soziale Umgebung gerecht zu werden (NOLL 2014, online). In diesem Zusammenhang lässt sich auch von »Lean Luxury«[5] (schlanker Luxus) sprechen.

Eine richtige Einschätzung in Bezug auf die Phänomene Modeerscheinung und Trend hängt letztlich vom Verständnis des Marktes und in entscheidendem Maße vom Verständnis der aktuellen und künftigen Gäste ab (OTTENBACHER und GNOTH 2005, S. 215).

[4] GRUNER, FREYBERG und PHEBEY 2014, S. 54
[5] www.ruby-hotels.com

AUSGEWÄHLTE NATIONALE UND INTERNATIONALE LIFESTYLE-HOTELMARKEN

Quelle: eigene Darstellung

> »Die neue Generation von Reisenden erwartet zunehmend personalisierte Erlebnisse über Mobilgeräte. Neue Technologien ermöglichen diese Personalisierung.« PWC 2015, S.5

Neue Technologien

Die heutige Zeit ist von vielen technischen Entwicklungen geprägt, die die Gesellschaft betreffen und verändern. Die einstige Industriegesellschaft erlebte in den letzten Jahrzehnten einen Wandel hin zur Informationsgesellschaft, und klassische Technologien werden mehr und mehr durch Hochtechnologien (Hightech) abgelöst (VAHS und BREM 2013, S.7). Die weitere Erforschung und Entwicklung zukunftsträchtiger neuer Technologien ist in Deutschland eine zentrale Aufgabe, um sowohl wirtschaftliche als auch gesellschaftliche Grundlagen für die Zukunft zu schaffen und zu sichern (www.bmbf.de). Diesem kontinuierlichen technologischen Voranschreiten, insbesondere im Bereich der Informations- und Kommunikationstechnologien, kann sich auch die Hospitality-Industrie langfristig nicht entziehen (BORKMANN, RIEF und WEBER 2011, S.33). Vielmehr sollten Gastgeber neue Technologien zum Anlass und zu Hilfe nehmen, um innovative und begeisternde Lösungen für ihre Gäste zu generieren und so dem Angriff auf traditionelle Geschäftsmodelle und etablierte Technologien zu begegnen (CHRISTENSEN, MATZLER und VON DEN EICHEN 2011, S.18).[6]

Neue Technologien können die Grundlage bisher unentdeckter Kundennutzenpotenziale bilden, deren Identifizierung in der Folge in entsprechenden Innovationen resultieren kann. Im Zusammenhang mit so angestoßenen Innovationen spricht man auch von »Technology Push«. Demgegenüber stehen marktinduzierte Innovationen (»Market Pull«), bei denen die Wahrnehmung eines Problems auf der Marktseite den Ausschlag für eine neuartige Problemlösung gibt (VAHS und BREM 2013, S.243).

Die Forscher Froehle et al. (2000) belegen in einer Studie den hohen Nutzen des Einsatzes von Informationstechnologien[7] in touristischen Unternehmen. Diese können nicht nur selbst Innovationen sein oder auf ihnen bauende Innovationen in Dienstleistungsunternehmen auslösen (ALDEBERT, DANG und LONGHI 2011, S.1206), sondern können zugleich eine effiziente und zügige Entwicklung sowie Umsetzung unterstützen und erleichtern (FROEHLE et al. 2000, S.11). Die Forscherinnen Grissemann, Pikkemaat und Weger (2013) plädieren daher für eine positive Grundeinstellung gegenüber Informationstechnologien, die in der Folge das Innovationserhalten von Gastgebern positiv beeinflusst (GRISSEMANN, PIKKEMAAT

[6] Derartig angestoßene Innovationen werden in IMPULSGEBER KONSUMENT – DEM GAST GEBEN, WAS ER WÜNSCHT weiter ausgeführt

[7] Eine Informationstechnologie ist eine Technologie der Gewinnung, Speicherung und Verarbeitung von Informationen, z. B. eine Computersoftware

DER ANGRIFF AUF TRADITIONELLE GESCHÄFTSMODELLE DURCH NEUE TECHNOLOGIEN

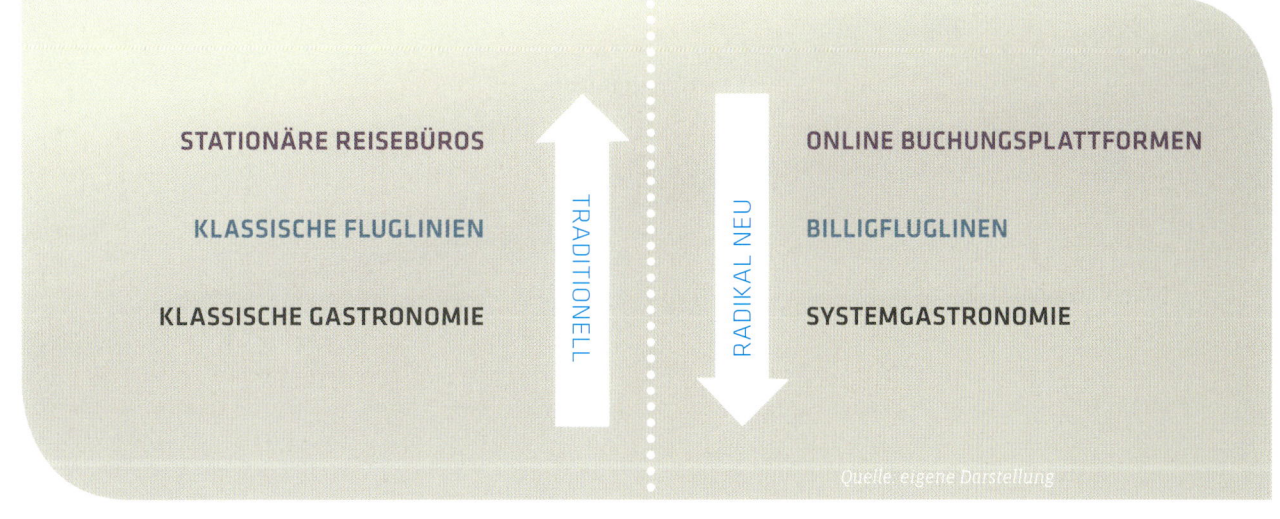

STATIONÄRE REISEBÜROS	ONLINE BUCHUNGSPLATTFORMEN
KLASSISCHE FLUGLINIEN	BILLIGFLUGLINEN
KLASSISCHE GASTRONOMIE	SYSTEMGASTRONOMIE

TRADITIONELL ↑ ↓ RADIKAL NEU

Quelle: eigene Darstellung

und WEGER 2013, S. 12). Werden neue Technologien hingegen ignoriert und der Fokus stattdessen auf die Verbesserung bestehender Verfahren gerichtet, so laufen Unternehmer Gefahr, von solchen Anbietern überholt zu werden, die sich neue Technologien zunutze machen und sie vorantreiben (CHRISTENSEN, MATZLER und VON DEN EICHEN 2011, S. 10). Dieses Vorantreiben und Verbessern von Technologien ist allerdings nur bis zu dem Zeitpunkt erfolgreich, an dem die Anforderungen der Gäste in Bezug auf spezifische Leistungen durch eine entsprechende Technologie zur Gänze erfüllt werden (CHRISTENSEN, MATZLER und VON DEN EICHEN 2011, S. 219). Andernfalls tritt das Phänomen des sogenannten »Over Engineering« (zu Deutsch etwa ein Über-Entwickeln) ein, bei dem die Grenzen der Weiterentwicklung erreicht und überschritten werden (CHRISTENSEN, MATZLER und VON DEN EICHEN 2011, S. 61). Die nachfolgende Abbildung illustriert diesen Zusammenhang im Modell der sogenannten Kaufhierarchie, das von dem amerikanischen Beratungsunternehmen Windermere Associates stammt.

Die Nummerierung in der Abbildung vor den Leistungskriterien Funktionalität, Zuverlässigkeit, Komfort und Preis spiegelt deren Relevanz im Kaufentscheidungsprozess. So ist für den Gast zunächst die Funktionalität, die mit einem Produkt oder einer Dienstleistung verbunden ist, am wichtigsten. Er wird sich für denjenigen Anbieter entscheiden, dessen Technologie seine Anforderung an die Funktionalität am besten erfüllt. Sobald es mehreren Anbietern gelingt, die Nachfrage des Gastes in Bezug auf dieses Leistungskriterium zufriedenstellend zu erfüllen, wählt der Gast nach der Zuverlässigkeit eines Produkts oder einer Dienstleistung aus. Gelingt es wiederum mehreren Gastgebern, dem Wunsch des Gastes in Bezug auf die Zuverlässigkeit nachzukommen, wendet sich dieser erneut dem nächsten Leistungskriterium zu, bis er zuletzt seine Entscheidung zum Kauf nur noch über den Preis fällt. Es ist im Rahmen des Modells der Kaufhierarchie zu diesem Zeitpunkt also nicht mehr rentabel, die Leistungskriterien 1 bis 3 voranzutreiben, da der Käufer nicht mehr nach diesen auswählt. Er wird in

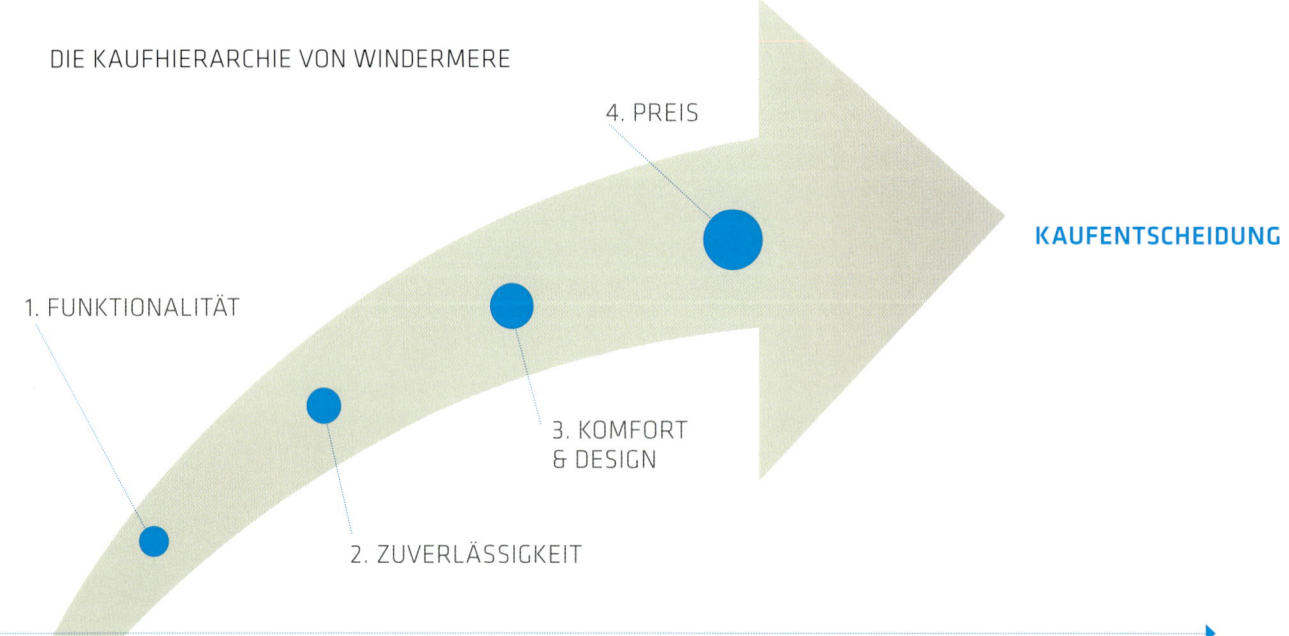

DIE KAUFHIERARCHIE VON WINDERMERE

1. FUNKTIONALITÄT
2. ZUVERLÄSSIGKEIT
3. KOMFORT & DESIGN
4. PREIS

KAUFENTSCHEIDUNG

MASSGEBLICHE LEISTUNGSKRITERIEN FÜR DIE KAUFENTSCHEIDUNG NACH RELEVANZ

Quelle: eigene Darstellung in Anlehnung an CHRISTENSEN, MATZLER und VON DEN EICHEN 2011, S. 219

1 INNOVATION VERSTEHEN

der Konsequenz auch dann keine höhere Preisbereitschaft mehr zeigen, wenn beispielsweise die Funktionalität eines Gastgebers diejenige anderer Anbieter übertrifft. »Over Engineering« resultiert in einem nutzlosen Ressourcenverbrauch und schlimmstenfalls im Verlust von Marktanteilen.

Dass neue Technologien »schnelle Geschichte« schreiben (CLARK o.J., vgl. CHRISTENSEN, MATZLER und VON DEN EICHEN 2011, S. 5), verdeutlicht beispielsweise die Tatsache, dass Hotelbuchungen und Reservierungen in Restaurants in steigendem Maße über Onlinebuchungsplattformen getätigt werden, sodass diese Buchungsform bereits als Standard bezeichnet werden kann (GRISSEMANN, PIKKEMAAT und WEGER 2013, S. 12). Innovative Alleinstellungsmerkmale verwandeln sich früher oder später in vielen Fällen in Basisanforderungen (BORKMANN, RIEF und WEBER 2011, S. 101). Auch das kostenfreie Bereitstellen von W-LAN in Hotels und Gastronomiebetrieben wird von den Gästen heutzutage längst vorausgesetzt. Ein kontinuierliches Ausschauhalten nach neuen Problemlösungen und Bedürfnisbefriedigungen, auch in Form von radikalen Sprüngen, gehört somit zu den Routineaufgaben eines innovativen Unternehmers, um den Anschluss an oder den Vorsprung auf den Wettbewerb nicht zu verlieren (CHRISTENSEN, MATZLER und VON DEN EICHEN 2011, S. 61).

Trends und Technologien sowie unter Umständen auch Hypes bilden also wichtige Antriebsmotoren von Innovationen im Gastgewerbe. Um erfolgreich zu innovieren, bedarf es zudem aber auch einer genauen Abstimmung neuartiger Leistungen auf die tatsächlichen Gästebedürfnisse (z. B. OTTENBACHER und GNOTH 2005, S. 215, DEN HERTOG, GALLOUJ und SEGERS 2011, S. 1430).

DIE GEBURT DES KOMBIDÄMPFERS

1973 wurde die RATIONAL GmbH in Landsberg als Gesellschaft für die Produktion und den Vertrieb von Heißluftgeräten in Deutschland gegründet. 1976 erfand RATIONAL den Kombidämpfer. 2004 folgte die Erfindung des ersten SelfCooking Center® der Welt. RATIONAL versteht sich als Spezialist für die thermische Speisenzubereitung in den Profiküchen der Welt. Dieses klare Selbstverständnis ist die Grundlage für eine über 40-jährige Erfolgsgeschichte. Regelmäßige Innovationen garantieren seit Jahren die Technologie- und Marktführerschaft mit großem Abstand. Mittlerweile werden in RATIONAL-Geräten täglich über 100 Millionen Essen in allen Teilen der Welt zubereitet.

Die neueste Innovation: Das SelfCookingCenter® 5 Senses
__Fühlt__: Es fühlt die aktuellen Garraumbedingungen und die Konsistenz der Lebensmittel.
__Erkennt__: Es erkennt die Größe, die Beschickungsmenge sowie den Produktzustand und errechnet die Bräunung.
__Denkt__: Es denkt voraus und ermittelt den idealen Kochpfad zu Ihrem Wunschergebnis erst während des Kochens.
__Lernt__: Es lernt Ihre bevorzugten Kochgewohnheiten und setzt sie anschließend um.
__Verständigt sich__: Es verständigt sich mit Ihnen und zeigt Ihnen an, was Ihr RATIONAL gerade macht, um Ihre Vorgaben umzusetzen.
Quelle: www.rational-online.com

MOBILES EINCHECKEN IN DER HOTELLERIE – CONICHI MACHT ES MÖGLICH

Reise-Apps gibt es mittlerweile zuhauf, doch in der Hotellerie besteht immer noch Nachholbedarf. Laut des Gründers von Conichi, Maximilian Waldmann, verschliefen zahlreiche Hotels die Zeit, auf Innovationskonferenzen diskutieren sie immer noch über die Zahl der Steckdosen. Der Gast ist jedoch mittlerweile zu Hause besser mit Technik ausgestattet als im Hotel. Der Einsatz von App-Technik scheint für manchen Hotelier noch weit entfernt. Insbesondere die Tatsache, dass ein Geschäftsreisender, der mehrmals im Monat im Hotel übernachtet, sich aber nicht mehr jedes Mal anstellen möchte, brachte Waldmann zur Umsetzung der Innovation »Conichi«. Conichi (Name in Anlehnung an die japanische Begrüßung »Konnichiwa«) beseitigt das Dilemma. Ob ein Gast ein Zimmer mit Aussicht will, für sein Bett ein Zusatzkissen wünscht oder ein laktosefreies Essen möchte, kann er vorab vom Smartphone aus wählen und für künftige Reisen speichern. Nähert er sich der Unterkunft, erkennt das Beacon-Modul am Eingang sein Smartphone und sendet Gästedaten an die Rezeption – Check-in erledigt, ohne Schlangestehen, ohne Buchstabieren des Namens. Auch Bezahlen ist über die App möglich.
Quelle: KOTOWSKI 2015, online

»Das Geheimnis des Erfolges ist, den Standpunkt des Anderen zu verstehen.« Henry Ford

1.1.2 | Impulsgeber Konsument – dem Gast geben, was er wünscht

Der Begriff »Gast« ist nicht umsonst ein essenzieller Bestandteil des Wortes »Gastgeber«. Ohne Gäste ist einem Gastgeber der Absatz seiner Hotel- oder Gastronomieleistung und in der Folge ein betriebswirtschaftliches Überleben nicht möglich. Dabei muss sein Angebot bestmöglich auf die Bedürfnisse und Erwartungen des Gastes abgestimmt sein (TIGU, IORGULESCU und RAVAR 2013, S. 18). Doch anders als bei Sachgütern ist nicht nur die Kaufentscheidung und anschließende Kaufhandlung von Relevanz. Bei der Erstellung und beim Verkauf von Dienstleistungen fungiert der Gast in aller Regel als Co-Produzent. Und so nimmt auch er (neben dem Personal), bedingt durch seine Erwartungshaltung und die anschließend erfahrene Leistung (GRUNER 2003, S. 111), Einfluss auf die empfundene Qualität der erbrachten Dienstleistung (INNERHOFER 2012, S. 23). Diese Qualität kann im Extremfall täglich variieren, da eine Standardisierung des gesamten Dienstleistungsbündels, bedingt durch den hohen Anteil an menschlicher Interaktion, nur schwer durchsetzbar ist (INNERHOFER 2012, S. 28). Das Qualitätsempfinden des Gastes wird zudem durch seine »Mit-Gäste« beeinflusst. Setzt der Hotelier oder Gastronom beispielsweise ein und dieselbe Leistung über verschiedene Distributionskanäle zu unterschiedlichen Preisen ab, so findet er in seinem Haus eine sehr heterogene Zielgruppe wieder. Ein Gast, der im Hotelrestaurant eines Luxushotels dann neben einer Busgruppe sitzt, die nur einen Bruchteil seines eigenen Übernachtungspreises entrichtet, mag seine Erwartungen an den Aufenthalt und die ihn umgebene stilvolle Atmosphäre womöglich nicht erfüllt sehen und empfindet eine schlechtere Qualität, als dies ohne die ihn umgebenden Busreisenden der Fall gewesen wäre.

Durch das sogenannte Unoactu-Prinzip, das bedingt, dass die Leistungserstellung und der Leistungsabsatz einer Dienstleistung zusammenfallen, hat der Gast keine Gelegenheit, das Angebot des Gastgebers vorab zu testen. Zudem sind touristische Leistungen nicht transportierbar, sodass der Gast bereit sein muss, an den Ort der Leistungserbringung zu reisen (INNERHOFER 2012, S. 26). Eine Nicht-Erfüllung seiner bis zum Zeitpunkt der Ankunft angesammelten Erwartungen birgt daher die Gefahr von kognitiven Dissonanzen. Dieser Zustand führt zu einem emotionalen Missklang, der durch den Hotelier oder Gastronom nur dann wieder harmonisiert werden kann, wenn der Gast seine Unzufriedenheit äußert. Andernfalls kann das Kundtun einer negativen Meinung nicht nur zum Fernbleiben des enttäuschten Gastes, sondern auch möglicher künftiger Gäste führen. Stellt doch die Empfehlung unter Freunden eines der wirkungsvollsten Marketinginstrumente dar (VERMA, STOCK und MCCARTHY 2012, S. 183) – dies gilt im positiven wie negativen Falle gleichermaßen. Insbesondere im Zeitalter von sozialen Netzwerken wie YouTube, Twitter oder Instagram können Tausende Menschen erreicht werden und in der Folge als Gäste ausbleiben (FREYBERG, GRUNER und LANG 2012, S. 90).

DIE KRAFT VON TRIPADVISOR

TripAdvisor® ist die zurzeit weltweit größte Reisewebsite, die die Planung und Buchung der »perfekten« Reise ermöglicht. TripAdvisor bietet Empfehlungen von Millionen von Reisenden, umfassende Reiseangebote sowie Planungsinstrumente mit direkten Links zu Buchungsoptionen, die Hunderte von Websites überprüfen, um Hotelpreise zu finden. Die TripAdvisor-Websites bilden die größte Reise-Community der Welt – mit aktuell nahezu 375 Millionen Besuchern im Monat, über 250 Millionen Erfahrungsberichten und Meinungen zu mehr als 5,2 Millionen Unterkünften, Restaurants und Attraktionen. TripAdvisor-Websites sind in 47 Ländern weltweit verfügbar. Es ist ein wirkungsvolles Instrument gegen schlechte Dienstleistung geworden. Mittels Smartphone und Blick in die Bewertung können Reisende auch spontan schnell von ihrem Plan eines bestimmten Restaurantbesuchs abweichen bzw. bei positiven oder negativen Bewertungen jeweils ihrer eigenen gegenteiligen Erfahrung eine Stimme geben, die millionenfach gelesen werden kann.
Quelle: www.tripadvisor.de/PressCenter-c6-About_Us.html

1 INNOVATION VERSTEHEN

Das Verständnis meiner Gäste als tragende Säulen innovativer Leistungen

Analog zu den Routineleistungen, die ein Gastgeber erbringt, ist es in der Konsequenz also auch unabdingbar, die Bedürfnisse und Erwartungen der Gäste bei innovativen Leistungen zu verstehen, um sie schließlich erfolgreich erfüllen zu können (TIGU, IORGULESCU und RAVAR 2013, S.19 und INNERHOFER 2012, S.72). Bei Innovationen, die durch den Gast und dessen Problemstellungen und veränderte Ansprüche ausgelöst werden, spricht man vom sogenannten »Market Pull« (VAHS und BREM 2013, S.243). Hier verlangt also der Markt dem Gastgeber neue Lösungen ab. Allerdings sind oftmals gar nicht alle Bedürfnisse und Problemstellungen des Gastes sichtbar. Wie bei einem Eisberg mögen sich entscheidende Teile noch unter der Wasseroberfläche befinden, und die frühzeitige Entdeckung dieser Teile stellt einen entscheidenden Innovationsfaktor dar (DANLER 2006, S.200).

Doch wer sind meine Gäste und was ist für sie von Bedeutung?

Jeder Mensch ist anders und so auch seine individuellen Bedürfnisse. Dennoch gilt es, als Gastgeber wichtige zielgruppenspezifische Erwartungen und Lebenseinstellungen sowie gesellschaftliche Entwicklungstendenzen auszumachen. Diese Auseinandersetzung bildet zusammen mit dem Beobachten und Antizipieren von künftigen Entwicklungen das Fundament für erfolgreiche Innovationen im Gastgewerbe. Im Folgenden werden einige allgemeine »Symptome« dargelegt, auf welche hin ein Gastgeber seine Gäste »untersuchen« sollte, um spätere Innovationsaktivitäten gegebenenfalls entsprechend zu gestalten. Ein Rückbezug zu vorher ausgemachten Trends führt dabei zum klaren Verständnis des Gesamtzusammenhangs.

Die zügige Etablierung von Alleinstellungsmerkmalen als Basisanforderungen

Menschen gewöhnen sich an einen einmal erfahrenen Komfort sehr schnell (POMPL und BUER 2006, S.33). Wird in der Werkstatt das Auto nach dem Reifenwechsel kostenfrei gewaschen, so ist man bei der nächsten kleineren Reparatur enttäuscht, wenn dies nicht geschieht. Wurde man im selben Restaurant vom Gastgeber häufig auf einen Kaffee nach dem Essen eingeladen, so verlässt man dieses verdrossen, wenn die Einladung einmal ausbleibt. Wurde das W-LAN in einem Hotel kostenfrei gewährt, so ist man nicht mehr bereit, im nächsten Hotel dafür zu bezahlen (POMPL und BUER 2006, S.34). Diese Liste ließe sich endlos fortführen. Aus überlegenen Leistungen oder Zusatznutzen werden also bisweilen sehr schnell Basisanforderungen des Gastes, deren Nicht-Erfüllung zu seiner Verärgerung führen kann.

Können hohe Anfangsinvestitionen des Hoteliers oder Gastronomen nicht durch die implementierte Innovation selbst erwirtschaftet werden, da diese zu rasch in eine Basisanforderung übergeht, müssen Innovationen teilweise durch Kernleistungen, etwa den Logis-Bereich, »quersubventioniert« werden. Doch sind Neuerungen wie beispielsweise die Bereitstellung von kostenfreiem W-LAN von zentraler Bedeutung. Berechnet der Gastgeber im gegebenen Beispiel nämlich Gebühren für die Nutzung des Internets, bleibt der Gast in der Folge dem gastgewerblichen Betrieb nicht nur fern, sondern hinterlässt vielleicht zudem eine negative Bewertung auf Portalen wie Tripadvisor. Dies kann zu einem Ausbleiben künftiger Gäste führen. Eine kontinuierliche Entwicklung innovativer Lösungen, die in ihrem Anfangsstadium bestenfalls eine möglichst geringe Preissensibilität des Gastes erzielen, scheint daher erfolgversprechend.

> »...zweifellos Wireless LAN. Ich könnte auf dem Boden schlafen, solange ich nur Zugang zu meinem Smartphone, meinem Laptop und meinem Tablet habe – diese sind Kernbestandteile meines Lebens. Und je schneller und einfacher der Zugang ist, desto glücklicher bin ich« – Innovationsforscherin Cathy Enz auf die Frage, auf welche Annehmlichkeit sie in einem Hotel in keinem Fall verzichten könnte.
> www.accenture.com

Auf der Suche nach günstigen Angeboten

In Verbindung mit der Tatsache, dass Gäste solche Angebote, die einen konkreten Kostenvorteil für sie beinhalten, schnell annehmen und

SPEISEKARTEN AUF DEM TABLET

Seit nunmehr einem halben Jahrzehnt halten sogenannte Tablets auch Einzug in die Hotellerie und Gastronomie. Eine Schweizer Studie aus dem Jahr 2015 belegt, dass Gäste der jüngeren Generationen den Einsatz von modernen Technologien im Gastgewerbe bereits sehr schätzen (YEPES 2015, S. 65). Digitale Speisekarten in Restaurants oder Tablet-PCs zur Bedienung diverser Funktionen im Hotelzimmer finden bei den sogenannten Digital Natives bzw. der Generation Y (geboren nach 1980) mehr und mehr Anklang. Sie empfinden derartige technische Möglichkeiten als originell, unterhaltsam und benutzerfreundlich. Auch ein Ausweisen aller enthaltenen Nährwerte in Speisen, beispielsweise in Form eines Ampelsystems, wird sehr positiv bewertet und kann mit dem Megatrend Gesundheit und Wohlbefinden in Zusammenhang gebracht werden.

in der Folge keine (hohe) Preisbereitschaft mehr zeigen, lässt sich auch vom sogenannten Smart Shopper (übersetzt etwa »gewiefter Käufer/Kunde«) sprechen. Dies drückt seinen Wunsch nach einem gewissen Mehrwert oder dem Gefühl des Preisvorteils aus. Diese Preissensibilität kann und sollte jedoch durch Alleinstellungsmerkmale aktiv beeinflusst und reduziert werden (BURKIA 2006, S. 257). Hierdurch kommt wiederum die Dringlichkeit von Innovationen in der Hospitality-Industrie zum Ausdruck. Innovative Leistungen können derartige notwendige USPs (Unique Selling Propositions) generieren, wenn sie dem Gast eine dem Wettbewerb überlegene Leistung bieten. Die Herausforderung besteht in der Folge darin, dass sich derartige Alleinstellungsmerkmale möglichst lange als solche behaupten, anstatt sich allzu rasch in eine Basisanforderung zu verwandeln. Tritt Letzteres nämlich ein, legt der Gast erneut eine gestiegene Preissensibilität an den Tag, und den Umsätzen im gastgewerblichen Unternehmen können Einbußen drohen.

Digitalisierung und die Generation C

Nicht mehr nur die Gäste von morgen, sondern bereits die Gäste der Gegenwart zeichnen sich durch ihren geübten Umgang mit digitalen Technologien aus. Die sogenannten Digital Natives (auch Generation Z) sind mit derartigen Technologien aufgewachsen, und so sind diese aus ihrem Alltag nicht mehr wegzudenken. Entsprechend muss sich auch das gastgewerbliche Angebot gestalten, um ihren Bedürfnissen gerecht werden zu können. Der moderne Begriff der Generation C verleiht dieser Notwendigkeit weiteren Nachdruck. »C« im Sinne von »always connected« (ständig verbunden) drückt dabei die hohe Affinität zu sozialen Netzwerken und der Pflege von Inhalten in diesen aus. Wichtig ist das Verständnis, dass der Begriff Generation C nicht eine bestimmte Altersgruppe beschreibt – im Gegensatz zu beispielsweise der Generation Y, die alle von 1980–1995 Geborenen beschreibt (GRUNER, FREYBERG und PHEBEY 2014, S. 85). Vielmehr definiert sich diese »Generation« durch eine gemeinsame Einstellung zu digitalen Technologien und kann sämtliche Altersgruppen umfassen (MASTROGIACOMO 2015, online). Die amerikanische Expertin auf dem Gebiet der sozialen Medien Angela Mastrogiacomo rät daher, in Social Media-Marketingkampagnen zu investieren, da jene sowohl heutige als auch künftige Gäste wirkungsvoll erreichen können. Dabei sind die individuellen Stärken der jeweiligen Netzwerke (z. B. Facebook, Instagram oder YouTube) zielgruppenspezifisch mit entsprechend relevanten Beiträgen zu nutzen, um das gewünschte Ergebnis zu erzielen. Derartige Kampagnen sollten im besten Fall den gesamten Prozess einer Reise umfassen, angefangen von der Phase der Sehnsucht oder des Fernwehs über die tatsächliche Buchung bis hin zum eigentlichen Aufenthalt. Dann nämlich werden Inhalte von Nutzern aller sozialen Netzwerke geteilt und offenbaren so die Möglichkeit, eine Vielzahl weiterer Gäste zu erreichen (MASTROGIACOMO 2015, online).

Der »Leitfaden Social Media« beispielsweise, der vom Bundesverband Informationswirtschaft, Telekommunikation und neue Medien e. V. (BITKOM) mittlerweile in seiner dritten Auflage herausgegeben wird, steht Unternehmen beim richtigen Einsatz von sozialen Medien hilfreich zur Seite. Auf insgesamt 90 Seiten erhalten Unternehmer Lösungsansätze und Ratschläge für einen erfolgreichen Kundendialog in sozialen Medien[8].

Im Hinblick auf die Tatsache, dass das mobile Werbegeschäft sowie die mobile Datenübertragungen rasant wachsen (MEEKER 2015, online), stellen Smartphone-kompatible Versionen der unternehmenseigenen Webseite und hotel- bzw. restauranteigene Apps weitere beispielhafte

---

[8] Presseinformation BITKOM Berlin vom 25. Mai 2015

WESENTLICHE »WERTE« UND NETZWERKE DER GENERATION C

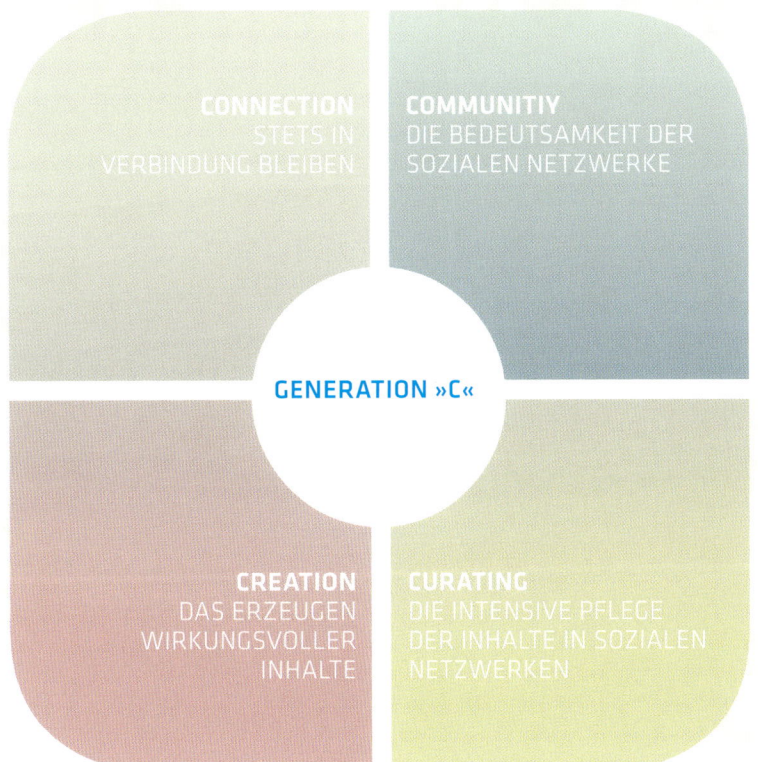

Quelle: eigene Darstellung in Anlehnung an MASTROGIACOMO 2015, online

Maßnahmen dar, um die hohe Technologieaffinität dieses Gästekreises effizient zu nutzen. Der französische Hotelkonzern AccorHotels ermöglicht seinen Gästen seit Sommer 2015 durch die sogenannte »Big App«, sämtliche Services vor und während ihres Aufenthalts mobil in Anspruch zu nehmen, wenn sie dies wünschen. So können über die Applikation Hotels sämtlicher Marken gebucht, bei Ankunft mobil eincheckt und ebenso ausgecheckt sowie während des Aufenthalts via Smartphone oder Tablet Reservierungen und Bezahlungen vorgenommen werden (KWIDZINSKI 2015, online). Die spanische Hotelkette Melia startete im Sommer 2015 ihr erstes »Social-Media-Hotel«. Angesprochen werden soll ein musik- und technikbegeistertes Publikum, im Mittelpunkt stehen soziale Netzwerke, über die die Gäste sich untereinander kennenlernen sollen. So können Hotelgäste beispielsweise zu den Rhythmen der eigenen Sol House Playlists am Pool tanzen und ihre Fotos davon gleich online stellen. Sichtbar sind die Posts unter anderem an der Tweet-Wall in der Hotellobby (www.leadersnet.at). Gäste erwarten von Hotels mittlerweile nicht mehr nur Erlebnisse, sondern in regelmäßigen Abständen Innovationen, die sie anregen.

Der zunehmenden Digitalisierung der Gesellschaft steht jedoch gleichzeitig der Wunsch nach einer »digitalen Entgiftung« entgegen (GASSER 2015, SZ online). Gastgeber sehen sich somit der Herausforderung gegenüber, einerseits höchste Ansprüche an Technologie und Funktionalität zu erfüllen und andererseits ihren Gästen die Möglichkeit zu geben, den Aufenthalt »offline« (nicht vernetzt) zu verbringen, wenn ihnen der Sinn nach entsprechender digitaler Abkopplung steht.

Der hybride Gast
Verbunden mit einer derartigen Polarisierung der Bedürfnisse ist das Phänomen des sogenannten hybriden Gastes. Hinter diesem Ausdruck verbirgt sich die Schwierigkeit, dass ein und derselbe Gast mitunter nicht nur einem Segment zuordenbar ist. Verbringt er seine Geschäftsreisen in günstigen Budgethotels, zieht er es am Wochenende womöglich vor, in luxuriösen 5*-Häusern zu entspannen (GRUNER, FREYBERG und PHEBEY 2014, S. 88). Somit kann auch seine

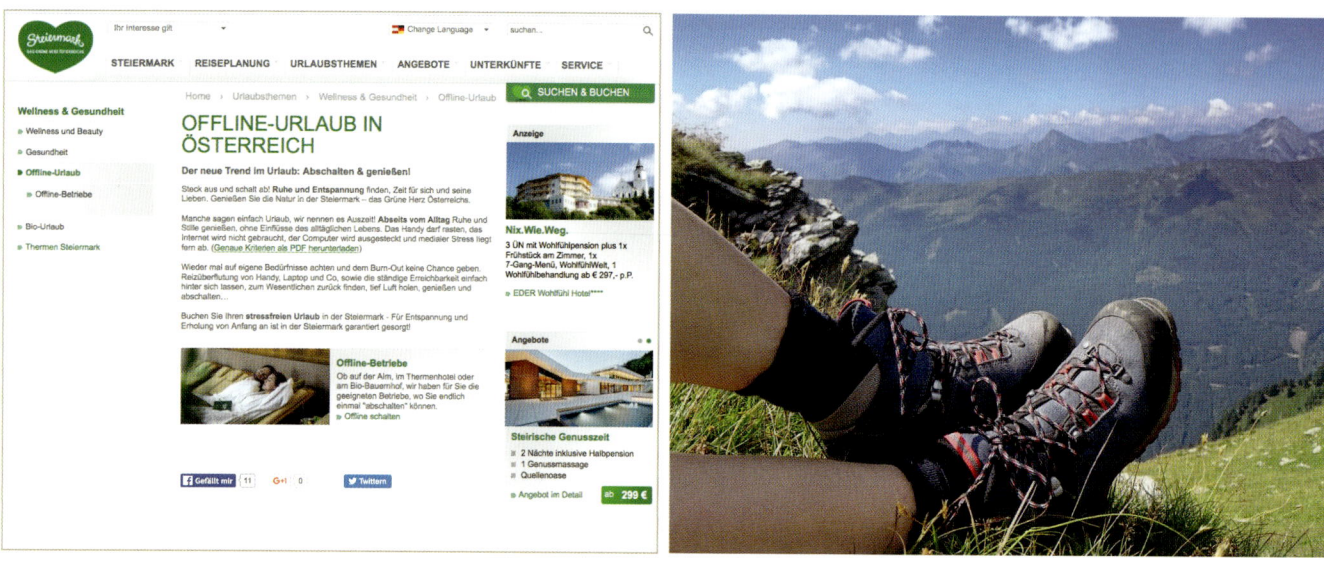

Preisbereitschaft in erheblichem Maße schwanken. Der Gastgeber eines Budgethotels sollte demnach im übertragenen Sinne mit seinem Angebot nicht nur den Kleinwagenfahrer zu erreichen suchen, sondern auch den Eigentümer einer Oberklasse-Limousine. Ebenso gilt Umgekehrtes, denn ein sonst sparsamer, preissensibler Lebensstil kann beim »hybriden Gast« nicht selten zu freigebigen Ausgaben und einer hedonistischen Einstellung während des Urlaubs führen (DEN HERTOG, GALLOUJ und SEGERS 2011, S. 1433).

Die nachfolgende Abbildung illustriert die genannten sowie weitere exemplarische Faktoren, die Einfluss auf das Verhalten und die Ansprüche von Gästen in gastgewerblichen Betrieben ausüben können. Dies soll Gastgeber dazu anregen, sich eingehend mit ihren Gästen zu befassen. Die amerikanischen Hotelketten Starwood und Hilton taten dies beispielsweise über Jahre hinweg, indem sie nach intensiver Forschung hochklassige Betten entwickelten, sodass sie dem Gästebedürfnis nach hervorragendem Schlaf gerecht werden konnten (BRAULT 2007, S. 105). Das Hotel Schani in Wien arbeitete bei seiner Erforschung der Bedürfnisse von Gästen mit dem Fraunhofer-Institut für Arbeitswirtschaft und Organisation zusammen, das sich unter anderem der kontinuierlichen Untersuchung des Hotels der Zukunft widmet. Einen anderen Weg schlugen die A-ja Resorts ein. Sie lassen jeden Gast selbst entscheiden, was er braucht. Von der reinen Übernachtung bis hin zu einem umfassenden Wellness-Aufenthalt ist alles möglich. Entsprechend gestaltet sich in der Folge der Preis.

Bei der Erforschung der Gäste und ihrer Ansprüche ist zu beachten, dass die Anforderungen eines Gastes beispielsweise in einem modernen Budget-Boutique-Hotel in einer Großstadt von denen eines Gastes in einem luxuriösen Spa-Hotel in den Bergen in erheblichem Maße abweichen können. Auch treffen die sich allgemein abzeichnenden Tendenzen nicht auf jeden Menschen zu. Es liegt daher an jedem Hotelier und Gastronomen, seinen individuellen Gästekreis zu identifizieren und ihn in der Folge zu verstehen, um genau die Innovationen hervorbringen zu können, die Anklang bei ihm finden. Denn das subjektive Empfinden des Gastes über eine (innovative) Leistung entscheidet letztlich auch über ihren tatsächlichen Erfolg (HAUSCHILDT und SALOMO 2011, S. 18 und INNERHOFER 2012, S. 72). Insbesondere die Privathotellerie und klassische Gastronomie zeichnet sich durch ihre echte Nähe zum Gast aus. Die Anwesenheit des Hoteliers oder Gastronomen stellt ein bedeutendes Qualitätsmerkmal dar. Durch persönliche Gespräche mit treuen Stammgästen kann es jedem Gastgeber daher gelingen, erfolgreich zu erforschen, worauf es jenen sowie künftigen Gästen heute und vor allem in der Zukunft ankommt (FREYBERG, GRUNER und LANG 2012, S. 18). Entsprechend kann und muss das gastgewerbliche

EXEMPLARISCHE EINFLUSSFAKTOREN AUF
DAS GÄSTEVERHALTEN IM FRÜHEN 21. JAHRHUNDERT

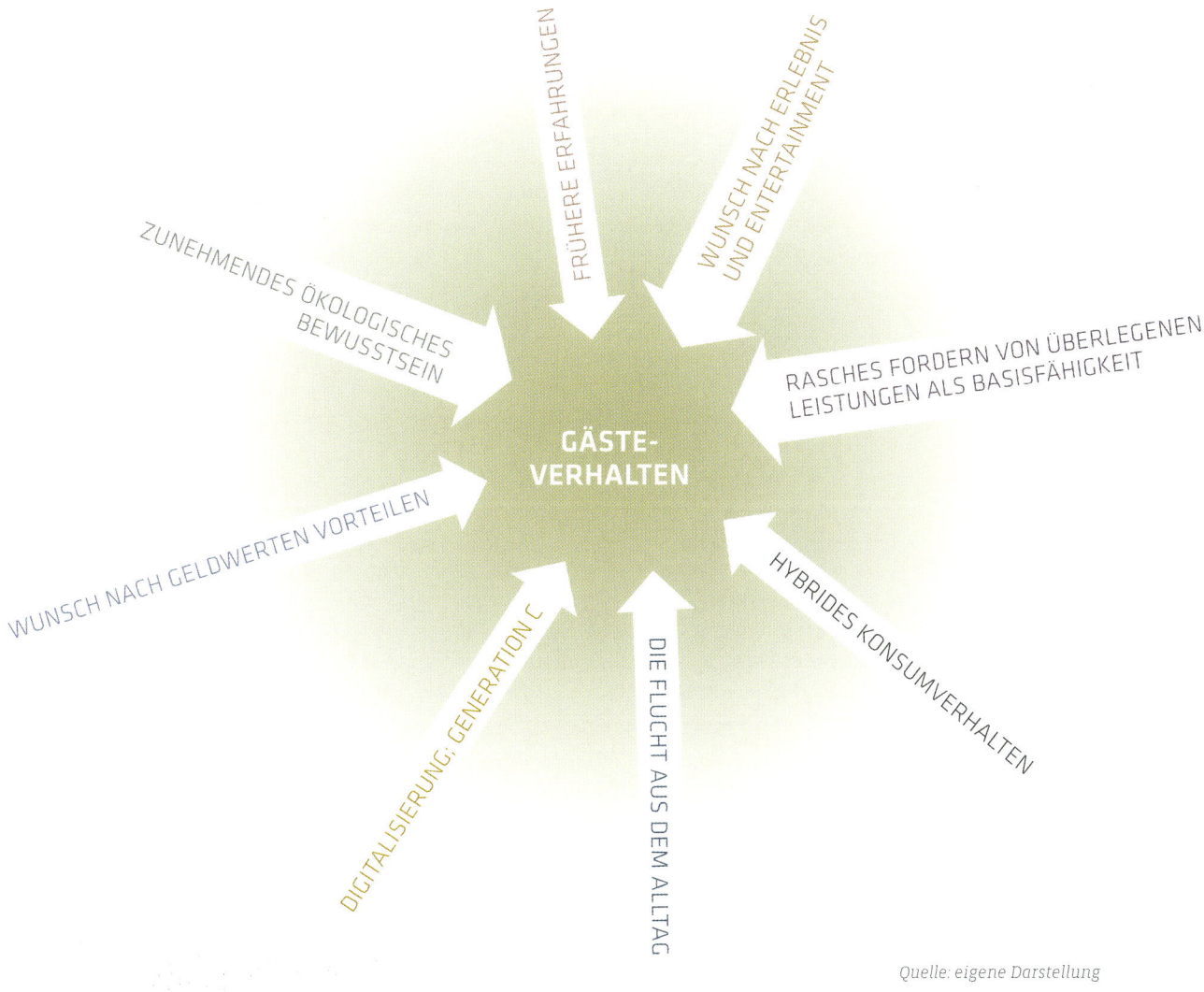

Quelle: eigene Darstellung

Angebot gestaltet und vermarktet werden und gewährleistet so den langfristigen Fortbestand des Unternehmens.

Der Einbezug des Gastes in die konkrete Entwicklung von Innovationen (nach seiner genauen »Durchleuchtung« vorab) erweist sich ebenfalls als erfolgsbegünstigend (OTTENBACHER und GNOTH 2005, S. 215; GRISSEMANN, PIKKEMAAT und WEGER 2013, S. 11). Er spielt im Optimalfall nicht nur beim Produzieren bestehender Angebote die Rolle des Co-Produzenten, sondern agiert auch bei »Neuproduktionen« als solcher (TIGU, IORGULESCU und RAVAR 2013, S. 19). Dem konkreten Einbezug des Gastes als externem Faktor und Ideengeber bei der Innovationsentwicklung widmet sich das Kapitel SYSTEMATISCH NEUE IDEEN GEWINNEN.

Neben den Anforderungen von Gästen, langfristigen Entwicklungstendenzen, steigender Wettbewerbsintensität und neuen Technologien existiert eine Reihe weiterer Impulse für die eigene Innovationstätigkeit. So können auch Zulieferer, Wettbewerber oder unabhängige Berater externe Auslöser von Innovationen sein. Intern angestoßen werden innovative Aktivitäten unter anderem durch Mitarbeiter, aufgedeckte Prozessschwächen oder Krisensituationen (INNERHOFER 2012, S. 280).

HOTEL DER ZUKUNFT

»Wie sieht das Hotel der Zukunft aus? Dieser Frage geht das Fraunhofer IAO im Rahmen des Innovationsnetzwerks »FutureHotel« gemeinsam mit Wirtschaftspartnern aus der Hotelbranche nach. Die Verbundpartner erforschen zentrale Fragestellungen und entwerfen Konzepte und Lösungen für das Hotel der Zukunft. Relevante Schlüsselentwicklungen und deren Auswirkungen auf die Hotellerie werden ebenso analysiert wie die Anforderungen verschiedener Gästetypen und Optimierungspotenziale im Hotelbetrieb. Für die Bereiche wie Hotelzimmer, Lobby, Rezeption, Tagungsbereiche etc. werden neue zukunftsweisende Lösungen aufgezeigt und dabei technologische Innovationen sowie wirtschaftliche, ökologische und gesamtgesellschaftliche Gesichtspunkte berücksichtigt. Darüber hinaus bieten eigene Laborumgebungen wie der Showcase »FutureHotel« in Duisburg und das »Urban Living Lab« in Stuttgart die einzigartige Möglichkeit, theoretische Forschung mit einem realen Testfeld zu verbinden. Konkrete Ergebnisse aus der Forschung sind beispielsweise die folgenden umsetzungsfähigen Konzepte und Lösungen:

- Individuelle, spezifische Hotelzimmerauswahl des Gastes (vgl. Sitzplatz im Flugzeug)
- Konzepte zur zeitlich flexiblen Hotelzimmerbuchung
- Automatisierte Check-in- und Check-out-Prozesse mit variablem Anteil an Mitarbeitereinsatz
- Technisch vernetzte, personalisierbare Innenräume (vgl. Smart Environments), z. B. Hotelzimmer
- Synergetische Kombinationen von Co-working Space und Hotel (vgl. Coworking Lobby)
- Lösungen für innovative Bad- und Wellnessbereiche (vgl. Showcase FutureHotel)
- Produktlösungen der Wirtschaftspartner, z. B. die intelligente Türzarge »Case plus« oder das schwingende Bett »Sway«

Im November 2008 wurde der Showcase »FutureHotel« im Innovationszentrum in Haus2 in Duisburg erstmals der Öffentlichkeit präsentiert. Hier wurden neuartige Lösungen und prototypische Entwicklungen umgesetzt, die jeweils Innovationsthemen für das Hotel der Zukunft repräsentieren. »FutureHotel« wurde im Januar 2011 mit dem Innovationspreis Technologiemanagement ausgezeichnet. Das »Urban Living Lab« am Fraunhofer IAO in Stuttgart dient der Erforschung profilbasierter Interaktion in unterschiedlichen Situationen vom Stadtrundgang über die Rezeption bis hin zum Hotelzimmer. Innovative technische Lösungen werden hier pilotiert und evaluiert.«

Quelle: Auszug aus der Projektbeschreibung, BORGMANN 2015, online

INNOVATIONSAUSLÖSER INTERNER UND EXTERNER NATUR

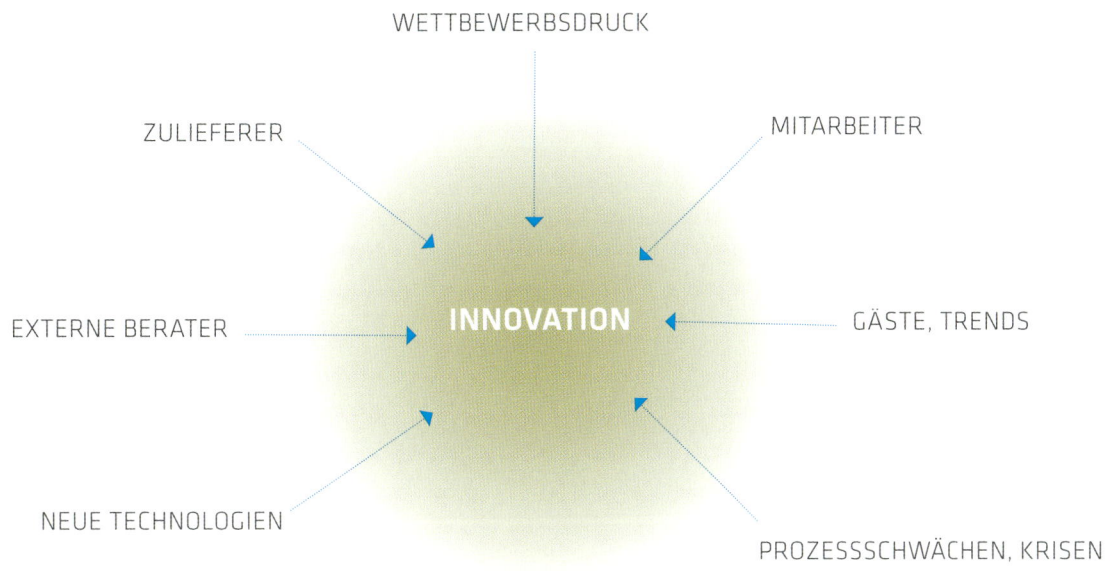

Quelle: eigene Darstellung in Anlehnung an VAHS 2013, S. 244 f.

1.2 | Aktuelle Tragweite des Innovationsmanagements in der Hospitality-Industrie

Insgesamt zeigt sich die Hospitality-Industrie besonders im Vergleich zu anderen Branchen heutzutage noch immer eher innovationsscheu (PIKKEMAAT 2008, S. 195 und WEIERMAIR und PETERS 2006, S. 11). Vor allem kleine und mittelständische touristische Unternehmen neigen zur Imitation großer und internationale Akteure (PIKKEMAAT 2008, S.189), anstatt eigenständig neuartige Lösungen zu entwickeln. Ein Großteil solcher unabhängiger Innovationen im Gastgewerbe sind Weiterentwicklungen und Verbesserungen bestehender Leistungen (INNERHOFER 2012, S. 43), welche zumeist marktinduziert sind (KLAUSEGGER und SALZGEBER 2006, S. 45). Bestehende Anforderungen oder Problemstellungen des Gastes können so durch überlegene Lösungen erfüllt werden, ohne das Risiko eingehen zu müssen, womöglich an den Bedürfnissen der Zielgruppe vorbei zu innovieren. Diese Gefahr besteht vornehmlich bei technologieinduzierten (nicht durch die Nachfrage angestoßenen) Innovationen. Es erfolgen somit eher »Fort-Schritte« als »Fort-Sprünge« (HAUSCHILDT und SALOMO 2011, S. 13). Durch den mit dem operativen Tagesgeschäft einhergehenden Fokus auf den Gast werden moderate Weiterentwicklungen leichter angestoßen als radikale Neuerungen, die die bestehende Klientel womöglich gar nicht ansprechen und so zu einem Fernbleiben wertvoller Stammgäste führen könnten (MONTEIRO und SOUSA 2011, S. 176). Die Forscher Shaw, Williams und Bailey (2012) verzeichnen in kleinen und mittelständischen gastgewerblichen Unternehmen vor allem Innovationen auf den Gebieten Umwelt (z. B. wasser- und energiesparende Maßnahmen) und Informationstechnologien sowie in Form von Konzeptneuausrichtungen (z. B. hin zu Boutique-Hotels oder Country Clubs, um der standardisierten Kettenhotellerie entgegenzutreten) (SHAW, WILLIAMS und BAILEY 2012, S. 25ff.).

Bedingt durch die Risikoscheu und die relative Innovationspassivität erweist sich der Anteil an gastgewerblichen Unternehmen, die bereits ein gezieltes und formalisiertes

DIE ROBOTERTECHNIK HÄLT EINZUG IN DEN KÜCHEN DIESER WELT

Dem Mangel an Köchen könnte bald wirkungsvoll begegnet werden. Der russische Entwickler Mark Oleynik, der im Jahr 2014 das Startup-Unternehmen Moley Robotics gründete, kreierte den Roboter Moley, welcher schon jetzt zu den raumgreifendsten Küchenmaschinen unserer Zeit zählt. Zwar wird aktuell noch unter Hochdruck getüftelt und optimiert, jedoch soll Moley demnächst problemlos in der Lage sein, Gerichte von Spitzenköchen nachzukochen. Die Arme und Hände von Moley wurden von Universal Robotics und Shadow Robotics in Form von 20 Motoren, 24 Gelenken und 129 Sensoren ausgestattet und sind überdimensioniert über dem Herd angebracht.

Innerhalb von 26 Minuten ist Moley in der Lage, ein vollständiges und verzehrfähiges Gericht zuzubereiten. Allerdings ist und bleibt es noch fraglich, ob sich ein solcher Spitzenroboter tatsächlich durchsetzen wird. Küchen gelten normalerweise nicht als Orte, an denen alle Utensilien stets am selben Platz zu finden sind. Daher greift Moley momentan noch ins Leere, sofern der Mixer nicht an der einprogrammierten Stelle steht. Mit einem Verkaufspreis von 75.000 US$ inklusive Küche und Rezepte-Datenbank ist Moley aktuell auch noch eine äußerst preisintensive Küchenhilfe, was sich allerdings durch Erlangen der geplanten Serienreife innerhalb der nächsten drei Jahre rasch ändern könnte.

Quelle: VOLLMUTH 2015, online

INNOVATIONSHEIMAT KAMEHA HOTEL ZÜRICH

In Zürich Glattpark eröffnet am 1. März 2016 das Kameha Grand Hotel. Das von Marcel Wanders erschaffene Lifestyle-Hotel ist neben dem außergewöhnlichen Interieur insbesondere in puncto Technik State of the Art und Lead User von Innovationen.

Im Restaurant sind iPads im Einsatz. Es bietet sich Fotos aller Gerichte mit entsprechender Weinempfehlung des Sommeliers sowie Informationen über das Küchen- und Serviceteam. Mittels Live-Stream ist ein Blick in die Küche möglich. Durch die Nutzung von »iFeedback« werden Lob, Kritik und Anregungen der Gäste in Echtzeit an das Hotelmanagement übertragen und erreichen direkt den passenden Ansprechpartner. Noch während sich der Gast im Hotel befindet, kann auf das Feedback reagiert werden.

Mit dem telepresence system in den Tagungsräumen sind realitätsnahe Besprechungen mit integrierten Präsentationen möglich.

Self Check-In Terminals ermöglichen es dem Gast, schnell einzuchecken. Die Gäste geben die Reservierungsnummer ein oder scannen einen Barcode, den sie per Mail erhalten haben, und schon wird die Zugangskarte ausgegeben.

Das PowerKiss »Heart«, eine integrierte drahtlose Auflademöglichkeit für Mobiltelefone, ist in verschiedenen Möbelstücken des Hotels integriert und erzeugt eine Magnetresonanz, durch die drahtlose Energie übertragen wird. Mittels Suite-Pad, dem digitalen Concierge auf dem Hotelzimmer, erhalten Gäste sämtliche Informationen zum Hotel und der Umgebung. Zudem bündelt er Telefon, Fernbedienung und Zeitschriften auf einem Gerät.

Der im Einsatz befindliche SmartButler ist eine Anwendung für Smartphones, die es den Hotelmitarbeitern ermöglicht, direkt auf Gästewünsche zu reagieren. Gästevorlieben und -wünsche sowie Bestellungen und Reklamationen erscheinen direkt auf dem Smartphone des Mitarbeiters und werden unverzüglich bearbeitet.

Quelle: Wurm 2015

Innovationsmanagement etabliert haben, als gering (DEN HERTOG, GALLOUJ und SEGERS 2011, S. 1432). Die Studie FutureHotel Hoteliersbefragung, die 2011 durch das Fraunhofer-Institut unter 2590 Hoteliers aus Deutschland, Österreich und der Schweiz durchgeführt wurde, beziffert diesen Anteil auf lediglich 15 Prozent (BORKMANN, RIEF und WEBER 2011, S. 23). Stattdessen werden in Bezug auf Innovationen oftmals Ad-hoc Entscheidungen getroffen und das weitere Vorgehen eher intuitiv gehandhabt (OTTENBACHER und GNOTH 2005, S. 206). Nach Einschätzung der in der Studie Befragten werden Gastgeber in Zukunft vor allem Veränderungen in den Bereichen

- technische Infrastruktur und technische Geräte,
- Dienstleistungsangebot sowie
- Zielgruppe und Gästebedürfnisse

erfahren (BORKMANN, RIEF und WEBER 2011, S. 121). Diese Beurteilung verdeutlicht erneut die Unerlässlichkeit von Innovationen, um solchen Veränderungen erfolgreich begegnen zu können. Indes stellt der Innovationsforscher Marée (2011) fest, dass sich die Hospitality-Industrie insgesamt noch immer auf der Suche danach befindet, wie man Innovationen in das Tagesgeschäft integrieren kann. Innovatives Denken sollte für den erfolgreichen Hotelier oder Gastronom genauso selbstverständlich sein wie der Frühstücks- oder Weinservice (MAREE 2011, S. 125). Insbesondere kleine und mittelständische Unternehmen merkten in der FutureHotel Hoteliersbefragung jedoch an, dass viele der darin vorgestellten innovativen Maßnahmen mit hohen Investitionen verbunden und somit für sie nicht realisierbar seien (BORKMANN, RIEF und WEBER 2011, S. 116). Das gilt etwa für die Ausstattung der Bäder mit nanoaktiven Materialien, eine intelligente Gebäudetechnik oder eine Automatisierung der Zimmertechnik. Die weiteren Kapitel dieses Buches werden jedoch aufdecken, dass es bei erfolgreichen Innovationen nicht nur auf die unbeschränkte Verfügbarkeit von finanziellen Ressourcen ankommt. So ist das Innovationsmanagement für jeden großen und kleinen Gastgeber ein höchst relevantes Thema, welches nicht nur positiv, sondern auch proaktiv angegangen werden sollte (GRISSEMANN, PIKKEMAAT und WEGER 2013, S. 20).

1.3 | Der Begriff des Innovationsmanagements

Zum tiefgreifenden Verständnis von Innovationen zählt neben dem Wissen um ihre Dringlichkeit sowie um bedeutende Auslöser das Verständnis des eigentlichen Begriffs. Das Innovationsmanagement fungiert als wichtiges Handwerkszeug bei der Generierung und Umsetzung innovativer Lösungen und sollte daher jedem Gastgeber zur Verfügung stehen und ihm gut in der Hand liegen.

Der Innovationsbegriff

Der Begriff der Innovation findet seinen Ursprung im Lateinischen und lässt sich von den Worten »innovatio« (Veränderung; etwas neu Geschaffenes) und »novus« (neu) ableiten (HARTSCHEN, SCHERER und BRUEGGER 2009, S.7). Im wirtschaftlichen Zusammenhang beschreibt das Wort Innovation die »Realisierung einer neuartigen, fortschrittlichen Lösung für ein bestimmtes Problem, besonders die Einführung eines neuen Produkts oder die Anwendung eines neuen Verfahrens«. Diese Definition macht es erforderlich, die Innovation von der Invention (Erfindung) abzugrenzen. Zwar stellt die Invention eine notwendige Vorstufe zur Innovation dar, aber sie beschränkt sich auf den Prozess der Ideengenerierung und die erstmalige Umsetzung der generierten neuen Ideen. Werden derartige Ideen dann erstmalig auch wirtschaftlich umgesetzt, so spricht man von einer Innovation. Dabei beinhaltet die wirtschaftliche Umsetzung die Markteinführung sowie die spätere Marktbewährung. Eine Idee stellt in diesem Kontext einen strukturiert gefassten Gedanken dar. Eine Idee kann spontan oder geplant, z.B. mithilfe von Kreativität, entstehen (VAHS und BREM 2013, S.21).

Bereits im frühen 20. Jahrhundert setzte sich der österreichische Nationalökonom und spätere Harvard-Professor Joseph Schumpeter intensiv mit der »Durchsetzung neuer Kombinationen«[9] auseinander und gilt heute als Begründer der Diskussion um Hintergründe und Wirkungsweisen von Innovationen (OTTENBACHER und GNOTH 2005, S.206).

[9] SCHUMPETER 1912, S. 8

VON DER IDEE ZUR INNOVATION

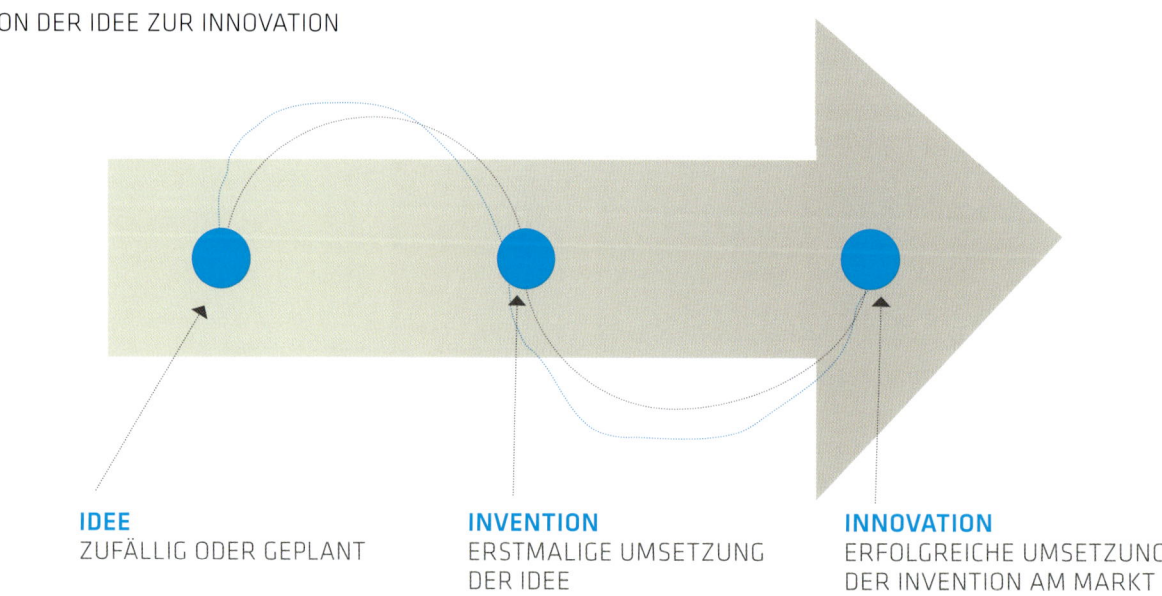

IDEE
ZUFÄLLIG ODER GEPLANT

INVENTION
ERSTMALIGE UMSETZUNG DER IDEE

INNOVATION
ERFOLGREICHE UMSETZUNG DER INVENTION AM MARKT

Quelle: eigene Darstellung in Anlehnung an VAHS und BREM 2013, S.21 und HARTSCHEN, SCHERER und BRUEGGER 2009, S.8

MANAGEMENT KREISLAUF

Quelle: eigene Darstellung

Der Managementbegriff
Der Begriff des Managements beschreibt die zielgerichtete Planung, Durchführung und Kontrolle jeglicher unternehmerischer Tätigkeiten, um zuvor festgelegte Ziele auf effiziente Weise zu erreichen.

Neben der funktionalen Auffassung beinhaltet das Wort Management zudem den institutionalen Aspekt. Es meint also auch die Personen, die im Unternehmen eine Führungsposition besetzen. Die Innovationsforscher Vahs und Brem (2013) verstehen somit unter dem zusammengesetzten Begriff Innovationsmanagement »alle Planungs-, Entscheidungs-, Organisations- und Kontrollaufgaben im Hinblick auf die Generierung und Umsetzung von neuen Ideen in marktfähige Leistungen«[10]. Hauschildt und Salomo (2011) betrachten die bewusste Gestaltung des Innovationsprozesses als Kernaufgabe des Innovationsmanagements (HAUSCHILDT und SALOMO 2011, S. 30).

Vor dem Hintergrund der mit einer Innovation verbundene Neuartigkeit (»novus«), welche auch mit dem Faktor des Unbekannten einhergeht, wirft der Innovationsforscher Jürgen Hauschildt jedoch die Frage auf, ob es sich bei dem Ausdruck Innovationsmanagement nicht um einen Widerspruch handle (HAUSCHILDT und SALOMO 2011, VII). Ist es möglich, eine Reise auf bisher nicht beschrittenen Pfaden, deren Ziel zu Beginn häufig noch nicht bekannt ist, vollständig zu planen und zu steuern? Diese rhetorische Frage verdeutlicht, wie wichtig eine Auseinandersetzung mit den komplexen Zusammenhängen innovativer Tätigkeit ist.

Praktische und theoretische Vielfalt des Innovationsbegriffs
Trotz der eingangs gegebenen, schlüssig klingenden theoretischen Definition des Begriffs Innovation wird dieser in der Praxis mitunter sehr unterschiedlich aufgefasst und abgegrenzt. Während ein Gastgeber unter einer erfolgreichen Innovation womöglich die Neugestaltung seines Betriebs im Hinblick auf Architektur und Design (GROETSCH 2006, S. 283) versteht, mag ein anderer die gänzliche Neugestaltung seines gastronomischen Konzepts, beispielsweise in Form eines Open Cuisine Restaurants, als fortschrittliche Lösung für ein bestimmtes Problem empfinden. Tatsächlich reicht der Begriff Innovation in der Praxis von einer geringfügigen Modifikation bestehender Leistungen bis hin zu bahnbrechenden Weltneuheiten (OTTENBACHER und GNOTH 2005, S. 206). Beispiele sind die ersten Flughafenhotels der amerikanischen Hotelkette Hilton in den 1950er Jahren oder die Einführung von Loyalitätsprogrammen. Und auch die Literatur begnügt sich nicht mit der anfänglich gegebenen

[10] VAHS und BREM 2013, S. 28

Definition, sondern bietet vielmehr eine Flut von weiteren Definitionen. So werden Innovationen beispielsweise erklärt als

- »qualitativ neuartige Produkte oder Verfahren, die sich gegenüber einem Vergleichszustand »merklich« – wie auch immer das zu bestimmen ist – unterscheiden«[11]
- »alle aus unternehmensindividueller Sicht erstmalig relevanten Neuheiten«[12]
- Neue Dienstleistungen, Produkte, Prozesse oder Ideen; jedoch können Innovationen auch bestehende Ideen, die in anderen Umgebungen für andere Kundengruppen angewendet werden, sein (VILA, ENZ und COSTA 2012, S. 76)
- Jegliches Neues, das ein Unternehmen tut, einerlei, ob es eine Weltneuheit darstellt, von Wettbewerbern kopiert oder von bestehenden Produkten und Dienstleistungen abgeleitet wurde (JONES 1996, S. 86f.).

Mit dieser Vielfalt der Abgrenzung des Begriffs Innovation geht eine weite Spanne der Auffassungen über das Management von Innovationen einher. Sie können von einem chaotischen, unüberlegten Wettlauf gegen die Mitbewerber bis hin zu einem hochsystematisierten Forschungs- und Entwicklungsprozess reichen (JONES 1996, S. 87). Letzterer ist jedoch in der Hospitality-Industrie aufgrund der hohen Anzahl an kleinen und mittelständischen Betrieben (PIKKEMAAT 2008, S. 189) und in der Folge fehlender Forschungs- und Entwicklungsabteilungen (JONES 1996, S. 88) sowie der hohen operativen Belastung eher selten der Fall (DEN HERTOG, GALLOUJ und SEGERS 2011, S. 1432).

Doch welche der zahlreichen Begriffsbestimmungen ist am Ende die richtige?

Eine individuelle Abgrenzung ist gefragt
Die aufgeführte Vielfalt an Definitionen des Begriffs Innovation soll keineswegs der Abschreckung oder Verwirrung dienen. Vielmehr verdeutlicht sie, dass es von zentraler Bedeutung ist, unternehmensindividuell festzulegen, was als Innovation bezeichnet wird (HAUSCHILDT und SALOMO 2011, S. 3). Jeder Hotelier oder Gastronom kann unter seiner Innovationstätigkeit unterschiedliche Aspekte oder Zusammenhänge verstehen, und das ist auch vollkommen legitim. Doch eine persönliche Beschreibung und Eingrenzung ist aus mehreren Gründen unabdingbar. Zum einen bietet sie dem Unternehmer im späteren Beschreiten innovativer, unbekannter Wege Orientierung und unterstützt ihn in der Folge dabei, nicht vom geplanten Weg abzukommen. Zum anderen kann dadurch Schwierigkeiten in Bezug auf die Messbarkeit des Begriffs »innovativ« entgegengewirkt werden (PECHLANER, FISCHER und PRIGLINGER 2006, S. 122). Denn während eine objektive Messung im Allgemeinen bereits schwierig ist, erweist sie sich als schlechterdings unmöglich, wenn kein Referenzwert vorhanden ist. Nur durch ein vorheriges Festlegen eines Ziels (Soll-Zustand) kann im Nachgang ermittelt werden, ob es auch erreicht wurde (Übereinstimmung des Ist-Zustands mit dem Soll-Zustand). In der Folge kann der Gastgeber also messen, ob er innovativ ist. Bei der persönlichen Definition von Innovation und dem, was sie für das eigene Unternehmen bedeutet (HAUSCHILDT und SALOMO 2011, S. 8) ist darauf zu achten, eine möglichst realistische Eingrenzung vorzunehmen. So sind weder zu hoch gesteckte und in der Folge unerreichbare Ziele erfolgversprechend, noch solche, die so weit unten angesiedelt sind, dass sie mit Leichtigkeit übertroffen werden.

Um nun eine entsprechende individuelle Bestimmung des Innovationsbegriffs vornehmen zu können, geben die folgenden Abschnitte Aufschluss über wichtige allgemeingültige Merkmale, Dimensionen und Arten von Innovationen. Diese dienen als Grundlage der persönlichen Definition.

1.3.1 | Merkmale und Wesen einer Innovation

Trotz der vielfach verschiedenartigen Auffassungen des Begriffs Innovation lässt sich deren Wesen mithilfe einiger unbestrittener Merkmale charakterisieren. Zunächst zeichnet sich jede Innovation dadurch aus, dass sie von der betrieblichen Routine und den mit dieser verbundenen Prozessen abweicht (HAUSCHILDT und SALOMO

---

[11] HAUSCHILDT und SALOMO 2011, S. 4
[12] TROMMSDORFF und SCHNEIDER 1990, S. 3

1 INNOVATION VERSTEHEN 37

INNOVATIONSBESCHREIBENDE MERKMALE

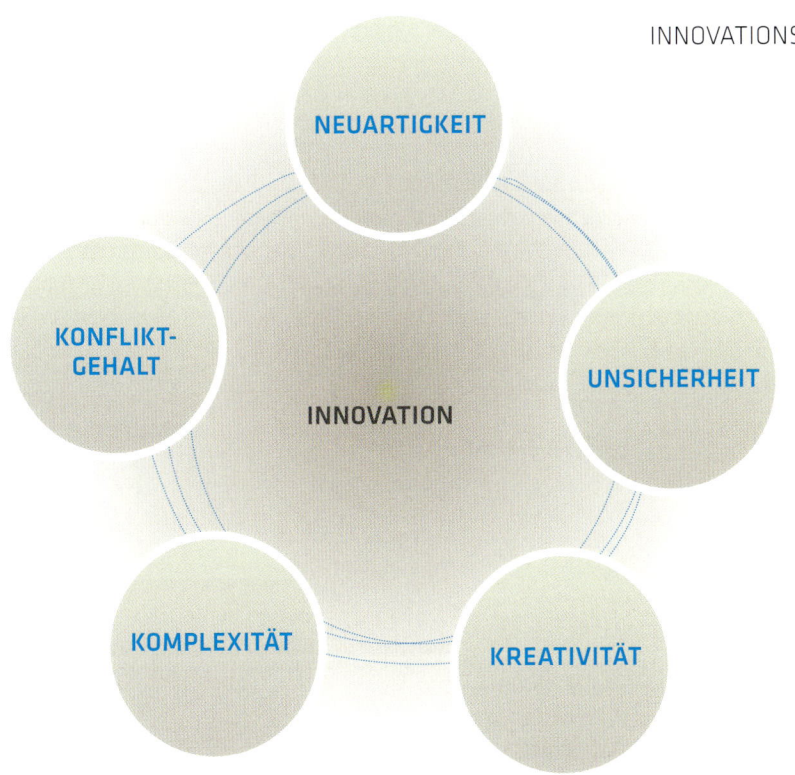

Quelle: eigene Darstellung in Anlehnung an VAHS und BREM 2013, S. 31 ff.

2011, S. 16). Die Abbildung oben illustriert zentrale Attribute, die diese Abweichung bedingen.

Neuartigkeit – das Überschreiten des bisherigen Erkenntnis- und Erfahrungsstandes[13]
Dass mit jeder Innovation ein Zustand der Neuartigkeit verbunden ist, impliziert bereits der Begriff als solcher. Dabei kann die Neuartigkeit in erheblichem Maße variieren. Sie reicht von geringfügigen Abwandlungen bekannter Leistungen bis hin zu radikalen Neuerungen (VAHS und BREM 2013, S. 31). Des Weiteren ist zu differenzieren, aus welcher Perspektive die Neuartigkeit betrachtet wird. So kann eine Leistung entweder neu für den Markt oder die Branche sein (Makroperspektive) oder aber neu für das gastgewerbliche Unternehmen (Mikroperspektive) (HAUSCHILDT und SALOMO 2011, S. 15). Zudem stellt sich die Frage, was der eigentliche Inhalt der Neuerung ist. So sollte jeder Gastgeber die in der nachfolgenden Abbildung dargelegten Dimensionen im Hinblick auf das Merkmal der Neuartigkeit kritisch reflektieren und für seine jeweiligen Innovationsprojekte definieren:

Doch wozu ein derartiges Spezifizieren dieses Merkmals? Die Ausprägungen der einzelnen Dimensionen stehen in enger Beziehung zu den übrigen innovationsbeschreibenden Attributen (VAHS und BREM 2013, S. 36). Je neuer (z. B. radikal neu für die Branche) der Inhalt einer Innovation ist, desto höher ist folglich in der Regel auch die damit verbundene Komplexität und Unsicherheit. Mit dem Ziel einer möglichst großen Komplexreduktion sowie Orientierungshilfe ist in einem derartigen Fall ein entsprechend strukturierter Innovationsprozess zu gestalten. Die Komplexreduktion zählt zu den Kernfunktionen des Innovationsmanagements (HAUSCHILDT und SALOMO 2011, S. 35). Handelt es sich bei einer Innovation hingegen um eine geringfügige Modifikation, so ist ein hochstrukturierter und formalisierter Prozess womöglich nicht erforderlich (JONES 1996, S. 87), sondern würde lediglich zu einer überflüssigen Bindung wertvoller Ressourcen führen.

Der Inhalt von Innovationen (»Was ist neu?«) kann eine sehr weite Spanne umfassen. Dies wurde bereits bei der Frage nach dem praktischen sowie theoretischen Verständnis von Innovationen deutlich. Innovationen können auf

[13] VAHS und BREM 2013, S. 31

DIMENSIONEN DER NEUARTIGKEIT

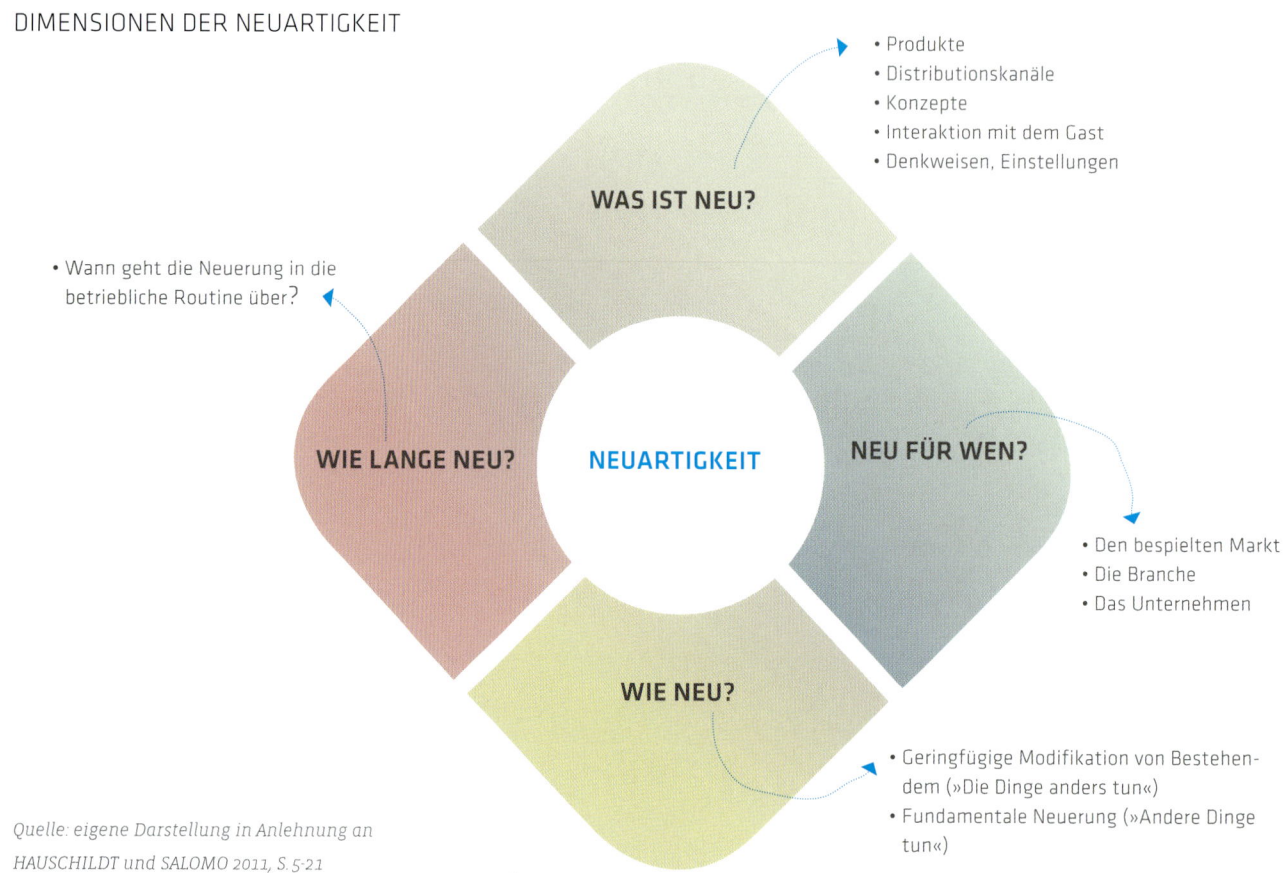

Quelle: eigene Darstellung in Anlehnung an HAUSCHILDT und SALOMO 2011, S. 5-21

einer feingegliederten Skala von neuen Denkweisen und Blickwinkeln über neue Produkte und Prozesse bis hin zu neuen Geschäftsmodellen reichen (MOSCARDO 2008, S. 4f.). So lassen sich Innovationen in der Folge in diverse Arten einteilen, die im Kapitel ARTEN VON INNOVATIONEN erläutert werden.

Woher nun rührt Neuartigkeit? Eine entscheidende Quelle stellt die mit Innovationen verbundene Kreativität dar.

Kreativität – die Fähigkeit, in gestaltender Weise zu denken und zu handeln

Dass Kreativität ein zentrales Element von Innovation darstellt, belegt die einschlägige Literatur (z. B. HAUSCHILDT und SALOMO, 2011, S. 279ff. und HARTSCHEN, SCHERER und BRUEGGER 2009, S. 26ff.). Einige Forscher gehen sogar soweit, die Phänomene Innovation und Kreativität synonym zu benutzen (z. B. MONTEIRO und SOUSA 2011, S. 170; SLATTEN und MEHMETOGLU 2011, S. 256). Kreativität als »schöpferische Kraft« befähigt Individuen oder Gruppen dazu, neuartige Problemlösungen zu entwickeln (VAHS und BREM 2013, S. 278). Der kreative Prozess gründet auf einer Verknüpfung von empfangenen sowie selbst erarbeiteten Informationen (HAUSCHILDT und SALOMO 2011, S. 262). Diese Informationen beziehen sich beispielsweise auf sich abzeichnende Trends, die Antizipation weiterer Tendenzen oder auf den aktuellen sowie künftigen Gästekreis und seine Bedürfnisse (siehe hierzu auch TREND UND NEUE TECHNOLOGIEN ALS EXTERNE IMPULSE und IMPULSGEBER KONSUMENT – DEM GAST GEBEN, WAS ER WÜNSCHT). Auch die Erarbeitung des Wettbewerbsumfelds, der politischen und rechtlichen Rahmenbedingungen sowie technologischer Entwicklungen spielen eine wesentliche Rolle in diesem Verknüpfungsprozess. Er ermöglicht eine Eingrenzung des Suchfeldes nach neuen Ideen und somit eine zielgerichtete Vorgehensweise im Innovationsprozess.

Kreativität muss somit nicht zwingend eine angeborene Eigenschaft sein, sondern kann mithilfe geeigneter Instrumente entwickelt und gefördert werden (HAUSCHILDT und SALOMO 2011, S. 256). Dies sind typischerweise sogenannte Kreativitätstechniken, die in IDEENGENERIERUNG – KREATIVITÄT ALS BASIS VON INNOVATIVITÄT untersucht werden. Diese sollten Gastgebern vertraut sein, um die schöpferische Kraft jedes einzelnen Mitarbeiters zielgerichtet sammeln und bündeln zu können.

1 INNOVATION VERSTEHEN 39

INNOVATION ALS ERGEBNIS VON INFORMATIONSVERARBEITUNG

Quelle: eigene Darstellung in Anlehnung an
HAUSCHILDT und SALOMO 2011, S. 262

KREATIVE SITZUNGEN IN DER ROOMERS BAR

Das Frankfurter Design-Hotel »Roomers«, von Alex Urseanu und Micky Rosen erdacht und 2009 eröffnet, ist alles andere als »nur« ein Hotel. Hier dreht sich alles um Nacht, Niveau und vor allem: das Nicht-Normale. Das einzige 5-Sterne-Design-Hotel der Stadt Frankfurt am Main sieht sich als ein Ort, der die Fantasie beflügelt und die Kreativität stimuliert. Fantasievolles zeigt sich im ganzen Haus, insbesondere in der Roomers Bar. Einmal pro Monat investieren die Mitarbeiter der Roomers Bar einen Tag, um sich gegenseitig neue Getränkekreationen vorzustellen und gemeinsam daran zu tüfteln. Ein paar der innovativen Drinks schaffen es dann auf die Saisonkarte. Deshalb gewinnt die Bar reihenweise Preise, zuletzt den Mixology Award für die beste Hotelbar Deutschlands.

Quelle: www.roomers-frankfurt.com/bar/

Kreativität als Grundlage von Innovationen (SLATTEN und MEHMETOGLU 2011, S. 256) sollte daher in keinem Fall belächelt, sondern ganz im Gegenteil sehr begrüßt werden, um erfolgversprechende Ideen für innovative Leistungen generieren zu können.

Unsicherheit – die Möglichkeit des Eintritts mehrerer Ergebnisse

Mit seiner Innovationstätigkeit begibt sich ein Gastgeber gezwungenermaßen bisweilen auf »unsicheres Terrain«. Diese Aussicht soll ihn jedoch nicht daran hindern, neue Wege zu beschreiten. Unsicherheit ist in diesem Zusammenhang keineswegs mit dem Zustand von Gefahr oder Bedrohung gleichzusetzen. Sie beschreibt lediglich die Tatsache, dass Wahrscheinlichkeiten für den Eintritt eines bestimmten Ergebnisses – wie bei Routineprozessen – nicht angegeben werden können. Das Merkmal der Unsicherheit, die Innovationen in unterschiedlicher Intensität anhaften kann, ist eng mit dem Merkmal der Neuartigkeit verbunden. Je höher der Grad der Neuheit ist, desto knapper sind in der Folge die vorhandenen Erfahrungswerte (INNERHOFER 2012, S. 47), da »Neues« im Zusammenhang mit Innovationen über den bisherigen Erfahrungsstand hinausgeht (VAHS und BREM 2013, S. 31). Sofern sich neu in der subjektiven Dimension (»neu für wen«) auf die gesamte Hospitality-Industrie bezieht, liegen unter Umständen überhaupt keine Erfahrungswerte vor. Das Konzept der sogenannten Budget-Design-Hotellerie mit seinem Vorreiter Motel One stellte beispielsweise nicht nur eine Neuerung für das Unternehmen (Fokusverschiebung vom 4*-Segment hin zu Low Budget), sondern für den gesamten Hotelmarkt dar (Design und hohe Wertigkeit zu Budgetpreisen). Mit der Eröffnung des ersten Hauses im Jahr 2000 war die Möglichkeit des Eintretens von mehreren Ergebnissen verbunden. Neben dem letztlich erzielten positiven Ergebnis hätte sich das Konzept z. B. auch als Flop erweisen oder lediglich an diesem einen Standort Marktfähigkeit zeigen können. Auch ein Ausbleiben der Finanzkrise wenige Jahre später hätte den Erfolg von Motel One bremsen können. Dennoch entschied sich Dieter Müller für das Beschreiten dieses neuen Weges – mit eindrucksvollem Ergebnis.

Unsicherheitsfaktoren können jedoch nicht nur externer Natur sein (wirtschaftliche Entwicklungen, Nachfragesituation, Konkurrenzverhalten und dergleichen), sondern ihre Quellen auch unternehmensintern haben (VAHS und BREM 2013, S. 33). Bei der Einführung neuartiger Technologien können etwa technische Anlaufschwierigkeiten auftreten oder die Kompetenzen der Mitarbeiter nicht ausreichend erweitert worden sein. Auch können Innovationen zusätzliche ungeplante Investitionen nach sich ziehen. Der Tatsache, dass die Zukunft nicht vorhersagbar ist, kann jedoch Rechnung getragen werden, indem der Unternehmer eine Reihe möglicher Ergebnisse antizipiert und sich auf deren möglichen Eintritt vorbereitet. Innovationsmanagement als zielgerichtetes Planen, Durchführen und Kontrollieren innovativer Tätigkeit leistet dabei einen entscheidenden Beitrag.

Komplexität – die Vielschichtigkeit der Beziehungen im Unternehmen

Komplexität beschreibt die Vielfalt von Verhaltensmöglichkeiten und Beziehungen aller Elemente in einem System[14]. Diese Elemente sind beispielsweise die Mitarbeiter in den einzelnen Abteilungen des gastgewerblichen Betriebs sowie jegliche Prozesse und Arbeitsgänge. Je größer die Anzahl der Elemente (z. B. der Mitarbeiter und der durch sie durchzuführenden Entscheidungen und Prozesse) ist, desto vielschichtiger – komplexer – gestalten sich auch deren Beziehungen zueinander. Zudem stehen alle Elemente eines offenen Systems – und ein solches System ist ein Unternehmen – im Austausch mit der Unternehmensumwelt (VAHS und BREM 2013, S. 139). Diese umfasst beispielsweise die Gäste eines Hotels oder Restaurants sowie Zulieferer und Wettbewerber.

So gestaltet sich also bereits die tägliche Routine in Unternehmen als komplexe Situation, die nicht selten ein hohes Maß an Flexibilität verlangt. Im Falle von Innovationen wird dieser Zusammenhang noch vielschichtiger, weil die Elemente der Neuheit und Unsicherheit hinzukommen. Auch Innovationen stehen zu den übrigen Elementen des Systems Unternehmen in

---

[14] www.wirtschaftslexikon.gabler.de

1 INNOVATION VERSTEHEN   41

DAS SYSTEM UNTERNEHMEN UND SEINE KOMPLEXEN BEZIEHUNGEN

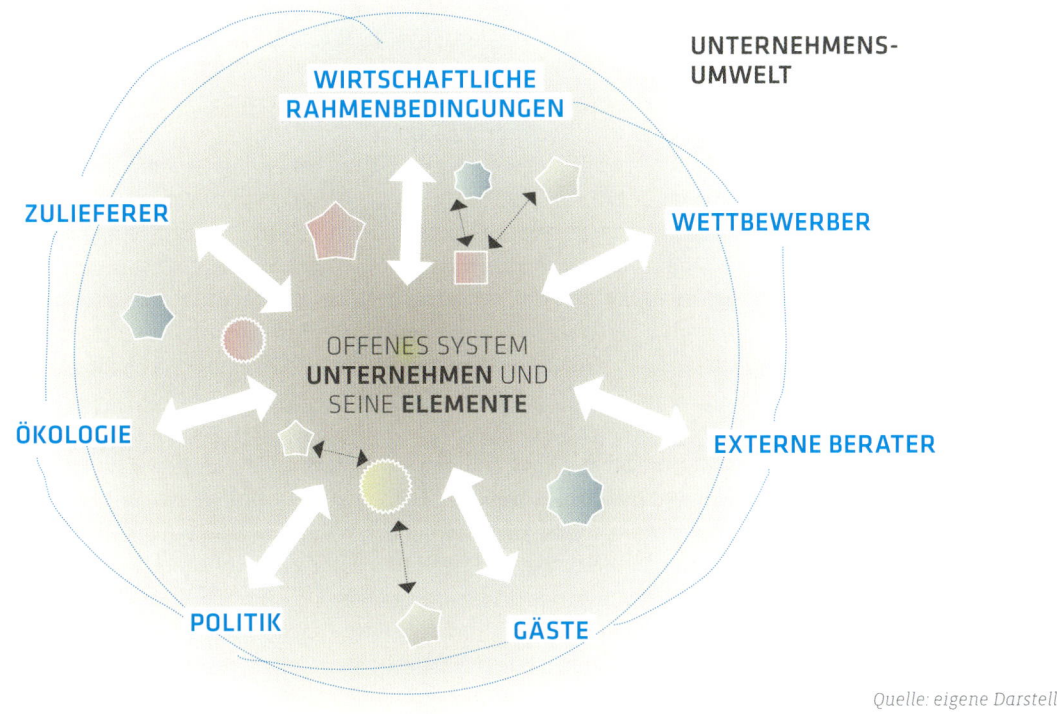

Quelle: eigene Darstellung

VORTEILE DER INDIVIDUELLEN HOTELLERIE UND GASTRONOMIE
IN BEZUG AUF DAS INNOVATIONSMERKMAL KOMPLEXITÄT

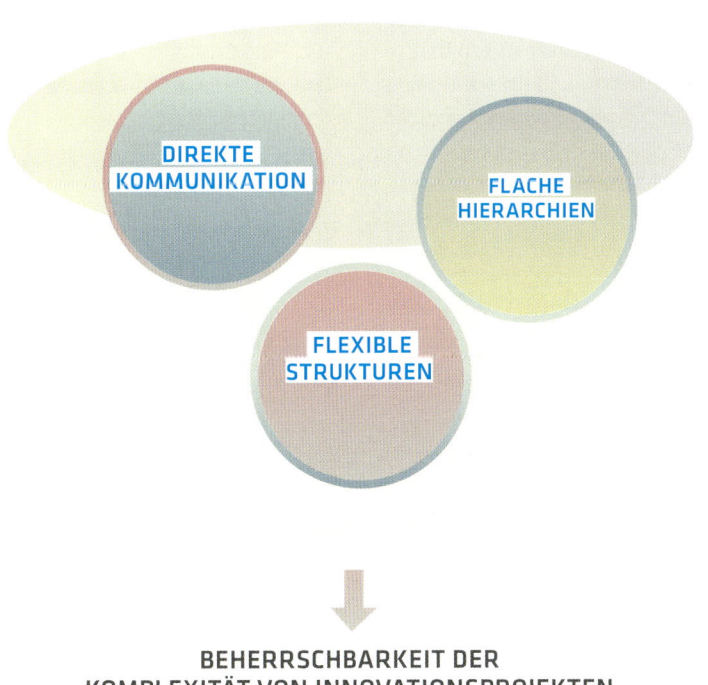

Quelle: eigene Darstellung

Beziehung und befinden sich im Austausch mit der Unternehmensumwelt (VAHS und BREM 2013, S. 34). Diese Kompliziertheit kann z. B. mithilfe von kurzen Dienstwegen, direkter und regelmäßiger Kommunikation sowie der Bereitschaft und Fähigkeit zu Flexibilität begegnet werden. Privathotellerie und klassische Gastronomie zeichnen sich gerade durch derartige Strukturen und Attribute aus. Diese erweisen sich bei der Bewältigung komplexer Situationen als sehr wertvoll, und so sollte jeder Gastgeber bewusst von ihnen profitieren.

Konfliktpotenzial – Vorteil aus konkurrierenden Auffassungen und Interessen ziehen
Verbunden mit Neuartigkeit und Unsicherheit können bei Innovationen Konflikte diverser Arten entstehen. Diese können dabei unvereinbare Zustände von Objekten (z. B. Zielkonflikte) oder unvereinbare Handlungstendenzen bei Personen beschreiben (VAHS und BREM 2013, S. 35). Die Intensität eines Konflikts ist dabei in der Regel vom Ausmaß der mit der Innovation verbundenen Veränderung abhängig (HAUSCHILDT und SALOMO 2011, S. 99). In der Innovationspraxis anzutreffende exemplarische Konflikte sind

- Personelle Konflikte
→ Intrapersonell: Ein Mitarbeiter sieht keinen Anwendungsbedarf für die Innovation und soll sie dennoch einsetzen, so z. B. der Einsatz von komplizierten Softwareprogrammen im Veranstaltungsverkauf.
→ Interpersonell: Soziale Konflikte zwischen Mitgliedern unterschiedlicher Interessengruppen, so z. B. zwischen den Mitarbeitern der Abteilungen Marketing und Controlling.

- Konflikte zwischen der innovativen und einer bereits vorhandenen Leistung: <u>Kostenfreier Konsum von Getränken aus der Minibar als innovative Leistung kann möglicherweise zu Lasten des Umsatzes durch die (Tages-) Bar gehen.</u>

- Konflikte zwischen Innovationsobjekt und Unternehmensimage: <u>Der Absatz von Plätzen in einem Sternelokal oder von Zimmern eines Luxushotels zu unübertroffen günstigen Preisen über Portale wie Groupon kann zu einem Konflikt mit der Unternehmensphilosophie sowie mit seinem Image führen.</u>

Solche Konflikte muten eher negativ an. Ihre Bewältigung kann sich als diffizile Aufgabe erweisen, die dem Unternehmer viel Fingerspitzengefühl abverlangt. Tatsächlich spielen Konflikte im Hinblick auf Innovationen und das Innovationsbewusstsein im gastgewerblichen Unternehmen jedoch eine bedeutende Rolle. Wenn etwa Situationen der Unzufriedenheit in Konflikte münden, kann dies in der Folge den Anstoß für weitere Neuerungen und Verbesserungen liefern. Grundsätzlich sollten Unternehmer Konflikten gegenüber konstruktiv eingestellt sein und sie in keinem Fall zu unterdrücken suchen (HAUSCHILDT und SALOMO 2011, S. 66). Als Quelle von Kreativität sollten sie bewusst wahrgenommen und schließlich gelöst werden.

Nicht immer gelingt eine rasche Lösung von Konflikten im Rahmen von innovativer Tätigkeit. In derartigen Fällen können Konflikte sogar Widerstände auslösen (HAUSCHILDT und SALOMO 2011, S. 99). Insbesondere im Hinblick auf die Neuartigkeit ist dies jedoch kein ungewöhnliches Phänomen. Jegliche Veränderungsprozesse im Unternehmen können zu Unsicherheit, Angst und Widerständen auf Seiten der Mitarbeiter führen. Daher gilt es, bei der betrieblichen Realisation von Innovationen etwaigen Widerständen angemessen zu begegnen und die Mitarbeiter von Anfang an in den Innovationsprozess zu integrieren. Dies stellt nicht nur eine erfolgversprechende Notwendigkeit in Bezug auf die Umsetzung einer Innovation dar. Vielmehr erweisen sich die Mitarbeiter als wertvolle interne Ideengeber bei der Entwicklung von Innnovationen (DEN HERTOG, GALLOUJ und SEGERS, 2011, S. 1439). Wie eine innovationsoffene Unternehmenskultur zur Verminderung von Widerständen und zur Förderung der Kreativität jedes Einzelnen beitragen kann, deckt der Abschnitt DIE UNTERNEHMENSKULTUR ALS BASIS VON INNOVATIONSBEREITSCHAFT UND INNOVATIONSFÄHIGKEIT auf.

| PRODUKT- & DIENSTLEISTUNGS-INNOVATIONEN | PROZESS-INNOVATIONEN | MANAGEMENT-INNOVATIONEN | MARKETING-INNOVATIONEN | INSTITUTIONELLE INNOVATIONEN |

INNOVATIONSTYPEN NACH HJALAGER
Quelle: eigene Darstellung in Anlehnung an HJALAGER 2010, S. 2f.

1.3.2 | Arten von Innovationen

Um eine individuelle Bestimmung von Innovation für das eigene Hotel oder Restaurant vornehmen zu können, gilt es, sich die verschiedenen Arten von Innovationen sowie deren Wirkungsweisen bewusst zu machen. Auch in dieser Hinsicht existiert wiederum eine Reihe verschiedenartiger Klassifizierungen, deren Darlegung das Einnehmen verschiedener Blickwinkel ermöglichen soll. So lassen sich Innovationen etwa nach folgenden Kriterien differenzieren (BERITELLI und ROMER 2006, S. 53):

- Worauf bezieht sich die Innovation? – Frage nach dem Wirkungsbereich
- Wodurch wird die Innovation ausgelöst? – Frage nach dem Auslöser
- Wie neu ist die Innovation? – Frage nach dem Neuheitsgrad

Differenzierung nach dem Wirkungsbereich

Wie bereits angemerkt, lassen sich Innovationen nach ihrem Wirkungsbereich kategorisieren. Bei dieser Klassifizierung wird die Frage beantwortet, worauf sich die Innovation bezieht. Jeder derartigen Kategorisierung von Innovationen sei jedoch vorausgeschickt, dass eine Abgrenzung insbesondere in der Hospitality-Branche nicht immer trennscharf vorgenommen werden kann, sondern dass es oftmals zu Überscheidungen der einzelnen Arten kommt (INNERHOFER 2012, S. 245). Ursächlich dafür ist die Tatsache, dass eine Innovation in einem Gegenstandsbereich häufig auch eine Innovation in einem anderen, verwandten Bereich erfordert (HJALAGER 2010, S. 2).

Als einer der Ersten nahm Joseph Schumpeter bereits in der ersten Hälfte des 20. Jahrhunderts eine Klassifizierung von Innovationen vor, welche auch heute noch weitverbreitet ist (GRISSEMANN, PIKKEMAAT und WEGER 2013, S. 8). So bietet sich ihm zufolge für Unternehmer die Möglichkeit, Innovationen in folgenden Gegenstandsbereichen hervorzubringen (SCHUMPETER 1934, vgl. GRISSEMANN, PIKKEMAAT und WEGER 2013, S. 8):

- Neue Produkte oder Dienstleistungen, z. B. das Angebot von Wellness-Behandlungen in Hotels
- Neue Prozesse, z. B. À-la-minute Zubereitungen von Speisen im Gastraum
- Neue Märkte, z. B. die Gewinnung von Gästen aus China
- Neue Zulieferer, z. B. der ausschließliche Bezug regionaler Produkte
- Neue Organisations- bzw. Managementsysteme, z. B. das Auslagern der Zimmerreinigung oder des Wäscheservices

Die dänische Innovationsforscherin Anne-Mette Hjalager (2010) unterscheidet in Anlehnung an Schumpeters Kategorisierung, jedoch an die modernen Gegebenheiten der Hospitality-Industrie angepasst, die folgenden Innovationstypologien (HJALAGER 2010, S. 2ff.):

Produkt- oder Dienstleistungsinnovationen

Derartige Innovationen sind für den Gast offen ersichtlich und sollen ihm einen konkreten Mehrwert bieten. So können sie auch seine Kaufentscheidung positiv beeinflussen bzw. seine Preissensibilität reduzieren. Die Bereitstellung von kostenfreiem W-LAN stellte vor einigen

WIE MILLENIALS BEI ACCORHOTELS EINFLUSS AUF DIE KÜNFTIGE UNTERNEHMENSAUSRICHTUNG NEHMEN

Dass sogenannte »Millennials« bzw. Angehörige der Generation Y die Reisenden der Zukunft sind, ist eine simple doch zugleich essentielle Feststellung in Bezug auf den langfristigen Fortbestand gastgewerblicher Unternehmen. Jene heute noch junge Klientel kommt aus dem Web, ist total vernetzt und stellt allgemein hohe Ansprüche. Das Durchschnittsalter in der Führungsmannschaft der Accorhotels liegt allerdings bei 51 Jahren. »Ich muss aber wissen, was die Millennials erwarten, wenn sie reisen. Ich will wissen, wie sie ticken«, betonte Accorhotels-Chef Sébastien Bazin beim Deutschen Hotelkongress Anfang 2016 in Berlin. So schilderte er, wie er das Unternehmen innovativ und zukunftsweisend ausrichten will: In Kürze nimmt parallel zur Unternehmensführung ein »Schattenvorstand« seine Arbeit auf. Zwölf Millennials – zwei Frauen und zehn Männer zwischen 20 und 35 Jahren – entwickeln, basierend auf dem gleichen Wissen wie der eigentliche Vorstand, Pläne für die Zukunft. Und der Schattenvorstand entscheidet künftig mit.

Doch Bazin, selbst 54 Jahre alt, nimmt dies mit Humor, denn: Indem er im Zuge der intensiven Zusammenarbeit mit seinem Schattenvorstand eine andere, aber essentielle Sicht auf notwendige, vor allem technische Herausforderungen für die Zukunft gewinnt, könne er in höchstem Maße profitieren. So unterstreicht Bazin abschließend, dass der Löwenanteil aller Investitionen in die Technik fließen müsse, um wettbewerbsfähig zu bleiben.

Quelle: LEIBFRIED 2016, online

Jahren eine derartige Innovation dar. Der Gast war in diesem Fall dann vielleicht geneigt, für andere Zusatzleistungen im Hotel höhere Preise zu entrichten.

Prozessinnovationen

Prozessinnovationen werden vom Gast in aller Regel nicht bewusst wahrgenommen. Dennoch tragen sie zu seiner Zufriedenheit und zu seinem Wohlbefinden während seines Aufenthalts bei, indem für ihn unsichtbare Prozesse eine Neuerung oder Verbesserung erleben. Oftmals sind auch Produkt- oder Dienstleistungsinnovationen der Auslöser von Prozessinnovationen, da diese zur Umsetzung einer neuen Leistung erforderlich sind. Die Innovationsforscher Hauschildt und Salomo (2011) konstatieren sogar, dass jene beiden Innovationsarten im Dienstleistungssektor stets zusammenwirken (HAUSCHILDT und SALOMO 2011, S.8). Die Möglichkeit, in den Ruby Hotels als Gast digital und ohne die Hilfe eines Mitarbeiters einchecken zu können, stellt ein Beispiel für eine Prozessinnovation dar. In diesem Fall ist sie allerdings für den Gast offensichtlich und spielt sich nicht nur im inneren Arbeitsbereich des Hotels ab.

Managementinnovationen

Derartige Innovationen beziehen sich auf neue Wege des Managements interner und externer Ressourcen. Insbesondere in der Hospitality-Industrie sind die Humanressourcen eines Unternehmens von zentraler Bedeutung, und so sind jegliche Formen der Innovation im Personalwesen wie z. B. das Empowerment (Übertragung von Verantwortung auf Mitarbeiter) erfolgversprechende Managementinnovationen. In diesem Zusammenhang spricht man auch von Sozialinnovationen (INNERHOFER 2012, S. 39). Das Nells Park Hotel in Trier nimmt beispielsweise eine Vorreiterrolle bei der innovativen Führung von Auszubildenden ein. So wird etwa der beste Auszubildende eines Quartals im folgenden Quartal mit der unbegrenzten Nutzung des »Azubi

Cars« belohnt. Managementinnovationen können einen wertvollen Beitrag zur Bindung von Mitarbeitern leisten und sind somit in Zeiten zunehmenden Mangels an Fachkräften nicht zu vernachlässigen.

Marketinginnovationen
Marketinginnovationen sind in Bezug auf die Beziehung zwischen einem Gastgeber und seinen Gästen von entscheidender Bedeutung. Sie bestimmen letztlich, wie marktorientiert sich ein gastgewerbliches Unternehmen zeigt. So sind die Präsenz in sozialen Netzwerken oder die Einführung von Loyalitätsprogrammen exemplarische Innovationen dieses Typs. Die Bedeutung von Marketinginnovationen in der Praxis des Innovationsmanagements ist in der heutigen Zeit, die sich durch vielfältige technologische Möglichkeiten auszeichnet, entsprechend groß.

Institutionelle Innovationen
Diese Art der Innovation spielt bei der Stärkung der Zusammenarbeit von touristischen Anbietern eine wichtige Rolle. Der französische Hotelkonzern AccorHotels beispielsweise hat im Sommer des Jahres 2015 sein Buchungsportal für individuelle und unabhängige Hotels geöffnet. Diese können dadurch einen neuen Distributionskanal für ihr Produkt nutzen und von der Vertriebsstärke von AccorHotels profitieren. Der Hotelkonzern will damit seinen Gästen eine entschieden größere Auswahl an Hotels und Destinationen als bisher bieten (AHGZ online 2015).

Zudem erfährt das Gastgewerbe insbesondere in der heutigen Zeit Innovationen im Bereich der Geschäftsmodelle. Derartige Innovationen beziehen sich zum einen unmittelbar auf das Geschäftsmodell des innovativen Unternehmens, und zugleich verändern sie nicht selten die Struktur der gesamten Branche (VAHS und BREM 2013, S.62). So multiplizierte z. B. das Burgergrill-Konzept »Hans im Glück« als erstes Unternehmen in Deutschland das Geschäftsmodell der schnellen Zubereitung hochwertiger Burger zu attraktiven Preisen. Zugleich tritt Thomas Hirschberger mit seiner Kette als gänzlich neuer Wettbewerber sowohl im Fastfood-Segment als auch in jenem der klassischen Gastronomie auf.

INTENSIVE ZUSAMMENARBEIT VON GASTGEWERBE UND AMERICAN EXPRESS

Dass institutionelle Innovationen auch branchenübergreifend erfolgreich generiert werden können, zeigt z. B. die Kooperation zwischen Gastgewerbe und Finanzdienstleister. So gehen nicht nur ganze Destinationen wie die Schweiz oder Hotelkooperationen wie »The Leading Hotels of the World« strategische Partnerschaften mit American Express ein, sondern auch einzelne Hoteliers, Gastronomen oder Bergbahnbetreiber. Dadurch kann einerseits die Nachfrage bei Kartenkunden gezielt gefördert werden, andererseits können auch ganz neue Kundensegmente erschlossen werden. Zudem vergrößert sich die Auswahl an Distributionskanälen. Hotels und Restaurants veranstalten beispielsweise Kundenevents mit American Express und können so ihre Reichweite dank der Partnerschaft entscheidend vergrößern. Gleichzeitig werden sie direkt in gemeinsame Marketingplattformen eingebunden und profitieren dadurch gleichermaßen von mehr Umsatz und Ertrag.

Quelle: www.americanexpress.ch/selects/de/hotels; www.myswitzerland.com/de-de/swisscard-aecs.html

Auch der Definition weiterer, individueller Gegenstandsbereiche von Innovationen steht nichts entgegen. Daher werden die bisher aufgeführten Innovationsarten mithilfe der sieben P's des Dienstleistungsmarketings im sogenannten P-Modell erweitert. Das Kapitel VON ERFOLGREICHEN INNOVATOREN LERNEN illustriert diese sieben Gegenstandsbereiche anhand anschaulicher Beispiele aus der Praxis.

DAS P-MODELL ALS KATEGORISIERUNGSINSTRUMENT VON INNOVATIONEN

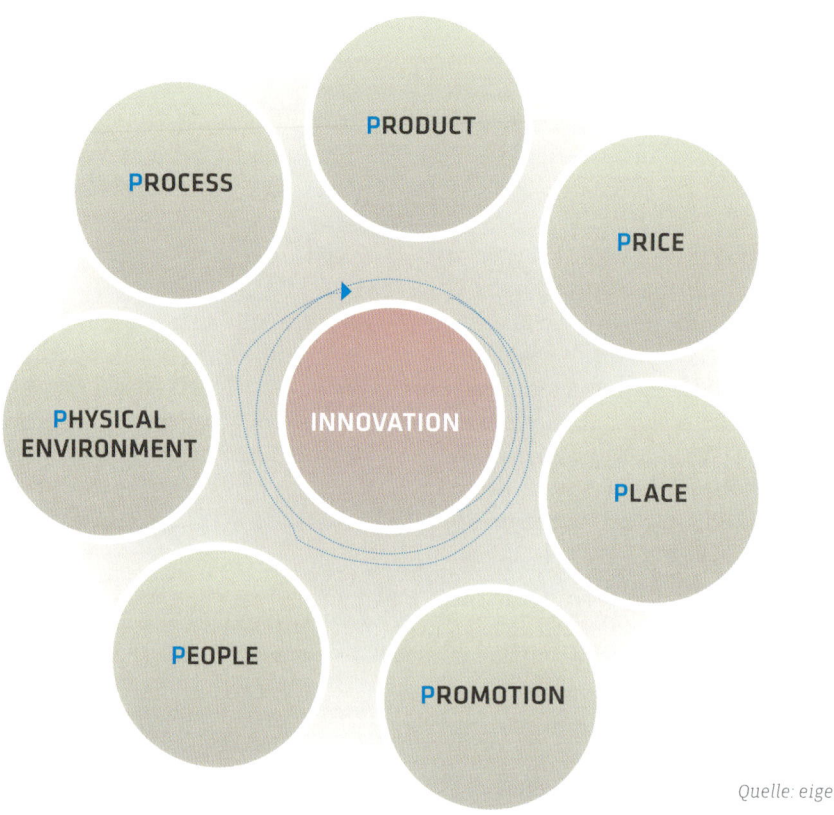

Quelle: eigene Darstellung

Differenzierung nach dem Auslöser

Innovationen lassen sich neben ihrem Inhalt auch nach ihrer Ursache typologisieren. Man unterscheidet vor allem zwischen zweckinduzierten und mittelinduzierten Innovationen. Zweckinduzierte Innovationen werden durch den Markt und die dort konkret vorherrschende Nachfrage angestoßen. Da die Bedürfnisse und Wünsche des Gastes dem Gastgeber in diesem Fall bekannt sind, weisen derartige Innovationen eine relativ hohe Erfolgswahrscheinlichkeit auf (VAHS und BREM 2013, S. 63). Dienstleistungsunternehmen sind typischerweise nicht die Träger technischen Fortschritts und so überwiegen in der Hospitality Industrie Market-Pull-Innovationen (BERITELLI und ROMER 2006, S. 56). Demgegenüber resultieren mittelinduzierte Innovationen aus neu entwickelten Technologien durch ein Unternehmen. Nur wenige gastgewerbliche Unternehmen verfügen über eine eigene Forschungs- und Entwicklungsabteilung (JONES 1996, S. 88), sodass neue Technologien häufig aus anderen Branchen adaptiert werden (BERITELLI und ROMER 2006, S. 59). Als charakteristisches Beispiel hierfür lässt sich die Einführung von Revenue-Management-Systemen in der Hotellerie anführen. Gastgeber sollten technologische Neuerungen in keinem Fall vernachlässigen, indem sie sich allzu stark auf die aktuellen Bedürfnisse ihrer Gäste fokussieren. Wie bereits dargelegt, werden komfortable (technologische) Neuerungen vom Gast rasch als selbstverständlich vorausgesetzt.

Somit erweist es sich insgesamt als erfolgversprechend, sowohl den Markt und die dort herrschende Nachfrage als auch Technologien, die gänzlich neue Mittel offerieren (PECHLANER, FISCHER und PRIGLINGER 2006, S. 122), als Quelle für Innovationen in gastgewerblichen Unternehmen zu nutzen (INNERHOFER 2012, S. 43).

Differenzierung nach dem Neuheitsgrad

Dass sich jegliche Innovation durch das Merkmal der Neuheit auszeichnet, wurde bereits dargelegt. In Bezug auf dieses Attribut hat sich

1 INNOVATION VERSTEHEN

DAS ZUSAMMENSPIEL VON BESTEHENDER NACHFRAGE UND NEUEN TECHNOLOGIEN BEI DER INNOVATIONSTÄTIGKEIT

jeder Gastgeber somit unter anderem die Frage zu stellen, wie neu seine Innovation ist. In der Innovationsliteratur sind für diese Unterscheidung typischerweise die Extreme »inkrementelle Innovation« und »radikale Innovation« auszumachen (z.B. HARTSCHEN, SCHERER und BRUEGGER 2009, S. 10 und INNERHOFER 2012, S. 42). Inkrementelle (schrittweise) Innovationen befriedigen dabei einen bereits vorhandenen Kundennutzen mithilfe optimierter, aber ebenfalls bestehender, Lösungsprinzipien (HUTZSCHENREUTER 2011, S. 407). Sie folgen dem Prinzip der Fortentwicklung und Verbesserung bereits etablierter Produkte, Dienstleistungen oder Prozesse (BERITELLI und ROMER 2006, S. 54), um einen gegebenen Nutzen besser zu erfüllen als bisher.

Radikale (revolutionäre) Innovationen hingegen bieten mit einem neuen Lösungsprinzip einen neuen Kundennutzen (HUTZSCHENREUTER 2011, S. 408). Derartige Innovationen sind typischerweise mit einem hohen Risiko verbunden. Gleichzeitig können sie jedoch die Grundlage wertvoller Wettbewerbsvorteile oder gar Monopolstellungen bilden (VAHS und BREM 2013, S. 67).

Zwischen diesen Polen sind in der Praxis zahlreiche Abstufungen zu finden, wobei in der Hospitality-Industrie die Inkrementalinnovationen offenkundig überwiegen. Bedingt durch die Knappheit von finanziellen Ressourcen sind radikale Innovationen eher unüblich (BERITELLI und ROMER 2006, S. 53). Zudem sind solche Innovationen vor dem Hintergrund, dass der grundsätzliche Zweck des Gastgewerbes sich nicht wandelt, nur schwer durchsetzbar (BERITELLI und ROMER 2006, S. 59). Daher sind Gäste oftmals nicht bereit, radikale Neuerungen zu akzeptieren und zu honorieren, vor allem dann nicht, wenn kein direkter Vorteil mit dieser Neuerung für sie verbunden ist (BERITELLI und ROMER 2006, S. 62). Allerdings sind auch inkrementelle Innovationen nur so lange vorzunehmen, wie der Gast bereit ist, die verbesserte Leistung als kaufentscheidendes Kriterium zu bewerten (siehe hierzu auch die Abbildung – »Die Kaufhierarchie von Windermere«).

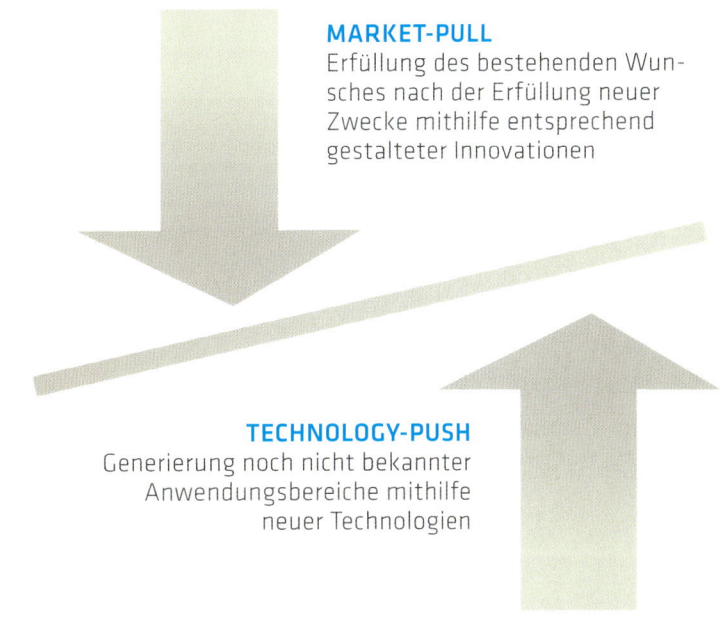

MARKET-PULL
Erfüllung des bestehenden Wunsches nach der Erfüllung neuer Zwecke mithilfe entsprechend gestalteter Innovationen

TECHNOLOGY-PUSH
Generierung noch nicht bekannter Anwendungsbereiche mithilfe neuer Technologien

Quelle: eigene Darstellung

INNOVATIONSARTEN NACH DEM NEUIGKEITSGRAD

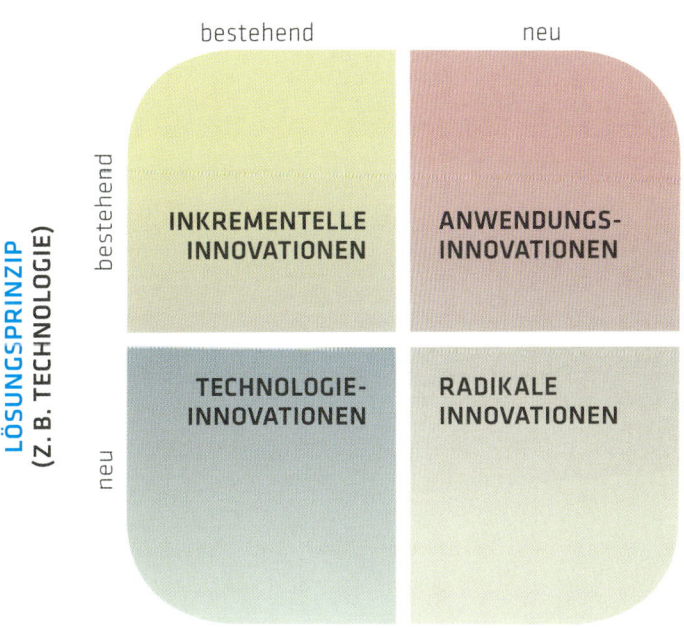

Quelle: eigene Darstellung in Anlehnung an HUTZSCHENREUTER 2011, S. 408

1.4 | Wie Herausforderungen bei der Innovationstätigkeit zu meistern sind

Anhand der Merkmale und Artenvielfalt von Innovationen wird deutlich, dass sich jeder Gastgeber mit seiner innovativen Tätigkeit diversen Herausforderungen gegenüber sehen kann. Da man jedoch bekanntermaßen mit seinen Herausforderungen wächst, sollten diese ihn keinesfalls daran hindern, innovativ zu werden oder zu bleiben. Doch dabei gilt es, sich mögliche Schwierigkeiten vor Augen zu führen, um bei der Planung, Entwicklung und Umsetzung von Innovationen im Falle ihres Eintritts nicht unvorbereitet an ihnen zu scheitern. Hierbei können etwaige Schwierigkeiten entweder von außen auf das gastgewerbliche Unternehmen Einfluss nehmen oder ihren Ursprung im Unternehmen selbst finden.

Herausforderungen innerhalb des Unternehmens

PERSONELLE HERAUSFORDERUNGEN: MANGELNDE INTERNE UNTERSTÜTZUNG UND WIDERSTÄNDE

Mit dem Merkmal der Neuheit ist, abhängig von ihrer Intensität, stets ein gewisser Grad der Veränderung verbunden. Diese wiederum erzeugt bei ihren Anwendern nicht selten Angst und in der Folge Widerstand (Z.B. VAN WULFEN 2013, S.51). Widerstände können sich in aktiver oder passiver Weise äußern, offen oder verdeckt praktiziert werden sowie in ihrer Wirkung konstruktiv oder auch destruktiv sein (HAUSCHILDT und SALOMO 2011, S.100). Mit einer derartigen Ablehnung geht unweigerlich eine geringe interne Unterstützung der entsprechenden innovativen Aktivität einher (VAN WULFEN 2013, S.51). Der Grund für die Ablehnung kann dabei in einer fehlenden

MÖGLICHE HERAUSFORDERUNGEN BEI DER INNOVATIONSTÄTIGKEIT

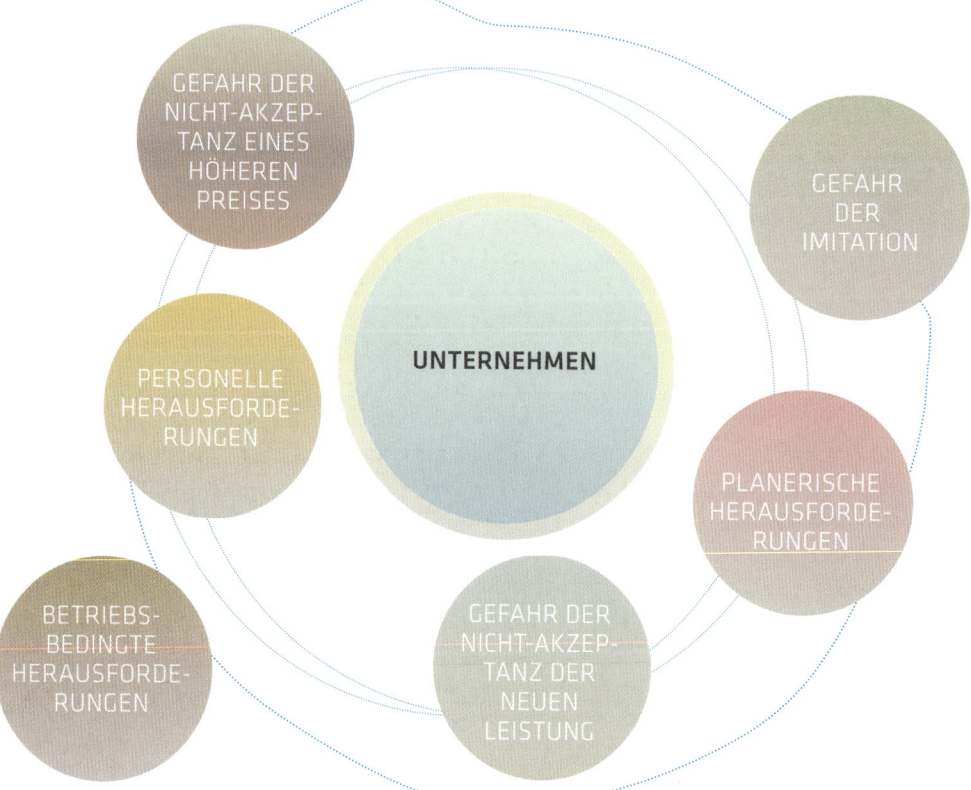

Quelle: eigene Darstellung

SOFTWARE NEU ERFINDEN – INFOR UND DIE INNOVATIONSKULTUR

Infor entwickelt Technologielösungen mit einem klaren Ziel vor Augen: in der Praxis bewährte Software-Anwendungen mit innovativen Technologien zu verbinden. Die Strategie von Infor beruht auf der Innovationskultur, die mit Infor Dynamic Science Labs sowie der kreativen Designagentur Hook & Loop aufgebaut wurde. Diese internen Think Tanks konzentrieren sich ausschließlich auf die wissenschaftlichen Grundlagen sowie die Ästhetik und Benutzerfreundlichkeit der Software.

Infor Dynamic Science Labs mit Sitz in Cambridge Massachusetts, bestehend aus einem interdisziplinären Team, arbeitet mit Kunden und Produktmanagern zusammen, um die Herausforderungen der einzelnen Branchen besser zu verstehen und ihnen dann mit eleganten und zugleich verständlichen wissenschaftlichen Methoden zu begegnen. Das kreative Gegenstück zu Infor Dynamic Science Labs ist Hook & Loop, die interne Kreativagentur von Infor, mit Sitz im Infor Headquarter New York. Dieses Team, bestehend aus über 80 Mitarbeitern, darunter Autoren, Designer, Entwickler und Filmemacher, arbeitet gemeinsam an Problemlösungen. Hook & Loop wurde zu einem einzigen Zweck gegründet: Erlebnisse zu kreieren, welche die Anwender »lieben«. Es geht darum, über rein funktionelle Benutzeroberflächen hinaus sinnvollere User-Erlebnisse zu gestalten.

Kontinuierlich finden globale Treffen statt, um den Austausch weiter zu fördern. So trafen sich 2015 Usability-Spezialisten von Hook & Loop in Berlin und Bangkok mit fast 100 Nutzern von Infor EzRMS zu Fokusgruppen-Sitzungen. Das Ergebnis dieser Gespräche wird für Rohentwürfe des Designs der Benutzeroberfläche der nächsten Version genutzt. Diese Prototypen wiederum werden dann mit weiteren Kunden getestet, so dass die besonderen Bedürfnisse des Revenue Managements von Hotels in sinnvoller Weise in die Oberfläche von Infor EzRMS einfließen.

Quelle: Presse Infor

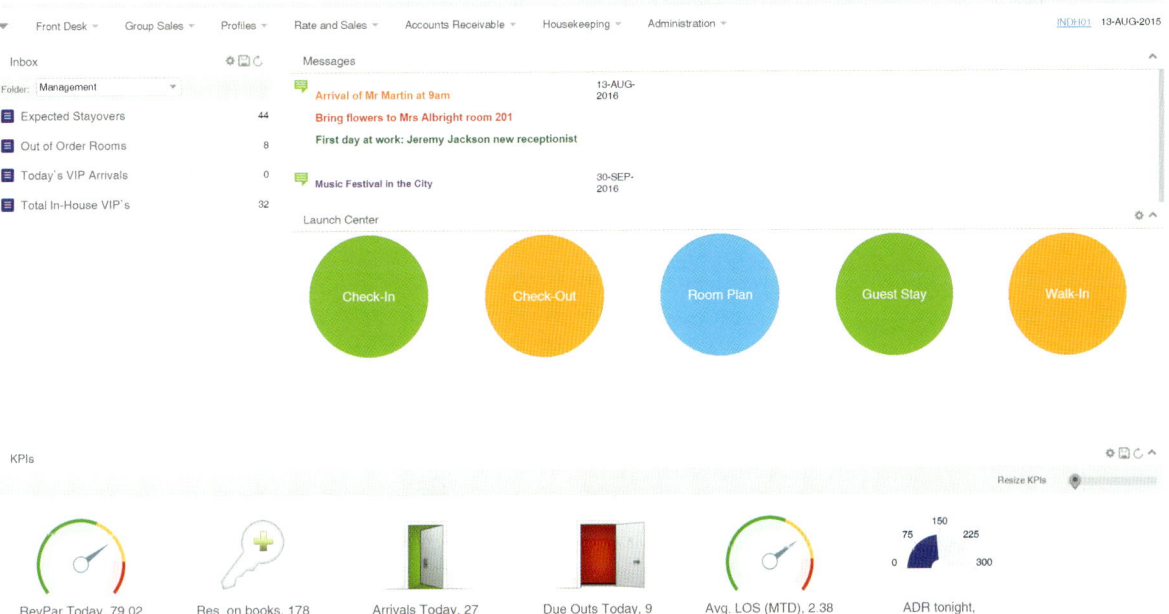

Innovationsbereitschaft oder einer fehlenden Innovationsfähigkeit liegen (VAHS und BREM 2013, S.88). Beide Dimensionen stellen jedoch die Grundvoraussetzung für Innovativität in einem Unternehmen dar (BEHRENDS 2006, S.127). Die Konsequenz von Willens- oder Wissensbarrieren kann das Festhalten an bekannten Verhaltensmustern sein (SENGUPTA und DEV 2011, S.16), sodass sich die jeweilige Innovation nicht durchsetzen kann.

Um dieser Herausforderung erfolgreich begegnen zu können, ist es von zentraler Bedeutung, zu erkennen, dass Mitarbeiter nicht lediglich ein Kostenfaktor, sondern insbesondere in der Hospitality-Industrie ein wertvoller Erfolgsfaktor sowie Ideengeber von Innovationen sind (z.B. OTTENBACHER und GNOTH 2005, S.214; GRISSEMANN, PIKKEMAAT und WEGER 2013, S.11). So gilt es, eine innovationsoffene Unternehmenskultur zu entwickeln (JONES 1996, S.94), Mitarbeiter frühzeitig in Innovationsprozesse einzubeziehen und schließlich auf die jeweilige Innovation abgestimmte Strategien für die Innovationsimplementierung zu entwickeln (ENZ 2012, S.187).

BESCHRÄNKTE INNOVATIVE FÄHIGKEITEN

Nicht immer gehen mit der Absicht des Gastgebers zur Innovation Widerstände und Ablehnung einher. Dennoch kann sich der Unternehmer Schwierigkeiten bei der Durchsetzung von Innovationen gegenübersehen, wenn seinen Mitarbeitern die zur Innovation notwendigen Fähigkeiten fehlen. Das umfasst beispielsweise die Fähigkeit, bisher unbekannte Ziel-Mittel-Kombinationen zu begreifen und anzuwenden, selbstständige Vorschläge für Neuerungen zu entwickeln oder alte Verhaltensmuster abzulegen (HAUSCHILDT und SALOMO 2011, S. 108). Der Versuch, in Anbetracht eines Mangels an diesen Fähigkeiten als Unternehmer oder Führungskraft eine Innovation allein »durchzuziehen«, wird in den wenigsten Fällen von Erfolg gekrönt sein (VAN WULFEN 2013, S. 6).

Stattdessen ist es essentiell, den Mitarbeitern entsprechenden Freiraum für Kreativität zu geben und ihre Kreativität aktiv zu fördern und zur vollen Entfaltung zu bringen (MONTEIRO und SOUSA 2011, S. 171f.). Dabei wirken z.B. Kreativitätstechniken in unterstützender Weise. Die Kernaufgabe besteht auf einer ersten Stufe in der Übertragung des eigenen Innovationsbewusstseins auf jeden einzelnen Mitarbeiter. Auf der zweiten Stufe ist die Belegschaft mit dem notwendigen Wissen in Bezug auf Innovationen und den dafür erforderlichen Fähigkeiten auszustatten. Eine entsprechende Unternehmenskultur sowie ein korrespondierendes Personalmanagement spielen dabei eine zentrale Rolle.

PLANERISCHE HERAUSFORDERUNGEN: UNZUREICHENDE VERANTWORTLICHKEITEN

Verbunden mit den personellen Herausforderungen ist das fehlende Festlegen von Verantwortlichkeiten. In diesen Zusammenhang ist zu berücksichtigen, dass es nicht zielführend sein kann, lediglich eine Einzelperson im Unternehmen zum Innovationsverantwortlichen zu ernennen (VAN WULFEN 2013, S. 52) und womöglich dadurch die Innovationstätigkeit zu delegieren. Diese nämlich stellt eine der Kernaufgaben eines jeden Hoteliers oder Gastronomen dar, der den langfristigen Fortbestand seines Unternehmens gewährleisten will (GRISSEMANN, PIKKEMAAT und WEGER 2013, S. 18).

Es liegt am erfolgreichen Innovator, einerseits das Innovationsbewusstsein und die damit verbundene Verantwortung für entsprechende Aktivitäten auf alle Mitarbeiter zu übertragen und andererseits im Falle spezifischer Innovationsprojekte engagierte Innovationsteams zu bilden (VAN WULFEN 2013, S. 83). Dabei stammen die mit der jeweiligen Innovation Betrauten sinnvollerweise aus unterschiedlichen Bereichen des Betriebs und befinden sich gegebenenfalls auch auf verschiedenen Hierarchiestufen. Dadurch können eine Vielzahl von Perspektiven eingenommen und mögliche weitere Verbesserungen erzielt werden.

UNKLARE INNOVATIONSSTRATEGIE UND FEHLENDE VISION

Bedingt durch die hohe operative Belastung, die jeder Gastgeber tagtäglich erfährt, werden Weitsicht und Planungen für die weitere Zukunft des Unternehmens oftmals vernachlässigt. Der Fokus liegt vielmehr auf dem aktuellen Geschäftsjahr und den täglich zu bewältigenden Herausforderungen (VAN WULFEN 2013, S. 16). Doch welchen Kurs will der Gastgeber langfristig einschlagen?

Eine entsprechende Innovationsstrategie, die mit der Unternehmensstrategie in Einklang steht, ist daher zu entwickeln (VAHS und BREM 2013, S. 93). Zudem sollte die Unternehmensphilosophie eine klare Zukunftsvision beinhalten, die nicht nur dem Gastgeber selbst, sondern ebenso jedem einzelnen Mitarbeiter wichtige Orientierungspunkte in Bezug auf die langfristige Entwicklungsrichtung des Unternehmens bietet (PECHLANER, FISCHER und PRIGLINGER 2006, S. 127). Dabei ist die Bedeutsamkeit von Innovationen für das Unternehmen und dessen Fortbestand zu unterstreichen.

ROUTINE VERSUS INNOVATION

Innovationen stellen erstmalige und in ihrer jeweiligen Form zudem einmalige Ereignisse dar. Demgegenüber dienen Routineprozesse im Unternehmen einer schnellen und effizienten Bewältigung häufig wiederkehrender Aufgaben (HAUSCHILDT und SALOMO 2011, S. 46). Bedingt durch den starken Fokus auf den Gast wird die betriebliche Routine oftmals innovativen Aktivitäten vorgezogen, obwohl die Innovation für die langfristige Loyalisierung der Gäste eine bedeutende Rolle spielt. Diese nämlich wollen sich an aktuellen und frischen gastgewerblichen Leistungen erfreuen (SENGUPTA und DEV 2011, S. 11).

Um derartige Konflikte zwischen Innovation und Routinehandlungen zu lösen, sind daher konkrete organisatorische Regeln aufzustellen, die vermeiden, dass der laufende Betrieb die Innovationstätigkeit dauerhaft dominiert (HAUSCHILDT und SALOMO 2011, S. 47). Daneben wirkt in diesem Konflikt ein starkes Innovationsbewusstsein, unter anderem erreicht durch eine entsprechende Unternehmenskultur, schlichtend.

BETRIEBSBEDINGTE HERAUSFORDERUNGEN: FEHLENDE FINANZIELLE UND ZEITLICHE RESSOURCEN

Vor allem kleine und mittelständische Unternehmen wissen – wie auch hier bereits mehrmals angesprochen – um die Knappheit finanzieller und zeitlicher Ressourcen (PECHLANGER, FISCHER und PRIGLINGER 2006, S. 126). Wie sollen dann also kosten- sowie zeitintensive Innovationen entwickelt und eingeführt werden? Zudem können Innovationsprozesse erheblich verzögert werden oder mit zusätzlichen Ausgaben verbunden sein (VAN WULFEN 2013, S. 6).

Innovationsmöglichkeiten, die keiner allzu hohen finanziellen Aufwendungen bedürfen, kann der Gastgeber zum Beispiel im Rahmen von Innovationsworkshops (siehe hierzu IDEEN MITHILFE VON PROFESSIONELLEN INNOVATIONSWORKSHOPS ERFOLGREICH UMSETZEN) oder durch die anderweitige Konsultation externer Berater (JONES 1996, S. 95) auftun. Etwaige Vorbehalte gegen Berater, die auf die Hospitality-Industrie spezialisiert sind, sind daher in jedem Falle abzulegen (DEN HERTOG, GALLOUJ und SEGERS 2011, S. 1441).

Auch können hohe Investitionen für eine eigenständige Entwicklung von Innovationen entfallen, wenn die Individualhotellerie und klassische Gastronomie gewisse Elemente aus der Kettenhotellerie bzw. Systemgastronomie für den eigenen Betrieb übernimmt. In Puncto Standardisierung von Prozessen oder sonstiger den inneren Arbeitsbereich gastgewerblicher Unternehmen (im Englischen Back Office) betreffende Bereiche können diverse sinnvolle Elemente und Maßnahmen aufgetan werden (TIGU, IORGULESCU und RAVAR 2013, S. 17). Dass Innovationen ansonsten erheblich schneller und reibungsloser in der »individuellen« Hospitality-Industrie durchführbar sind, verdankt sich unter anderem den flachen Hierarchien und kurzen Entscheidungswegen, durch die sich diese Art des Gastgewerbes auszeichnet (FREYBERG, GRUNER und LANG 2012, S. 20). Zwar vermag die internationale Kettenhotellerie von Betriebsgrößenersparnissen zu profitieren, doch kämpft sie nicht selten mit einer mehr oder weniger stark eingeschränkten Handlungsfähigkeit, da große Konzerne oftmals nur als schwerfällige bürokratische Apparate agieren können.

WIE IDEEN JENSEITS VON EINGEFAHRENEN ROUTINEN ENTSTEHEN KÖNNEN

Das Multi-Technologieunternehmen 3M hat bereits früh erkannt, wie wichtig laufende Innovationsförderung ist, um die eigenen Marktchancen bestmöglich zu nutzen – gerne auch mit völlig überraschenden Geschäftsideen. Dazu bedarf es der Förderung jener Fähigkeiten, die Innovation erst ermöglichen. So hat 3M die berühmte 15-Prozent-Regel fest im gesamten Unternehmen verankert. Sie besagt, dass alle Mitarbeiter in der Forschung und Entwicklung während 15 % ihrer Arbeitszeit an eigenen Projekten arbeiten können – egal, ob die in die Strategie und Planung des Unternehmens passen oder nicht. Ob dieser Zeitanteil gemessen wird? Natürlich nicht, denn dann wäre die Wirkung der Regel dahin. Es geht um die signalhafte Vermittlung einer ganz klaren Botschaft: »Dieses Unternehmen ist der Platz, an dem die eigene Kreativität uneingeschränkt ausgelebt werden kann und soll. Lass dich so wenig wie möglich beschränken, nimm Impulse von außen auf, und versuche, das Neue zu denken.« Diese Freiraumstrategie hat 3M nicht nur einige der erfolgreichsten Innovationen geschenkt, sie spiegelt auch ein hohes Maß an Wertschätzung und Vertrauen in die Mitarbeiter wider.

Quelle: www.die-erfinder.3mdeutschland.de

REISEN BILDET!

Ein probates Mittel, Neues zu entdecken und damit die Kreativität für Innovatives für den eigenen Betrieb zu entfachen, ist Reisen. Reisen bildet – Hoteliers sind bedauerlicherweise viel zu wenig selbst Gast in anderen Häusern, was an der Vielzahl an operativen Aufgaben liegt, die im Betrieb zu meistern sind. Somit fehlt vielen Hoteliers die Zeit. Woher soll man allerdings sonst erste Ideen bekommen, wenn nicht mittels Besuch von ausgewählten Benchmarks? Eine Möglichkeit, Impulse zu erhalten, können organisierte Trendreisen sein. Diese sind oftmals thematisch aufgebaut, z.B. mit Fokus F&B oder mit Fokus Design.

SICH DEN STANDORT SELBER MACHEN – DIE KASTANIE ALS THEMA UND UMSATZBRINGER

Bereits seit 150 Jahren und seit 5 Generationen führt die Familie Tauber das Vier-Sterne-Hotel Aktiv- & Vitalpinahotel Taubers Unterwirt im Südtiroler Feldthurns. Direkt am Eisacktaler Kastanienweg gelegen, haben sie ihr Hotel ganz auf das Thema Esskastanien ausgerichtet. Man begegnet der Kastanie vielfach: im Holz der Zimmer, in den Feinschmeckermenüs des Küchenchefs, in der Wellnessabteilung Castanea, im Aufguss in der Sauna und in den Cremes für Wellness- und Beautyanwendungen.
Quelle: www.unterwirt.com/de/wellness-s%C3%BCdtirol/1-0.html

DER SPAGAT ZWISCHEN STABILITÄT UND FLEXIBILITÄT

Vom »organisatorischen Dilemma« sprechen Innovationsforscher in Bezug auf die Herausforderung des gleichzeitigen Aufrechterhaltens von Prozessstabilität und Handlungsflexibilität in Innovationsprozessen (VAHS und BREM 2013, S. 87). Das Wesen und die Merkmale von Innovationen erfordern zum einen klare Regeln und stabile Strukturen, an denen sich die Beteiligten orientieren können und die zur Zielerreichung nötig sind. Andererseits ist persönliche wie auch organisatorische Flexibilität entscheidend, wenn der tatsächliche Prozessverlauf vom Plan abweicht (TROMMSDORF, REEB und RIEDEL 1991, S. 570).

Dank der flachen Hierarchien und der verhältnismäßig wenigen Entscheidungsträger, durch die sich die Privathotellerie und die klassische Gastronomie auszeichnen (FREYBERG, GRUNER und LANG 2012, S. 20), kann die Spanne zwischen Stabilität und Flexibilität erfolgreich beherrscht werden. Auch die allgemeine Flexibilität der in der Hospitality-Industrie Beschäftigten unterstützt den Gastgeber bei der Bewältigung dieser Herausforderung. Qualifizierte Mitarbeiter im Gastgewerbe verstehen sich auch auf schnelle Anpassungsfähigkeit (OTTENBACHER und GNOTH 2005, S. 219). Diese Anpassungsfähigkeit wird dabei nicht nur jedem einzelnen Gast gegenüber an den Tag gelegt, sondern ist auch bei komplexen Innovationsprozessen von den Mitarbeitern zu erbringen.

STANDORTGEBUNDENHEIT

Mit Ausnahme der mobilen Gastronomie (z. B. Food-Trucks oder Bauchläden) und der rollenden Hotellerie (sogenannte Rotels) ist jeder gastgewerbliche Betrieb an einen Standort und die dortigen Gegebenheiten gebunden. Mitunter können diese Gegebenheiten sich recht »unwirtlich« ausnehmen, beispielsweise in Form von großer Entlegenheit und schwerer Erreichbarkeit oder in Form von wenig attraktiven Umgebungen. Kann es trotzdem gelingen, erfolgreiche Innovationen zu entwickeln und umzusetzen oder stellt der Standort einen lästigen Hemmschuh dar?

Unabhängig davon, ob die standortbeeinflussenden Faktoren negativer oder positiver Natur sind, sollte der Standort eines Unternehmens als wertvolle Ideenquelle für Innovationen gesehen werden (INNERHOFER 2012, S. 307). So können beispielsweise seine Historie oder seine spezifischen Charakteristika einzigartige Ausgangspunkte für Innovationen sowie für Alleinstellungsmerkmale bieten (WITHIAM 1991, S. 61). Im Einklang mit den übrigen Komponenten – Betreiber bzw. Eigentümer und Konzept, die den Erfolg eines gastgewerblichen Unternehmens beeinflussen – können so herausragende Lösungen entstehen. In diesem Zusammenhang spricht man vom sogenannten strategischen Fit. Die Hospitality-Experten Gruner, Freyberg und Phebey konstatieren hingegen, dass der Standort insbesondere bei Erlebniskonzepten eine eher untergeordnete Rolle spiele (GRUNER, FREYBERG und PHEBEY 2014, S. 203), sodass dieser auch der Innovationstätigkeit in keiner Weise entgegenzustehen scheint. Denn: »Standorte kann man machen«[15].

VON AUSSEN WIRKENDE HERAUSFORDERUNGEN: GEFAHR DER IMITATION DURCH WETTBEWERBER

Die Hospitality-Industrie ist durch einen internationalen und schonungslosen Wettbewerb geprägt, der sich sowohl in quantitativer wie auch in qualitativer Weise weiter verschärfen wird. Zusätzlich erschwert wird die Lage durch die hohe Zahl an Imitationen im Gastgewerbe (PECHLANER, FISCHER und PRIGLINGER 2006, S. 126). Innovationen sind oftmals leicht kopierbar (VILA, ENZ und COSTA 2012, S. 75), da es sich in der Regel nicht um hochkomplexe technische Prozesse der Durchführung handelt. Zum anderen sind die Wettbewerber eines Gastgebers in der Lage, dessen Innovationstätigkeit in Form von Competition (aus dem Englischen: Konkurrenz, Wettbewerb) Checks zu verfolgen, durchgeführt als vermeintlicher Gast oder schlichtweg durch Recherche (POMPL und BUER 2006, S. 30).

Um der Herausforderung der Imitation durch Wettbewerber begegnen zu können, muss es dem Gastgeber gelingen, derartige Innovationen hervorzubringen, die durch Mitbewerber nur schwer zu imitieren sind. Schwere Imitierbarkeit beruht in der Hospitality-Industrie in aller Regel auf den individuellen Ressourcen eines Unternehmens. Insbesondere die Humanressourcen und die damit verbundenen menschlichen Fähigkeiten bieten einen wertvollen Lösungsansatz. Innovationen können durch einen aktiven Einbezug der Mitarbeiter, der in Motivation und langfristiger Treue zum Arbeitgeber resultiert, geschützt werden (VILA, ENZ und COSTA 2012, S. 76). Zudem gibt es auch im Dienstleistungssektor Möglichkeiten des realen Innovationsschutzes, wie z. B. die Eintragung von Marken.

GEFAHR DER NICHT-AKZEPTANZ DER NEUEN LEISTUNG

Jede Innovation ist, wie schon gesagt, mit dem Merkmal der Neuartigkeit und der Unsicherheit behaftet. Die Neuheit betrifft hierbei aber keineswegs nur das innovierende Unternehmen. Im gleichen Maße wirkt sie auf den Gast ein. Gerade Stammgäste zeichnen sich jedoch bisweilen durch ihren Konservatismus und dem damit verbundenen Wunsch nach Vertrautem aus. Innovationen, die dieses Vertraute womöglich auf den Kopf stellen oder gar verdrängen, laufen in derartigen Fällen Gefahr, von den Gästen nicht akzeptiert zu werden (MUELLER 2006, S. 116). Eine Nicht-Akzeptanz kann auch daraus resultieren, dass die entsprechende Innovation

BÜHNE FREI FÜR GASTROGRÜNDER

»Laden ein« heißt das Konzept eines stationären Pop-up-Restaurants für Streetfood-Händler in Köln. Bis auf wenige Dekorationselemente, Tische und Stühle und die Kochstation verändert sich der »Laden« alle zwei Wochen. So gab es in der Vergangenheit schon japanisches Essen von Nipponnoodles, danach Pulled-Pork-Sandwiches von Buns & Sons, argentinische Empanadas von Locura und vegetarische Hummus Kitchen von Mashery. Die Erfinder Till Riekenbrauk, Vincent Schmidt und Mathes Robel erschufen einen Ort, an dem sich für einen begrenzten Zeitraum ambitionierte Jung-Gastronomen ausprobieren können, bevor sie sich eine eigene »Location« suchen oder von ihrer Idee Abstand nehmen. Das »Laden ein« ist also auch ein Versuchslabor. Hierbei wird nach einem konkreten Plan vorgegangen: Samstagabend baut die bisherige Crew ab, am sonntäglichen Ruhetag zieht die neue ein und bereitet alles vor. Damit jeder seiner Küche ein optisches Profil geben kann, wurden Galerieleisten installiert. Die schwarze Tafel über der Theke kann leicht neu beschriftet werden. Montags um zwölf öffnet das »Laden ein« dann wieder. Das »Laden ein« bietet somit zum einen angehenden Gründern eine Chance, zum anderen dem Gast Vielfalt in puncto Speisen.

Quelle: GOLDLÜCKE 2016, online

[15] GRUNER, FREYBERG und PHEBEY 2014, S. 203

EIN TISCHLEIN STEHT IM WALDE: IN BAIERSBRONN LÄSST SICH GLEICHZEITIG SPEISEN UND WANDERN

In Baiersbronn spielt der Himmel eine große Rolle. Sieben Michelin-Sterne glänzen über dem Städtchen und seinen zehn Ortsteilen im nördlichen Schwarzwald. Nirgends sonst in Deutschland ist die Sterneköchedichte so hoch.

Neben der Gastronomie wartet der Ort mit dem »Baiersbronner Wanderhimmel« auf. Die – nach Stuttgart – flächenmäßig größte Gemeinde in Baden-Württemberg verfügt über ein 550 Kilometer umfassendes Wanderwegenetz. Und da Wandern bekanntlich hungrig macht, liegt es für Friedrich Klumpp, Eigentümer des Hotels Gasthof Rosengarten, auf der Hand, Wandern und Schlemmen miteinander zu verbinden.

Im Rahmen von Schlemmerwanderungen unter dem Motto »Wandern und Genuss« wird jeder Gang Stück für Stück erwandert, das Essen wird von Mitarbeiten auf Rädern vorgefahren, und das Tischlein steht gedeckt im Walde, wenn die Hungrigen eintreffen. Ganz nebenbei erfahren die Gäste vieles über die frühere Verwendung der Pflanzen und über die Natur rundum. Für diese vorbildhafte Vermittlung und Wertschätzung der Natur wurde Friedrich Klumpp mit dem Natourismuspreis 2013 des Bundes für Umwelt und Naturschutz Deutschland ausgezeichnet. Auf seiner Website informiert er in einem Wanderkoch-Blog über seine Aktivitäten.

Quelle: www.rosengarten-baiersbronn.de/wandern-mit-dem-wander-koch-unterwegs/; DUVAL 2009, online

nicht deckungsgleich mit den Bedürfnissen und Wünschen des Gästekreises ist. Es besteht die Gefahr einer Fehleinschätzung des Kundennutzens durch den innovierenden Unternehmer (BIDMON und MATZLER 2006, S. 178).

Um derartige Schwierigkeiten zu meistern, ist das Wissen um die tatsächlichen Wünsche der Gäste unerlässlich. Dies beinhaltet auch den Versuch, künftige Kundenbedürfnisse erfolgreich zu antizipieren und zu verstehen (DANLER 2006, S. 200). Die Auseinandersetzung mit Trends leistet hierzu beispielsweise einen wertvollen Beitrag. Zudem stellt die Einbeziehung des Gastes in den Innovationsprozess einen bedeutenden Erfolgsfaktor dar, um nicht an seinen Bedürfnissen und Wünschen »vorbei zu innovieren« (z.B. TIGU, IORGULESCU und RAVAR 2013, S. 19, WALDER und POSPIECH 2006, S. 71 und OTTENBACHER und GNOTH 2005, S. 215).

GEFAHR DER NICHT-AKZEPTANZ EINES HÖHEREN PREISES

An komfortable Neuerungen vermag sich der Gast eines Hotels oder Restaurants durchaus rasch zu gewöhnen und erwartet diese in der Folge bald als Basisfähigkeiten (siehe hierzu auch IMPULSGEBER KONSUMENT – DEM GAST GEBEN, WAS ER WÜNSCHT). Allerdings können Innovationen mit hohen Investitionen verbunden sein, die von der Mehrzahl kleiner und mittelständischer gastgewerblicher Betriebe im Anschluss wieder erwirtschaftet werden müssen, um fortbestehen zu können. Doch ist der Gast womöglich nicht bereit, für eine innovative Leistung mehr zu bezahlen (TIGU, IORGULESCU und RAVAR 2013, S.27). In Verbindung mit der Unsicherheit über die Akzeptanz einer Innovation bei seinen Gästen stellt sich Gastgebern insofern die berechtigte Frage, ob Innovationen dann überhaupt zu entwickeln und einzuführen sind. Wie kann man dieser Herausforderung begegnen?

Es wurde bereits angeführt, dass Innovationen mitunter durch die Kernbereiche eines gastgewerblichen Betriebs »quersubventioniert« werden müssen, wenn sie die getätigten Investitionen nicht aus eigener Kraft zu erwirtschaften vermögen. Zweifellos erscheinen Innovationen, denen die selbstständige Amortisation der vorherigen Investitionen gelingt, erstrebenswerter. Jedoch ist auch der erste Fall nicht unbedeutend für den Erfolg eines Unternehmens. Eine Studie aus dem Jahr 2013 belegt, dass das Innovationslevel eines gastgewerblichen Betriebs an dritter Stelle der Kaufentscheidung des Gastes steht. Lediglich Preis-Leistungs-Verhältnis und Komfort spielen eine bedeutendere Rolle (TIGU, IORGULESCU und RAVAR 2013, S.23). So mag eine Innovation vielleicht keine zusätzlichen Einnahmen generieren, doch der Gast entscheidet sich für das spezifische Unternehmen anstatt für einen Wettbewerber, wenn ihm innovative Leistungen geboten werden. Auf diese Weise kann eine Loyalisierung der Gäste gelingen. Langfristige Kundenbeziehungen münden in reduzierten Geschäftsanbahnungs-, Vereinbarungs- und Kontrollkosten (FREYBERG, GRUNER und

LANG 2012, S.88) und tragen so bereits zur Erwirtschaftung von etwaigen nicht gedeckten Investitionskosten bei.

Fazit

Das vorangegangene Kapitel verdeutlicht die Dringlichkeit von Innovationen in der Hospitality-Industrie, aber auch damit verbundene Herausforderungen, deren Meistern in entscheidendem Maße auf einer bewussten Wahrnehmung durch den Gastgeber basiert. Zusätzlich legt das Verständnis von Innovationen offen, dass ihr Hintergrund keineswegs nur eindimensional ist (WITHIAM 1991, S.63). Neben der Generierung zusätzlicher Umsatzflüsse, die sich in der Folge auch positiv auf den Gewinn auswirken, beeinflusst die Innovationstätigkeit auch die Bindung von Gästen und Mitarbeitern an das eigene Unternehmen. In Zeiten immer härteren Wettbewerbs sowie größeren Fachkräftemangels nimmt die Bedeutung von Innovationen daher weiter zu. Hohe Wettbewerbsintensität ist dabei jedoch keinesfalls nur negativ zu bewerten, sondern vielmehr auch als Chance zu betrachten. Zum einen erfordert sie innovative Lösungen, um am Markt präsent zu bleiben, und lässt eine Handlungsträgheit damit nicht zu. Zum anderen ermöglicht sie auch das Erkunden gänzlich neuer Wege, die der bisweilen vom bestehenden Angebot übersättigte Gast durchaus gerne bereit sein mag, gemeinsam mit dem Gastgeber zu beschreiten.

Bevor er mit der Planung seiner Innovationstätigkeit beginnt, sollte sich jeder Gastgeber nochmals auf sein Innovationsverständnis hin überprüfen:

CHECKLISTE ZUM VERSTÄNDNIS VON INNOVATION | HINTERFRAGEN SIE SICH!

ZENTRALE FRAGEN FÜR EIN FUNDIERTES VERSTÄNDNIS	RELEVANZ BEWUSST – FRAGE WIRD BEREITS NACHGEGANGEN	RELEVANZ ERKANNT – FRAGE WIRD NUN NACHGEGANGEN
Kennen Sie die konkrete Bedeutung des Begriffs Innovation, typische Merkmale sowie verschiedene Innovationsarten?	○	☐
Haben Sie eine individuelle Definition von Innovation für Ihr Unternehmen vorgenommen?	○	☐
Weisen Sie Ihrer darauf aufbauenden Innovationstätigkeit einen klaren Stellenwert in Ihrem Unternehmen zu?	○	☐
Nehmen Sie und Ihre Mitarbeiter die Wünsche und Bedürfnisse Ihrer heutigen und künftigen Gäste mit offenen Augen wahr und verstehen Sie sie?	○	☐
Machen Sie sich diese Bedürfnisse als Innovationsauslöser zunutze?	○	☐
Verfolgen Sie aktiv Trends, neue Technologien und weitere Impulse für Innovationen und werten ihre Bedeutung für Ihr Unternehmen aus?	○	☐
Sind Sie sich möglicher Herausforderungen im Zusammenhang mit Innovationen bewusst und gehen Sie sie proaktiv an?	○	☐
Nehmen Sie in Bezug auf Ihre Innovationstätigkeit die Vorteile der Privathotellerie bzw. klassischen Gastronomie aktiv wahr?	○	☐

2 INNOVATION PLANEN

»Planung ohne Ausführung ist meistens nutzlos – Ausführung ohne Planung ist meistens fatal.« Willy Meurer

Nachdem in Anbetracht der Unerlässlichkeit von Innovationen die Entscheidung zum bewussten Innovieren gefallen ist, gilt es, die künftige Innovationstätigkeit vor ihrer Ausführung sorgfältig zu planen (MARTINEZ-LOPEZ und VARGAS-SANCHEZ 2013, S.614). **In aller Regel werden Innovationen nicht durch glückliche Zufälle hervorgebracht, sondern bedürfen der zielgerichteten strategischen Planung** (WALDER und POSPIECH 2006, S.70). **Dies gilt insbesondere dann, wenn es sich bei der Innovationsaktivität nicht um ein einmaliges Unterfangen handeln soll** (PECHLANER, FISCHER und PRIGLINGER 2006, S.134)**, sondern sie als dauerhafte Aufgabe des Unternehmers wahrgenommen wird, um sich im Wettbewerb zu profilieren. Häufig basieren Innovationen in der Hospitality-Industrie jedoch auf intuitivem Entscheiden und Handeln sowie auf Spekulationen, bedingt durch einen begrenzten Erfahrungsschatz auf dem Gebiet des Innovierens** (HJALAGER 2010, S.9 und OTTENBACHER und GNOTH 2005, S.206).

2.1 | Obligatorisches Grundwissen

Jeder angehende wie auch erfahrene Innovator sollte sich einiger grundlegender Entscheidungen (wieder) bewusst werden, die es zu fällen gilt, bevor er mit der eigentlichen Entwicklung von Innovationen beginnt. Dieses innovationsbezogene »Grundwissen« zeichnet den Unternehmer letztlich als erfolgreichen Innovator aus, da es das tragfähige Fundament seiner anschließenden innovativen Tätigkeit bildet.

2.1.1 | Der richtige Innovationszeitpunkt und -turnus

Kann Erfolg ewig währen? Bevor man mit der Suche nach einer Antwort auf diese Frage beginnen kann, stellt sich zuvor noch die Frage nach der konkreten Bedeutung des Wortes »Erfolg«. Als Erfolg bezeichnet man ein »positives Ergebnis einer Bemühung« oder das »Eintreten einer beabsichtigten, erstrebten Wirkung«. Erfolg entspringt somit nicht dem Zufall, sondern basiert auf angestrebten künftigen Zuständen bzw. zuvor gebildeten Zielen. Dass er das positive Ergebnis einer Bemühung darstellt, impliziert ein aktives Handeln. Um sich langanhaltenden Erfolgs erfreuen zu können, kann es folglich nicht

ausreichen, ausschließlich von einem einmal erzielten positiven Ergebnis zehren zu wollen.

Die Reiseerfahrung der Gäste nimmt stetig zu, und ihre Bedürfnisse wandeln sich im Zeitverlauf. Gleichzeitig wird es immer schwieriger, qualifizierte Mitarbeiter für das eigene Unternehmen zu finden, die diesen veränderten Ansprüchen gerecht werden können. Externe wie auch interne Einflüsse wirken immer stärker und dynamischer auf gastgewerbliche Unternehmen ein. Verzeichnet ein Gastgeber Erfolg mit seiner Marke, seinem Produkt oder einer sonstigen Leistung, darf er sich daher keinesfalls der Illusion hingeben, dass dieser Erfolg – mag er auch noch so durchschlagend gewesen sein – seine Gäste auf ewig begeistern wird. Gäste fragen heute mehr denn je mit dem Konsum touristischer Leistungen Erlebnisse nach (GRUNER, FREYBERG und PHEBEY 2014, S. 10). Diese wiederum zeichnen sich definitionsgemäß nicht durch Alltäglichkeit oder Vertrautheit aus, sodass kontinuierliche Innovationen die logische Konsequenz sind, um dem Wunsch nach Neuem gerecht werden zu können. So erfolgreich eine Marke oder eine gastgewerbliche Leistung also in der Gegenwart auch sein mag: Eine gezielte Revitalisierung ist unabdingbar, um der Gefahr zu begegnen, die Bedürfnisse des Gastes früher oder später nicht mehr erfüllen zu können (DEV und KELLER 2014, S. 333). Auch in Anbetracht der Dauer von Pachtverträgen, die sich in aller Regel auf eineinhalb bis zwei Jahrzehnte beläuft, ist die Entwicklung von Leistungen mit Bestand unerlässlich. Revitalisierungen beinhalten in der Regel eine Kombination aus dem Beibehalten bestehender und dem Hinzufügen neuer, innovativer Elemente (DEV und KELLER 2014, S. 340). Doch welches ist der geeignete Zeitpunkt für eine Auffrischung und Wiederbelebung der gastgewerblichen Leistung mithilfe von Innovationen?

Nie in Sichtweite des »Point of no Return« gelangen

Eine Revitalisierung sollte unbedingt durchgeführt werden, bevor sich ein mögliches Verblassen des Erfolgs abzeichnet (DEV und KELLER 2014, S. 333 und VILA, ENZ und COSTA 2012, S. 84). Das Produktlebenszyklusmodell kann dabei Aufschluss geben, wann ein Gastgeber spätestens mit seiner

DER BAYERISCHE HOF ALS WANDERBAUSTELLE
Fragt man sich, warum der Bayerische Hof in München seit Jahren an der Spitze der umsatzstärksten Hotels in Deutschland steht, gibt es eine wesentliche Antwort darauf: Es wird ständig renoviert und innoviert, dabei strategisch und strukturiert vorgegangen, um den operativen Betrieb nur so viel wie unbedingt nötig zu gefährden, und stets Trends im Visier. Ruft die Eigentümerin Innegrit Volkhardt einen Zehn-Jahres-Plan für die Zukunft aus, folgt nach dem zehnten Jahr gleich der neue. Nur so gelingt es ihr, ein solch großes Haus wie den Bayerischen Hof als »eine Welt für sich« zukunftsfähig zu halten.

Innovationstätigkeit beginnen sollte. Es analysiert die Umsatz- bzw. Gewinnentwicklung eines Produkts oder einer Leistung im Zeitverlauf (HUTZSCHENREUTER 2011, S. 181).

Nachdem ein Produkt oder eine Leistung am Markt eingeführt wurde, erreicht es in aller Regel spätestens in der Wachstumsphase auch die Gewinnzone. Die Annahme des neuen Produkts oder der neuen Leistung durch den Gast steigt kontinuierlich und so auch das Image des sich etablierenden Produkts. Banken fassen Vertrauen in das gastgewerbliche Unternehmen, und Umsatz und Ergebnis erreichen in der Reifephase ihren Höhepunkt. In dieser Phase nun tritt auch ein Sättigungseffekt ein: Das neue Produkt, das zu seiner Einführung noch eine Innovation gewesen sein mag, wurde durch die breite Menge adaptiert, und selbst die sogenannten Nachzügler entscheiden sich bald zum Kauf. Spätestens in der Phase des Rückgangs geht der Reiz des Produkts bzw. der Leistung jedoch verloren. Zehrt der Hotelier oder Gastronom nun lediglich vom Erfolg dieses einen Produkts und melkt die »Cash Cow«[16] in der Phase der Reife, ohne sich dabei um die Futterzufuhr für den nächsten Melkvorgang zu kümmern, wird er in eine Abwärtsspirale geraten, aus der er sich nicht mehr befreien kann. Das Vertrauen der Banken schwindet, qualifizierte Mitarbeiter verlassen das Unternehmen, das Image (das Bild, das Andere vom Unternehmen haben) verblasst und es erfolgt ein dauerhafter Werteverzehr.

Beginnt der Gastgeber nicht spätestens am Ende der Reifephase mit seiner Innovationstätigkeit, dann läuft er Gefahr, an einen »Point of no Return«, also an einen Punkt zu gelangen, an dem keine Rückkehr zur Ausgangslage mehr möglich ist. Das gegenwärtige Handeln kann zu

[16] Das Beratungsunternehmen Boston Consulting Group spricht von der sogenannten Cash Cow – der Melkkuh, wenn ein Produkt in der Reifephase seines Lebenszyklus ohne weitere Investitionen gemolken werden kann und somit stabile Kapitalflüsse erzielt.

DER ZUSAMMENHANG VON PRODUKTLEBENSZYKLUS UND POINT OF NO RETURN
ZUR FINDUNG DES RICHTIGEN INNOVATIONSZEITPUNKTES

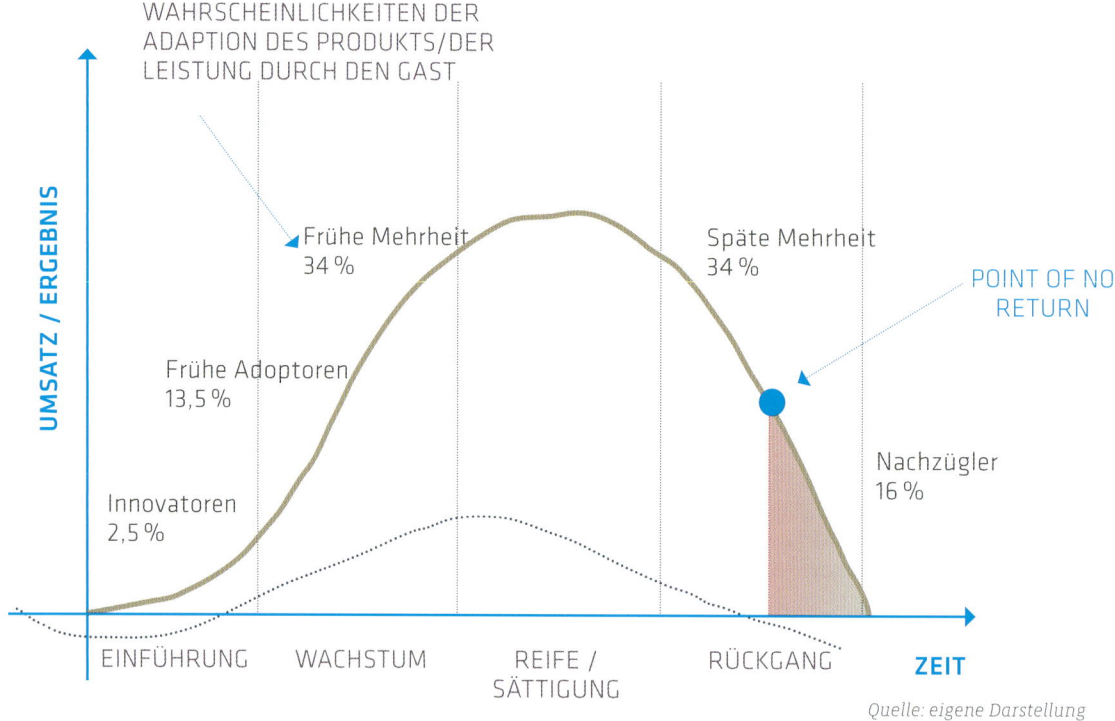

Quelle: eigene Darstellung

diesem Zeitpunkt nicht mehr folgenlos beendet oder abgebrochen werden, da seine Wirkung bereits unabwendbar ist. In der Luftfahrt meint dieser Terminus beispielsweise jenen Punkt auf der Startbahn, an dem der Start eines Flugzeugs nicht mehr abgebrochen werden kann, weil die verbleibende Strecke auf dem Rollfeld zu kurz ist, um das Flugzeug sicher wieder abzubremsen. Analog kann ein Unternehmer den Point of no Return erreichen, wenn es zu spät ist, einen fortwährenden Abschwung mithilfe von Innovationen aufzuhalten. Der Fortbestand des Unternehmens ist dann ernsthaft gefährdet.

Die Revitalisierung einer bestehenden Leistung oder die Schaffung einer radikalen Neuerung muss also spätestens in der Reifephase oder gar schon in der späten Wachstumsphase erfolgen. Der Lebenszyklus beginnt schließlich von Neuem, und so muss eine Innovation zunächst eingeführt werden, bevor ihre Absatzzahlen und die Gewinne in der Wachstumsphase steigen. Für die Revitalisierung ist es unentbehrlich, die Entwicklungen der Unternehmensumwelt kontinuierlich zu verfolgen und zu analysieren.

Dem Verlauf der S-Kurve nicht bis ans Ende folgen

Aufschluss über den richtigen Innovationszeitpunkt kann auch das sogenannte S-Kurven-Konzept geben. Dieses befasst sich speziell mit der technologischen Entwicklung der Unternehmensumwelt und betrachtet dabei die Leistungsfähigkeit einer Technologie im Zeitverlauf. Ähnlich wie Produkte durchlaufen auch Technologien Lebenszyklen, an deren Ende sich ihre Leistungsfähigkeit einem Grenzwert nähert. Bevor dieser jedoch erreicht ist, sollte bereits der »Sprung« auf eine neue Technologie mit höherem Leistungsniveau getätigt werden, um nicht an Marktpräsenz und Profitabilität zu verlieren (GERPOTT 2005, S. 113ff.). Ein Technologiewechsel in diesem Moment entspricht dem richtigen Innovationszeitpunkt. Um ihn nicht zu verpassen, muss ein Gastgeber abschätzen, welche Bedeutung neue Technologien für sein Produkt und für seine Prozesse künftig haben werden. Dabei unterstützen ihn beispielsweise die Auseinandersetzung mit Trends oder auch die Berichte von Zulieferern, Forschungseinrichtungen oder auf das Gastgewerbe spezialisierte Beratungsgesellschaften.

2 INNOVATION PLANEN

»There is always room to improve«
In direktem Zusammenhang mit dem richtigen Innovationszeitpunkt noch vor Ablauf der Reifephase einer Leistung steht die Erkenntnis des erfolgreichen Innovators, dass er im Grunde genommen fortwährend innovieren muss (z. B. MARTINEZ-LOPEZ und VARGAS-SANCHEZ 2013, S. 614; VILA, ENZ und COSTA 2012, S. 76; HJALAGER 2010, S. 7). Produktlebenszyklen und analog auch die Lebenszyklen von Dienstleistungen verkürzen sich zunehmend (MARTINEZ-LOPEZ und VARGAS SANCHEZ 2013, S. 614), während der »Erlebnishunger« des Gastes in derselben Geschwindigkeit zunimmt. Unweigerlich damit verbunden sind also auch zunehmend kürzere Innovationszyklen (MÜLLER 2006, S. 116).

Durch seine kontinuierlichen Innovationsaktivitäten kann der gastgewerbliche Unternehmer einerseits die Gefahr eines Point of no Return erheblich reduzieren. Andererseits gelingt es ihm, sich seinen Gästen gegenüber stets aktuell, überraschend und begeisternd zu präsentieren und sie langfristig an sein Unternehmen zu binden. In diesem Kontext verdeutlicht auch der bisweilen rasche Übergang von Alleinstellungsmerkmalen in Basisfähigkeiten, dass Innovation als andauernde unternehmerische Aufgabe wahrgenommen werden muss. Nur so kann der Unternehmer neue USPs generieren, welche z. B. eine niedrigere Preissensibilität, Wiederkauf oder sogenannte Cross-Sellings erzielen können.

Doch die Notwendigkeit, kontinuierlich zu innovieren, sollte vom Hotelier oder Gastronomen nicht lediglich als unumgängliche Verpflichtung verstanden werden, der erfolgreich nachzukommen ihn viel Mühe und Zeit kosten kann. Vielmehr stellt eine fortlaufende Innovationstätigkeit eine wertvolle Bereicherung des eigenen Erfahrungsschatzes dar. Je öfter man neue und unbekannte Wege auftut und diese anschließend erfolgreich beschreitet, desto

> **RELAUNCH DER INTERCITYHOTELS**
> *Die zur Steigenberger Hotel Group gehörende Marke InterCity erlebt trotz ihres großen Erfolgs mit über 35 Hotels in Deutschland, Österreich und den Niederlanden ab 2016 einen Relaunch, um dem veränderten Gästeverhalten Rechnung zu tragen. Die Marke, die über dem Budget-Segment, jedoch unter den Upscale-Marken rangiert, setzt auf neues Design, neue F&B-Konzepte und absolute Marktneuheiten statt auf die Imitation von Wettbewerbern.*
> Quelle: LEIBFRIED 2015, online

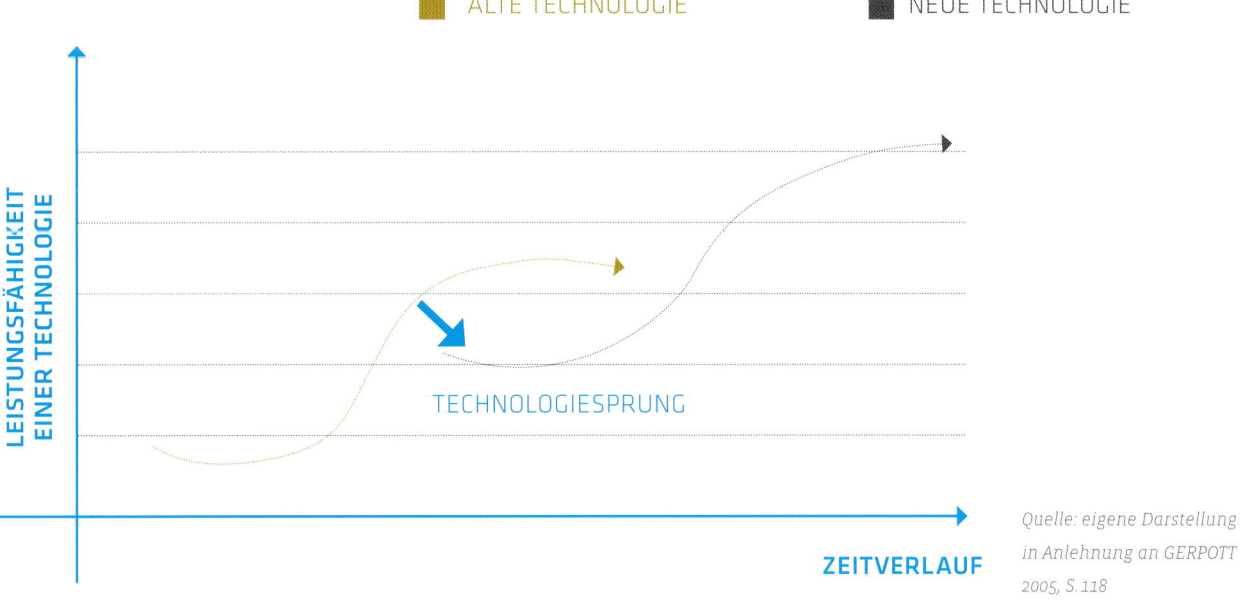

DAS S-KURVEN-KONZEPT ZUR BESTIMMUNG DES RICHTIGEN INNOVATIONSZEITPUNKTES

Quelle: eigene Darstellung in Anlehnung an GERPOTT 2005, S. 118

größer ist in der Folge auch die eigene Unabhängigkeit. Der Gastgeber ist zunehmend weniger auf die Erfahrungen Dritter angewiesen und der Umgang mit neuen Ideen und deren Realisierung fällt von Mal zu Mal leichter.

Ferner tragen Innovationen nicht nur zur Begeisterung der Gäste bei. Auch das Vertrauensverhältnis zwischen Gast und Gastgeber wird durch permanente Innovation positiv beeinflusst. Eine langjährige Innovationsgeschichte im Unternehmen reduziert die Gefahr der Ablehnung weiterer Neuerungen in erheblichem Maße. Außerdem zieht der Gast erfolgreiche Innovationen der Vergangenheit bei der Beurteilung einer aktuellen Neuerung stellvertretend zu Rate (DE BRENTANI 2001, S. 174).

INNOVATION ALS DAUERAUFGABE UND BEISPIELHAFTE WIRKUNGEN

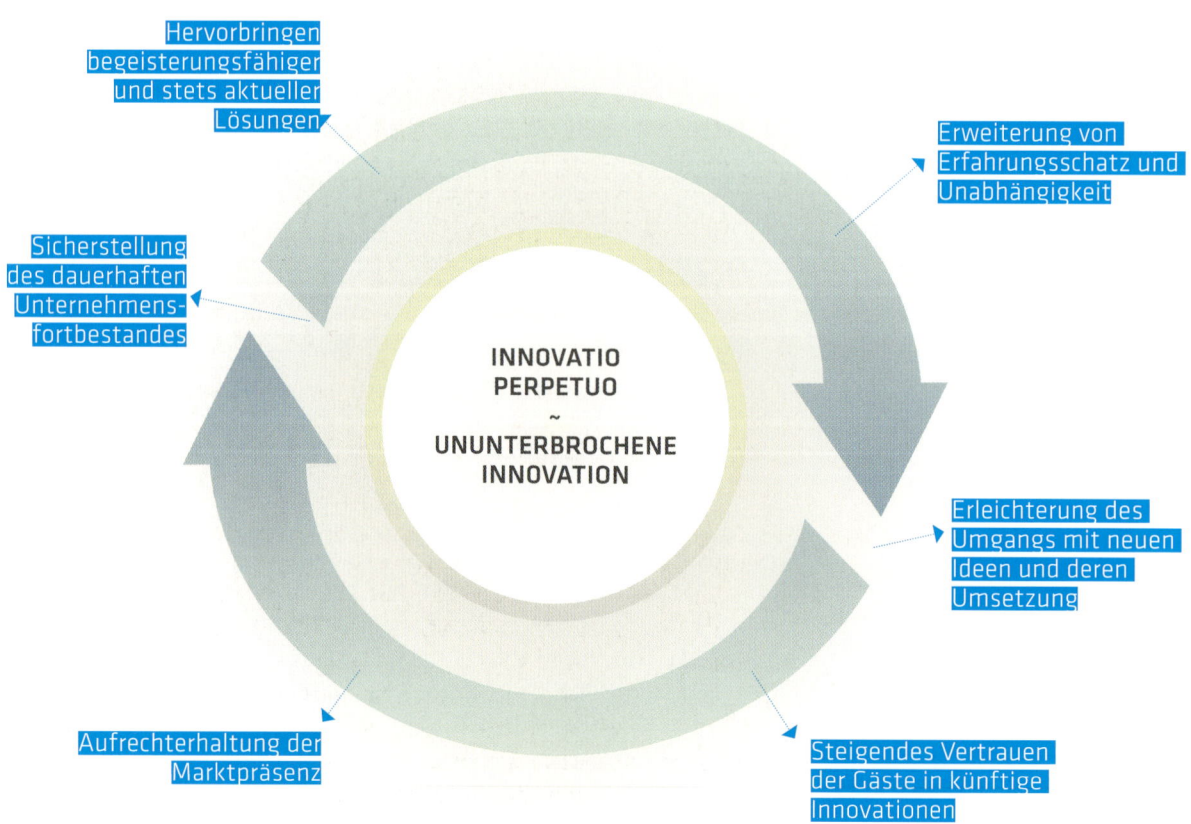

Quelle: eigene Darstellung

Innovationen also als lebenslange unternehmerische Aufgabe?

Die innovative Tätigkeit eines Gastgebers gleicht im Idealfall einem Perpetuum Mobile: Wurde sie einmal in Gang gesetzt, läuft sie kontinuierlich und praktisch endlos fort. Spätestens beim Übergang einer Innovation in betriebliche Routine sollte ein neuerlicher Innovationsprozess angestoßen werden. Zur erfolgreichen Bewältigung der jeweils damit verbundenen neuen, unsicheren, komplexen und womöglich konfliktbehafteten Situationen trägt ein gezieltes und planmäßiges Innovationsmanagement bei.

WARUM INNOVIEREN – DIE GÄSTE KOMMEN AUCH SO!?

Es gibt (immer noch) Hotelstandorte, an denen es Betriebe gar nicht nötig haben, ihre Qualität zu verbessern oder gar an Innovationen zu denken. Der Grund ist einfach: Die Gäste kommen auch so bzw. der Aufenthalt im Hotel ist reines Mittel zum Zweck – eine Übernachtungsmöglichkeit zu haben, mehr nicht. Einer dieser Standorte ist die französische Stadt Lourdes. Jahr für Jahr reisen mehrere Millionen Pilger in den Pyrenäenort und erhoffen sich an der Quelle nahe der Mariengrotte Heilung. Nach Paris verzeichnet Lourdes mit seinen rund 16.000 Einwohnern die zweithöchste Zahl an Hotelbetten und Übernachtungen in Frankreich (jährlich ca. fünf Millionen, ca. Bettenzahl 30.000). Entsprechend groß ist der Instandhaltungsstau in vielen der über 230 Betriebe. Den Pilgern scheint dies interessanterweise nicht wichtig zu sein, ist der Attraktor mit dem heiligen Bezirk doch ein vielfach bedeutsamerer. Und die Hoteliers freuen sich, dass den Gläubigen dies egal ist.

STARWOOD RUFT KREATIVSCHMIEDE INS LEBEN

NEW YORK. Starwood Hotels & Resorts hat im New Yorker Garment District ein eigenes Kreativbüro eröffnet. Das sogenannte Starlab dient als Ideenschmiede: Mitarbeiter, Eigentümer, Projektentwickler, Kunden und Partner sollen sich hier über neue Designprojekte, Spitzentechnologien und die Markenwelt des Unternehmens informieren können.

Das Büro wurde von Starwood in Zusammenarbeit mit dem Architekturbüro VM Architecture Studio PC gestaltet. »In der heutigen Zeit ist es für unsere Teams wichtiger denn je, zusammenzuarbeiten und verschiedene Denkansätze und Sichtweisen an einen Tisch zusammenzubringen«, sagt Phil McAveety, Chief Brand Officer, Starwood Hotels & Resorts. »Das Konzept von Starlab erleichtert die abteilungs- und funktionsübergreifende Zusammenarbeit und fördert damit die Entwicklung innovativer Gästeerlebnisse.«

Inspiriert von der zunehmenden sozialen Vernetzung stehen digitale und soziale Inhalte im Mittelpunkt des Konzepts. Auf einem »intelligenten Spiegel« im Eingangsbereich der neuen Bürowelt werden die neuesten Videonachrichten und Fotos von Starwood sowie nutzergenerierter Content gezeigt. Ein »Digital Chandelier« – teils Kunstinstallation, teils Newsticker – prägt das Treppenhaus und zeigt Gäste-Tweets in Echtzeit. In einem galerieartigen Bereich neben dem gemeinsamen Speisebereich rotieren in fünf digitalen Bilderrahmen Instagram-Posts von Gästen. »Starlab ist unser Verständnis von Innovation, ein Entwicklungs- und Testlabor für neue Ideen und eine Initiative, die Zusammenarbeit unserer Design-, Digital- und Brand-Teams zu fördern«, sagt Mike Tiedy, Senior Vice President, Global Brand Design and Innovation bei Starwood Hotels & Resorts.

Starlab beherbergt auch ein Technologielabor für Experimente und Testläufe der jüngsten digitalen Innovationen des Unternehmens, beispielsweise SPG Keyless, ein System, das es Gästen ermöglicht, statt des klassischen Check-in eine digitale Handy-Variante zu nutzen, sowie der erste Roboter-Butler Botlr, der für den Zimmerservice in den Aloft Hotels entwickelt wurde.

Gleichzeitig mit der Eröffnung des Bürokomplexes startet Starwood unter www.starlab.tumblr.com auch ein virtuelles Starlab, das Einblicke in aktuelle Projekte rund um den Globus gewährt.

Quelle: www.ahgz-hoteldesign.de/news/hoteldesign/starwood-ruft-kreativschmiede-ins-leben,200012222474.html

> »Zusammenkommen ist ein Beginn,
> Zusammenbleiben ein Fortschritt,
> Zusammenarbeiten ein Erfolg.« Henry Ford

2.1.2 | »Offen« innovieren – die Unternehmensumwelt einbeziehen und von Netzwerken profitieren

Der Gast als Innovationspartner

Die Abhängigkeit des Innovationserfolgs vom subjektiven Empfinden des Gastes (HAUSCHILDT UND SALOMO 2011, S. 18) legt den Schluss nahe, dass rein angebotsseitige Innovationen nicht immer zu einem positiven Ergebnis führen (WOEHLER 2006, S. 85). Auch die zunehmende Komplexität von Produkten und Dienstleistungen schließt Innovation als »Einzelkämpfer« faktisch aus (VAN WULFEN 2013, S. 111). Dass es sich hingegen als zielführend erweist, den Gast bereits in den Prozess der Innovationsentwicklung zu involvieren, wurde bereits dargelegt. Der Einbezug des Gastes in die Innovationstätigkeit ergibt sich im Grunde als logische Folge aus seiner Rolle des Co-Produzenten bei bestehenden Leistungen des Gastgebers (DE BRENTANI 2001, S. 173) Konkret ergeben sich für den Gastgeber daraus folgende Vorteile:

- Der Gast kann als Ideengeber fungieren oder erhält im Falle von radikalen Innovationen die Möglichkeit, das auch für ihn nötige Wissen über die Neuerung frühzeitig zu erlangen (BIDMON und MATZLER 2006, S. 180)

- Der Gastgeber erhält unmittelbar wertvolles Feedback zu seinen jeweiligen Projekten und kann diese gegebenenfalls entsprechend anpassen. Denn nicht immer kann der Kundennutzen vom Gastgeber vorab ganz korrekt eingeschätzt werden. Dies liegt in der Natur von Innovationen. Eine rasche Annahme von Neuerungen wird jedoch in erheblichem Maße unterstützt, wenn man seine Gäste zu Wort kommen lässt (DE BRENTANI 2001, S. 179)

- Schließlich kann ein Gastgeber, der seine Gäste in die Innovationstätigkeit einbezieht, außergewöhnliche Erfahrungen – Erlebnisse – für diese schaffen (DE BRENTANI 2001, S. 172).

FALLSTUDIENSEMINARE MIT DER FAKULTÄT FÜR TOURISMUS DER HOCHSCHULE MÜNCHEN

Eine Möglichkeit, Wissen im Rahmen des definierten Innovationsprozesses zu erweitern bzw. eine externe »Sicht der Dinge« zu bekommen, ist die Zusammenarbeit mit Bildungsträgern im Rahmen von Praxisprojekten. Die Fakultät für Tourismus der Hochschule München bietet Praxispartnern im Rahmen sogenannter Fallstudienseminare ihre Unterstützung an. Während eines konkret definierten Zeitraums untersuchen ausgewählte Studierende vor Ort und im Hörsaal eine Problemstellung und erarbeiten Ideen, Konzepte oder Maßnahmenkataloge. Die »befreite« Herangehensweise der Studierenden bringt vielfach auch sehr kreative Lösungen hervor.

In der Vergangenheit wurde beispielsweise an einem innovativen Management-Trainee-Programm für Hilton Worldwide gearbeitet, an einem neuen VIP-Light-Konzept für die Münchner Allianz Arena, an einem Sommertourismuskonzept für das W Hotel in Verbier oder an einem Betriebsführungs- und Vermarktungskonzept für ein kulturorientiertes authentisches Ferienhauskonzept im türkischen Ayvalik.

Bei einer derartigen Öffnung der Innovationstätigkeit nach außen lässt sich von einem sogenannten Open-Innovation-Konzept sprechen. Anstatt – wie beim Gegenstück der Closed Innovation üblich Innovationen ausschließlich unternehmensintern zu entwickeln, werden die Phasen des Prozesses dem Unternehmensumfeld offengelegt (VAHS und BREM 2013, S. 241). Dieses besteht einerseits, wie bereits angeführt, aus den (Stamm) Gästen eines Hoteliers oder Gastronomen sowie deren Wünschen und Ansprüchen.

Externe Weggefährten

Zum anderen lässt sich der Innovationsprozess aber auch weiteren Akteuren entlang der touristischen Wertschöpfungskette gegenüber öffnen (BIDMON und MATZLER 2006, S. 189), beispielsweise Zulieferern, Transportunternehmen, Kooperationspartnern oder auch Hochschulen, die im Bereich Tourismus lehren. Die zahlreichen

VEGANES KÖCHE-NETZWERK GESTARTET

Mit der Vair Food Academy hat Vair Food, eine Agentur für nachhaltige Gastronomie, jetzt den Grundstein für ein veganes Köche-Netzwerk gelegt. Ziel der Vair Food Academy ist die Rekrutierung und Fortbildung von Profiköchen mit veganer Kompetenz für Schulungen, Workshops und Events des gesamten Außer-Haus-Marktes.

Ab Sommer werden von der Vair Food Academy eine Reihe von Fortbildungsmodulen unter anderem zu den Themen Ernährungslehre, Allergene, Küchentechnik, Rhetorik, Konfliktmanagement und Verkaufstraining angeboten. Den so trainierten Vair-Food-Köchen stehen laut Agenturangaben anschließend unterschiedliche Einsatzmöglichkeiten offen: angefangen von veganen Kochworkshops über Messeauftritte, Show- und Frontcookings bis hin zu Promotions und Verkostungen für Zulieferer pflanzlicher Produkte sowie Urlaubsvertretungen.

Quelle: www.ahgz.de/jobs-und-karriere/veganes-koeche-netzwerk-gestartet,200012222458.html

AB GEHT DIE POST – WIE DAS HOTEL POST IN BEZAU LEHRLINGE FÜR SICH GEWINNT

Gemeinsam mit drei Abiturientinnen der Tourismusschulen Bezau entwickelte das Hotel Post eine Imagekampagne in heimischen Medien sowie sozialen Netzwerken nach vorheriger dezidierter Analyse der Wünsche, Erwartungen und Bedürfnisse junger Menschen im Hinblick auf das Erlernen eines Lehrberufs im Gastgewerbe. Die Abiturientinnen, welche am Puls der Zeit agieren, konnten durch die Befragung von über 300 Tourismusschülern wertvolle Anhaltspunkte für die Gestaltung der Ausbildung im Hotel Post liefern. Mit Schnuppertagen wurde das umgestaltete Angebot des Hotel Post Bezau für die vielleicht zukünftigen Mitarbeiter in der Folge erlebbar.

Quelle: http://blog.susannekaufmann.com/category/hotel-post/

Möglichkeiten der Kooperation, sei es in Form von Hotelkooperationen oder aber von individuellen Zusammenschlüssen, stellen einen bedeutenden Erfolgsfaktor dar. Die Partner profitieren unter anderem von einer erweiterten Wissensbasis bzw. dem Zugang zu spezialisiertem Wissen (BOKSBERGER 2006, S. 157), der Möglichkeit, neue Blickwinkel einzunehmen oder auch eine individuelle Ressourcenknappheit auszugleichen. Das eigene Innovationspotenzial kann durch die Öffnung für externen Input insgesamt erheblich vergrößert werden (HUTZSCHENREUTER 2011, S. 410). Für eine kooperative Innovationstätigkeit ist eine Vielzahl von Teilentscheidungen zu treffen. Nicht nur die Wahl der Kooperationspartner sollte sorgfältig erfolgen, sondern im selben Maße die jeweiligen Aufgabenbestimmungen, der zeitliche Kooperationsumfang, die Regelung des Außenverhältnisses usw. (HAUSCHILDT und SALOMO 2011, S. 158).

Doch aus Open Innovation und Kooperationen erwachsen schließlich ausgedehnte Netzwerke, die jeder Hotelier und Gastronom im Rahmen seiner Innovationstätigkeit gezielt pflegen, nutzen und weiter ausbauen sollte. Die Vorstellung, seine innovativen Aktivitäten vor Anderen möglichst lange geheim halten zu müssen, um etwaige Wettbewerbsvorteile nicht frühzeitig einzubüßen, führt nicht zum Ziel (GRISSEMANN, PIKKEMMAT und WEGER 2013, S. 11).

MÖGLICHKEITEN EINER EINBEZIEHUNG DER UNTERNEHMENSUMWELT IN DIE INNOVATIONSTÄTIGKEIT

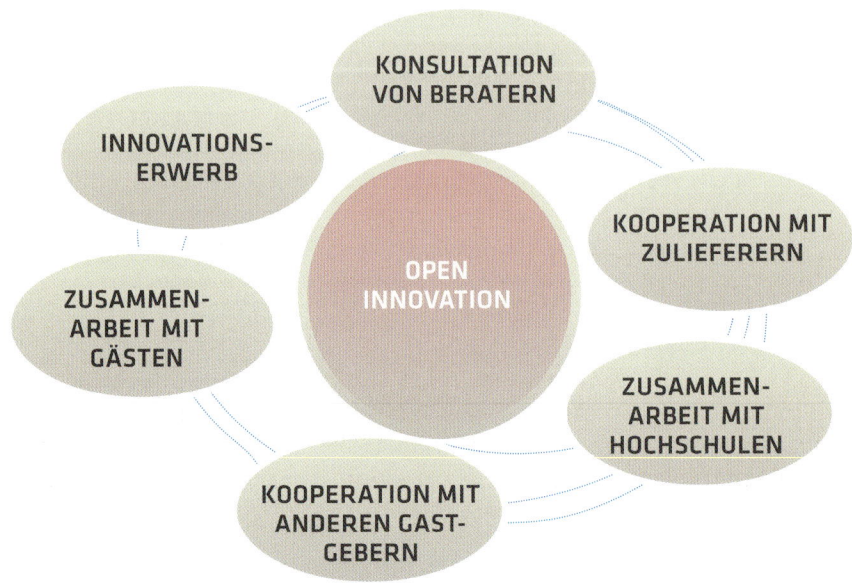

Quelle: eigene Darstellung

Der Grad der Einbindung externer Akteure ist stets auf die Art und das Ausmaß der jeweiligen Innovation abzustimmen. So ist etwa bei Dienstleistungsinnovationen eine durchgängige Einbeziehung des Gastes erwartungsgemäß von zentraler Bedeutung für die erfolgreiche Umsetzung (WALDER und POSPIECH 2006, S. 71). Innoviert der Gastgeber hingegen auf dem Gebiet interner Prozesse, an denen der Gast nicht unmittelbar beteiligt ist, kann sich seine Einbeziehung eher als unnötig oder gar überflüssig erweisen (WALDER und POSPIECH 2006, S. 68).

Auch der Zeitpunkt der Einbeziehung Außenstehender ist bei jedem Innovationsprojekt individuell festzulegen. Sollten sie bei radikalen Innovationen bereits sehr früh in den Prozess der Entwicklung involviert werden, um bei ihrem späteren »Konsum« oder ihrer Anwendung nicht vor der Neuheit und Unsicherheit der Innovation zurückzuschrecken (BIDMON und MATZLER 2006, S. 180), so ist die Einbeziehung bei inkrementellen Innovationen womöglich in der Phase der externen Kommunikation und Vorstellung der Innovation ausreichend.

Gut beraten – wie Berater als hilfreiche Innovationspartner fungieren können
Die Konsultation von Beratern kann eine weitere bedeutende Form von Open Innovation darstellen. Obwohl Gastgeber bisweilen gewisse Vorbehalte gegen externe Berater signalisieren (DEN HERTOG, GALLOUJ und SEGERS 2011, S. 1441), sollte das Einschalten eines Beraters im Innovationsprozess nicht von vornherein ausgeschlossen werden.

Steht der Gastgeber beispielsweise am Anfang seiner Innovationstätigkeit, sind die Vorgehensweisen noch unbekannt, da er sich nicht auf eigenes Erfahrungswissen berufen kann. Etwaige Marktpartner sind dem Unternehmer noch nicht vertraut, und eine intensive Auseinandersetzung mit allen unbekannten Elementen kann ihn viel wertvolle Zeit kosten, die er in der operativen Tagesbelastung kaum entbehren kann. Hier können Berater die Rolle des »Steuermannes« einnehmen und den jungen Innovator auf seinem unbekannten Weg hilfreich zur Seite stehen (HAUSCHILDT und SALOMO 2011, S. 186). Aber auch erfahrene Innovatoren können von der Unterstützung eines externen Beraters profitieren. Dieser kann beispielsweise in der Phase der Ideengenerierung dank seines breit gefächerten Branchenwissens bisher unbekannte Blickwinkel an den Unternehmer herantragen. Er kann die Position des kritisch Hinterfragenden einnehmen, die der Hotelier oder Gastronom selbst womöglich vermeidet. Auch Herausforderungen wie beispielsweise die der digitalen Revolution sind ein Feld, auf dem Berater von Nutzen sein können. So steht etwa die Unternehmensberatung Accenture Hoteliers beim Meistern derartiger Situationen hilfreich zur Seite und legt dem Gastgeber dar, wie Technologien Treiber von Innovationen sein und wie diese in der Folge aktiv genutzt werden können (www.accenture.com).

Ferner können routinierte und junge Innovatoren gleichermaßen von der hohen Netzwerkkompetenz der Berater (HAUSCHILDT und SALOMO 2011, S. 188) profitieren. Diese erweisen sich in einer Industrie, die auf menschlicher Interaktion und Zusammenarbeit gründet, als zentral.

Im deutschen Gastgewerbe ist eine Vielzahl renommierter Beratungsunternehmen zu finden, darunter sowohl mehrköpfige und zum Teil internationale Beratungsteams als auch Einzelpersonen, die jeweils auf langjährige operative wie auch strategische Branchenerfahrung zurückblicken. Der Auswahl des für seine Belange geeignetsten Beraters sollte der Gastgeber ausreichend Zeit widmen, um eine für beide Seiten fruchtbare Zusammenarbeit zu erzielen. Letztlich ist derjenige Berater am passendsten und am erfolgreichsten, der nach seiner Beratungsleistung im Unternehmen in Bezug auf die durch ihn ausgeübte Funktion überflüssig wird. Das Unternehmen hat nämlich durch seine Unterstützung gelernt, diese Funktion eigenständig zu übernehmen (HAUSCHILDT und SALOMO 2011, S. 190).

Schließlich kann unter Open Innovation auch die Übernahme externer Innovationen verstanden werden (VAHS und BREM 2013, S. 146). Nicht alles kann vom Hotelier oder Gastronomen selbst innoviert werden, sei es aufgrund finanzieller Restriktionen oder begrenzter Fähigkeiten. In diesem Fall können beispielsweise Lizenzen oder ganze Produktinnovationen erworben werden. Ein typisches Beispiel hierfür ist z. B.

> »Der Mensch kann nicht zu neuen Ufern aufbrechen, wenn er nicht den Mut aufbringt, die alten zu verlassen.« André Gide

der Erwerb von Revenue-Management-Programmen oder IT-Systemen.

Die Nachahmung von Wettbewerbern – ein No-Go?

Im Zusammenhang mit der Öffnung der eigenen Innovationstätigkeit für die Unternehmensumwelt besteht die Gefahr der raschen Imitation durch Wettbewerber. Doch lässt sich dieser Spieß auch umdrehen. Zwar ist der Begriff der Imitation grundsätzlich eher negativ besetzt, doch insbesondere in der Hospitality-Industrie, spielt das bewusste Übernehmen bzw. Nachahmen von Problemlösungen Anderer eine nicht unbedeutende Rolle (INNERHOFER 2012, S. 53). Aufgrund der Dominanz von kleinen und mittelständischen Unternehmen im (deutschen) Gastgewerbe mit beschränkten Ressourcen, die zudem radikale Neuerungen oftmals erst später annehmen, sind Imitationen daher weit verbreitet (BERITELLI und ROMER 2006, S. 60). Um den Anschluss an den Wettbewerb nicht zu verlieren, sind Nachahmungen letzten Endes neben eigenen Innovationen unerlässlich (POMPL und BUER 2006, S. 23). Während Letztere den Gastgeber zum Auf- und Ausbau substanzieller Alleinstellungsmerkmale und Wettbewerbsvorteile befähigen, ermöglichen ihm Imitationen zudem nicht selten die Realisierung wichtiger Kostenvorteile, wenn sein Unternehmen rasch auf die Markteinführung von Innovationen anderer Unternehmen reagiert und diese nachahmt (HUTZSCHENREUTER 2011, S. 417).

Der erfolgreiche Innovator

Neben der Aneignung des notwendigen »Grundwissens«, über das jeder Innovator verfügen sollte, sollte sich jeder Gastgeber hinterfragen, ob er sich mit den folgenden Eigenschaften identifizieren kann, die einen Innovator auszeichnen.

DAS FRANKFURTER MAXIE EISEN – DIE WIEDERGEBURT DES PASTRAMI-SANDWICH UND ANDERER KÖSTLICHKEITEN

Maxie Eisen, Chicagoer Spitzbube mit deutschen Wurzeln, führte in den 1920er-Jahren drei Assoziationen jüdischer Fleisch-, Brot- und Fischhändler. Als Mafioso im Foodbusiness machte er sich einen Namen und wurde wegen seiner List, vor allem aber aufgrund seiner Verbindung zu Al Capone – dem Scarface – in der Mafiaszene geachtet. Maxie und die restliche Chicago Gang trafen sich im Hotel Sherman, um in einer langen Nacht – vermutlich bei viel Fleisch aus der Charcuterie, Fisch, geklautem Rotwein aus Magnumflaschen und starken Drinks – über diplomatische Verträge zu verhandeln.

Aufbauend auf einer Melange aus jüdischer Küche, der Geschichte des Rotlichtviertels Frankfurts und einer Buvette im Französischen Stil belebt das Maxie Eisen in der Münchner Straße 18, mitten im Bahnhofsviertel, den Geist jener vergangener Zeiten wieder und interpretiert sie neu.

Im Mittelpunkt der ausgewählten Speisekarte steht Pastrami – feine amerikanische Rinderbrust, die nach aufwändigem Verfahren mehrere Wochen gepökelt und mit Senf, geschrotetem Pfeffer, Koriandersamen und Knoblauch behandelt wird. Aber auch die restliche Karte mit Gerichten wie Matzo Ball Soup, Ceasar Salat oder Buffalo Wings zitiert klassische Rezepte aus vergangenen Tagen. Eine Hommage an den Genuss und an eine Zeit, als sich die Erde gefühlt etwas langsamer drehte.

Dieses Bewusstsein für Genuss und Kulinarik zieht sich auch wie ein roter Faden durch die weiteren Restaurant der innovativen Betreiber. Hierzu gehören das CHEZ IMA, das Stanley Diamond und Louis Pretty.

Quelle: Presse Maxie Eisen

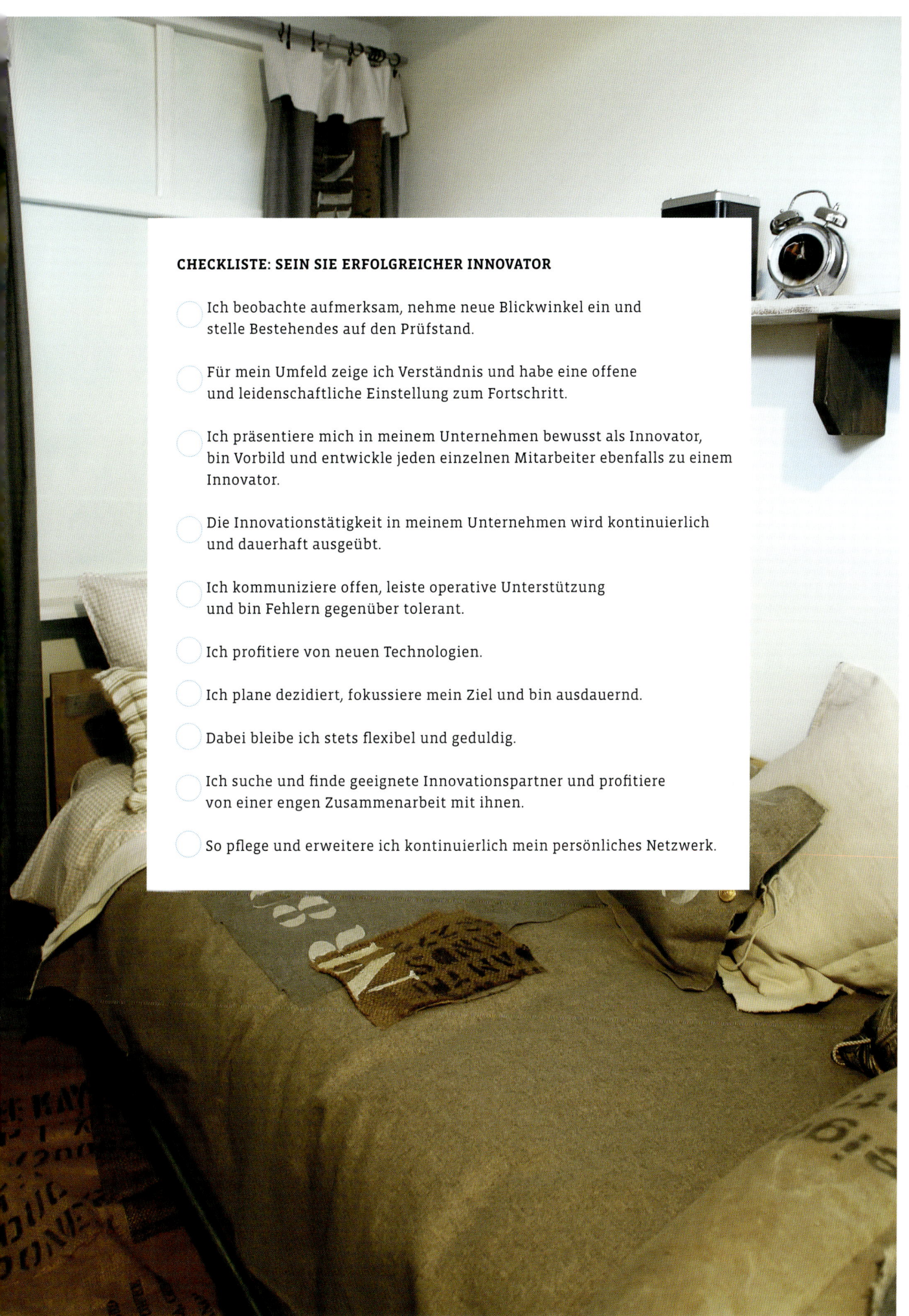

CHECKLISTE: SEIN SIE ERFOLGREICHER INNOVATOR

◯ Ich beobachte aufmerksam, nehme neue Blickwinkel ein und stelle Bestehendes auf den Prüfstand.

◯ Für mein Umfeld zeige ich Verständnis und habe eine offene und leidenschaftliche Einstellung zum Fortschritt.

◯ Ich präsentiere mich in meinem Unternehmen bewusst als Innovator, bin Vorbild und entwickle jeden einzelnen Mitarbeiter ebenfalls zu einem Innovator.

◯ Die Innovationstätigkeit in meinem Unternehmen wird kontinuierlich und dauerhaft ausgeübt.

◯ Ich kommuniziere offen, leiste operative Unterstützung und bin Fehlern gegenüber tolerant.

◯ Ich profitiere von neuen Technologien.

◯ Ich plane dezidiert, fokussiere mein Ziel und bin ausdauernd.

◯ Dabei bleibe ich stets flexibel und geduldig.

◯ Ich suche und finde geeignete Innovationspartner und profitiere von einer engen Zusammenarbeit mit ihnen.

◯ So pflege und erweitere ich kontinuierlich mein persönliches Netzwerk.

»INNOVATE, DON'T IMITATE« – DIE FRANKFURTER MOOK-GRUPPE

Dies ist das Mantra von Christian Mook, einem der umtriebigen Frankfurter Gastronomen. So treibt ihn der Wille an, Konzepte umzusetzen, die er gern selbst als Gast besuchen würde. Und das sind Locations, die es in Frankfurt und idealerweise in Deutschland so noch nicht gibt. Unter dem Dach seiner Mook Group betreibt er (Stand 2015) im Westend der Bankenmetropole fünf Restaurants und beschäftigt 150 Mitarbeiter. Christian Mook, früher Galerist und Kunsthändler, ist Erfinder der Edel-Steakhäuser M und Surf'n Turf, des kolonialen The Ivory Club, des panasiatischen Supperclubs Zenzakan und der Brasserie Mon Amie Maxi. Er gilt als Trendsetter. Das M-Steakhouse nach US-Vorbild eröffnete es 1997. Vergleichbares gab es damals in Europa nicht. Nach dem M-Steakhouse folgte das Surf'n Turf mit Steaks, Meeresfrüchten und rustikal-elegantem Ambiente. In direkter Nachbarschaft zur Deutschen Bank entstand The Ivory Club, ein Restaurant im Stil eines britischen Clubs der Kolonialzeit mit indischer Küche – auch das war in dieser Qualität, Zubereitung und Atmosphäre ein Novum in Deutschland. Gleiches gilt fürs Zenzakan, das in Angebot und Größe auch als Eventlocation besonders ist. Und da Mook Brasserien und ihre Spezialitäten schätzt, konzipierte er mit dem Mon Amie Maxi – benannt nach seiner Tochter Maxima – eine Brasserie & Raw Bar mit Meeresfrüchtebuffet in der historischen Villa May. »Man muss ein Ambiente schaffen, und man muss das Angebot zelebrieren.« Getreu seinem Grundsatz stehen die Betriebe der Mook Group für Lifestyle. Kontinuierlich arbeitet er an Innovationen wie dem Valet-Parking oder der Mook-App, die Gäste und deren Präferenzen per Beacons identifiziert. Stammgäste werden besonders umsorgt. Für sie liegen geprägte Messing-Namensschilder und personalisierte Steakmesser bereit, außerdem VIP-Karten, eigene Weinschränke und eine spezielle Reservierungsnummer.

Quelle: GOERLICH 2015, online

> »Wer nicht weiß, wohin er will, darf sich nicht wundern, wenn er woanders ankommt.« Mark Twain

2.2 | Die Innovationsstrategie als Weg zum Innovationserfolg

2.2.1 | Was ist eine Strategie?

Jedes Unternehmen verfolgt gewisse Ziele, die es vorab für sich festgelegt hat. Diese können beispielsweise monetärer, nicht monetärer, sozialer oder prestigebezogener Natur sein. Unabhängig von der Art der verfolgten Ziele muss jegliche Innovationstätigkeit eines gastgewerblichen Unternehmens auf eben jene Ziele hin ausgerichtet sein, um schließlich den gewünschten Erfolg zu verzeichnen und Wettbewerbsvorteile hervorzubringen (MARTINEZ-LOPEZ und VARGAS-SANCHEZ 2013, S.601). Um Innovationen entsprechend der allgemeinen Unternehmensziele gezielt zu entwickeln und zu realisieren, bedarf es daher für die Innovationstätigkeit einer Innovationsstrategie. Diese wiederum ist als Teil der Unternehmensstrategie zu verstehen (GOFFIN, HERSTATT und MITCHELL 2009, S.167). Letztere als Basis der Innovationsstrategie beantwortet zusammengefasst die Fragen (FREYBERG und ZEUGFANG 2014, S.90):

- Where to compete? – In welchen Geschäftsfeldern möchte das Unternehmen tätig sein? National oder international, im Geschäftsreise- und/oder Freizeitsegment usw.

- How to compete? – Wie können dort Wettbewerbsvorteile erlangt werden? Beispielsweise durch eine Kostenführerschaft, durch die Besetzung von Nischen, durch eine Innovationsführerschaft

Zwar herrscht weder in der Praxis noch in der Theorie Einigkeit darüber, was unter einer Strategie konkret zu verstehen ist (FREYBERG und ZEUGFANG 2014, S.1), doch in Anbetracht der allgemein anerkannten Merkmale von Strategien lässt sich folgende prägnante Definition vornehmen:

Eine Strategie stellt eine geplante Maßnahmenkombination zur langfristigen Ausrichtung und Erreichung der grundlegenden Ziele eines Unternehmens dar (FREYBERG und ZEUGFANG 2014, S.4).

MERKMALE VON STRATEGIEN

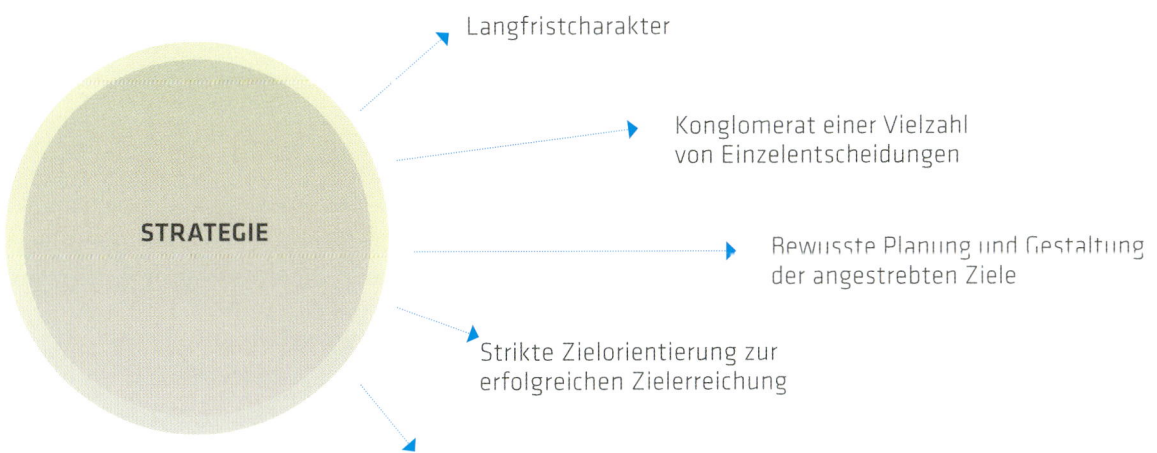

STRATEGIE
- Langfristcharakter
- Konglomerat einer Vielzahl von Einzelentscheidungen
- Bewusste Planung und Gestaltung der angestrebten Ziele
- Strikte Zielorientierung zur erfolgreichen Zielerreichung
- Anpassungsfähigkeit an Unternehmens- und Umfeldentwicklungen

Quelle: eigene Darstellung in Anlehnung an VAHS und BREM 2013, S.94f.

GRUNDLAGE FÜR ERFOLGREICHE INNOVATIONEN

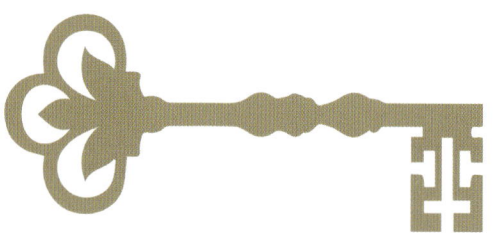

Formulierung und Implementierung eines Plans, der das Unternehmen zum Generieren von Innovationen befähigt

INNOVATIONSERFOLG

Quelle: eigene Darstellung

Die definitionsgemäße »geplante Maßnahmenkombination« beinhaltet im Zusammenhang mit Innovation konkret die Formulierung und Implementierung eines dezidierten Plans zur Entwicklung und zum anschließenden Einsatz von derartigen Ressourcen und Fertigkeiten, die zur Generierung von Innovation befähigen (MARTINEZ-LOPEZ und VARGAS-SANCHEZ 2013, S. 598). Der Formulierung einer Innovationsstrategie wird daher in Bezug auf den Innovationserfolg eine Schlüsselrolle zugeschrieben (MARTINEZ-LOPEZ und VARGAS-SANCHEZ 2013, S. 602).

Doch wie ist die passende Innovationsstrategie für das eigene Unternehmen, die sich mit der Gesamtstrategie im Einklang befindet, zu formulieren?

Zunächst sind bei der Formulierung der geeigneten Innovationsstrategie die allgemeinen Merkmale von Strategien zu berücksichtigen. Ebenso wie die Unternehmensstrategie zeichnen sich Innovationsstrategien durch ihren relativen Langfristcharakter aus. Die Bedeutung von Langfristigkeit ist dabei branchenbedingt und kann je nach Branchendynamik zwischen vier und acht Jahren liegen. Des Weiteren gilt es, Innovationsziele zu formulieren, an denen sich das Unternehmen konkret orientieren kann und die schließlich die Überprüfung des Erfolgs ermöglichen. Gleichzeitig muss in Anbetracht sich wandelnder Unternehmens- und/oder Umweltbegebenheiten stets ein gewisses Maß an strategischer Flexibilität aufrechterhalten werden (INNERHOFER 2012, S. 125). Nur so kann auf veränderte Anforderungen oder Begebenheiten erfolgreich reagiert werden (CROTTS und GUPTA 2013, S. 7). Folglich muss auch das kontinuierliche Beobachten und Bewerten der Unternehmensumwelt Teil jeder Unternehmensstrategie sein.

2.2.2 | Die Unternehmensvision als Ausgangspunkt der Innovationsstrategie

Jede Innovationsstrategie sollte sich an der grundsätzlichen Ausrichtung des Unternehmens orientieren und mit ihr im Einklang stehen. Diese grundsätzliche Ausrichtung kann der Gastgeber mithilfe einer Unternehmensvision anschaulich beschreiben.

> »Eine Vision ist ein bildhaftes, glaubwürdiges und attraktives Bilder zukünftigen Unternehmensentwicklung {...}, das eine bestimmte Richtung weist, ohne {dabei} den Rahmen genau und verbindlich festzulegen.«
>
> (VAHS 2012, S. 132).

Die Vision als sinnstiftende, motivierende und handlungsleitende Idealvorstellung der Unternehmenszukunft bildet somit den Ausgangspunkt für die Formulierung der Innovationsstrategie. Der Gastgeber sollte reflektieren, wie er mit seinen Leistungen einen langfristigen Nutzen für seine Gäste stiften kann, und dies als Grundlage für seine Innovationstätigkeit nehmen. Er kann mit seiner Vision unter anderem folgende Fragen beantworten (FREYBERG und ZEUGFANG 2014, S. 67):

- Welche Ziele hat das Unternehmen?
- Was soll uns in Zukunft kennzeichnen?
- Was wollen wir erreichen?
- Wo sollen die Schwerpunkte liegen?

Die korrespondierende Innovationsstrategie kann dann als Weg verstanden werden, auf

welchem das Unternehmen seine selbst gesetzten (Innovations-)Ziele erreichen will.

Unternehmenswerte zur Fixierung der Visionsaussage
Während die Vision also die grundsätzliche Ausrichtung eines Unternehmens beschreibt, können Unternehmenswerte bereits konkretere Verhaltensanleitungen liefern. Sie treffen z.B. Aussagen über die Einstellung zum Gast, die Gestaltung zwischenmenschlicher Beziehungen innerhalb des Unternehmens oder den Umgang mit Zulieferern (VAHS und BREM 2013, S.98). Häufig werden die Werte eines gastgewerblichen Unternehmens mithilfe von sogenannten Akronymen gebildet. Dabei ergeben die Anfangsbuchstaben

VISIONEN AUSGEWÄHLTER GASTGEWERBLICHER AKTEURE

THURNHER'S ALPENHOF
»Das Durchschnittliche gibt der Welt ihren Bestand, das Außergewöhnliche ihren Wert.«

COCOON HOTEL
»Check-in –chill out«

VAPIANO
»All we do, we do with love, to refresh your life.«

HILTON HOTELS
»Die Welt mit dem Licht und der Wärme echter Gastfreundschaft zu erfüllen.«

TALENT GARDEN
»Together we Grow. Durch solides, gemeinsames und kontinuierliches Wachstum festigen wir Ihre sowie unsere Marktposition nachhaltig.«

Quelle: eigene Darstellung nach den folgenden Webseiten: de.hiltonworldwide.com, www.cocoon-hotels.de, www.talentgarden.de, www.thurnhers.com, de.vapiano.com

eines jeden Wertes ein eigenständiges Wort. Die Werte der Hilton Hotels bilden beispielsweise den Namen der Hotelkette:

DIE UNTERNEHMENSWERTE VON HILTON WORLDWIDE

Hospitality (Gastfreundschaft): Unseren Gästen außergewöhnliche Erebnisse zu bereiten –das ist unsere Leidenschaft
Integrity (Integrität): Wir tun stets das Richtige.
Leadership (Unternehmensführung): In unserer Branche und den jeweiligen lokalen Gemeinden nehmen wir führende Positionen ein.
Teamwork (Teamarbeit): Wir arbeiten stets als Team
Owenership (Verantwortung): Wir übernehmen Verantwortung für unser Handeln und unsere Entscheidungen.
Now (Jetzt): Wir arbeiten schnell und diszipliniert.

Quelle: de.hiltonworldwide.com

Indem er den Aspekt der Innovation in die Unternehmenswerte integriert, kann der innovative Gastgeber die Bedeutung, die er Innovationen in seinem Unternehmen beimisst, unterstreichen. Er fördert so das allgemeine Innovationsbewusstsein seiner Mitarbeiter und legt zudem einen weiteren Grundstein für seine innovationstrategische Ausrichtung.

2.2.3 | Phasen der Strategieentwicklung

Während die Unternehmensvision die Frage beantwortet hat, wo das Unternehmen langfristig gesehen hin möchte, klärt die Strategie in der Folge, wie es dorthin gelangen kann. Eine Innovationsstrategie ist aufgrund der genannten Strategiemerkmale in jedem Fall planmäßig und zielorientiert zu entwickeln. Die folgenden Schritte unterstützen den Hotelier oder Gastronom bei dieser systematischen Entwicklung einer geeigneten Innovationsstrategie (vgl. FREYBERG und ZEUGFANG 2014, S. 34, 87, 176ff.).

Phase 1: Situationsanalyse
In einem ersten Schritt muss sich der Gastgeber im Klaren darüber sein, welche personellen, finanziellen und materiellen Ressourcen ihm zur Innovationsentwicklung in seinem Unternehmen zur Verfügung stehen und welche gegebenenfalls noch entwickelt werden müssen. Eine ehrliche Stärken-Schwächen-Analyse vermag hierüber Aufschluss zu geben. Zudem gilt es, sich derjenigen Einflussfaktoren bewusst zu werden, die von außen auf das Unternehmen einwirken. Zu diesen zählen neben Trends und neuen Technologien in bedeutendem Maß auch die Wettbewerber eines Unternehmens. Mithilfe von diversen Umweltanalysen kann er in der Phase der Situationsanalyse voranschreiten.

Unternehmensanalyse mithilfe von SWOT
Die sogenannte SWOT-Analyse ermöglicht dem Gastgeber die Ermittlung der Stärken (Strengths) und Schwächen (Weaknesses) seines Unternehmens sowie ein Gewahren von Chancen (Opportunities) und Gefahren (Threats), die von außen auf das Unternehmen wirken können. Eine verzerrende oder beschönigte Selbstdarstellung ist für die angestrebte Innovationstätigkeit nicht zielführend. Das Aufdecken eigener Mängel und Schwächen spielt neben der Erfassung und dem

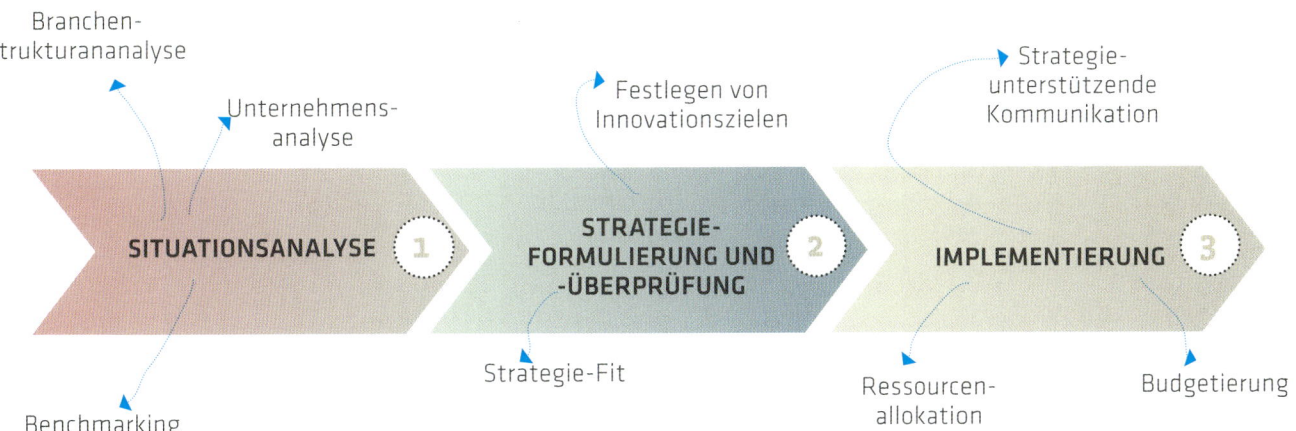

PHASENWEISE ENTWICKLUNG DER INNOVATIONSSTRATEGIE

Branchen-
strukturanalyse
Unternehmens-
analyse
Festlegen von
Innovationszielen
Strategie-
unterstützende
Kommunikation
SITUATIONSANALYSE 1
STRATEGIE-
FORMULIERUNG UND
-ÜBERPRÜFUNG 2
IMPLEMENTIERUNG 3
Benchmarking
Strategie-Fit
Ressourcen-
allokation
Budgetierung

eigene Darstellung in Anlehnung an FREYBERG und ZEUGFANG 2014, S. 34, 87, 176ff.

Ausbau von Stärken eine zentrale Rolle. Der Hotelier oder Gastronom sollte sich nicht in einem Zelebrieren belangloser Alleinstellungsmerkmale verlieren (THIEL 2014, S. 33), sondern für seine Wettbewerbsfähigkeit relevante Faktoren aufdecken. Chancen und Risiken, auf die der Unternehmer keinen Einfluss zu nehmen vermag, gilt es zu nutzen bzw. zu bewältigen, bevor die Gelegenheit dazu verstrichen ist.

Benchmarking – Identifikation der Erfolgreichsten, um von ihnen zu lernen

Eigene Leistungsdefizite kann der Gastgeber in der Phase der Situationsanalyse auch durch den Vergleich seines Unternehmens mit sogenannten Best Practices aufdecken. Nachdem er den erfolgreichsten Akteur eines bestimmten Bereichs (z. B. Personalmanagement, Gästeloyalisierung, interne Abläufe) identifiziert hat, kann

SWOT-ANALYSE

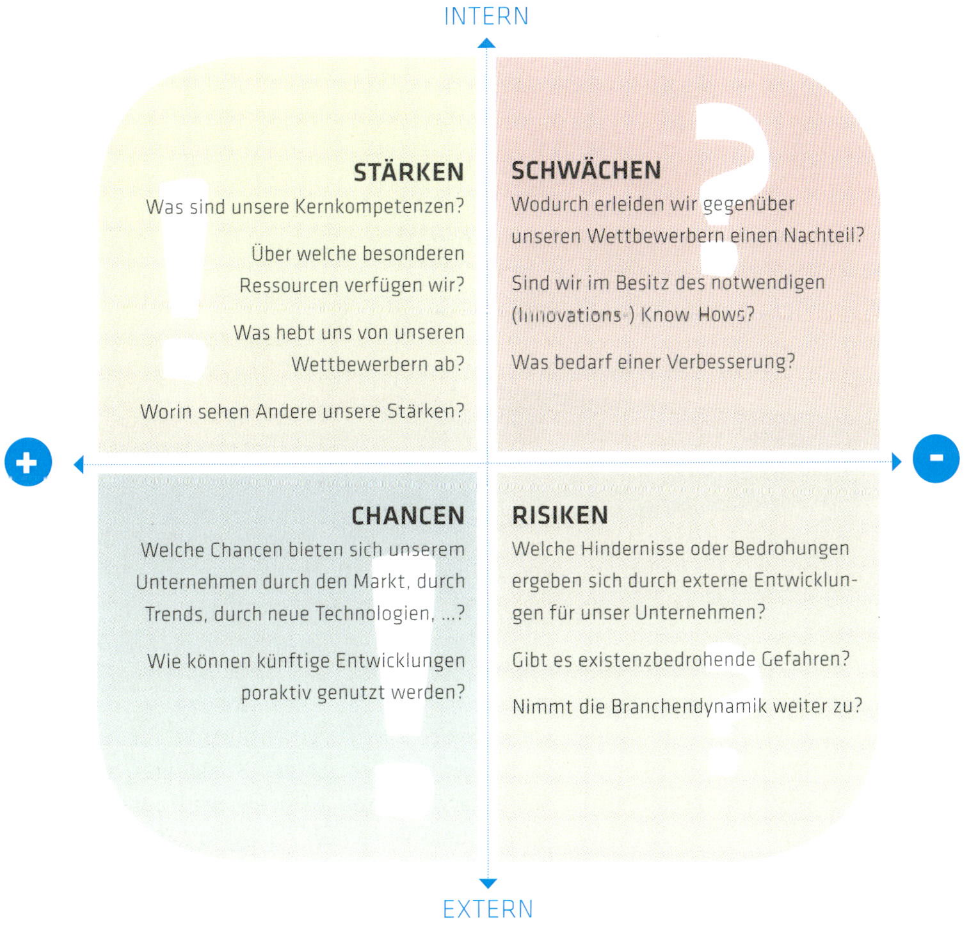
INTERN
STÄRKEN
Was sind unsere Kernkompetenzen?
Über welche besonderen Ressourcen verfügen wir?
Was hebt uns von unseren Wettbewerbern ab?
Worin sehen Andere unsere Stärken?
SCHWÄCHEN
Wodurch erleiden wir gegenüber unseren Wettbewerbern einen Nachteil?
Sind wir im Besitz des notwendigen (Innovations-) Know Hows?
Was bedarf einer Verbesserung?
+
-
CHANCEN
Welche Chancen bieten sich unserem Unternehmen durch den Markt, durch Trends, durch neue Technologien, ...?
Wie können künftige Entwicklungen poraktiv genutzt werden?
RISIKEN
Welche Hindernisse oder Bedrohungen ergeben sich durch externe Entwicklungen für unser Unternehmen?
Gibt es existenzbedrohende Gefahren?
Nimmt die Branchendynamik weiter zu?
EXTERN

Quelle: eigene Darstellung in Anlehnung an HARTSCHEN, SCHERER und BRUEGGER 2009, S. 16f.

er eigene Verfahren oder Produkte mit denjenigen des identifizierten »Vorbilds« vergleichen und in der Folge entsprechende Elemente für sein eigenes Unternehmen übernehmen. Diese Best Practices können dabei Unternehmen aus dem Gastgewerbe sein oder auch aus anderen Branchen stammen. Um das Benchmarking erfolgreich durchzuführen, empfiehlt sich die Vorgehensweise in fünf Schritten:

VORGEHENSWEISE BEI DER DURCHFÜHRUNG VON BENCHMARKING

KONTINUIERLICH AUS DEN ERFAHRUNGEN DER BESTEN LERNEN

1. **FESTLEGEN DES GEGENSTANDS**, der im eigenen Unternehmen optimiert werden soll
2. **WAHL AUSSAGEFÄHIGER MESSGRÖSSEN**, die Aufschluss über den aktuellen Stand des eigenen Unternehmens im Wettbewerbsumfeld geben
3. **IDENTIFIZIEREN GEEIGNETER BENCHMARKING-UNTERNEHMEN**; sie weisen die beste Durchführungspraxis in Bezug auf den festgelegten Gegenstand auf
4. **SAMMLUNG UND ANSCHLIESSENDE ANALYSE ALLER RELEVANTEN DATEN**, um eigene Leistungsdefizite aufzudecken
5. **SCHLIESSEN VON AUFGEDECKTEN LEISTUNGSLÜCKEN** mithilfe von Aktionsplänen, die auf der Durchführungsmethode des Benchmark-Unternehmens basieren

Quelle: eigene Darstellung in Anlehnung an KOTLER, KELLER und BLIEMEL 2007, S. 1099 f. und MÜLLER-STEWENS und LECHNER 2005, S. 384 f.

Mit dem Lernen aus den Erfahrungen von anderen Unternehmen kann der Gastgeber erhebliche Kosten- und Zeitersparnisse realisieren. Im dynamischen Wettbewerbsumfeld des Gastgewerbes sollte er das Benchmarking als permanente Situationsanalyse anwenden, um seine Wettbewerbsfähigkeit langfristig zu sichern. Ein kontinuierliches Benchmarking kann zudem Aufschluss über mögliche Anpassungen der Innovationsstrategie geben. Bei dieser Form der Situationsanalyse kann aber auch die Konsultation eines Beraters in Erwägung gezogen werden. Berater verfügen oftmals über umfassende Benchmarking-Datenbanken, denen eine Vielzahl von relevanten Informationen entnommen und durch den entsprechenden Berater in der Folge direkt ausgewertet werden können (VAHS und BREM 2013, S. 128 f.).

DIE FÜNF WETTBEWERBSBESTIMMENDEN KRÄFTE EINER BRANCHE

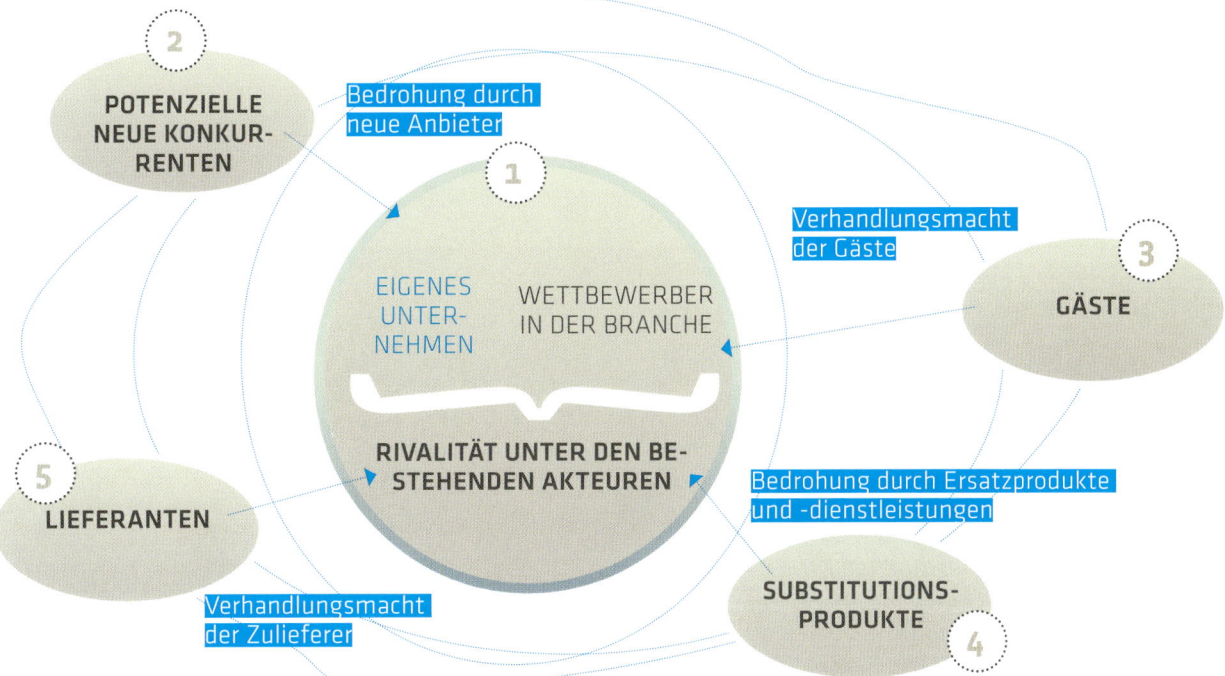

Quelle: eigene Darstellung in Anlehnung an PORTER 2008, S. 80

Die fünf Kräfte, die auf jedes Unternehmen wirken – Branchenstrukturanalyse zur Erforschung des Unternehmensumfelds

Ein wirksames Instrument zur Beurteilung der Situation in einer gesamten Branche ist die Branchenstrukturanalyse, entwickelt durch den amerikanischen Managementtheoretiker Michael Porter. Hierbei werden fünf Kräfte analysiert, die auf die Gesamtattraktivität der untersuchten Branche Einfluss nehmen. Dadurch wird eine ganzheitlichere Betrachtungsweise des Unternehmensumfelds ermöglicht als bei Analysen von einzelnen Kräften. Die Analyse der Branchenstruktur kann wertvolle Hinweise darüber geben, wo sich ein Gastgeber im Markt am besten (neu) positionieren sollte (FREYBERG und ZEUGFANG 2014, S. 44) oder in welchen Bereichen Innovationen besonders vorteilhaft sind.

Phase 2: Strategieformulierung und -überprüfung

Im nächsten Schritt sind die langfristigen Zielsetzungen in Bezug auf die Innovationstätigkeit festzulegen, die aufgrund der anfänglichen Erforschung von Ressourcen und externen Entwicklungen erstrebenswert erscheinen. Zwischen diesen Zielen und den unternehmensinternen Ressourcen bzw. Kernkompetenzen sollte erwartungsgemäß eine möglichst große Übereinstimmung – ein Fit, herrschen (DE BRENTANI 2001, S. 174). Um Ziele klar artikulieren und anschließend schriftlich fixieren zu können, muss der Gastgeber Antworten auf folgende W-Fragen finden (FREYBERG, GRUNER und LANG 2012, S. 93):

- Was wird als Ziel verfolgt? – Zielinhalt
- Wie hoch? Wie viel? – Zielvorschrift
- Wo? Für welche Abteilung? – Zielraum
- Wann und wie lange? – Zieldauer
- Wer soll das Ziel erfüllen? – Zielträger

Bedingt durch die Merkmale, durch die sich Innovationen auszeichnen, herrscht bei der Innovationstätigkeit jedoch bisweilen durchaus Zielunklarheit. Ein anfängliches Formulieren von unpräzisen Zielen, die erst im Verlauf des Innovationsprozesses voll quantifizierbar werden, ist daher keinesfalls verwerflich. Eine starre Zielfixierung ist also nicht möglich und auch gar nicht immer ratsam. Insbesondere bei radikalen Innovationen müssen Ziele flexible Elemente beinhalten, um keine kontraproduktive Wirkung zu entfalten. Gleichwohl sollten

ZIEL- UND STRATEGIEFORMULIERUNG

Quelle: eigene Darstellung

Zielbildungsprozesse unbedingt bewusst ablaufen, um die geistige Durchdringung der komplexen Innovationsthematik sowie die spätere konkrete Gestaltung des Innovationsprozesses zu erleichtern (HAUSCHILDT und SALOMO 2011, S. 240ff.).

Die Phase der Strategieformulierung sollte generell die Fragen beantworten, in welchen Märkten die Innovationen umgesetzt werden sollen, wie und wann dies erfolgen soll, welche Mittel zur Verfügung stehen und welche Position man dabei schließlich gegenüber dem Wettbewerb einzunehmen gedenkt (MARTINEZ-LOPEZ und VARGAS-SANCHEZ 2013, S. 602). Für die konkrete Innovationsentwicklung gilt es schließlich, spezifische Suchfelder abzustecken, in denen solche Ideen entwickelt werden, die mit den hier formulierten Zielen korrespondieren (zur Abgrenzung von geeigneten Suchfeldern siehe EINEN INDIVIDUELLEN INNOVATIONSPROZESS GESTALTEN UND VERFOLGEN). Zudem sollte die Strategieformulierung wichtige Aspekte des gesamten Prozesses der Innovationsentwicklung bereits grob klären und schriftlich festhalten. Dies beinhaltet unter anderem, dass der Innovator sein Unternehmensumfeld in die Innovationstätigkeit einbeziehen wird, wie dieser Einbezug in der Folge stattfinden soll, welche Rolle die Mitarbeiter in Innovationsprozessen spielen etc.

Auch wenn eine absolute Planungssicherheit nicht garantiert werden kann, verschafft die genaue gedankliche Auseinandersetzung bereits entscheidende Klarheit über den einzuschlagenden Weg. Ferner lässt sich in diesem Zuge stets auch der sogenannte Fit – die Passgenauigkeit – zwischen der strategischen Ausrichtung und den Unternehmensressourcen überprüfen.

Phase 3: Implementierung der Innovationsstrategie

In der letzten Phase schließlich wird der entwickelte Plan zur Zielerreichung mithilfe konkreter Maßnahmenpläne umgesetzt. Dazu sind die Ressourcen so festzulegen und zu verteilen, dass die formulierten Ziele entsprechend den zeitlichen und finanziellen Vorgaben (Budgets) erreicht werden. Ferner gilt es, eine strategieunterstützende Kommunikation zu etablieren, die für ein ausreichendes Strategieverständnis bei allen Betroffenen sorgt. Letzterem kommt eine zentrale Rolle zu, denn nur das »Kennen, Verstehen, Können und Wollen« der Innovationsstrategie durch die Mitarbeiter ermöglicht eine erfolgreiche Strategieumsetzung. Neben dem Aufbau einer strategieunterstützenden Kommunikation sind auch strategieunterstützende Anreizsysteme und eine entsprechende Arbeitsumgebung zu gestalten. Die Klarheit und Verständlichkeit der Innovationsstrategie bildet die Basis für die Innovationsbereitschaft und -fähigkeit aller Unternehmensmitglieder. Um die Implementierung zusätzlich zu erleichtern, sollte jeder Gastgeber auch der frühzeitigen Förderung des Innovationsbewusstseins seiner Mitarbeiter besondere Beachtung schenken. Eine innovationsunterstützende Unternehmensvision und deren regelmäßige Wiederkehr im unternehmerischen Handeln können einen wichtigen Beitrag dazu leisten.

Das Ergebnis der Umsetzung dieser drei Phasen ist nicht nur eine möglichst passgenaue Innovationsstrategie. Von ebenso großer Bedeutung ist bereits der Weg dorthin. Dadurch nämlich wird der Gastgeber dazu angehalten, sich proaktiv mit den Zukunftsfragen seines Unternehmens zu befassen. Jedoch ist unbedingt zu beachten, dass die Entwicklung der Innovationsstrategie kein einmalig durchzuführender Prozess ist, der Phase für Phase abgearbeitet werden kann. Vielmehr zeichnen sich die Situationsanalyse, die Formulierung der Strategie und die folgende Umsetzung durch vielfältige Abhängigkeiten und Verknüpfungen aus (FREYBERG und ZEUGFANG 2014, S. 175). Dem Gastgeber offenbart sich durch das Erfassen und Zusammenfügen eben jener Abhängigkeiten der Gesamtzusammenhang, in dem er mit seinem Unternehmen agiert.

Nicht alles kann und muss selbst innoviert werden

Die Innovationsstrategie legt ihr Hauptaugenmerk auf die Befähigung des Unternehmens und seiner Mitarbeiter zur Innovationstätigkeit. Doch sollte sie durchaus auch Innovationszukäufe berücksichtigen, die insbesondere in der Hospitality-Industrie eine bedeutende Rolle spielen, damit der Anschluss an den Wettbewerb nicht verloren geht. Jedes

WEISSBIEREIS IM PLATZL HOTEL

Das Münchner Platzl Hotel hat sich dazu aufgemacht, innovative Elemente in seine Dienstleistungsprozesse zu integrieren. Hierbei bedient sich das jahrelang sehr klassisch und traditionell aufgestellte Haus zunehmend der Kreativität von ausgewählten Partnern, um gebündelt einen klar erkennbaren Mehrwert für den Gast zu generieren.

Ein Beispiel hierfür ist die Zusammenarbeit mit dem »Verrückten Eismacher«. Dem innovativen Gelatier Matthias Münz ist es gelungen, Alkohol zu Eis zu machen. So offeriert er in seinen surrealen Ladengeschäften unter anderem Sorten wie Aperol Spritz Eis, Hugo Eis, Gin Tonic Eis oder Radlereis. Für das Platzl Hotel und dessen Gastronomie Ayingers kreierte er ein Ayinger Urweiße Eis.

»Wenn Du ein Schiff bauen willst, dann rufe nicht die Menschen zusammen, um Holz zu sammeln, Aufgaben zu verteilen und die Arbeit einzuteilen, sondern lehre sie die Sehnsucht nach dem großen, weiten Meer.« Antoine de Saint-Exupéry

gastgewerbliche Unternehmen sollte seine Kernkompetenzen für die Innovationstätigkeit nutzen, Elemente außerhalb dieser Kernkompetenzen jedoch zukaufen, um nicht unnötig wertvolle finanzielle, zeitliche und personelle Ressourcen zu binden (DE BRENTANI 2001, S. 6).

2.3 | Erfolgsfaktor Mitarbeiter

Gut ein Drittel aller Kosten eines gastgewerblichen Unternehmens entfallen im Schnitt auf das Personal. Erfolgreiche Lean-Luxury-Konzepte mit schlanken Strukturen vermögen diesen Anteil zwar auf unter 30 Prozent zu reduzieren, doch die Tatsache, dass die Mitarbeiter eines gastgewerblichen Unternehmens einen erheblichen Kostenfaktor darstellen, bleibt unberührt. Dennoch sollte jeder Gastgeber in seinen Mitarbeitern eine seiner wertvollsten Ressourcen überhaupt sehen. Die Hardware, die der Gast in Hotels und Restaurants vorfindet, ist heutzutage oftmals und weltweit vergleichbar. Eine Differenzierung vom Wettbewerb muss also in erster Linie durch die Software, durch das Engagement und die Fähigkeiten der Mitarbeiter, erreicht werden (MONTEIRO und SOUSA 2011, S. 170 ; OTTENBACHER und GNOTH 2005, S. 207).

Der aus dem Englischen stammende Begriff der Hospitality-Industrie zeigt die Bedeutsamkeit von Humanressourcen in dieser Industrie sehr anschaulich: Es ist die Branche der Gastlichkeit und Gastfreundschaft. Dass ein Gast diese nicht erfahren kann, wenn lediglich der Hotelier oder Gastronom sie lebt, seine Mitarbeiter, die sich in dauernder Interaktion mit jedem einzelnen Gast befinden, hingegen nicht, ist eine logische Schlussfolgerung. Doch nicht nur im täglichen Betriebsablauf sind die Einstellungen, Fähigkeiten und Fertigkeiten

sämtlicher Mitarbeiter von größter Bedeutung, sondern auch beim Einschlagen neuer, innovativer Wege spielen sie eine maßgebliche Rolle (DE BRENTANI 2001, S. 176). Im bisherigen Verlauf dieses Buchs wurde bereits deutlich, dass Innovationen dann erfolgreich sind, wenn sie den Bedürfnissen der Gäste entsprechen, wenn der Gastgeber für seine Innovationstätigkeit mit unternehmensexternen Akteuren zusammenarbeitet und wenn er eine klare Innovationsstrategie formuliert hat, die auf einer sinnstiftenden Vision beruht. Von welcher Bedeutung sind die Mitarbeiter nun bei der Innovationstätigkeit eines Gastgebers konkret? Wie sollen sie sich im Innovationsprozess verhalten und welche Rollen können sie einnehmen?

- Innovationen können – wie sämtliche gastgewerbliche Leistungen – vom Unternehmer nur selten alleine entwickelt und erfolgreich umgesetzt werden. Eine grundsätzlich positive Einstellung gegenüber der Innovationstätigkeit eines Gastgebers durch seine Mitarbeiter stellt also eine erste zentrale Verhaltensweise dar. Sowohl einer Innovationsoffenheit als auch einem starken Innovationsbewusstsein kommt somit eine Schlüsselrolle im innovierenden Unternehmen zu (VAN WULFEN 2013, S. 59)

- Des Weiteren können in jenen Mitarbeitern, die sich täglich in Interaktion mit dem Gast befinden, interne »Marktforscher« gesehen werden (WALDER und POSPIECH 2006, S. 73). Sie wissen nicht nur um die Wünsche und Bedürfnisse ihrer Gäste, sondern oftmals wird ihnen durch die Gäste auch das Angebot von Wettbewerbern zugetragen. Entsprechend groß ist ihre Bedeutung als Ideengeber für innovative Leistungen, die den Anforderungen der Gäste zur Gänze entsprechen

- Ferner ist es die Aufgabe dieser Mitarbeiter, entwickelte Innovationen anzuwenden, die Gäste als Co-Erbringer von Dienstleistungen und analog von Innovationen von deren Nutzen zu überzeugen und sie schließlich dafür zu begeistern (DE BRENTANI 2001, S. 182).

Die Integration der Mitarbeiter in sämtliche Phasen der Innovationstätigkeit stellt somit für jeden Innovator eine absolute Notwendigkeit dar. Diese Integration darf jedoch in keinem Falle mit einer Delegation der Innovationstätigkeit gleichgesetzt werden (GRISSEMANN, PIKKEMAAT und WEGER 2013, S. 18). Innovationen zählen zu den Kernaufgaben eines jeden Hoteliers oder Gastronomen, die es persönlich wahrzunehmen gilt. Dass diese, wie oben erwähnt, jedoch nicht ohne die Unterstützung und Fähigkeiten seiner Mitarbeiter generiert werden können, unterstreicht in der Folge die Bedeutung eines entsprechend gestalteten Unternehmensklimas und Personalmanagements.

Widerstände gegen Innovationen

Offenheit gegenüber und Bereitschaft zu Innovationen ist die Grundvoraussetzung für die erfolgreiche Entwicklung und anschließende Umsetzung von innovativen Leistungen. Sie sind insbesondere in etablierten Unternehmen allerdings keineswegs selbstverständlich. In Start-Up-Unternehmen herrscht in der Regel noch eine größere Affinität zum Unbekannten und Neuen, von der die Firmengründer bei ihrer Innovationstätigkeit direkt profitieren können. Doch selbst in jungen Unternehmen entwickelt sich rasch ein »Beharrungswiderstand gegen Veränderungen«[20].

Denn Innovationen ziehen zumeist eine Veränderung der bisherigen Arbeitsweise mit sich und bedeuten für viele eine Störung oder gar eine unangenehme Turbulenz (HAUSCHILDT und SALOMO 2011, S. 99). Im Zweifel sind Innovationen daher unwillkommen. In der Folge entwickeln sich oftmals Widerstände, die vielfältige Ursachen haben können. Allen Arten von Widerstand gemein ist die Tatsache, dass sie aus

[20] Schumpeter 1912, S. 108 f., zitiert in Hausschildt und Salomo 2011, S. 99

BARRIEREN DES NICHT-WISSENS UND DES NICHT-WOLLENS ALS URSACHEN FÜR WIDERSTÄNDE

WISSENSBARRIEREN	WILLENSBARRIEREN
Unkenntnis über Bedeutsamkeit von Innovationen	Trägheit in Bezug auf Umstellungen, Änderungen
Mangelnde Unterrichtung über die Innovationsstrategie und die damit verfolgten Ziele	Angriff liebgewonnener Traditionen durch Innovation
Unverstandnis, warum mühevoll erworbene Erfahrungen aufgegeben werden sollen	Mögliche Einschränkung der persönlichen Autonomie
Mangelnde Ausstattung mit den notwendigen (neuen) Fähigkeiten	Angst vor Entwertung der persönlichen Wissensbasis

Quelle: eigene Darstellung

EIN FAULER APFEL VERDIRBT DIE GANZE KISTE

Im Rahmen von diversen Beratungsmandaten von [tourism consulting & training] und Zarges von Freyberg Hotel Consulting offenbarte sich: Der Grund sowohl für fehlende Innovationen als auch für Mängel in der Innovationsumsetzung liegt an der Blockadehaltung, die manche Mitarbeiter aus verschiedenen Gründen dem Innovationsprozess entgegenbringen. Gelingt es nicht, diese mit Argumenten und Empathie zu lösen, ist zu hinterfragen, ob sich der Betrieb auf seinem neuen Weg den »Bedenkenträger« leisten möchte und kann. Schwierig wird es insbesondere, wenn innovationsaverse Mitarbeiter anfangen, andere im Team auf »ihre Seite« zu ziehen, was meist am Ende in einem sehr schlechten Betriebsklima endet. Hoteliers muss bewusst sein, dass ein neuer, innovativer Weg mitunter auch eine Trennung von bestimmten altgedienten Mitarbeitern zur Folge haben wird.

Quellen: www.tourismconsulting.de/; www.zargesvonfreyberg.de

einem Gefühl der Überforderung durch eine Situation erwachsen (HAUSCHILDT und SALOMO 2011, S. 108). Der erste Schritt in der Überwindung oder besser im Verhindern von Widerständen besteht darin, sich als Innovator in die Lage seiner Mitarbeiter zu versetzen und zu reflektieren, was eine Innovation für diese bedeutet und nach sich zieht (HAUSCHILDT und SALOMO 2011, S. 114). In einem weiteren Schritt sollte sich der Gastgeber bewusst werden, warum es zu Widerständen kommt und ob er deren Aufkeimen nicht von Anfang an verhindern kann.

Ursachen des Widerstands

Widerstand gegen Innovationen kann aufgrund von Wissensbarrieren oder aufgrund von Barrieren des Nicht-Wollens entstehen.

Wie kann der innovierende Gastgeber derartigen möglichen Widerständen nun erfolgreich begegnen und so die unbedingt notwendige interne Unterstützung für seine Innovationstätigkeit erlangen?

2.3.1 | Die Unternehmenskultur als Basis von Innovationsbereitschaft und Innovationsfähigkeit

Als wesentliche Voraussetzung für eine erfolgreiche Innovationstätigkeit wird in der Literatur zum Innovationsmanagement regelmäßig eine innovationsoffene Unternehmenskultur genannt (z. B. VILA, ENZ und COSTA 2012, S. 84; AUER und EDLINGER 2006, S. 143; MUELLER 2006, S. 109). Durch das Manifestieren einer solchen Unternehmenskultur kann es gelingen, insbesondere die Barrieren des Nicht-Wollens zu durchbrechen und daraus resultierende Widerstände zu vermeiden. Sie soll eine kreativ-offene »Innovationsstimmung« im gastgewerblichen Unternehmen verbreiten und dadurch die Freude an Neuem und die Entfaltung von persönlicher Kreativität fördern (VAHS und BREM 2013, S. 190).

Was versteht man unter einer Unternehmenskultur und wie lässt sie sich gestalten?

Das Verständnis von Unternehmenskultur ist in der Theorie wie auch in der Praxis weit gefächert. Auch die Ansichten über deren Gestaltbarkeit variieren bisweilen erheblich. Der niederländische Experte für Kulturwissenschaften Geert Hofstede versteht unter dem Begriff der Unternehmenskultur die »kollektive Programmierung des Geistes, die die Mitglieder einer Organisation von einer anderen unterscheidet«[21]. »Programmierung« mag in diesem Zusammenhang in gewisser Weise negativ anmuten, doch will dieser Begriff in Hofstedes Auffassung lediglich sagen, dass die Kultur eines Unternehmens durch ihre Mitglieder erlernt werden kann. Gleichzeitig bildet sich in jedem Unternehmen jedoch eine Reihe von nicht beeinflussbaren und zum Teil unbewussten Wertvorstellungen und Verhaltensweisen der Mitarbeiter heraus. Es handelt sich hierbei um informelle Prozesse, die sich im Laufe der Zeit manifestiert haben und von den Mitarbeitern tagtäglich so durchgeführt werden (CHRISTENSEN, MATZLER und VON DEN EICHEN 2011, S. 185). Einige Kulturwissenschaftler gehen in ihrer Ansicht sogar so weit, dass sie den Versuch der bewussten Formung einer Unternehmenskultur als vergebliches Unterfangen auffassen (z. B. KÜHL 2011, S. 128).

In jedem Falle ist das Bewusstsein darüber wichtig, dass sich innovationsfördernde Unternehmenswerte und entsprechende Kulturelemente keinem Mitarbeiter kurzerhand aufzwingen lassen (VAHS und BREM 2013, S. 216, 220). Die Entwicklung, sowohl in bewusster als auch unbewusster Form, einer Unternehmenskultur stellt einen langfristigen und kontinuierlichen Prozess dar. Zur steten Weiterentwicklung der Kultur eines Unternehmens tragen beispielsweise der Eintritt neuer Mitarbeiter mit ihren

[21] HOFSTEDE 2001, S. 253

Quelle: eigene Darstellung

individuellen Wertvorstellungen bei oder auch die erstmalige Verankerung von Innovationen in der Unternehmensstrategie. Die Ausrichtung der »mentalen Software«[22], also der Verhaltensweisen aller Mitarbeiter, auf die Innovationsstrategie und deren anschließender Einklang ist in jedem Falle als zentrales Ziel bei der Gestaltung einer innovationsfördernden Unternehmenskultur aufzufassen (VAHS und BREM 2013, S. 214). Kooperationsbereitschaft und gegenseitiges Vertrauen stellen wichtige Erfolgsgrundlagen dar.

Eine Unternehmenskultur kann nicht ausschließlich mit rationalen Planungsmethoden geformt oder entwickelt werden. Dennoch gibt es diverse Aspekte, die bei der Etablierung einer innovationsoffenen Unternehmenskultur unterstützend wirken. Welche Elemente sollte der Innovator also bewusst in seinem Unternehmen manifestieren, um die eingangs erwähnte »Innovationsstimmung« herbeizuführen?

In Bezug auf die in der obigen Abbildung aufgezeigten bedeutenden Merkmale einer innovationsfördernden Unternehmenskultur haben der innovierende Gastgeber und zentrale Führungskräfte stets eine Vorbildfunktion. An ihnen liegt es, das gewünschte innovationsoffene Klima bewusst vorzuleben (MONTEIRO und SOUSA 2011, S. 173), gleichzeitig jedoch nicht die Rolle der Überlegenen einzunehmen. Somit schlagen sie die Brücke zur Unternehmensvision, in welcher sich die Innovationstätigkeit im Idealfall widerspielt. Durch sein Charisma, sein innovatives Engagement sowie seinen partizipativen Führungsstil vermag der Gastgeber seine persönliche Innovationsaffinität auf seine Mitarbeiter zu übertragen, sodass diese in der Folge als sogenannte Intrapreneure im gastgewerblichen Unternehmen wirken. Intrapreneure, auch als »Angestellten-Unternehmer«[23] bezeichnet, entwickeln Ideen und Träume, die sie eigenständig zu verwirklichen suchen, und handeln somit wie der selbstständige Unternehmer, der Entrepreneur. Bringt ein Gastgeber seine Mitarbeiter zu einem derartigen Verhalten, so bilden seine Humanressourcen womöglich seinen wichtigsten Erfolgsfaktor.

Promotoren als Förderer von Innovation

Neben dem charismatischen Gastgeber selbst können zudem sogenannte Promotoren[24], auch als Mentoren, Paten oder Coaches bezeichnet, die Überwindung von Widerständen gegen Innovationen erleichtern. Promotoren sind solche

[22] HOFSTEDE 2001, S. 24
[23] www.onpulson.de
[24] Im Englischen bezeichnet ein promoter einen Förderer.

INNOVATIVE UNTERNEHMENSKULTUR BEI PRIZEOTEL

Hotelier Marco Nussbaum setzt in seinen Hotels in Hamburg, Hannover und Bremen auf das Prinzip »Wir sind Chef«: Das klassische Management wird ersetzt durch mehr Eigenverantwortung, deutliche Teamfähigkeit, flache Hierarchien und transparente Kommunikation. Auf Hoteldirektoren und ein Top-Down-Management verzichtet er daher gänzlich. Ein autoritärer Führungsstil sei in einer Industrie »mit Menschen für Menschen« der falsche Weg, stattdessen müsse die persönliche Wertschätzung großgeschrieben werden. Bei Prizeotel stehen daher die Marke sowie ein gemeinsames Ziel und dessen gemeinsame Erreichung im Vordergrund. Diese Wertschätzung wurde Marco Nussbaum von seinen Mitarbeitern 2015 zurückgegeben, als Prizeotel bei der Ermittlung der besten Arbeitgeber in der deutschen Hotellerie durch das Bewertungsportal kununu.com den ersten Platz erreichte.

Quelle: HENNING 2015, online

Personen, die den Innovationsprozess aktiv mitgestalten und die zielkonforme Durchführung rege unterstützen. Es handelt sich um engagierte Mitarbeiter, die über ausreichend Wissen und Ansehen im Unternehmen verfügen, um den übrigen Mitarbeitern zur Überwindung von etwaigen Wissens- oder Willensbarrieren zu verhelfen (HAUSCHILDT und SALOMO 2011, S. 125). Promotoren sind daher durch den Gastgeber bewusst zu identifizieren und in ihrer Rolle als Innovationsförderer zu unterstützen, falls Widerstände gegen Innovationen auftreten sollten.

2.3.2 | Innovationsrelevante Fähigkeiten

Neben der Innovationsbereitschaft bzw. der Innovationsbegeisterung aller Organisationsmitglieder ist die Innovationsfähigkeit des Unternehmens ebenso ausschlaggebend für den Innovationserfolg (INNERHOFER 2012, S. 50; AUER und EDLINGER 2006, S. 137). Es gilt daher, etwaige Wissensbarrieren zu durchbrechen und sämtliche Betroffenen mit den notwendigen Fähigkeiten auszustatten, die für die Innovationstätigkeit erforderlich sind (INNERHOFER 2012, S. 30).

Aber auch die Kernkompetenzen eines Unternehmens, jene Schlüsselfähigkeiten, die es vom Wettbewerb abheben, müssen sich bei der Innovationstätigkeit an neue Gegebenheiten anpassen, um letzten Endes keine Kernhindernisse darzustellen (INNERHOFER 2012, S. 113).

Doch auf welche Fähigkeiten kommt es bei der Innovationstätigkeit an?
Die wenigsten gastgewerblichen Unternehmen verfügen über eine Forschungs- und Entwicklungsabteilung, welche sich der Entwicklung und Umsetzung von Innovationen zur Gänze widmen könnte (POMPL und BUER 2006, S. 31). Somit liegt es an jedem Mitarbeiter, den Gastgeber bei seiner Innovationstätigkeit mit neuen Ideen und Visionen zu unterstützen (GRISSEMANN, PIKKEMAAT und WEGER 2013, S. 20). Diese müssen nicht nur erdacht, sondern auch artikuliert werden. Für Ideen wiederum bedarf es der Kreativität. Der innovierende Gastgeber sollte zur Generierung geeigneter Ideen die schöpferische Kraft, die Kreativität seiner Mitarbeiter also gezielt zu fördern suchen. Dies kann mithilfe von geeigneten Kreativitätstechniken geschehen (siehe hierzu UNTERNEHMENSINTERNE IDEENGEWINNUNG).

Die tatsächliche Umsetzung und Anwendung einer Innovation sollte in der Regel im Einklang mit der theoretischen Entwicklung oder einem zuvor praktisch durchgeführten Test erfolgen. Dies zu gewährleisten ist Aufgabe derjenigen Mitarbeiter, die die Innovation anwenden und am Gast erbringen müssen (INNERHOFER 2012, S. 141). Dabei ist bisweilen eine hohe Flexibilität erforderlich, wenn die Umsetzung nicht von Anfang an planmäßig gelingt. Derartige Situationen erfordern des Weiteren die Fähigkeit, komplexe und teilweise unübersichtliche Sachverhalte souverän zu meistern (AUER und EDLINGER 2006, S. 140). Schließlich ist der Gast als Co-Produzent der Leistung stets zugegen. Zugleich benötigen die Mitarbeiter gegebenenfalls zusätzliches Anwendungswissen, beispielsweise bei der Einführung von technischen Innovationen (CHRISTENSEN, MATZLER und VON DEN EICHEN 2011, S. 52). Betreffen derartige Innovationen auch den Gast, so ist es Aufgabe der mit dem Gast in Interaktion stehenden Mitarbeiter, ihm das notwendige Know-how ebenfalls zu vermitteln.

EXEMPLARISCHE FAKTOREN, DIE ZUR INNOVATION BEFÄHIGEN

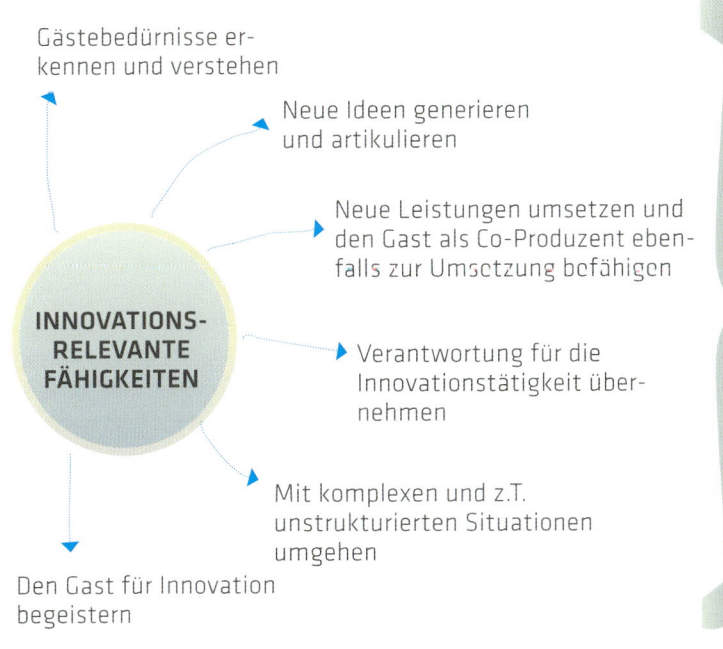

Quelle: eigene Darstellung

BESONDERE ERLEBNISSE FÜR AUSZUBILDENDE IM NELLS PARK HOTEL

Erlebnisse für die Auszubildenden im Nells Park Hotel sind ebenso zahlreich wie besonders. Mit dem Motivationsprogramm für Nachwuchstalente »MOVE UP!« sollen Azubis sich entwickeln, viel lernen und dabei Spaß haben. Das Programm begeistert die Auszubildenden z. B. mit Schulungen, Azubi-Events wie der glanzvollen Azubi-Gala, Erlebnistouren und nicht zuletzt mit dem Azubi-Car, welches derjenige Azubi mit der besten Performance in den letzten drei Monaten für die darauffolgenden drei Monate kostenfrei fahren darf. Dabei wirbt er zudem auf effiziente Weise für das Nells Park Hotel als Top-Arbeitgeber überall dort, wo ihn seine Wege hinführen.

Quelle: www.nellsparkhotel.de/eo/cms?_sprache=de&_template_variant=1001&_bereich=artikel&_aktion=detail&idartikel=100392

WELTWEITES EMPOWERMENT BEI HILTON

Die international agierende Hotelkette Hilton Worldwide gehört mit über 4000 Häusern auf der ganzen Welt zu den größten Hotelketten. Mit der Einführung des Programms »Make it right« – zu Deutsch »Mach es richtig«, wird jedem Mitarbeiter weltweit ein eigenverantwortliches Handeln zum Lösen von Gästeanliegen und -beschwerden ermöglicht. Indem jeder einzelne Angestellte über einen festgelegten finanziellen Rahmen pro Gast frei verfügen kann, ohne Absprache mit dem jeweiligen Vorgesetzten halten zu müssen, werden Probleme effizient und unbürokratisch behoben. Dieser Verfügungsrahmen gilt dabei auch für Auszubildende – die Führungskräfte der Zukunft. Durch diese Vertrauenskultur werden nicht nur die Mitarbeiter zu innovativen Problemlösungen angeregt. Auch die Gästezufriedenheit konnte dadurch erheblich gesteigert werden.

Quelle: BARGHELAME o. J., online

Trainings und weitere Personalentwicklungsmaßnahmen sind zentrale Bestandteile des Personalmanagements innovativer Gastgeber, um die ausführenden Mitarbeiter zur Erbringung einer innovativen Leistung zu befähigen. Trainings können auch genutzt werden, um die in jedem gastgewerblichen Beruf allgemein und im Falle von Innovationen besonders erforderliche Flexibilität und Anpassungsfähigkeit aufrechtzuerhalten (OTTENBACHER und GNOTH 2005, S. 215, 219). Auch kann man die Mitarbeiter so auf neue und unbekannte Situationen gezielter vorbereiten als im Tagesgeschäft. Den Mitarbeitern ist zu vermitteln, dass Innovation eine spannende Herausforderungen ist, deren Bewältigung im Anschluss große Wertschätzung erfährt. Der Einsatz von Belohnungen kann eine zusätzlich unterstützende Wirkung haben (SENGUPTA und DEV 2011, S. 17). So können nicht nur für den Gast, sondern auch für den Mitarbeiter Erlebnisse geschaffen werden. Denn letztlich ist der Mitarbeiter von denselben Wünschen und Bedürfnissen geprägt wie die Gäste, die er täglich umsorgt.

Die erfolgreiche Umsetzung und Anwendung einer Innovation kann nur dann gelingen, wenn jeder Mitarbeiter sich mit dafür verantwortlich fühlt. Ihm sollte ebenso am Erfolg gelegen sein wie dem Unternehmer selbst. Innerhalb einzelner Projekte und deren Entwicklungsphase gilt es, Verantwortlichkeiten gezielt festzulegen (INNERHOFER 2012, S. 141), doch im weiteren Verlauf muss sich jeder Mitarbeiter mit einer Innovation identifizieren können.

Um ein derartiges Unternehmerdenken zu etablieren, ist eine entsprechende Transparenz aller betrieblichen Angelegenheiten von zentraler Bedeutung. Nicht nur externe Stakeholder wie Banken oder Kooperationspartner sind über die Unternehmensleistung auf dem Laufenden zu halten, sondern im selben oder gar noch größeren Maße die Träger dieser Leistung – die Mitarbeiter. So übermittelt beispielsweise die Familie Kobjoll jährlich sämtlichen Mitarbeitern, vom Abteilungsleiter bis zum Auszubildenden, sowie Partnern wie Seminarleitern, Lieferanten und der Hausbank den Jahresbericht des Schindlerhofs mit allen entsprechenden Zahlen, Erfolgen und gegebenenfalls auch Misserfolgen. Durch eine derartige Transparenz schafft er in seinem Hotel eine ausgeprägte »Stolzkultur«, welche wiederum eine hervorragende Ausgangslage für innovative Betätigungen bildet (KOBJOLL 2013, online).

Empowerment als bedeutsames innovationsförderndes Instrument

Ein weiteres Instrument, das sich positiv auf das Verantwortungsbewusstsein der Mitarbeiter in Bezug auf die Innovationstätigkeit eines Gastgebers niederschlägt, ist das sogenannte Empowerment. Wörtlich übersetzt bedeutet dieses englische Wort »Bevollmächtigung«. In Rahmen des Personalmanagements meint Empowerment die Übertragung von Verantwortung auf Mitarbeiter. Den Mitarbeiter zu »empowern« bedeutet, ihm die Möglichkeit zu verschaffen,

EMPOWERMENT ALS INNOVATIONSFÖRDERNDES INSTRUMENT DER PERSONALFÜHRUNG

{ **EMPOWERMENT** }

- FÜHREN AUF AUGENHÖHE, PERSONEN- UND AUFGABENORIENTIERTER FÜHRUNGSSTIL
- ÜBERTRAGUNG VON VERANTWORTUNG UND DAMIT AUCH VERTRAUEN AUF DIE MITARBEITER
- KONTINUIERLICHER EINBEZUG DER MITARBEITER IN UNTERNEHMERISCHE BELANGE
- SCHAFFEN VON ENTSCHEIDUNGS- FREI- UND HANDLUNGSSPIELRÄUMEN

- INTRINSISCHE MOTIVATION
- GESTEIGERTES VERANTWORTUNGSBEWUSSTSEIN FÜR INNOVATION
- GESTEIGERTE KREATIVITÄT
- PROAKTIVER VERÄNDERUNGSWILLE
- OMNIPRÄSENTER UNTERNEHMERGEIST

Quelle: eigene Darstellung

eigenverantwortlich Entscheidungen in betrieblichen Situationen zu treffen und somit auch Probleme selbstständig zu lösen. Das Empowerment ist insbesondere im Gastgewerbe nicht nur sinnvoll, sondern sogar unentbehrlich, um eine rasche und flexible Reaktion auf die Bedürfnisse und Forderungen jedes einzelnen Gastes zu ermöglichen. In der Folge profitiert der Gastgeber auch bei seiner Innovationstätigkeit vom Verantwortungsbewusstsein des Mitarbeiters, welches aus der vorherigen Verantwortungsübertragung resultiert. Durch die Übertragung von Verantwortung wird nicht nur die Eigeninitiative des Mitarbeiters in Routine- wie auch Innovationsprozessen gefördert, sondern der Unternehmer bekundet dadurch auch sein Vertrauen in den Mitarbeiter und sein Handeln (OTTENBACHER und GNOTH 2005, S. 215). Dieser partizipative – die Mitarbeiter beteiligende – Führungsstil und ein Agieren auf Augenhöhe führen wiederum zu gesteigerter Zufriedenheit des Mitarbeiters und können zu seiner langfristigen Bindung an das eigene Unternehmen beitragen.

Auch in der Innovationsforschung wird dem Empowerment eine essentielle Bedeutung für den Innovationserfolg zugeschrieben. Je mehr Verantwortung dem Mitarbeiter übertragen wird, desto höher ist auch sein Bestreben, die Innovation mitzutragen (INNERHOFER 2012, S. 161). Die Vertrauensbekundung in Form von Verantwortungsübertragung führt unter anderem zu intrinsischer Motivation[25] der Mitarbeiter, zu selbstständigen Veränderungsabsichten und zu einem höheren Maß an Kreativität (SLATTEN und MEHMETOGLU 2011, S. 258).

Durch das Empowerment kann das Fehlen von Forschungs- und Entwicklungsabteilungen im Gastgewerbe ausgeglichen werden. Die Entwicklung sowie die anschließende Umsetzung gleichermaßen erfolgen über alle Funktionsbereichen des Unternehmens hinweg (POMPL und BUER 2006, S. 31). Dadurch können nicht nur Abteilungsegoismen vermieden, sondern auch die Wahrnehmung einer »aus einem Guss gefertigten« authentischen Innovation unterstützt werden.

Bei der Personalentwicklung ist generell zu beachten, dass die Lerngeschwindigkeit wie auch die Lernintensität jedes Menschen unterschiedlich ist. Eine bewusste Gestaltung des Lernprozesses ist im Innovationsprozess notwendig, muss aber sehr behutsam und individuell abgestimmt vorgenommen werden (AUER und EDLINGER 2006, S. 143). Wie die Elemente einer innovationsoffenen Unternehmenskultur kann auch Verantwortung nicht kurzerhand »einfach« übertragen werden (SLATTEN UND MEHMETOGLU 2011, S. 267). Empowerment sollte in der Innovationsstrategie verankert werden, welche die Mitarbeiter bei der Implementierung und ihrer entsprechenden Kommunikation auf die Verantwortung vorbereitet, die sie übernehmen werden. Eine »One-size-fits-all«-Lösung, im übertragenen Sinne also eine Einheitsgröße, die auf jeden Mitarbeiter passen soll, ist bei der Befähigung zur Innovation jedoch nicht zielführend. Individuell auf die etwaigen Wissenslücken und Unsicherheiten jedes Mitarbeiters einzugehen, ist unumgänglich, um das Talent jedes Einzelnen für Innovationen im Unternehmen ausschöpfen zu können.

Die bewusste und individuelle Wahrnehmung der Mitarbeiter als Erfolgs- anstatt als Kostenfaktor und das Manifestieren einer entsprechenden Unternehmenskultur fördern das Engagement sowohl des Einzelnen als auch des gesamten Teams, sich aktiv für Innovationen einzusetzen. Indem die Mitarbeiter in der Folge mit den notwendigen Fähigkeiten und Kompetenzen für die Innovationstätigkeit ausgestattet werden, breitet sich eine kreativ-offene Innovationsstimmung aus und ein allgegenwärtiger Unternehmergeist ist die bestmögliche Folge daraus.

---

[25] Intrinsisch motiviert sind Mitarbeiter dann, wenn der Anreiz für ihr Handeln nicht von außen herbeigeführt wird, z. B. in monetärer Form durch Boni oder ähnliches, sondern wenn der Handlungsanreiz im Ausführen einer Tätigkeit selbst liegt. Eine hohe intrinsische Motivation gilt oftmals als Voraussetzung für kreative Leistungen (MAIER o. J., online).

CHECKLISTE ZUM PLANEN VON INNOVATION | HINTERFRAGEN SIE SICH!

ZENTRALE FRAGEN FÜR EINE ERFOLGREICHE PLANUNG	RELEVANZ BEWUSST – FRAGE WIRD BEREITS NACHGEGANGEN	RELEVANZ ERKANNT – FRAGE WIRD NUN NACHGEGANGEN
Haben Sie entsprechend der Merkmale und allgemeinen Inhalte von Strategien eine Innovationsstrategie, die mit Ihrer Unternehmensstrategie harmoniert, entwickelt?	○	☐
Bildet eine aussagekräftige Vision die Grundlage dieser Innovationsstrategie und bietet diese Ihren Mitarbeitern Orientierung in Bezug auf die Unternehmenszukunft?	○	☐
Tragen Sie für eine strategieunterstützende Kommunikation und ein entsprechendes Strategieverständnis auf allen Hierarchieebenen stets Sorge?	○	☐
Begegnen Sie der Gefahr von Widerständen gegen Innovationen mit einer innovationsoffenen Unternehmenskultur?	○	☐
Haben Sie daher wichtige innovationsfördernde Elemente in der Unternehmenskultur verankert und leben Sie diese vor?	○	☐
Ist Ihnen dabei bewusst, dass ein kultureller Wandel Zeit erfordert?	○	☐
Befähigen Sie Ihre Mitarbeiter zu Innovationen, indem Sie Freiraum für Kreativität schaffen, innovative Vorstöße honorieren und die zur Innovation notwendigen Fähigkeiten und Kompetenzen gezielt und individuell angepasst entwickeln?	○	☐
Stellt das Empowerment Ihrer Mitarbeiter in Ihrem Unternehmen eine wichtige Grundlage für die Bereitschaft und Fähigkeit zur Innovation dar? Übertragen Sie Ihren Mitarbeitern im Zuge dessen gerne Verantwortung und vertrauen Sie ihnen?	○	☐

3 INNOVATION ENTWICKELN

Um sich als Hotelier oder Gastronom tatsächlich Wettbewerbsvorteile verschaffen zu können und so die eigene Marktpräsenz aufrechtzuerhalten bzw. auszubauen, müssen Innovationen nicht nur geplant, sondern auch entwickelt sowie schließlich umgesetzt werden. Das folgende Kapitel unterstützt den Gastgeber in den einzelnen Phasen der Innovationsentwicklung.

»Es ist nicht genug, zu wissen, man muss auch anwenden; es ist nicht genug zu wollen, man muss auch tun.«

Johann Wolfgang von Goethe

3.1 | Einen individuellen Innovationsprozess gestalten und verfolgen

In Anbetracht der mit Innovationen verbundenen Merkmale der Unsicherheit, Neuartigkeit, Komplexität usw. erscheint es sinnvoll, sich vorab Gedanken über den angestrebten Verlauf der Innovationsentwicklung zu machen. Ebenso wie die Planung von Innovation systematisch erfolgen sollte, ist auch die konkrete Innovationsentwicklung zielgerichtet vorzunehmen. Dies kann mithilfe der Definition von Innovationsprozessen geschehen.

Was ist unter einem Innovationsprozess zu verstehen?

Als Prozess bezeichnet man einen sich über eine gewisse Zeit erstreckenden Vorgang, bei dem etwas (allmählich) entsteht. Was unter Innovation zu verstehen ist, wurde bereits in DER BEGRIFF DES INNOVATIONSMANAGEMENTS dargelegt. Ein Innovationsprozess beschreibt also jenen Vorgang, bei dem Innovationen entstehen oder anders gesagt, bei dem eine Idee mit den verfügbaren Ressourcen zeitgerecht in eine marktfähige Leistung umgesetzt wird (VAHS und BREM 2013, S. 225). Je nach Unternehmen, Art und Umfang einer Innovation kann der Vorgang ihrer Entstehung erheblich variieren. Daher ist sowohl eine unternehmens- als auch eine innovationsspezifische Definition des Prozesses erforderlich, die in ihrem Detaillierungsgrad und ihrer Schwerpunktsetzung an die angestrebte Innovation anzupassen ist (JONES 1996, S. 95). Denn womöglich ist eine hochgradige Strukturierung des Innovationsprozesses, die meist zur Bindung kostbarer zeitlicher und personeller Ressourcen führt, gar nicht immer nötig.

Die Art des Innovationsergebnisses liefert meist Anhaltspunkte über den Detailierungsgrad des vorangehenden Entstehungsprozesses.

Einzig bei spontan-systematischen Verbesserungen sind die korrespondierenden Prozesse in der Regel wenig strukturiert. Derartige Innovationen resultieren häufig aus der Reaktion des Gastgebers auf nicht beeinflussbare unternehmensinterne oder -externe Veränderungen. Sie werden getätigt, um Nachteile für das Unternehmen zu vermeiden. Das Auslaufen des Property-Management-Systems Fidelio nötigte Hoteliers beispielsweise zu einer derartigen spontan-systematischen Verbesserung (KESSLER et al. 2011, S. 308). Doch sollte der Gastgeber im Falle von inkrementellen Innovationen versuchen, auch diese in geplanter Weise, mit dem Ergebnis einer systematischen Verbesserung also, durchzuführen, um so etwaige Chancen aus dem Unternehmensumfeld aktiv nutzen zu können. Alle übrigen Innovationsergebnisse erfordern eine Strukturierung des vorangehenden Innovationsprozesses ohnehin, wenn auch in unterschiedlichem Ausmaß. Während inkrementelle Innovationen oftmals einen weitaus geringeren Aufwand und damit verbunden eine entsprechend einfachere Prozessgestaltung verlangen, kann es sich bei radikalen Innovationen als erfolgskritisch erweisen, den Weg von der Idee zur erfolgreichen Umsetzung möglichst detailliert abzustecken.

Die strukturierte Gestaltung eines Innovationsprozesses ist also letztlich für dessen Erfolg immer notwendig (INNERHOFER 2012, S. 64). Sämtliche Arten von Innovationen jedoch mithilfe von ein und demselben Prozess generieren zu wollen, scheint nicht zielführend. Vielmehr ist individuell zu beurteilen, wie formalisiert und detailliert die Entwicklung einer Innovation von Statten gehen soll. Inkrementelle Innovationen

GRAD DER PROZESSSTRUKTURIERUNG IN ABHÄNGIGKEIT VOM INNOVATIONSERGEBNIS

SYSTEMATISCHE VERBESSERUNG
Innovationsart: inkrementell
Geplant
Prozess: strukturiert

SPONTAN-SYSTEMATISCHE VERBESSERUNG
Innovationsart: inkrementell
Nur teilweise geplant, oft spontan
Prozess: wenig strukturiert

SYSTEMATISCHE ERNEUERUNG
Innovationsart: radikal
Geplant
Prozess: (hochgradig) strukturiert

NEUGRÜNDUNG
Innovationsart: Neugründung eines Unternehmens
Prozess: strukturiert; Fokus: Schaffung von Stabilität und Routine

Quelle: eigene Darstellung in Anlehnung an KESSLER et al. 2011, S. 306 ff.

erfordern oftmals nicht unbedingt einen hochgradig detaillierten Prozess, sondern einzelne Phasen sind womöglich bereits aus der bisherigen Innovationstätigkeit bekannt oder können zur Gänze übersprungen werden. Dennoch sollten auch derartige Verbesserungsinnovationen einem formalisierten Prozess folgen. Diese Vorgehensweise ermöglicht nicht nur eine effizientere und raschere Innovationsentwicklung und -implementierung, als dies mit einer intuitiven Vorgehensweise möglich ist, sondern unterstützt den Gastgeber zudem erheblich bei der Fehlervermeidung (DE BRENTANI 2001, S. 182). Insbesondere bei inkrementellen Innovationen sind die Einfluss nehmenden Parameter oftmals bekannt und können bei der Prozessgestaltung entsprechend berücksichtigt werden. So auch Situationen für einen etwaigen Misserfolg, welche durch eine formale Prozessgestaltung vorab bedacht und anschließend verhindert werden können (DE BRENTANI 2001, S. 175).

Die Prozessgestaltung und die Prozesskomplexität hängt jedoch nicht lediglich von der Art der Innovation und deren Ergebnis ab, sondern auch von der Anzahl der einzubeziehenden Stakeholder[26]. Innovationsspezifisch muss geklärt werden, welche Stakeholder wie und in welchem Grad in den Innovationsprozess zu integrieren sind. Betrifft eine inkrementelle Innovation beispielsweise lediglich betriebsinterne Abläufe, so ist eine Einbeziehung externer Anspruchsgruppen wie Gäste, Bürger etc. in der Regel nicht erforderlich. Der Innovationsprozess ist in einem derartigen Fall weniger komplex und kann rascher durchgeführt werden als im Fall der Einbeziehung mannigfacher Anspruchsgruppen.

Unabhängig von der Art des jeweils erarbeiteten Innovationsprozesses, jedoch insbesondere im Fall von radikalen Neuerungen ist zu berücksichtigen, dass der tatsächliche Verlauf der Innovationsentwicklung bisweilen erheblich vom vorher gedanklich formulierten Prozess abweichen kann. Dies liegt zum einen in der Natur der Innovation begründet, zum anderen können auch Entwicklungen im Unternehmen oder dessen Umfeld den Vorgang der Innovationsentwicklung und -umsetzung anders als zuvor angenommen beeinflussen (JONES 1996, S. 94). So mag es bei radikalen Innovationen

[26] Als Stakeholder werden sämtliche internen und externen Personengruppen bezeichnet, die von der unternehmerischen Tätigkeit gegenwärtig oder in Zukunft direkt oder indirekt betroffen sind (THOMMEN o. J., online)

WIENER GRÄTZLHOTELS: NEUES MODELL FÜR DIE HOTELLERIE?

Die Zimmer des Wiener Grätzlhotels befinden sich nicht in einem bestimmten Gebäude, sondern sind in den unterschiedlichsten Häusern über einen ganzen Stadtbezirk verteilt. Die meisten Immobilien waren früher Läden oder kleinere Handwerksbetriebe, die aufgeben mussten. Die Zimmer, die im Wohngebiet verstreut liegen, vermitteln das Gefühl, zur lokalen Community zu gehören. Dennoch haben die Unterkünfte eine hochwertige Ausstattung, von der so manches klassische Hotel nur träumen kann. Doch statt in privaten Wohnungen residieren die Gäste in Schaufenstern, die zu durchgestylten Suiten mit Kitchenette, geplant vom Architekturbüro BWM, umgemodelt wurden. Es ist nicht das erste Mal, dass in Österreich Geschäftslokale in Hotelzimmer verwandelt werden, das Pixel Hotel in Linz hat das bereits gemacht. Es ist jedoch das erste, dass das Grätzl in den Vordergrund stellt: Der Gast soll Teil des Lebens der Umgebung werden und das Gefühl eines Zuhauses haben. Gestartet wurde Anfang Dezember 2015 mit 18 Suiten in drei Bezirken.

Quellen: KWIDZINSKI 2016, online; KALTENREINER 2016, online

durchaus gelegentlich angebracht sein, gewisse Phasen des Entwicklungsprozesses nach dem Prinzip des Versuchs und Irrtums zu gestalten (DE BRENTANI 2001, S. 175). Jedoch ist eine rein intuitive Gestaltung radikaler Innovationsprozesse insgesamt betrachtet nicht ratsam. Durch ein vollständiges Durchdenken des Entstehungs- und Umsetzungsvorgangs können etwaige Herausforderungen frühzeitig erkannt und entsprechend berücksichtigt werden. Zudem ermöglicht ein strukturierter Prozess allen Beteiligten eine gute Orientierungshilfe in jeder Phase der Entwicklung (HAUSCHILDT und SALOMO 2011, S. 16).

Welche Schritte führen zu einem strukturierten Innovationsprozess?

Eine pauschale Antwort auf diese Frage ist unmöglich, wenn man bedenkt, dass jeder Innovationsprozess individuell und entsprechend der angestrebten Innovation zu gestalten ist. Auch die Tatsache, dass künftige Ergebnisse zwar angestrebt, jedoch nicht mit Sicherheit vorhergesagt werden können, erschwert die Gestaltung von Prozessen ganz allgemein (SENGUPTA und DEV 2011, S. 17). Und schließlich hat jedes gastgewerbliche Unternehmen eine individuelle und einzigartige Wertkette, die sich in Abhängigkeit von den jeweiligen Ressourcen gestaltet, und genauso einzigartig und individuell ist der Innovationsprozess eines jeden Unternehmens (INNERHOFER 2012, S. 156). In der Folge wird dennoch ein beispielhafter Prozess dargestellt, der die »typischen« Phasen der Innovationsentwicklung und -umsetzung aufzeigt. Diesen kann jeder Gastgeber zur Hand nehmen, um für seine Innovationstätigkeit geeignete Elemente zu übernehmen oder den exemplarischen Prozess um individuelle Phasen oder Abschnitte zu erweitern bzw. zu reduzieren. So kann ein für das Unternehmen und die jeweilig angestrebte Innovation möglichst passgenauer Prozess erarbeitet werden.

Die Beschreibung und Darstellung von Prozessen erfolgt in der Theorie oftmals mithilfe von Modellen. Prozessmodelle dienen der vereinfachten Abbildung der prozessualen Realität in einem Unternehmen und geben in der Regel die Abfolge der entsprechenden Tätigkeiten in chronologischer Weise wieder (BMI 2015, online).

Auch in der Innovationsliteratur lassen sich zahlreiche Modelle ausmachen, die den Innovationprozess mithilfe einer Einteilung in verschiedene Phasen darzustellen suchen. Derartige Modelle über den Vorgang des Entstehens von Innovationen beschreiben jedoch immer idealtypische Zustände, die die unternehmensindividuellen Gegebenheiten in aller Regel nicht berücksichtigen (INNERHOFER 2012, S.56). Ist der Einsatz von Prozessmodellen dann überhaupt sinnvoll?

Die Aufgabe von Modellen besteht nicht in einer exakten Wiedergabe der Realität, sondern sie dienen dem Anwender vielmehr zur Reduzierung der mit der Realität verknüpften Komplexität und Unsicherheit. Modelle über den Innovationsprozess sind also als Hilfsmittel zu verstehen, die dem Gastgeber eine effizientere Handhabung der Entwicklung von Innovationen ermöglichen sollen (VAHS und BREM 2013, S.230). Jeder Innovator sollte seinen individuellen Innovationsprozess daher in Form einer schematischen Darstellung niederlegen und sämtliche Mitarbeiter über den angestrebten Prozessverlauf unterrichten. Dadurch erleichtert er nicht nur sich und allen Beteiligten das Verständnis, sondern kann durch konstruktive Kritik Verbesserungs- oder Alternativvorschläge gewinnen.

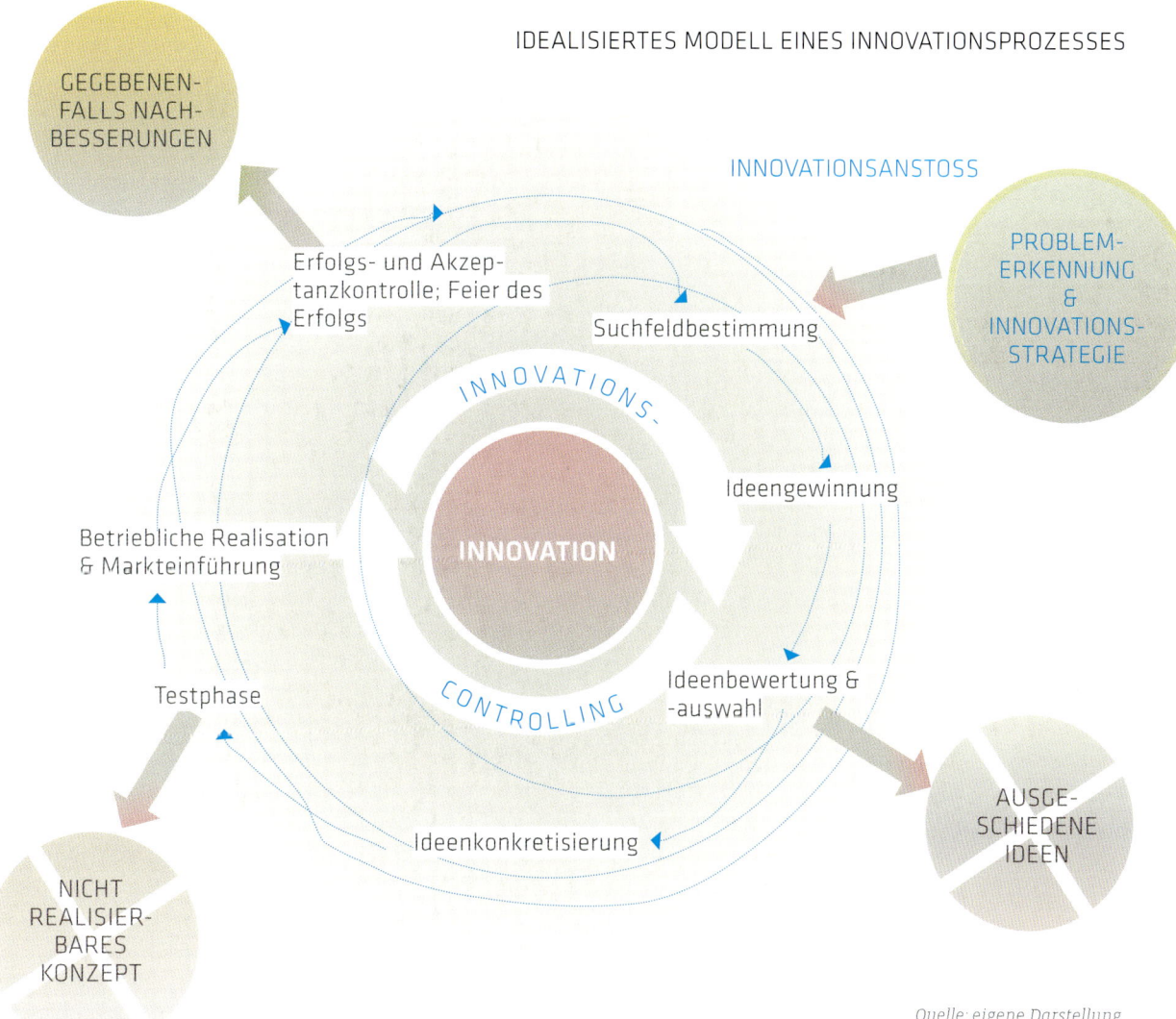

Quelle: eigene Darstellung

Vorphase

Im Rahmen der Entwicklung einer Innovationsstrategie erfasst der Gastgeber mithilfe verschiedener Umweltanalysen die Unternehmenssituation sowie das auf das Unternehmen Einfluss nehmende Umfeld. In diesen Analysen ermittelte Diskrepanzen zwischen dem gegenwärtigem Tun des gastgewerblichen Unternehmens und den veränderten Bedürfnissen der Gäste, der Entwicklung neuer Technologien usw. bilden nicht nur die Grundlage für seine Innovationsstrategie und die darin formulierten Ziele. Sie stoßen in der Folge auch den Prozess der eigentlichen Innovationsentwicklung und -umsetzung an, um die strategischen Ziele zu erreichen. Letztere können dabei als der angestrebte Soll-Zustand verstanden werden, während die Situationsanalyse den tatsächlichen Zustand, den Ist-Zustand, aufzeigt. Weichen diese beiden Zustände voneinander ab, wird nach der Problemerkennung der Innovationsprozess ausgelöst, um das Problem dieser Abweichung zu lösen (VAHS und BREM 2013, S. 227).

Suchfeldbestimmung

Die Erkenntnis über die Notwendigkeit eines Innovationsvorgangs zur Erreichung der strategischen Ziele führt im ersten Prozessschritt zur Bestimmung von spezifischen Suchfeldern für die angestrebten Innovationen. Eine sorgfältige Abgrenzung bewahrt den Gastgeber davor, in seinem Unternehmen Ideen ziellos zusammenzutragen und zu bewerten und dadurch kostbare und vor allem knappe personelle Ressourcen zu vergeuden. Die Suchfeldbestimmung ist eng mit der Innovationsstrategie verknüpft. Bei der Formulierung letzterer machte sich der Gastgeber bereits Gedanken darüber, auf welchen Märkten seine Innovationen umgesetzt werden sollen, welche Position er in der Folge dem Wettbewerb gegenüber einnehmen will usw. (vgl. PHASEN DER STRATEGIEENTWICKLUNG). Die darauf aufbauende konkrete Abgrenzung von Suchfeldern sollte dabei die vorhandenen Kompetenzen bzw. Kernkompetenzen eines Unternehmens berücksichtigen, um authentische Innovationen hervorbringen zu können (DE BRENTANI 2001, S. 169). Damit korrespondierend sollte der Schwerpunkt der Definition von Suchfeldern in der Lösung von Kundenproblemen liegen (HARTSCHEN, SCHERER, BRUEGGER 2009, S. 19), da die Existenz und der Erfolg eines gastgewerblichen Unternehmens auf der Beurteilung und Zufriedenheit der Gäste gründet. Abgegrenzte Suchfelder sollten als Antwort auf folgende exemplarische Fragen verstanden werden (VAN WULFEN 2013, S. 96):

- Welche Zielgruppe wird die Innovation ansprechen?
- Wo soll die Innovation vermarktet werden (Distributionskanal, Region ...)?
- Soll die Innovation zu einer euphorischen Begeisterung der Gäste führen oder ihre Zufriedenheit eher unterschwellig erhöhen?
- Entspricht die angestrebte Innovation unseren finanziellen und personellen Ressourcen?

Auch mithilfe von Service-Blueprints[27] lassen sich Suchfelder konkret und anschaulich abstecken. Service-Blueprints bilden schematisch alle sowohl für den Gast sichtbaren als auch unsichtbaren Teilprozesse der Dienstleistungskette ab (WALDER und POSPIECH 2006, S. 76).

Um Service-Blueprints möglichst realistisch darzustellen, muss sich der Gastgeber in die Lebensstil-Situation des Gastes versetzen und versuchen nachzuempfinden, was der Gast von der Gesamtleistung des Wirtes erwartet und was er schließlich wahrnimmt und erlebt. Als Gastgeber daher regelmäßig selbst Gast in anderen Betrieben zu sein, erleichtert die Anforderung, sich in die Lage des Gastes zu versetzen, in erheblichem Maße. ServiceBlueprints ermöglichen neben einer detaillierten Darstellung der einzelnen Schritte entlang der Servicekette auch die Identifikation von Berührungspunkten zwischen dem gastgewerblichen Unternehmen bzw. seinen Mitarbeitern und den Gästen. Mithilfe von Gästebefragungen können diejenigen Berührungspunkte herausgefiltert werden, an denen die Bedürfnisse des Gastes womöglich noch nicht auf optimale Weise befriedigt werden (TIGU, IORGULESCU und RAVAR 2013, S. 18). Entsprechende Innovationen zur besseren Zufriedenstellung bilden die folgerichtige Konsequenz aus den zuvor erlangten Erkenntnissen.

---

[27] Das englische Wort blueprint lässt sich mit Blaupause, Kopie, Plan ins Deutsche übersetzen

3 INNOVATION ENTWICKELN 99

BEISPIELHAFTER SERVICE-BLUEPRINT EINER RESTAURANTDIENSTLEISTUNG

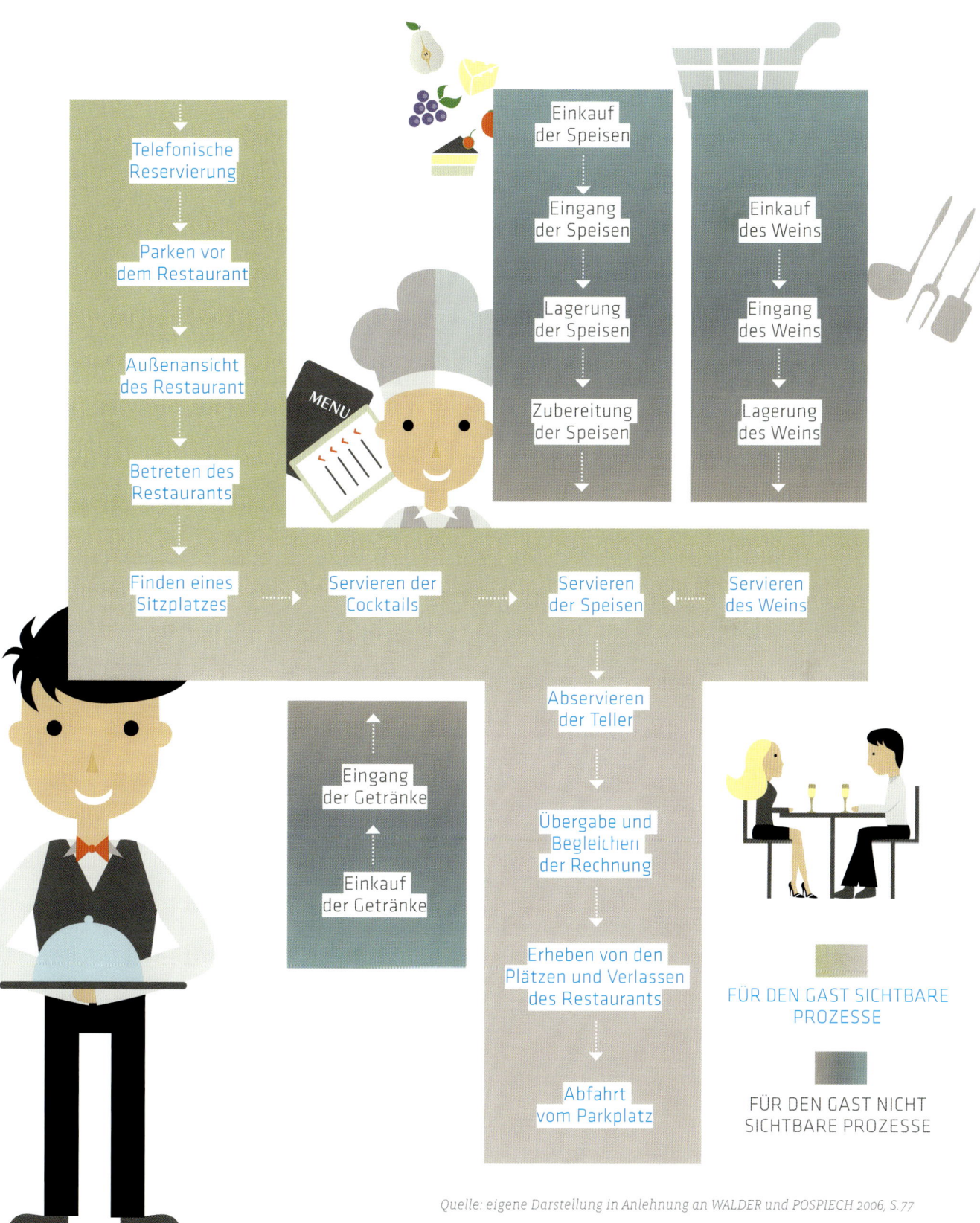

Quelle: eigene Darstellung in Anlehnung an WALDER und POSPIECH 2006, S.77

EXEMPLARISCHE KUNDENNUTZEN-MATRIX AM BEISPIEL EINER HOTELDIENSTLEISTUNG

	Infos über Hotel	Zimmerreservierung	Check-In	Besuch der Hotelbar	Übernachtung	Frühstück	Check-out
Einfacher machbar?							
Zusätzlicher Nutzen generierbar?							
Risiko verringerbar?							
Mögliche Begeisterungsfaktoren?							

Quelle: eigene Darstellung nach HARTSCHEN, SCHERER *und* BRUEGGER 2009, S.24

Ferner kann eine Kundennutzen-Matrix diverse Suchfelder für gastgewerbliche Innovationen aufdecken. Sie basiert ebenfalls auf den einzelnen Schritten entlang der gesamten Dienstleistungskette eines gastgewerblichen Betriebs, und Ziel dieser Methode ist es – wie beim Blueprinting auch –, Punkte aufzutun, an denen innovative Lösungen den Nutzen des Gastes erhöhen können (HARTSCHEN, SCHERER und BRUEGGER 2009, S.24).

Die einzelnen Felder in der Kundennutzen-Matrix stellen jeweils ein Suchfeld für Innovationen dar. Dabei kann man entweder den Nutzen der gesamten Zielgruppe eines Hotels oder Restaurants in den Vordergrund rücken oder aber den Fokus lediglich auf einzelne Segmente richten. Dieses Instrument verlangt erneut, sich in die Lage des Gastes zu versetzen, um in der Folge auch der eingangs erwähnten Anforderung, den Schwerpunkt der Suchfelddefinition auf das Lösen von Kundenproblemen zu legen, gerecht zu werden.

Weiterer Prozessverlauf
Die folgenden Prozessschritte umfassen die Gewinnung von mit dem zuvor definierten Suchfeld korrespondierenden Ideen sowie deren Bewertung und anschließende Auswahl, sofern sie sich als erfolgversprechend erweisen. Zur konkreten Umsetzung der Ideen muss in der Folge ein entsprechendes Konzept erarbeitet werden, welches zudem die Grundlage für die Erprobung der neuen Lösungen bildet. Verlaufen die durchgeführten Tests erfolgreich, so kann die Invention betrieblich realisiert und damit auch am Markt abgesetzt werden, sodass sie schließlich zur Innovation wird. Der Erfolg der Innovation muss nach der Einführungsphase dezidiert überprüft werden. Die Erfolgskontrolle gibt entweder Anlass zur Feier des Erfolges mit allen Beteiligten oder aber zu Nachbesserungen. Diese wiederum werden erneut im Unternehmen sowie am Markt implementiert, und auch ihr Erfolg ist wieder zu überprüfen. Erweist sich dieser schließlich als zielkonform und geht die Innovation folglich in betriebliche Routine über, sind spätestens zu diesem Zeitpunkt neue Suchfelder für weitere Innovationen zu definieren (HAUSCHILDT und SALOMO 2011, S.21). Zählt doch die Innovationstätigkeit zu den Kern- und Daueraufgaben eines jeden erfolgreichen Gastgebers (vergleiche hierzu DER RICHTIGE INNOVATIONSZEITPUNKT UND -TURNUS).

Für eine erfolgreiche Innovationsentwicklung und -umsetzung sind im Innovationsprozess neben den jeweiligen Entwicklungsschritten auch eine abteilungs- und hierarchieübergreifende Kommunikation, Entscheidungsbefugnisse sowie konkrete Verantwortlichkeiten festzulegen.

Phasenübergreifend ist der gesamte Innovationsprozess mithilfe geeigneter Steuerungsinstrumente zu lenken und koordinieren,

3 INNOVATION ENTWICKELN

DER INNOVATIONSPROZESS IM GESAMTKONTEXT DES INNOVATIONSMANAGEMENTS

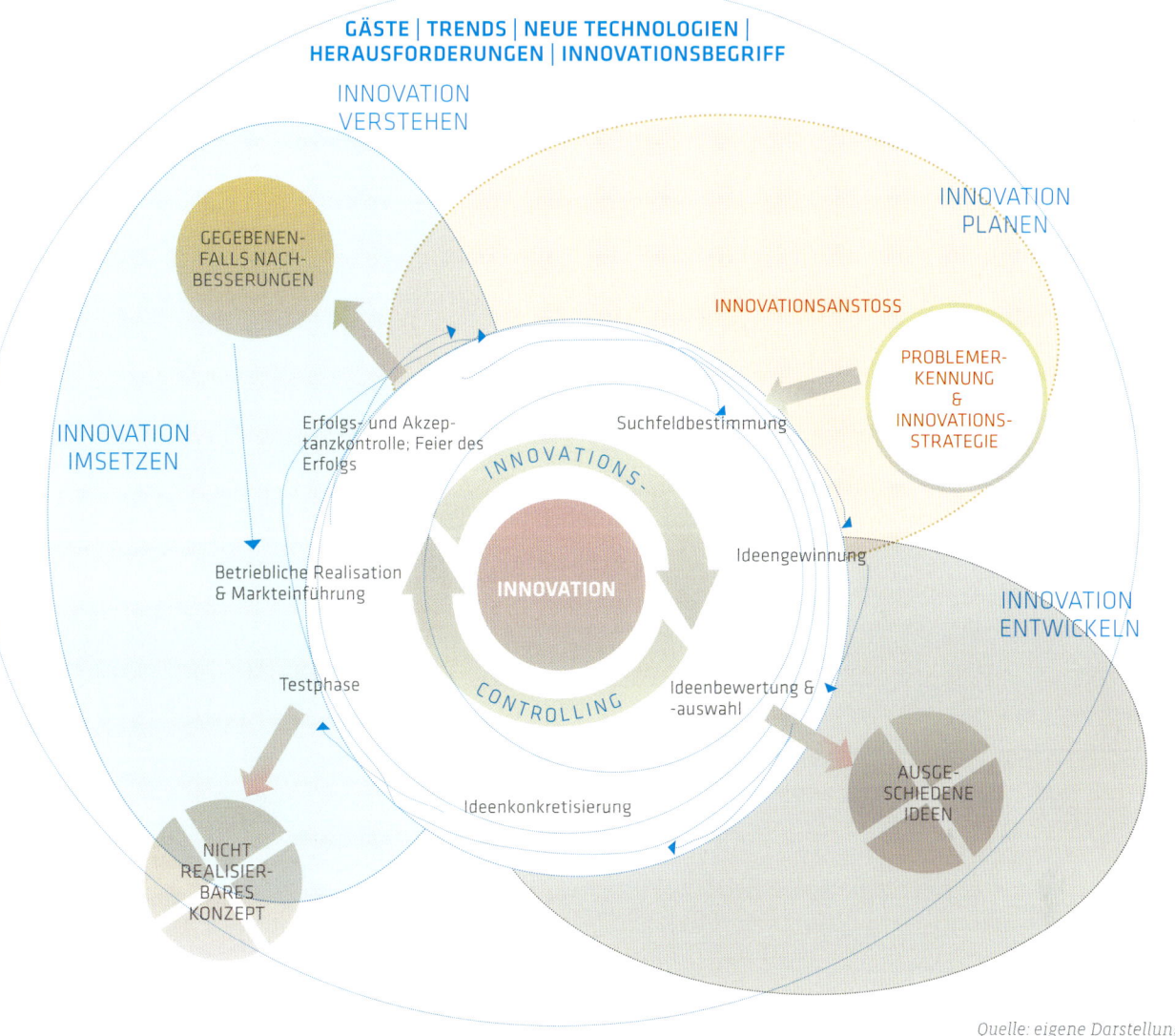

Quelle: eigene Darstellung

sodass etwaigen Abweichungen von der Zielerreichung frühzeitig entgegengewirkt und somit eine zielorientierte Durchführung des gesamten Prozesses gewährleistet werden kann. In diesem Zusammenhang spricht man vom Innovationscontrolling (GENTER 1993, S. 46f.).

Die einzelnen Prozessschritte sowie die Aktivitäten und Instrumente, die diese umfassen, werden in den folgenden Kapiteln näher beleuchtet. Dass die jeweiligen Phasen nicht immer linear und sequentiell verlaufen, dass somit also nicht Phase für Phase »abgearbeitet« und schließlich jeweils mit einem Häkchen versehen werden kann, sollte sich jeder Gastgeber bewusst machen. Modelle dienen, wie eingangs beschrieben, der Komplexitätsreduzierung und vermögen in der Regel nur idealtypische Abläufe wiederzugeben. In der Realität können und müssen Prozessschritte jedoch oftmals simultan verlaufen, ineinandergreifen oder auch mehrmals erfolgen (SENGUPTA und DEV 2011, S. 19). Wenn beispielsweise die Testphase ergibt, dass eine Invention in der Praxis andere Ergebnisse erzielt als zuvor im Konzept vermutet, so gilt es, neue Ideen zu gewinnen, für deren Umsetzung ein neues Konzept zu erarbeiten usw. Insgesamt können die Planung, Entwicklung und anschließende Umsetzung von Innovationen nie unabhängig voneinander vorgenommen werden, da der Unternehmer sonst das erforderliche

Agieren im Gesamtzusammenhang nicht zustande bringt.

Keineswegs sollte sich der Gastgeber von einer zielgerichteten Innovationstätigkeit wieder abbringen lassen. Die Formalisierung sowie eine genaue Strukturierung des Innovationsprozesses beanspruchen in der Tat Zeit und den Willen zu einer intensiven gedanklichen Auseinandersetzung. Doch kann im Rahmen des Open-Innovation-Konzepts, welches jeder Innovator verfolgen sollte, beispielsweise ein externer Berater eine unterstützende und richtungsweisende Rolle einnehmen und den Gastgeber dadurch erheblich entlasten. Bei der Konsultation von Beratern ist allerdings stets zu berücksichtigen, dass der Unternehmer mit seinem Berater aktiv zusammenarbeitet, statt die Aufgabe gänzlich an ihn zu übertragen. Denn verlässt der Berater nach der Ausführung seines Auftrags im Alleingang im Anschluss das Unternehmen wieder, so kann der Gastgeber bei der nächsten Innovation womöglich erneut nicht mit ihr umgehen (HAUSCHILDT und SALOMO 2011, S. 190).

Die folgenden Abschnitte verschaffen dem Unternehmer das notwendige Wissen über die weiteren Prozessschritte bei seiner Innovationstätigkeit.

»Brillante Ideen sind organisierbar.« Julius Robert Oppenheimer

3.2 | Systematisch neue Ideen gewinnen

Innovationen entstehen aus Ideen, die erstmalig umgesetzt werden (Invention) und anschließend erfolgreich am Markt eingeführt werden. Die oben beschriebenen Suchfelder für Innovationen, die auf den Kundennutzen ausgerichtet sind und mit der Innovationsstrategie und den unternehmensinternen Ressourcen harmonieren, können als Bindeglied zwischen dem Innovationsanstoß und der Gewinnung derartiger Ideen verstanden werden. In der Phase der konkreten Ideenfindung bieten abgegrenzte Suchfelder allen an der Innovationstätigkeit beteiligten Akteuren Orientierung und ermöglichen so eine effiziente Gewinnung geeigneter Ideen (VAHS und BREM 2013, S. 251).

Ideen können zufällig und spontan entstehen oder aber systematisch gewonnen werden. Für diese planmäßige Gewinnung existieren zwei Herangehensweisen: die Ideensammlung auf der einen und die Ideengenerierung auf der anderen Seite.

Den durch Ideengenerierung gewonnenen Ideen gemein ist ihre Erzeugung mithilfe von Kreativität (VAHS und BREM 2013, S. 250). Doch womöglich sind nicht alle Menschen mit der Gabe der Kreativität gesegnet?

Dass Kreativität aktiv gefördert und entwickelt werden kann und nicht notgedrungen eine angeborene Fähigkeit sein muss (HAUSCHILDT und SALOMO 2011, S. 256) und wie diese Förderung geschehen kann, zeigen die sogenannten Kreativitätstechniken, die im Rahmen der unternehmensinternen Ideengewinnung näher erläutert werden.

Sowohl in der Theorie als auch in der Praxis lassen sich verschiedene Methoden der Ideengewinnung identifizieren. Dies liegt in der Notwendigkeit begründet, dass die Anzahl der in dieser Phase des Innovationsprozesses gewonnenen Ideen möglichst hoch sein sollte. Denn in der anschließenden Phase der Ideenbewertung werden im Schnitt drei Viertel der gewonnenen Ideen wieder verworfen (HARTSCHEN, SCHERER und BRUEGGER 2009, S. 26). Alle zur Verfügung stehenden Ideen- und Informationsquellen konsequent zu nutzen scheint also die denkrichtige Folge zu sein. Jedoch sollte jeder Innovator vorab überprüfen, bei welchen Methoden der zu erwartende Nutzen in einem angemessenen Verhältnis zum jeweiligen Aufwand ihrer Erschließung steht. So kann es ihm gelingen, knappe Ressourcen zweckmäßig einzusetzen.

Welche konkreten Möglichkeiten nun existieren, um intern, aber auch gemeinsam mit externen Akteuren Ideen zu sammeln und zu entwickeln, klären die folgenden Abschnitte anhand ausgewählter Methoden.

METHODEN DER IDEENGEWINNUNG

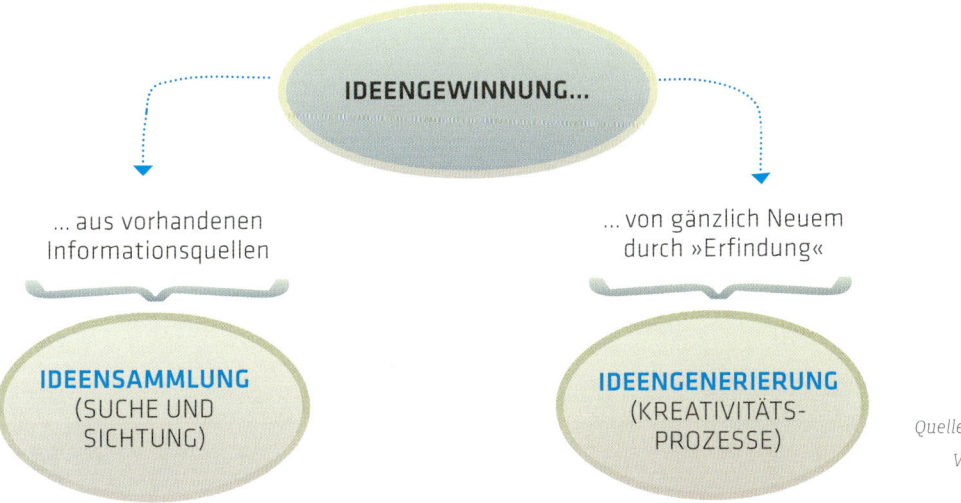

Quelle: eigene Darstellung nach VAHS und BREM 2013, S. 250

EXEMPLARISCHE QUELLEN UND METHODEN DER IDEENGEWINNUNG

	INTERN	**EXTERN**
IDEEN-SAMMLUNG	• Vorschlagswesen, Ideenmanagement • Instant-Feedback • Lead User Informationen	• Wettbewerbsanalysen / Benchmarks • Fachtagungen, Messen • Veröffentlichungen
IDEEN-GENERIERUNG	• Kreativitätstechniken zur Entfaltung des gesamten Ideenpotenzials • Service Design	• Innovationsworkshops • Crowdsourcing

Quelle: eigene Darstellung

3.2.1 | Unternehmensinterne Ideengewinnung

Ideengenerierung – Kreativität als Basis von Innovativität

Die bedeutendste unternehmensinterne Form der Ideengewinnung ist das Wissen sowie das kreative Potenzial der eigenen Mitarbeiter (z. B. GRISSEMANN, PIKKEMAAT und WEGER 2013, S. 20; SLATTEN und MEHMETOGLU 2011, S. 265). Bereits Schumpeter maß dem Phänomen der Kreativität in Innovationsprozessen eine hohe Bedeutung bei. Innovationen stellen seinem Verständnis nach eine schöpferische, eine kreative Zerstörung des Bestehenden dar (BURKIA 2006, S. 261). So gilt es also, neue Ideen im Unternehmen gezielt und systematisch zu fördern, um erfolgreiche Innovationen hervorzubringen. Die volle Entfaltung des individuellen Ideenpotenzials wird in der betrieblichen Routine jedoch häufig erschwert. Oftmals bleibt den Mitarbeitern während der Arbeitszeit zu wenig Zeit und Muße, um sich der gezielten Findung innovativer Ideen zu widmen (VAHS und BREM 2013, S. 272).

Um der Kreativität seiner Mitarbeiter dennoch auf die Sprünge zu helfen, kann der innovierende Gastgeber diverse Kreativitätsmethoden einsetzen, durch die das schöpferische Potenzial – die Grundlage von innovativen Lösungsansätzen – aktiviert werden kann. Dabei ist jedoch zu beachten, dass Kreativität ein personengebundenes Phänomen ist, dessen Ergiebigkeit in starkem Maße sowohl von den subjektiven als auch objektiven Rahmenbedingungen

DIE KREATIVITÄT BEEINFLUSSENDE FAKTOREN

Quelle: eigene Darstellung

abhängig ist. Die Gefahr einer Über- bzw. Untersteuerung kann also nie völlig gebannt werden (AUER und EDLINGER 2006, S. 147). Dennoch sollte eine Steuerung vorgenommen werden, zum einen durch die objektive Fundamentlegung für die Entfaltung kreativer Potenziale in Form einer innovationsoffenen Unternehmenskultur, die auf einer aussagekräftigen Vision beruht. Dies begünstigt die allgemeine Überwindung von Willens- und Wissensbarrieren, z. B. mithilfe des Empowerments (vgl. Kapitel INNOVATIONSRELEVANTE FÄHIGKEITEN). Auch Einsatzmöglichkeiten außerhalb der Stellenbeschreibung tragen zur Schaffung objektiver kreativitätsfördernder Bedingungen bei (AUER und EDLINGER 2006, S. 142).

Zum anderen sind individuelle Faktoren wie die Motivation oder Risikobereitschaft eines Mitarbeiters gezielt zu identifizieren und in der Folge entsprechend zu nutzen (VAHS und BREM 2013, S. 278).

Aus der Vielzahl existierender Kreativitätsmethoden werden an dieser Stelle einige Techniken beispielhaft vorgestellt, die die Kreativität sowohl von Individuen als auch von Teams anregen können.

Kreativitätstechniken im engeren Sinne
DIE OSBORN-CHECKLISTE

Der Großteil der Innovationen im Gastgewerbe sind inkrementelle Innovationen oder gar Imitationen fremder Innovationen (BERITELLI und ROMER 2006, S. 53). Da der Grundnutzen in der Hospitality-Branche seit Anbeginn derselbe ist, sind radikale Innovationen oftmals nur schwer durchsetzbar, jedoch auch nicht immer notwendig, um Wettbewerbsvorteile zu generieren. Diese nach dem amerikanischen Werbefachmann Alex Osborn benannte Kreativitätsmethode aus dem Jahr 1957 zielt auf eine planmäßige Optimierung bereits bestehender Leistungen ab. Der Unternehmer Henry Ford bemerkte einmal, dass man nicht mit Erfindungen, sondern mit

OSBORN-CHECKLISTE

ANSATZ	MÖGLICHE FRAGEN
Vergrößern?	Was kann man hinzufügen? Zusätzliche Komponenten? Größerer Zeitraum? Häufiger, höhere Frequenz? Höhere Reichweite? ...
Verkleinern?	Was ist entbehrlich? Geht es kleiner, kompakter, kürzer? Kann man lediglich Einzelteile nutzen? Kann man Dinge vorübergehend auslassen? ...
Umformen?	Die Bestandteile neu gruppieren? Die Reihenfolge verändern? Ursache und Wirkung vertauschen? Die Geschwindigkeit verändern? ...
Verändern?	Den Zweck verändern? Die Verwendung ändern? Farbe, Ton, Geruch, Aussehen verändern? ...
Anpassen?	Gibt es Parallelen in der Vergangenheit? Was könnte man davon übernehmen? Zu welch anderen Ideen/Verwendungen regt es an? ...
Andere Anwendungen?	Für andere Personen oder Zielgruppen? Andere Anwendungsmöglichkeiten durch das Verändern des jeweiligen Objekts? ...
Kombinieren?	Es mit einer Mischung versuchen? Mehrere Objekte zu einem verbinden? Einsatzbereiche kombinieren? Einen Verbund herstellen? ...
Ins Gegenteil umdrehen?	Wie kann man das Gegenteil des Gewünschten erreichen? Rollen und Aufgaben vertauschen? Die Reihenfolge des Ablaufs umkehren? ...

Quelle: eigene Darstellung in Anlehnung an HARTSCHEN, SCHERER und BRUEGGER 2009, S. 36

BRAINSTORMING IM HOTEL LA VILLA

Jedes Jahr setzen sich Eigentümerin, Hoteldirektorin und die Abteilungsleiter des Starnberger Hotel La Villa zu einem Brainstorming zusammen, um neue kreative Ideen für den Betrieb zu entwickeln. Hier ist zunächst jeder Gedanke willkommen. In der gemeinsamen Auseinandersetzung werden dann die besten davon ausgewählt und hieraus Konzepte gestrickt, die im Anschluss in den Folgewochen umgesetzt werden. Der wichtigste Vorteil des Brainstorming ist, dass alle Entscheidungsträger »mitgenommen« werden.

Die Veranstaltung findet meist an einem anderen Ort statt, damit losgelöst vom betrieblichen Trubel überlegt werden kann, manchmal zudem mit Begleitung von einem externen Experten.
Quelle: www.lavilla.de/hotel_starnberg/

Verbesserungen ein Vermögen mache. Und so können Innovatoren die Osborn-Checkliste als Grundlage für das systematische Hinterfragen einer bestehenden Lösung nutzen.

Bestehende Produkte, Prozesse oder Dienstleistungen können im Hotel oder Restaurant bereits binnen 15 Minuten anhand der in der Abbildung aufgelisteten Ansätze hinterfragt werden. Neue Zweck-Mittel-Kombinationen oder sonstige Verbesserungen können aus dem Einsatz dieser Kreativitätsmethode resultieren. Die Osborn-Checkliste lässt sich sowohl in Gruppen als auch alleine leicht anwenden, ist gut strukturiert und erfordert zudem keine großen Vorbereitungsarbeiten (HARTSCHEN, SCHERER und BRUEGGER 2009, S. 38). Die Checkliste kann problemspezifisch um beliebig viele Fragen erweitert werden, die Reihenfolge der Fragenbeantwortung ist dabei völlig frei. Neben vollkommen rationalen und realistischen Antworten

sollte der Innovator die Anwender der Checkliste auch zu ungewöhnlichen Ansätzen und Sichtweisen anregen, um eine möglichst große Ideenvielfalt zu generieren.

Gamestorming

Diese aus dem amerikanischen Raum stammende Technik zur Entfaltung von Kreativität soll den Anwendern ermöglichen, sich aus alten Denkmustern und Verhaltensweisen zu lösen und dadurch Neues zu entwickeln. Der Ansatz dieser Methode gründet auf der Annahme, dass Kreativität auch spielerisch aktiviert und gefördert werden kann. Der Name »Gamestorming« ist eine Zusammensetzung aus dem englischen Wort für Spiel (game) und der gängigen Kreativitätstechnik des Brainstormings. Bei Letzterem handelt es sich um eine moderierte Diskussion innerhalb einer heterogenen Gruppe, die dem Prinzip der freien Assoziation folgt. Hierbei wird jedoch häufig kritisiert, dass die Problemlösungen nur wenig umfassend und die im Verlauf der Methode generierten Vorschläge mitunter sehr einseitig ausfallen können (VAHS und BREM 2013, S. 282). Das Gamestorming, welches mittlerweile bereits über 80 »Spiele« umfasst, sucht die Kreativität hingegen ganzheitlich anzuregen und bietet so Methoden von der allgemeinen Förderung andersartigen Denkens über strategie- und visionsunterstützende Spiele bis hin zu konkreten Problemlösungsmethoden. Kreativität und Engagement der Mitarbeiter werden ganzheitlich unterstützt, während sie gleichzeitig Spaß bei der Entfaltung ihrer eigenen Potenziale haben (www.gamesstorming.com).

Ein Spiel ist die Merill Covey Matrix. Je nach Anlass sind jedoch viele weitere Methoden wählbar. Die meisten erfordern keinen allzu hohen Zeit- und Vorbereitungsaufwand.

Merrill Covey Matrix
(NACH GRAY 2011, ONLINE)

Spielziel: Zahlreiche Mitarbeiter werden tagtäglich von ihren To-Do-Listen nahezu überwältigt, obwohl sie ihr Bestes geben, so viele Aufgaben wie möglich während der Arbeitszeit zu erledigen. Dabei neigen die meisten Menschen dazu, sich auf dringende Angelegenheiten zu konzentrieren, was durchaus verständlich und denkrichtig ist. Jedoch wird der Planung von erforderlichen Schritten zur Erreichung strategischer Ziele dadurch oftmals zu wenig Beachtung geschenkt. Doch führt eine derartige Vernachlässigung langfristig gesehen zu immer mehr Stress, da sich früher oder später alles, was nicht sorgfältig vorbereitet wurde, in eine dringende Angelegenheit verwandelt. Die Merrill Covey Matrix, die ihren Namen ihren Schöpfern verdankt, unterstützt die Anwender bei der Bewertung ihrer Aufgaben nicht nur hinsichtlich der Dringlichkeit, sondern auch in Bezug auf die jeweilige Wichtigkeit. Das Ziel dieser Methode besteht darin, dass die Anwender Priorisierungen auf ihren To-Do-Listen vornehmen, die auch die Planung künftiger wichtiger Schritte beinhalten

Spieleranzahl: 5–8
Dauer: 1 Stunde

Anleitung:
1. Erstellen Sie vor Spielbeginn eine Vier-Felder-Matrix an einem Whiteboard oder auf einem großen Plakat. Dabei sollen die Felder wie folgt beschriftet werden:
2. Verteilen Sie ausreichend Stifte und Post-it-Blöcke an die Teilnehmenden. Sie werden im Anschluss entsprechende Aufgaben darauf niederschreiben.
3. Geben Sie den Teilnehmenden nun fünf bis zehn Minuten Zeit, um Aufgaben von ihren persönlichen To-Do-Listen zu notieren. Pro Post-it soll eine Aufgabe aufgeschrieben werden.
4. Bitten Sie die Teilnehmenden im Anschluss, ihre jeweiligen Aufgaben kurz vorzustellen. Gemeinsam in der Gruppe sollen die Aufgaben dann den jeweiligen Feldern auf der Matrix zugeordnet werden.
5. Sobald alle Aufgaben besprochen und auf der Matrix verteilt sind, werden diesen – wiederum gemeinsam im Team – innerhalb der Zellen Prioritäten zugeordnet. So können die To-Do-Listen jedes einzelnen Mitarbeiters effizient organisiert werden. Zugleich wird deutlich, was es in Bezug auf die Unternehmensziele als solche bzw. auf einzelne strategische Ziele zu berücksichtigen gilt. Der innovierende Gastgeber, der diese Kreativitätsmethode durchführt, kann sich hierbei einen klaren Überblick verschaffen.

Schließlich sollen sich die Teilnehmenden die Bedeutung der einzelnen Matrixfelder und der darin aufgelisteten Aufgaben vor Augen führen:

Feld 1: dringend, wichtig – diese Aufgaben sollten sich an erster Stelle der To-Do-Liste befinden

Feld 2: nicht dringend, wichtig – die hier aufgeführten Aufgaben werden gerne stiefmütterlich behandelt, jedoch sind sie für den Langfristerfolg von großer Bedeutung. Die Teilnehmenden, die eigene Aufgaben in diesem Feld vorfinden, sollten sich wöchentlich eine festgelegte Zeit mit deren Erledigung befassen. Hier können auch Umverteilungen von Aufgaben stattfinden, sofern ein anderer Mitarbeiter über freie Kapazitäten verfügt oder einen leichteren Zugang zur Aufgabenlösung hat.

Feld 3: dringend, nicht wichtig – diese Aufgaben rauben den jeweiligen Mitarbeitern oft sehr viel Zeit. Häufig sind sie jedoch das Ergebnis nachlässiger Planung. Gemeinsam im Team sollten Wege gefunden werden, wie verhindert werden kann, dass Aufgaben in dieses Feld der Matrix gelangen.

Feld 4: nicht dringend, nicht wichtig – derartige Aufgaben sind belanglos und verschwenden unnötig Zeit. Sind solche Aufgaben auf der Matrix vorhanden, sollten sie ausgesondert werden.

6. Legen Sie nun gemeinsam fest, wer für welche Aufgabe verantwortlich ist, wann die Aufgaben erledigt sein sollen und welche Aufgaben gänzlich unnötig sind. Die Matrix sollte für jeden Mitarbeiter fotografiert werden oder frei zugänglich bleiben.

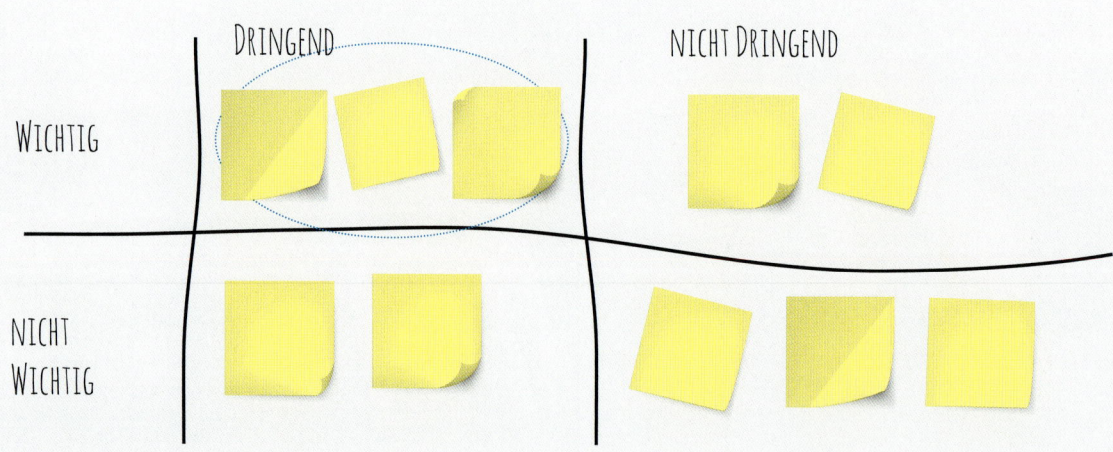

Dahinter stehende Überlegung
Bei dieser Kreativitätsmethode steht die Steigerung der innerbetrieblichen Effizienz im Vordergrund. Auf innovative Weise können Aufgaben neu verteilt werden, und die jeweiligen Mitarbeiter empfinden in der Folge ein erhöhtes Verantwortungsbewusstsein für die gemeinsam priorisierten Aufgaben. Die Bedeutsamkeit von Feld 2 sollte unbedingt hervorgehoben werden. Dies kann sowohl verbal als auch visuell mit einer farblichen Kennzeichnung geschehen. Jeder Mitarbeiter sollte einen Zeitraum in seiner Arbeitszeit definieren, in welchem er derartige Aufgaben (nicht dringend, aber wichtig) erledigt. Hierbei können auch Fristen gesetzt werden. Dieses Spiel trägt zur Erhöhung der persönlichen Effizienz der Mitarbeiter bei der Bewältigung ausladender To-Do-Listen bei. Dies führt zu einer wirkungsvolleren Zielerreichung sowie zu vermindertem Stress.

Innovationserzeuger
(NACH GRAY 2012, ONLINE)

Spielziel: Innovationen sind der Treiber des Unternehmenserfolgs. Ohne sie verbleibt ein Unternehmen regungslos an ein und derselben Stelle und läuft Gefahr, von den Wettbewerbern nicht nur überholt, sondern womöglich überrannt zu werden. Ob neue Leistungen generiert oder bestehende verändert werden: das Unternehmen gedeiht durch Fortschritt und Wandel. Bei diesem Spiel sollen Mitarbeiter die Bedürfnisse des Kunden bewusst identifizieren und in der Folge konkret ansprechen.

Spieleranzahl: 5–8
Dauer: 1 Stunde

Anleitung:
1. *Geben Sie den Teilnehmenden zu Beginn der Spiels Stifte und Post-it-Blöcke. Zeichnen Sie anschließend drei Spalten an ein Whiteboard oder auf ein großes Poster und beschriften Sie diese wie folgt:*
2. *Bitten Sie die Teilnehmenden nun, zu überlegen, welche Probleme Gäste aller Zielgruppen Ihres Unternehmens haben oder haben könnten. Nachdem die Mitarbeiter ihre Gedanken auf Post-its niedergelegt und in die erste Spalte des Whiteboards oder Posters geklebt haben, soll gemeinsam erörtert werden, was die identifizierten Probleme für das eigene Unternehmen bedeuten können.*
3. *In der ganzen Gruppe sollen nun Erfindungen, die das Unternehmen bereits hervorgebracht hat oder tatsächlich hervorbringen könnte, ausgewählt und wiederum auf Post-its notiert werden. Diese werden in der Folge in die zweite Spalte geklebt. Bitten Sie die Mitarbeiter nun, den Nutzen dieser Inventionen hinsichtlich anderer Verwendungszwecke als den ursprünglichen zu untersuchen. Entsprechende Ideen sollen auf Post-its um die jeweiligen Inventionen herum angeordnet werden. Nun soll sich die Gruppe damit befassen, wie die entdeckten neuen Nutzanwendungen die in der ersten Spalte notierten Probleme lösen könnten. Mögliche daraus resultierende Innovationen orientieren sich auf diese Weise stets an den tatsächlichen Bedürfnissen der Gäste.*
4. *Schließlich können im Team jene Ideen weiterverfolgt und genauer ausgearbeitet werden, die einen erfolgversprechenden Nutzen aufweisen. Der Innovationsprozess kann in Form einer konkreten Ideenauswahl, -erprobung und -einführung seinen Lauf nehmen. Bei der erfolgreichen Diffusion am Markt werden die Inventionen schließlich zu Innovationen.*

Dahinter stehende Überlegung
Der Fokus dieser Methode liegt auf den Bedürfnissen der Gäste. So läuft das Unternehmen nicht Gefahr, an deren Problemen »vorbei zu innovieren« und letztlich vom Wettbewerb verdrängt zu werden. Das Spiel hilft nicht nur bei der Erzeugung wertvoller Innovationen, sondern legt den Grundstein für das Verständnis und die Kenntnis der Gäste eines gastgewerblichen Unternehmens.

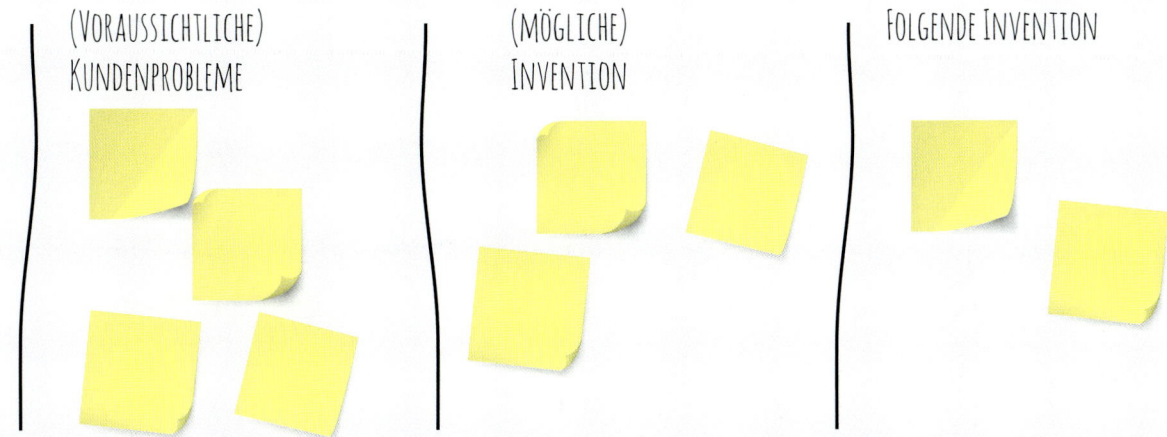

Kreativitätsmethoden im weiteren Sinne
IM KREBSGANG DENKEN
Eine weitere Methode der gezielten Förderung des kreativen Potenzials eines Menschen liegt in dessen bewusstem Anwenden unterschiedlicher Denkstile. Der britische Mediziner und Kognitionswissenschaftler De Bono unterscheidet in diesem Zusammenhang zwei Denkstile (HAUSCHILDT und SALOMO 2011, S. 264):

- Laterales Denken – diese (seitliche) Denkweise sucht stattdessen kontinuierlich neue Wege und Muster und ist von Wissbegier sowie aktivem Hinterfragen getrieben. Dabei werden schnelle Urteile und Fragen, deren Antwort nur »ja« oder »nein«, »richtig« oder »falsch« lauten kann, jedoch vermieden. Vielmehr werden alternative Möglichkeiten (»so« oder »anders«) gesucht.

- Vertikales Denken – diese (senkrechte) Art des Denkens beschreibt den typisch abendländischen Denkstil, der sich durch Attribute wie »logisch«, »systematisch«, »analytisch« oder »streng rational« auszeichnet. Vertikales Denken ist auf das Ergebnis ausgerichtet, stellt für dessen Findung Hypothesen auf, prüft diese Hypothesen und akzeptiert oder verwirft sie schließlich. Es verlangt stets ein abschließendes Urteil und strebt dabei nach ständiger Stabilität.

Nun plädiert De Bono aber keineswegs dafür, vertikales Denken gänzlich durch laterales zu ersetzten. Ihm ist durchaus bewusst, was die Menschheit dem vertikalen Denkstil zu verdanken hat. Doch für das kreative Finden innovativer Lösungen ist das vorherrschende vertikale Denken durch laterales zu ergänzen. Die beiden Denkstile sollen sich im Zuge ihrer Verquickung

LATERALES UND VERTIKALES DENKEN IN DER GEGENÜBERSTELLUNG

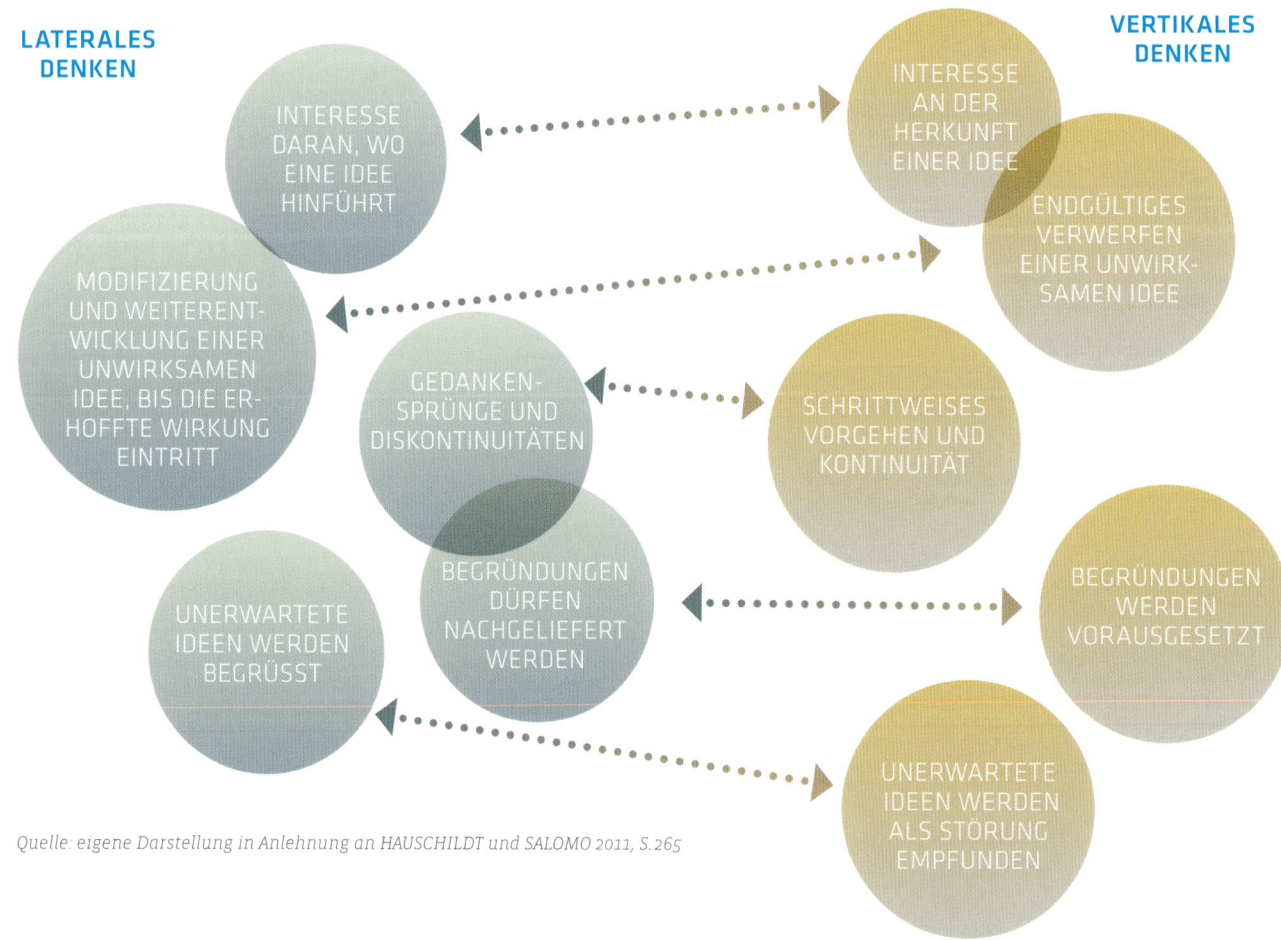

Quelle: eigene Darstellung in Anlehnung an HAUSCHILDT und SALOMO 2011, S. 265

abwechseln: Endet man mit der vertikalen Denkweise in einer Sackgasse, so hilft laterales Denken, wieder aus ihr hinauszufinden. Wenn einem lateralen Denkansatz eine neue, unerwartete Idee entspringt, so muss sich diese im Anschluss einer analytischen Beurteilung durch vertikales Denken stellen. Aus Ignoranz konzeptions- und zusammenhangslos oder sprunghaft zu denken ist dabei jedoch nicht als laterales Denken aufzufassen. Die Anwendung des Wechsels dieser beiden Denkstile muss bewusst erfolgen und den Mitarbeitern anschaulich nähergebracht werden. Nur dann können schlummernde kreative Potenziale geweckt, weiterentwickelt und aktiv genutzt werden (HAUSCHILDT und SALOMO 2011, S. 265).

Ein kreatives Umfeld schaffen
Die Kreativität eines Mitarbeiters gelangt am vertrauten Arbeitsplatz nur selten zu ihrer vollen Blüte. Vielmehr scheint sich das kreative Potenzial oftmals außerhalb der üblichen Arbeitszeiten und -umgebungen viel stärker zu entfalten als während der betrieblichen Tätigkeit. So ist beim Einsatz von Kreativitätsmethoden zu überlegen, ob ein günstiges Kreativitätsumfeld gegeben ist. Zweifelt der Innovator dies an, so kann er auf einfachste Methoden wie etwa Spaziergänge zurückgreifen. Zahlreiche Berater wissen aus ihrer Praxis zu berichten, dass die frische Luft, die freie Umgebung, die verschiedenartigen Eindrücke usw., die Spaziergänge stets in einem gewissen Maße mit sich bringen, die Kreativität eines Menschen geradezu beflügeln können (VAN WULFEN 2013, S. 72). Ein weiteres Beispiel stellen neue kulinarische Linien dar, die oftmals außerhalb des eigenen gastronomischen Betriebs geboren werden, etwa bei Kochkursen. Eine Abkehr vom Gewohnten und von der täglich gleichen Routine sollte daher bewusst und regelmäßig geschehen. Der Kreativität des Gastgebers zur Erreichung dieses Zustands ist dabei keine Grenze gesetzt.

Kreativität versus Prozessformalisierung und strenge Rahmenvorgaben?
In diesem Zusammenhang kann nun die Frage aufgeworfen werden, ob das Festlegen gewisser Grenzen oder gar strenger Rahmenlinien für eine volle Kreativitätsentfaltung hinderlich ist. Wirkt sich beispielsweise finanzieller und/oder zeitlicher Druck negativ auf das kreative Potenzial von Mitarbeitern aus? Schränkt ein formalisierter Innovationsprozess, den jeder Gastgeber seinen Mitarbeitern schließlich in mündlicher und schematischer Weise näherbringen soll, ein Denken in alle Richtungen ein? Oder anders gefragt: Gedeiht Kreativität in einer chaotischen Umgebung besser als in einer geordneten?

Zahlreichen Studien der vergangenen Jahre zeigen, dass sich eine Innovationstätigkeit, die in geordneten Bahnen erfolgt, guter Erfolge erfreut. Formalisierung, Schriftlichkeit sowie Dokumentation sind keineswegs innovationshinderlich. Vielmehr geben diese Elemente dem Prozess der Ideengewinnung eine nachvollziehbare Struktur und tragen zu einer klaren Ausrichtung des Handelns sämtlicher Mitarbeiter bei (HAUSCHILDT und SALOMO 2011, S. 325).

VON MARCO GARDINI

Dienstleistungen mithilfe von Service Design systematisch gestalten und optimieren

WARUM SERVICE DESIGN?

Auch Produkte und Dienstleistungen unterliegen dem biologischen Gesetz des Werdens und Vergehens. Spätestens wenn eine Dienstleistung in den Markt eingeführt wird, tickt bildlich gesprochen ihre »biologische Uhr«. Entsprechend ist die Entwicklung neuer oder besserer Produkte und Dienstleistungen eine der wichtigsten unternehmerischen Tätigkeiten und stellt damit einen strategischen Eckpfeiler des unternehmerischen Erfolgs dar, ganz im Sinne des amerikanischen Managementdenkers Peter Drucker: »The purpose of business is marketing and innovation, all the rest is cost!«

Aktuell werden technologische Neuentwicklungen in der Hotellerie und Gastronomie insbesondere unter den Prämissen Mobilität, Digitalisierung, Individualisierung und Flexibilisierung angedacht bzw. realisiert. Dass innovative Technik eine immer größere Rolle in der Hotellerie spielt und Gäste immer größeren Wert darauf legen, belegen diverse Studien (Z.B. FRAUNHOFER 2014). Für Dienstleistungsbranchen wie die Hotellerie und Gastronomie sind Innovationen sowohl im klassischen Sinne als Produktinnovationen bedeutsam (z.B. Neue Hotel-/Gastronomiekonzepte) als auch im Sinne von Potenzial- oder Prozessinnovationen im Kontext der Interaktion mit den Gästen. **Dienstleistungsinnovationen**, die interne Interaktionsprozesse im Front- oder Back-Office-Bereich bzw. externe Interaktionsprozesse im Kundenkontakt verändern (z.B. Wartezeiten, Beschwerdeprozesse), oder Sozialinnovationen, die die Mitarbeiterzufriedenheit erhöhen und den Kontaktstil positiv beeinflussen, werden vom Hotelkunden unter Umständen als Neuerungserlebnisse wahrgenommen. Diese Arten von Dienstleistungsinnovationen werden in jüngerer Zeit unter dem Stichwort des **Service Engineering** (LEIMEISTER 2013) bzw. des **Service Designs** (STICKDORN/SCHNEIDER 2011; MAGER/GAIS 2009) in Wissenschaft und Praxis immer stärker thematisiert.

Die Modelle und Denkansätze des Service Designs bzw. des Service Engineerings können Hotelentwickler bzw. Hoteleigner systematisch dabei unterstützen, sich über das eigentliche Kernprodukt Hotel (Gebäude/Anlage) hinaus wieder auf das Wesentliche der Kernleistung in Hotellerie und Gastronomie zu besinnen, nämlich im Zusammenspiel zwischen Mensch, Technologie und Prozess spezielle Dienstleistungen

SERVICE DESIGN ALS ITERATIVER PROZESS

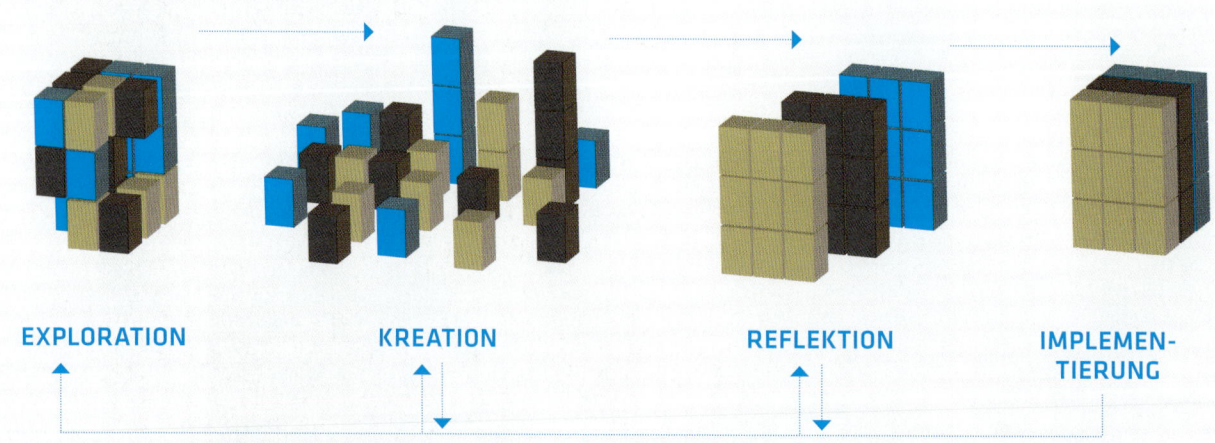

EXPLORATION   KREATION   REFLEKTION   IMPLEMENTIERUNG

Quelle: STICKDORN und SCHNEIDER 2011, S. 122f.

zu erbringen, die aus Kundensicht einen Mehrwert erbringen. Dieser Mehrwert entsteht in der Regel aus einer kundenorientierten Gestaltung aller sinnlich wahrnehmbaren Aspekte einer Hotel- oder Gastronomieleistung, mit denen der Gast an den verschiedenen Kontaktpunkten (**Touchpoints**) während des Dienstleistungsprozesses, der sogenannten **Customer Journey**, in Berührung kommt. Die mangelnde Differenzierungsfähigkeit zahlreicher Hotelprodukte und die Austauschbarkeit zahlreicher Hardwareelemente der Hotelgestaltung (Design, Zimmergröße) spielen dabei im Verhältnis zu den komplexeren, personen- oder technologiebasierten Serviceelementen der Dienstleistungsinteraktion zumeist eine untergeordnete Rolle in der Qualitätswahrnehmung und -bewertung des Gastes (**Guest Experience**). Das Nachdenken darüber, wie die Funktionalität, die Form und der Stil von Dienstleistungen aus der Perspektive von Kunden gestaltet werden können, ist denn auch Kernidee des Service Designs (BROWN 2008, S. 84). Entsprechend werden beim Service Design Serviceprozesse und Serviceschnittstellen so gestaltet, dass sie aus der Sicht des Gastes nützlich, nutzbar und begehrenswert sind und aus der Sicht der jeweiligen Anbieter effektiv, effizient und anders (MAGER und GAIS 2009, S. 10).

Phasen des Service Design

Service-Designer visualisieren, formulieren und choreografieren Lösungen, die es heute noch nicht gibt. Sie beobachten und interpretieren Bedürfnisse und Verhaltensweisen von Menschen und transformieren sie in mögliche zukünftige Dienstleistungen. Hieraus entsteht ein idealtypisches Vorgehensmodell für eine systematische Entwicklung von Dienstleistungen in vier Phasen (STICKDORN und SCHNEIDER 2011, S. 122f und LEIMEISTER 2012, S. 166ff.):

In der **Explorationsphase** werden Kunden mit Blick auf ihre servicespezifischen Bedürfnisse und Verhaltensweisen beobachtet, befragt und analysiert, Trends und Frühwarnsignale vom Markt erfasst sowie die Informationen aus internen und externen Quellen zu Rate gezogen, um Optimierungspotenziale oder Problembereiche in kundenrelevanten Prozessen zu ermitteln. In der zweiten Phase liegt der Schwerpunkt auf der Ideengenerierung. Hier können unterschiedlichste Methoden und Techniken genutzt werden, um Lösungsansätze für die festgestellten Probleme zu finden. Diese Ideen können dann innerhalb der Reflexionsphase im Sinne eines Service-Prototyping umgesetzt werden. So können die Ideen entweder on- und/oder offline visualisiert werden, oder es werden

PRINZIPIEN DES SERVICE DESIGN

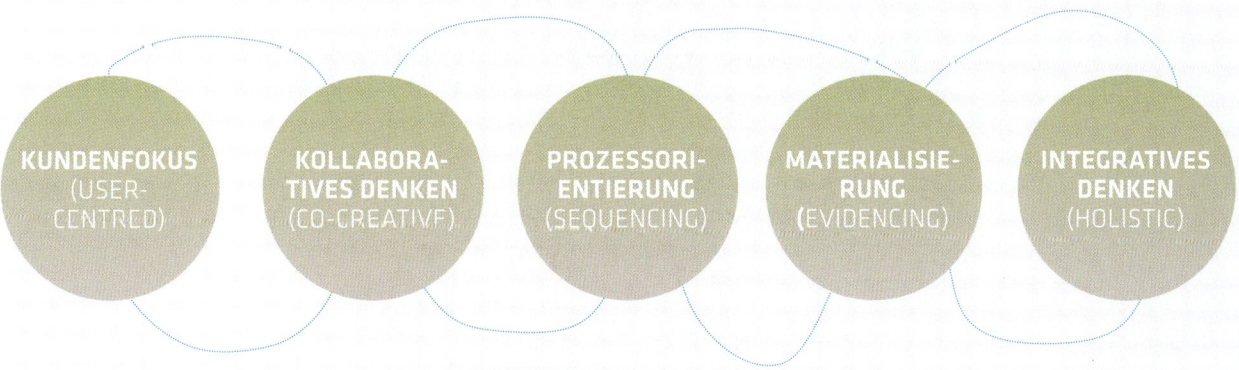

Quelle: eigene Darstellung

Testprozesse in den laufenden Betrieb eingegliedert oder in Testbetrieben ausprobiert. Dann werden die neuen Serviceideen von allen relevanten Stakeholdern (z. B. Mitarbeitern, Kunden etc.) evaluiert. In der Implementierungsphase geht es dann darum, eine als positiv bewertete Dienstleistung in den Markt einzuführen. Das Management und der Betrieb der neuen/optimierten Dienstleistung führen dann über das Performance-Management zur Qualitätssicherung. Dieser Verlauf ist ein iterativer Prozess, denn ein Service-Design-Prozess wird normalerweise nicht nur einmal, sondern öfter durchlaufen, damit über eine permanenten Aktions-/Reflexionsschleife das Design einer Dienstleistung Schritt für Schritt aufgrund der Evaluierungsergebnisse verfeinert werden kann und am Ende eine höhere Qualität erzielt werden kann.

PRINZIPIEN DES SERVICE DESIGN
Das Service-Design-Konzept kennt fünf Prinzipien, die für die Entwicklung und/oder die Optimierung von Dienstleistungsprozessen von Bedeutung sind (STICKDORN und SCHNEIDER 2011, S. 34ff.):

Kundenfokus (User-Centred)
Service Design betont die Notwendigkeit, Dienstleistungen vom Markt her zu entwickeln, d. h., Dienstleistungsprozesse mit den Augen des Kunden zu sehen (slip in your customers shoes). Die Integration des Kunden in den Leistungserstellungsprozess und der Zusammenfall von Produktion und Konsum einer Dienstleistung sind Dienstleistungscharakteristika, die für weite Teile der Hotellerie und Gastronomie typisch sind. Diese verschärfen die Notwendigkeit eines expliziten Fokus auf die Bedürfnisse und die Wahrnehmungswelt des Kunden. Das Wissen über den Kunden sollte dabei über simple sozio-demografische Merkmale des Kunden hinausgehen, denn der Service-Design-Ansatz verlangt nicht weniger, als den Kunden ganzheitlich als individuelle Persönlichkeit mit all ihren Wünschen, Bedürfnissen und Erwartungen zu erfassen. Je fortgeschrittener hier die unternehmensspezifischen Systeme zu Erfassung kundenrelevanter Daten sind (CRM, Data Mining, Big Data Solutions etc.), desto leichter gelingt es im Sinne des Service Design, kundenspezifische Mehrwerte zu schaffen und Kundenbedürfnisse in zufriedenstellende Kundenerlebnisse zu verwandeln.

Kollaboratives Denken (Co-Creative)
Auch im Gastgewerbe sind zufriedenstellende Kundenerlebnisse nicht das simple Ergebnis eines bilateralen Zusammentreffens zwischen einem Mitarbeiter und einem Gast. Der einzelne Augenblick der Wahrheit **(Moment of Truth)** ist vielmehr oftmals die Endphase eines komplexen Zusammenspiels zwischen verschiedenen Personen, Technologien und den damit zusammenhängenden Prozessen (z. B. Küche, Service, Gast, Buchungs-/Kassensysteme). Geht es um die Neuentwicklung oder Optimierung von Serviceprozessen, ist es daher ratsam, alle relevanten Stakeholder eines solchen Prozesses mit in die Ideengenerierung und Prozessentwicklung einzubeziehen. Stakeholder können zum Beispiel der Hoteldirektor, die Marketing- oder Sales-Verantwortlichen, die IT-Experten, die Front-Office-Mitarbeiter, das Housekeeping, die Kunden oder andere mehr sein. Verschiedene Perspektiven zu integrieren und zu berücksichtigen ist im Hinblick auf die Kosten-Nutzen-Abwägung von Dienstleistungsinnovationen von essenzieller Bedeutung, sollen die neuen Prozesse wie gefordert aus Sicht des Gastes nützlich, nutzbar und begehrenswert sein und sich aus der Sicht des jeweiligen Hotelunternehmens effektiv, effizient und anders darstellen.

Prozessorientierung (Sequencing)
Ohne ein dezidiertes Verständnis der Kundenerfahrung ist eine Optimierung von Dienstleistungsprozessen kaum möglich. Die sogenannte Customer Journey versucht diese Kundenerfahrung entlang der verschiedenen Kundenkontaktpunkte (Customer Touchpoints) nachzuzeichnen, um die Wahrnehmungswelt des Kunden systematisch zu erfassen. Die Erfassung der kundenbezogenen Sequenzen und Episoden wird im Service Design mittels Instrumenten wie dem Service-Blueprinting/-Mapping oder der Customer Journey Map visualisiert. Anhand dieser grafischen Ablaufdiagramme wird beispielsweise der Gast im Zuge eines Interviews durch den Dienstleistungsprozess

»Das Hotel der Zukunft muss den Ansprüchen der geänderten gesellschaftlichen Bedingungen gerecht werden. Das Hotel Schani Wien verfolgt das Ziel, seinen Gästen eine ideale Kombination aus persönlichem Service und technischen Innovationen zu bieten.« [..] »Die Veränderungen betreffen vor allem die technische Ebene. Alles andere, vor allem der menschliche Faktor bleibt gleich und gewinnt zusehends an Bedeutung. Maschinen können das »daily business« zwar vereinfachen, aber am Ende braucht der Gast vor allem ein gutes Bett zum Schlafen, ein ruhiges Zimmer zum Arbeiten und Ausruhen sowie ein gutes Frühstück zur Stärkung für den Tag«

Benedikt Komarek, Geschäftsführer Hotel Schani in Fraunhofer 2014, S.18.

geführt und gebeten, den Ablauf gedanklich-emotional zu rekapitulieren, um so Hinweise auf besonders positive oder negative Schlüsselerlebnisse bzw. relevante oder irrelevante Leistungsmerkmale zu erhalten. Aber nicht nur für den Kunden ist die visuelle Zerlegung des Dienstleistungsprozesses in einzelne Kontaktsequenzen/-punkte von Bedeutung, sondern hier spielen insbesondere die prozessspezifischen Stakeholder eine Rolle, um ein besseres Verständnis für die Konfiguration und das Zusammenspiel der verschiedenen Touchpoints zwischen High-Tech und High-Touch-Elementen zu bekommen. Handelt es sich beispielsweise eher um Mensch-Mensch-Interaktionen (Service im Restaurant), Mensch-Maschine-Interaktionen (Check-In/Out am Automaten) oder Maschine/Maschine-Interaktionen (RFID, Near Field-Funktionalitäten)? Sind fremde Dienstleister beteiligt, sind die Touchpoints real oder virtuell? Dies und vieles andere mehr kann mittels einer sequentiellen Darstellung im Hinblick auf Kosten- und Qualitätsgesichtspunkte hinterfragt werden.

Materialisierung (Evidencing)

Hotel- und Gastronomieleistungen sind durch ein hohes Maß an Immaterialität gekennzeichnet. Entsprechend ist die Materialisierung von Dienstleistungen auch im Service Design von wesentlicher Bedeutung (**»Tangibilize the Intangible«**). Den eigentlichen Serviceprozess und das Serviceerlebnis greif- und erlebbarer zu gestalten, durch demonstrative Leistungs- und Qualitätsbeweise und die Betonung der dienstleistungsbegleitenden materiellen Bestandteile (Zimmerkomfort, Design, Beduftung, Beschallung, Sauberkeit etc.), die Konkretisierung der Problemlösungsfähigkeiten des Hotels oder Restaurants durch möglichst aussagekräftige Bilder, eine bildhafte Sprache und/oder sonstige Qualitätssurrogate (z. B. Website, Fotos, Videos, Webcams, Virtuelle Rundgänge, eine konkrete Wellnessphilosophie) oder auch Personalisierung von Dienstleistungsqualität/-philosophie über konkrete Ansprechpartner aus Fleisch und Blut (›die Seele des Hauses‹), sind Bausteine die im Zuge von Service-Design-Projekten entlang der Servicekette bzw. der Wahrnehmungswelt der Gäste eingebunden werden müssen.

INSTRUMENTE DES SERVICE DESIGN

EXPLORATION (Inspiration and Insights)	**KREATION** (Ideation and Refinement)	**REFLEKTION** (Prototyping and Evaluation)	**IMPLEMENTIERUNG** (Finalization and Delivery)
Trend Scouting	Brainstorming	Bodystorming	Customer journeys
Mystery Shopper	Co-creation	Experience	Blueprints
Benchmarking	Workshops	Prototyping	Personas
Ethnography	Group Sketching	Enactment/Service	Guidelines
Shadowing	Mind Mapping	walkthrough	Specifications
Interviews	Blueprint	Desktop	Business model
Cultural probes	Mood Board	Walkthrough	Canvas
Workshops	Role Play	Performance Testing	Business Plan
Customer journeys	Storyboard	Simulation	...
Touchpoint matrices	Camera Journal	Role Scripts	
Personas	...	...	
...			

Quelle: STICKDORN und SCHNEIDER 2011, S. 146ff.

Integratives Denken (Holistic)

Interne oder externe Dienstleistungsprozesse eines Unternehmens sind keine Insellösungen, sondern in der Regel Teil eines in sich kohärenten Dienstleistungssystems. Kohärenz heißt in diesem Zusammenhang, dass Optimierungen und Neuentwicklungen immer auf das große Ganze einzahlen, d.h., sie müssen sich zum einen in eine übergeordnete Prozesslandschaft einfügen und zum anderen den Kontext der Unternehmensphilosophie, der Unternehmensziele und der strategischen Grundausrichtung des Unternehmens beachten. Entsprechend sind im Zuge des Service Design hier nicht nur die operativen Akteure des jeweiligen Prozesses oder Prozessschrittes gefragt, sondern auch die Kooperation und Integration aller Stakeholder und Funktionsbereiche eines Unternehmens mit Blick auf die strategische Gesamtentwicklung des Unternehmens: »Keep the big picture!«

Instrumente des Service Design

Die Instrumentenvielfalt des Service Design ist beeindruckend. Es bedient sich verschiedenster interdisziplinärer Methoden und Verfahrensweisen, beispielsweise aus der Marktforschung, dem Konsumentenverhalten, der Psychologie, der Anthropologie oder auch der empirischen Sozialforschung (STICKDORN und SCHNEIDER 2011, S. 144ff.). Dabei gibt es Instrumente, die eher zur Exploration von Kundenbedürfnissen geeignet sind, andere wiederum machen mehr Sinn in den Phasen der Kreation, Reflexion oder Umsetzung, andere wiederum sind auch in verschiedenen Phasen anwendbar. Auch der Komplexitätsgrad ist unterschiedlich, während beispielsweise das Brainstorming, Personas oder die Stake-holder Map relativ schnell, unkompliziert und kostengünstig eingesetzt werden können, ist die teilnehmende Beobachtung (»Shadowing«), die Simulation oder eine offene und unstrukturierte Markt-/Wettbewerbsbeobachtung (»Service Safari«) in Bezug auf Zeit, Methodenkompetenz und Budget deutlich anspruchsvoller. Entsprechend sind diese Instrumente auch mehr als ein Baukasten zu verstehen, der Unternehmen inspirieren und befähigen soll, vor dem Hintergrund ihrer spezifischen Unternehmenssituation kreativ und zielorientiert an das Thema Service Design und Innovation heranzugehen.

Next Step Service Design

Innovationen sind in Hotellerie und Gastronomie eher ein Prozess- als ein Produktthema und so besteht ein großer Nachholbedarf beim Thema systematisches Management von Dienstleistungsinnovationen. Der Harvard-Professor Theodore Levitt hat hierzu gesagt, dass es nicht die großen revolutionären Geistesblitze sind, die Unternehmen den Erfolg bescheren, sondern dass anhaltender Erfolg größtenteils damit zu tun hat, sich beständig auf die richtigen Dinge zu konzentrieren und jeden Tag eine Vielzahl unspektakulärer kleiner Verbesserungen zu machen. Innovativ sein heißt in diesem Sinne, nicht mehr zu imitieren, was der Kollege um die Ecke macht – das kennzeichnet die Branche leider viel zu stark. Beim Service Design Thinking geht es vielmehr darum, sich dem Kunden zu öffnen, selbst neue Wege zu gehen, die Dinge wirklich anders zu denken und so aus dem Vollen zu schöpfen (BROWN 2008, S. 84f.). Service Design als Konzept und Denkart kann hier zahlreiche Anstöße liefern. Wie gut oder wie schlecht man dies beherrscht wird denn auch in Zukunft entscheidender sein als eine trendige Farbe in der Lobby oder eine moderne Zimmergestaltung. Bill Clinton war in den der 90er Jahren im Wahlkampf sehr erfolgreich mit dem Slogan: »It's the economy, stupid!« Den Hoteliers und Gastronomen auf der Suche nach zukünftigen Wettbewerbsvorteilen möchte man in Anlehnung daran denn auch zurufen »It's the process, stupid!«.

Fazit

Abschließend kann in Bezug auf jegliche Form der bewussten Kreativitätsentfaltung konstatiert werden, dass ein einseitiges Vorgehen unbedingt zu vermeiden ist. Der gezielte Wechsel von Denkstilen, Arbeitsmethoden, Gruppenmitgliedern und Kreativitätstechniken ist augenfällig anregender, auch wenn dies den Innovator in Summe mehr Zeit und womöglich Geld kosten kann. Eine individuelle Anpassung der jeweiligen Kreativitätsmethoden an die entsprechende Situation ist unentbehrlich. Dies demonstrieren die folgenden Behauptungen, die den Gastgeber auf die Notwendigkeit einer gezielten Reflexion aufmerksam machen sollen:

- Je nach Art der angestrebten Innovation sind entweder intuitive oder aber eher analytische Methoden zielführender.
- Wenn komplexe Informationen zu verarbeiten sind, verbieten sich Vorgehensweisen unter Zeitdruck.
- Statusunterschiede der Beteiligten verbieten solche Methoden, in denen spontane Äußerungen gewünscht sind.

Doch wer nicht wagt, der bekanntlich nicht gewinnt. Mögen nicht alle Versuche auf Anhieb zum gewünschten Erfolg führen, so führen sie den Innovator doch auf neue und unbekannte Wege.

Ideensammlung – relevante Inhalte zusammentragen und verwerten

Ideenquellen können hier unter anderem unternehmenseigene Unterlagen, das Wissen der Mitarbeiter sowie das Wissen und die Meinungen von Gästen sein. Vor dem Hintergrund ihrer Rolle im Dienstleistungsprozess werden Letztere in diesem Zusammenhang nicht als unternehmensexterne, sondern als interne Akteure gewertet.

Unternehmenseigene Unterlagen

Die aktive Nutzung eigener Unterlagen zur Sammlung neuer Ideen, wie beispielsweise Vertriebs- und Marketingpläne, Verkaufs- und Marktberichte oder Gästebeschwerden, bietet den Vorteil einer äußerst einfachen Zugänglichkeit und oftmals eines relativ geringen Aufwands. Sie fördert durch die Bearbeitung zudem ein konsistentes Auseinandersetzen mit dem Thema der Innovationsplanung, da die

Unterlagen wertvolle Hinweise für das weitere strategische Vorgehen liefern können. Ferner dient die Analyse unternehmenseigener Unterlagen der fundierten Vorbereitung des Einsatzes von Kreativitätsmethoden und sollte somit vom Innovator keinesfalls vernachlässigt werden (VAHS und BREM 2013, S. 276f.).

Mitarbeiterideen
Insbesondere in der Hospitality-Industrie kommt jenen Mitarbeitern, die in direktem Gästekontakt stehen, eine besondere Bedeutung bei der Innovationstätigkeit zu. In wenigen anderen Branchen stehen die Mitarbeiter tagtäglich in so engem Kundenkontakt wie im Gastgewerbe (GRISSEMANN, PIKKEMAAT und WEGER 2013, S. 19). Sie erfahren fortlaufend, was den Gästen ihres Unternehmens wichtig ist, was ihnen Unmut bereitet, worüber sie sich freuen etc. Und dieses wertvolle Wissen gilt es bewusst zu sammeln und zu nutzen (JONES 1996, S. 88). Mitarbeiter müssen also dazu angeregt werden, ihr Wissen oder die daraus bereits erzeugten Ideen gerne weiterzuleiten, sodass aus Inventionen später Innovationen entstehen können. Oftmals sehen Mitarbeiter jedoch keine Veranlassung zu einer Weiterleitung ihres Wissens (SENGUPTA und DEV 2011, S. 17). Warum könnte dies der Fall sein? Ein möglicher Grund können fehlende Anreize sein. Bevor der Innovator also über die Einführung eines Vorschlagswesens nachdenkt, sollte er sich folgende Faktoren vor Augen führen, die zu fehlenden Anreizen für seine Mitarbeiter führen können und so die die eigentlich positive Wirkung dieses Instruments nicht nur schwächen, sondern sie sogar ins Gegenteil wenden können:

- die mangelnde Förderung des Vorschlagswesens durch den Gastgeber
- sehr verzögerte oder überhaupt keine Rückmeldung auf erbrachte Vorschläge
- ein nicht nachvollziehbares, unflexibles und undurchsichtiges Überprüfungs- und Bewertungssystem

Anreize, die zu einem funktionsfähigen Vorschlagswesen führen, müssen dabei keineswegs nur materieller Natur sein, also z. B. in

BETRIEBLICHE VORSCHLÄGE ALS KRITERIUM DER PERSÖNLICHEN BEURTEILUNG

Mit seinem innovativen Personalmanagement hat das Hotel Schindlerhof schon längst große Bekanntheit in der Hospitality-Industrie erlangt. Gemeinsam mit allen Mitarbeitern bzw. Mitunternehmern, als welche sie im Schindlerhof gelten, entwickelte die Familie Kobjoll sogenannte »SpielRegeln«. Zu diesen zählt unter anderem der folgende Leitsatz:
Alle MitunternehmerInnen setzen ihr Wissen und ihr Können ...
... dafür ein, neue und bessere Lösungsmöglichkeiten zu finden. Auch Gutes kann verbessert werden. Veränderungen werden nur dann nicht mehr vorgenommen, wenn sie keine Verbesserungen mehr bewirken.
Einen Verbesserungs- oder Veränderungsvorschlag pro Monat muss jedes Teammitglied, inklusive aller Führungskräfte, abliefern. Mit einer Umsetzungsquote von 81 % wird der Erfolg dieses Instruments sehr deutlich.
Auch in ihrem innovativen Mitarbeiterbeurteilungssystem des Schindlerhofs, dem MitarbeiterAktienindeX oder kurz MAX, legen die Hoteliers großen Wert auf das Mitwirken im betrieblichen Vorschlagswesen, indem die Einhaltung der Pflicht, monatlich einen Vorschlag zu erbringen, in die Beurteilung miteinfließt.
Quelle: www.schindlerhof.de

Form von Geschenken oder Geldzahlungen, sondern gerade im Zusammenhang mit Innovationen sind sozialstatusbezogene Anreize erfolgversprechend. Dazu zählen beispielsweise Anerkennung, die Ermöglichung der Wahrnehmung von Weiterbildungsmaßnahmen und Messebesuchen oder eine flexiblere Gestaltung der Arbeitszeiten (STAUDT, BOCK und MÜHLEMEYER 1990, S. 1188).

Daneben ist zudem eine geeignete Art der Ideenspeicherung zentral. Werden Ideen oder Vorschläge nicht unmittelbar umgesetzt, erscheinen aber dennoch als zukunftsfähig, so sind sie sorgfältig abzulegen. Dabei sollte ein schneller erneuter Zugriff möglich sein. Es empfiehlt sich daher die Erfassung und Verwaltung in einem elektronischen Datenverarbeitungssystem, auf welches neben dem innovierenden Gastgeber auch der jeweilige Ideengeber einfachen Zugriff haben sollte (VAHS und BREM 2013, S. 303).

Das Sammeln von Mitarbeiterideen oder solchen, die durch Gastkommentare angestoßen wurden, kann bei sorgfältigem Einsatz eine wertvolle Quelle für künftige Innovationen darstellen.

Instant-Feedback
Eine weitere Möglichkeit der internen Sammlung von Ideen ist das sorgsame Auswerten von Gästefeedback. Da Gäste jedoch erfahrungsgemäß häufig ihre wertvolle Zeit nicht darauf verwenden möchten, ihre Freude oder ihren Unmut über eine gastgewerbliche Leistung zu äußern, sondern stattdessen einfach wiederkommen oder dem Unternehmen in Zukunft fernbleiben, sollte der Gastgeber auf innovative Weise versuchen, den Gast für die Gabe seines wertvollen Feedbacks zu gewinnen. Langatmige Fragebögen, die auf den Zimmern eines Hotels oder auf den Tischen eines Restaurants ausliegen, sind heute nur mehr wenig zeitgemäß und anregend. Doch beispielsweise mithilfe von sogenannten Instant-Feedback-Instrumenten kann es dem Gastgeber gelingen, seine Gäste zu einem Feedback zu motivieren. Das Zeitalter der Digitalisierung, in dem sich die Gesellschaft des frühen 21. Jahrhunderts befindet, leistet derartigen Methoden dabei Vorschub.

Das englische Wort instant bedeutet übersetzt sofort oder sofortig, und so zielt das System des Instant-Feedbacks darauf ab, dass der Gast seine Erfahrungen oder Empfindungen unmittelbar im Moment des Erlebens dem Hotelier oder Gastronom gegenüber äußern kann. Dies geschieht mit einem System durch einen entsprechenden Anbieter via Tablet oder Smartphone und ist somit benutzerfreundlich und für faktisch jede Zielgruppe geeignet.

Instant bezieht sich nun nicht lediglich auf die Möglichkeit des Gastes, seine Meinung rasch und auf einfache Weise zu äußern, sondern gelangt diese Meinung auch sofort in den Zugangsbereich des Gastgebers und seiner Mitarbeiter, beispielsweise durch kleine Alarmsignale durch das entsprechende Instant-Feedback-System. Es liegt in der Folge ihnen, ebenso unmittelbar auf das soeben erhaltene Feedback, sei es positiver oder negativer Natur, zu reagieren. So können etwaige Missstände behoben, der Gast zufriedengestellt oder sogar begeistert und daraus resultierend langfristig loyalisiert werden (FREYBERG, GRUNER und LANG 2012, S. 92). Instant-Feedback-Systeme ermöglichen des Weiteren häufig eine automatische Gesamtauswertung eines Tages, Monats oder Jahrs und gestatten somit auch eine Überprüfung der Gesamtleistung des gastgewerblichen Unternehmens anhand der Gästezufriedenheit (www.instant-feedback.co.uk).

Instant-Feedback kann ferner dazu genutzt werden, den Gast zur Äußerung von konkreten Verbesserungsvorschlägen oder gar von innovativen Ideen anzuregen. Schließlich nimmt er im Dienstleistungserstellungsprozess stets die Rolle des Co-Produzenten ein und kann somit neben Inspiration auch wertvolle Fakten liefern.

So sollte der innovierende Gastgeber in diesem Zusammenhang auch Bewertungen oder weitere Informationen auf einschlägigen Online Portalen unbedingt bei seiner ideensammelnden Tätigkeit berücksichtigen (TIGU, IORGULESCU und RAVAR 2013, S. 19). Auf Kommentare ist adäquat und zeitnah zu reagieren und mithilfe geeigneter Instrumente können Gäste ferner dazu angeregt werden, mehr von ihrem Wissen oder ihren Empfindungen preiszugeben. Eine sorgfältige Pflege des Auftritts in sozialen Netzwerken ist daher zentral.

MÖGLICHKEITEN DER SAMMLUNG VON GÄSTEIDEEN

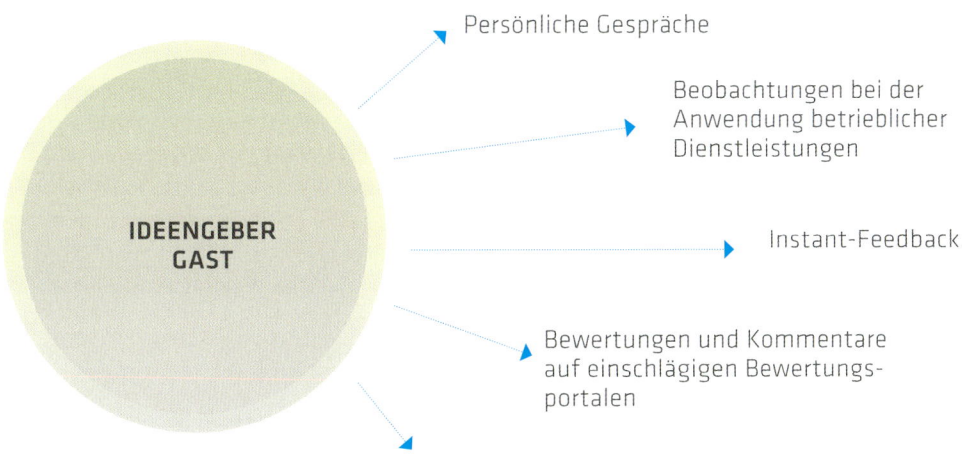

Quelle: eigene Darstellung

Weitere Möglichkeiten, den Gast als Ideengeber in die Innovationstätigkeit einzubeziehen, sind:
- Persönliche Gespräche mit dem Gast
- Beobachtungen des Gastes bei der Nutzung betrieblicher Dienstleistungen

Doch ist jeder Gast gleich geeignet für einen aktiven Einbezug in den Innovationsprozess als Ideengeber? Oder sollte der Innovator versuchen, die involvierten Gäste sorgsam auszuwählen?

Lead User
Grundsätzlich kann konstatiert werden, dass nicht jeder Gast als Ideengeber »der Richtige« sein kann (BIDMON und MATZLER 2006, S.187). Dies kann z.B. damit begründet werden, dass nicht jeder Gast die gleiche Offenheit für Innovationen zeigt. Zwar mag er auf Reisen womöglich geneigter sein, Neues und Unbekanntes zu erproben, doch dies kann auch gerade nicht der Fall sein, wenn es ihm wichtig ist, Bekanntes und Bewährtes vorzufinden, sobald er seine gewohnte Umgebung verlässt. Ein Gast, der eine Innovation womöglich erst in der Phase ihrer Reife annimmt, ist kaum dazu geeignet, in den Prozess der Generierung neuer Innovationen integriert zu werden. Häufig hat dieser Gast zudem auch keine Vorstellung über mögliche künftige Bedürfnisse.

Dem gegenüber stehen die sogenannten reiseerfahrenen Lead User. Sie können im Deutschen als fortschrittliche Anwender bezeichnet werden. Ihre Bedürfnisse gelten als repräsentativ für die Anforderungen an eine gastgewerbliche Leistung, sie erkennen diese jedoch im Gegensatz zu den übrigen Anwendern schon, bevor sie am Gesamtmarkt auftreten (VAHS und BREM 2013, S.269). Sie können also bereits sehr früh wertvolle Ideen für künftige erfolgversprechende Innovationen liefern, die mit den tatsächlichen Kundenbedürfnissen harmonieren (HJALAGER 2010, S.4). Doch wie sind derartig fortschrittliche Anwender nun auszumachen? Für das »Aufspüren« von Lead Usern existieren einige typische Auswahlkriterien (GASSMANN, KAUSCH und ENKEL 2005, S.6):
- **Offenheit Neuem gegenüber**
- **Meinungsführer**
- **Ausgereifte Kommunikationsfähigkeit**
- **Konkretes Nutzenziehen aus entsprechenden Innovationen**

Wichtig ist zudem, dass derartige Gäste positive Erfahrungen mit dem Gastgeber teilen (u.a. whatsApp, eigener Blog) und dem gastgewerblichen Unternehmen gegenüber eine entsprechende Loyalität an den Tag legen. Sämtliche Stammgäste sollten also im Hinblick auf ihre Innovationsoffenheit unbedingt »überprüft« werden. Ihre Einbeziehung in die Innovationstätigkeit trägt auch zu einer zusätzlichen Festigung der Beziehungen bei.

Nun stellt sich jedoch die berechtigte Frage, wie viel Prozent der eigenen Gäste tatsächlich »fortschrittliche Anwender« sind. In Anbetracht der womöglich oftmals sehr klein ausfallenden Zahl sollte der Gastgeber daher nicht ausschließlich seine Gäste als fortschrittliche Anwender berücksichtigen. Vielmehr pflegt er mannigfache Beziehungen zu weiteren Akteuren entlang der touristischen Wertschöpfungskette, die ebenfalls über innovationsrelevantes Wissen verfügen, welches es gezielt zu sammeln gilt (TIGU, IORNUGLESCU und RAVAR 2013, S.10). Sämtliche Zulieferer, insbesondere auch jene im Bereich der Kommunikations- und Informationstechnologie, Transportbetriebe, Reisemittler usw. können fortschrittliche Anwender darstellen, deren Berücksichtigung bei der Innovationstätigkeit bedeutend ist (BIDMON und MATZLER 2006, S. 187).

Die Form der Interaktion kann dabei sehr breit gefächert sein. Neben Interviews, persönlichen Gesprächen oder Telefonaten können auch die Vorzüge der Informations- und Kommunikationstechnologien genutzt werden. So ist eine Einbeziehung und ein Austausch beispielsweise in sozialen Netzwerken, über Chats oder gezielte Online-Portale für die Innovationstätigkeit möglich (GARDINI 2015, S.353; BIDMON und MATZLER 2006, S. 190).

Durch die Einbindung von Lead Usern in die eigene Innovationstätigkeit gelingt es dem Gastgeber nicht nur, wertvolle Ideen zu sammeln, sondern solche Anwender können auch in einer späteren Erprobung von entwickelten Inventionen kostbares Feedback liefern. So kann der Gastgeber das Risiko eines Fehlschlags entschieden verringern. Des Weiteren unterstützen und beschleunigen fortschrittliche Anwender durch ihre Position als Meinungsführer die Akzeptanz entsprechender Innovationen bei den übrigen Anwendern (BIDMON und MATZLER 2006, S. 192).

BEISPIELFRAGEN FÜR EINEN ZIELFÜHRENDEN AUSTAUSCH MIT LEAD USERN

Was sind Ihrer Meinung nach die Hauptprobleme und Schwächen der Leistung, die aktuell auf dem Markt angeboten wird?

Welche Eigenschaften oder Funktionen müsste eine vergleichbare Leistung aufweisen, um in 3–5 Jahren ein Erfolg zu werden?

Welche Ideen haben Sie für eine neue Leistung, die die heutigen Schwächen ausgleichen könnte?

Kennen Sie Personen oder Unternehmen, die in diesem Bereich bereits innovieren?

Was sind Ihrer Meinung nach die dynamischsten Entwicklungen in diesem Suchfeld?

Quelle: eigene Darstellung in Anlehnung an WAGNER und PILLER 2011, S. 17

3 INNOVATION ENTWICKELN

3.2.2 | Unternehmensexterne Ideengewinnung

Im Rahmen einer Öffnung der Innovationstätigkeit nach außen hin (zum Thema Open Innovation siehe »OFFEN« INNOVIEREN – DIE UNTERNEHMENSUMWELT EINBEZIEHEN UND VON NETZWERKEN PROFITIEREN) kann der Gastgeber innovationsrelevante Ideen durch die Einbeziehung externer Quellen sammeln und generieren. Neben der Durchführung von Wettbewerbsanalysen und sogenannten Crowdsourcing-Projekten können auch der Besuch von Fachtagungen, das sorgsame Studieren von Veröffentlichungen sowie Innovationsworkshops mit externen Spezialisten wertvolle Ideen liefern.

Wettbewerbsanalysen

Innovationen sind stets mit dem Merkmal der Neuartigkeit behaftet. In diesem Buch wurden bereits die verschiedenen Dimensionen dieses Attributs betrachtet, und es wurde gezeigt, dass sich die Neuheit einer Innovation auf den Gesamtmarkt, eine gesamte Branche oder aber auf ein einzelnes Unternehmen beziehen kann. So kann die Durchführung von

EINFACH MAL ANDERS DENKEN – DAS HOXTON ALS EIN BENCHMARK FÜR DEN EIGENEN BETRIEB?

»Ehrliche« Design-Hotellerie und eine damit verbundene Erzeugung von »Lebensgefühlen auf bestimmte Zeit« erobern Deutschlands Gastgewerbe. International betrachtet sind sie und das damit verbundene Gedankengut schon längst präsenter und im ständigen »Flow«, insbesondere an Standorten wie London. Ein Beispiel, dass »Querdenken« angesagt ist, ist das Hoxton, das sich auf seiner Website wie folgt präsentiert (Übersetzung des Texts durch die Autoren):

»Wir haben 2006 angefangen, etwas anders zu machen, als wir nämlich The Hoxton in Shoreditch eröffneten. Damals galten wir als ›Hotel ohne Schnickschnack‹, weil wir alles rauswarfen, was die Leute in traditionellen Hotels nervte: teure Minibars, teure Telefongespräche, Gebühren fürs Internet. So wurden wir zu einer Art Anti-Hotel. Inzwischen haben wir uns weiterentwickelt, ebenso wie das Stadtviertel, in dem wir angefangen haben, aber wir legen nach wie vor Wert darauf, unsere Gäste nicht über den Tisch zu ziehen. Andererseits ging es nie darum, nur ein Bett für die Nacht anzubieten. Wir wollten mehr sein: ein Ort, an dem Leute essen, trinken, arbeiten und ihre Freizeit genießen können, zu jeder Tageszeit. Wir bieten ein tolles Event-Programm an, inspiriert durch unsere Gegend. Dabei arbeiten wir mit unseren Nachbarn zusammen, um zu zeigen, wie schön und großartig unsere Umgebung ist. Außerdem betreiben wir Restaurants, Bars und Läden zusammen mit der Soho House Group, um unsere Gäste auch mit den Einheimischen in Kontakt zu bringen.«

Quelle: https://thehoxton.com

Wettbewerbsanalysen wertvolle Beiträge zu Gewinnung von Ideen leisten, die womöglich anderswo schon existieren, für das eigene Unternehmen jedoch neu sind. Im Rahmen von Veredelungs- und Weiterentwicklungsaktivitäten können Innovationen entstehen. Konkurrenzanalysen sollten dabei nicht nur bestehende, sondern auch künftige sowie potenzielle Wettbewerber identifizieren und deren jeweiligen Positionierungen, Kernkompetenzen und Strategien herausarbeiten (VAHS und BREM 2013, S. 261). Befinden sich unter den Wettbewerbern sogenannte Benchmarks, kann der Gastgeber im Rahmen seiner Wettbewerbsanalyse zugleich ein Benchmarking durchführen und wertvolle Ideen gewinnen (zum Thema Benchmarking siehe auch PHASEN DER STRATEGIEENTWICKLUNG).

Branchenspezifische Veröffentlichungen
Das breite und oftmals leicht zugängliche Angebot von branchenspezifischen Publikationen unterstützt den innovierenden Gastgeber bei der gezielten Sammlung von Ideen. Insbesondere das regelmäßige Studieren von Zeitschriften und Reports sowie Studien zu für das eigene Unternehmen relevanten Themenbereichen liefern dabei umfangreiche Informationen (VAHS und BREM 2013, S. 257). Hilfreiche Quellen sind beispielsweise
- Statistiken von öffentlichen Stellen
- Veröffentlichungen von Kammern und Verbänden
- Veröffentlichungen von wissenschaftlichen Instituten wie Markt- oder Trendforschungsinstitute
- Veröffentlichungen von Hochschulen in Form von Studien- und Abschlussarbeiten
- Fachbücher
- Blogs

Neben der allgemeinen Informationsgewinnung, von der der Gastgeber bei der Recherche profitiert, kann er womöglich auch neue Felder erschließen, auf denen Innovationen für sein Unternehmen bedeutsam sein können.

DAS TREUGAST TRENDGUTACHTEN HOSPITALITY

Stephan Gerhard gehört mit seinen unzähligen Aktivitäten in der Deutschen Hotellerie und Gastronomie zu den großen Innovatoren und Impulsgebern für die Branche. Schon seit Jahren beobachtet er mit seinem Unternehmen TREUGAST den nationalen und internationalen Hospitality-Markt. Ergebnisse hieraus fließen in das jährlich erscheinende TREUGAST Trendgutachten Hospitality.
Im Fokus steht nun die Ermittlung der zehn wichtigsten gesellschaftlichen Schlüsseltrends und ihrer Einflüsse auf die Entwicklung von Tourismus, Hotellerie und Hotelimmobilie. Darauf aufbauend geben die Berater Empfehlungen, wie das Hotel von übermorgen aussehen kann.
Ein weiteres Augenmerk gilt daneben dem Hotelimmobilienmarkt und der Bewertung der »Strategischen Gruppen«. Unter Berücksichtigung der Megatrends gibt TREUGAST strategische Empfehlungen für zukünftige Hotelinvestments. Durch die Segmentierung in Gruppen, die ähnliche Wettbewerbsstrategien verfolgen, wird eine Vergleichbarkeit ermöglicht.
Quelle: www.treugast.com

OBERSTAUFEN.DE

Oberstaufen.de ist die offizielle Tourismus-Website des Marktes Oberstaufen im Allgäu. Oberstaufen setzt schon seit einiger Zeit auf Crowdsourcing, indem er seine Fangemeinde zu zahlreichen Mitmachaktionen aufruft und somit Content für die eigene Website generiert wie auch treue Fans bindet und neue gewinnt.
Gleich auf der Startseite werden die Nutzer dazu aufgerufen, sich von der Site inspirieren zu lassen und diese auch mitzugestalten. Über die Aktion »Oberstaufen Live« können die Nutzer nicht nur aktuelle Informationen und Tipps zu Oberstaufen von Gästen einholen, sondern auch selber Tipps zu Wanderrouten, Restaurants, Bars, Hotels, etc. abgeben und ihr Wissen über Oberstaufen mit anderen teilen. Auf einer Karte von Oberstaufen erscheint der Beitrag live und direkt an dem Ort, zu dem die Tipps gegeben wurden.
Quelle: HEIMRICH 2015, online

Besuch von Messen und Fachtagungen

Der innovierende Gastgeber hat eine große Auswahl an Messen, Konferenzen und sonstigen Branchentreffs, auf denen er Ideen für Innovationen in sämtlichen Bereichen seines Unternehmens auftun kann. Neben bekannten Großveranstaltungen bieten insbesondere auch themenspezifische Tagungen viel Ideenpotenzial, da hier nicht selten hochkarätige Best-Practice-Unternehmer, renommierte Professoren sowie Branchenfremde zusammenkommen und ihre Erfahrungen und Vorgehensweisen bereitwillig mit den Besuchern teilen. Ferner kann hier das persönliche Netzwerk nicht nur gepflegt, sondern ständig ausgebaut werden.

Crowdsourcing – die Meinung der Menge nutzen

Die Wortschöpfung Crowdsourcing setzt sich aus den beiden englischen Begriffen Crowd (Menschenmenge) und Source (Quelle) zusammen und beschreibt »das Auslagern von bisher in einem Unternehmen selbst erbrachten Leistungen auf eine große Anzahl von Menschen über das Internet«. Crowdsourcing als Instrument der Ideenfindung zielt darauf ab, das kreative Potenzial großer Gruppen zu nutzen, indem sich sämtliche interessierte Personen an einem Ideenfindungsprozess beteiligen können (HARTSCHEN, SCHERER und BRUEGGER 2009, S. 41). Die Zahl der Online-Portale, die diese Form der Ideengewinnung ermöglichen, steigt rasant an. Sie können sowohl durch das Unternehmen selbst als auch durch unabhängige Dienstleister betrieben werden. Der innovierende Gastgeber kann den Input der »Menge« zur Generierung von Ideen sowohl für neue Angebote als auch für Verbesserungen nutzen. Professionelle Anbieter von Crowdsourcing-Portalen ermöglichen zudem genaue Selektionen der Crowd, wodurch zielgruppenspezifische Projekte realisiert werden können, und unterstützen den Gastgeber bei einer bedarfsgerechten Projektsteuerung (MAIONE 2014, online).

Entscheidend für eine erfolgreiche Durchführung von Crowdsourcing-Projekten ist zweifellos eine rege Beteiligung durch die entsprechenden Personengruppen. Diese müssen jeweils einen Anreiz für ihr Engagement haben, damit hochwertige Ergebnisse entstehen können. Der Gastgeber sollte daher im Rahmen eines Projekts Motivationsfaktoren schaffen. Diese können materieller Natur sein, in Form von Gewinnen oder Sachpreisen, oder aber immaterieller Natur. Dabei kann der innovierende Gastgeber Einladungen zu Veranstaltungen in seinem Hotel aussprechen, seine Anerkennung durch öffentliches Lob bekunden und dergleichen. Auch das Erreichen eines gemeinsamen Ziels, die Entwicklung einer Leistung also, die sowohl vom Unternehmen als auch von den Mitentwicklern geschätzt wird, wirkt motivierend.

RAHMENBEDINGUNGEN FÜR EIN ERFOLGREICHES CROWDSOURCING

CROWDSOURCING

- Welche **Ziele** sollen mithilfe des Crowdsourcing Projekts erreicht werden?

- Wahl der jeweils **geeigneten Crowd** und einer **passenden Plattform** und ggf. eines **geeigneten Anbieters**

- Sorgfältige **Aufklärung der ausgewählten Crowd** hinsichtlich der eigenen Erwartungen und Ziele; Schaffung **geeigneter Anreize** und **Motivationsfaktoren** für eine engagierte Teilnahme am jeweiligen Projekt

- Klärung von **Copyrightrechten** bzw. etwaiger **Rechte Dritter**

- Aktive **Bekanntmachung** des Projekts auf sämtlichen geeigneten Kanälen

Quelle: eigene Darstellung in Anlehnung an MAIONE 2014, online

Die »Menge« möchte sich ernstgenommen fühlen, und so gilt es, ihre Beiträge auf transparente Weise zu behandeln und ehrlich mit den Mitentwicklern umzugehen. Ein fortwährender Dialog ist somit unumgänglich.

Neben dem richtigen Umgang mit der involvierten Crowd ist ein strukturierter Prozess erfolgsentscheidend für die Durchführung von Crowdsourcing-Projekten. Lediglich seine Facebook-Follower dazu aufzurufen, Ideen für neue Leistungen einzusenden, und dabei auf verwertbare Hinweise zu hoffen, ist in aller Regel nicht zielführend. Stattdessen muss der gesamte Prozess bereits auf das gewünschte Endprodukt ausgelegt sein, was mit Unterstützung durch professionelle Anbieter derartiger Lösungen gut gelingt. Ein Prozessverlauf in mehreren Phasen, angefangen von der Erarbeitung konkreter Bedürfnisse der Mitentwickler über die Übersetzung dieser Bedürfnisse in eine entsprechende Leistung bis hin zu einer gemeinsamen Testphase, erweist sich dabei als vielversprechend (VAN DELDEN 2015, online).

Das Crowdsourcing kann aber nicht nur im Rahmen der Ideengewinnung genutzt werden, sondern animiert Gäste oder potenzielle Gäste auch zur Generierung von innovativen und für andere Gäste vertrauensfördernden Inhalten für die unternehmenseigene Website oder die sozialen Netzwerke. So gibt die »Menge« etwa Tipps zu einzelnen touristischen Akteuren wie Hotels oder Restaurants und teilt Fotos und Videos und dergleichen mehr (MAIONE 2014, online).

Innovationsworkshops

Zur Ideengewinnung im Innovationsprozess kann der Gastgeber neben der Einbeziehung einer passenden »Crowd« auch externe Spezialisten konsultieren. Im Rahmen von Innovationsworkshops, die Berater individuell auf jedes Unternehmen zuschneiden, können zahlreiche Ideen mit deren Unterstützung generiert werden. In derartigen Workshops begleitet der entsprechende Berater den Hotelier nicht nur bei der Ideenfindung, sondern auf Wunsch auch während des gesamten Innovationsprozesses.

Welche Inhalte, Instrumente und Abläufe den Gastgeber in derartigen Workshops erwarten können, lesen Sie im Abschnitt IDEEN MITHILFE VON PROFESSIONELLEN INNOVATIONSWORKSHOPS ERFOLGREICH UMSETZEN.

MCDONALD'S: »BURGER BATTLE« – CROWDSOURCING-AKTION

McDonald's hatte im Frühjahr den Startschuss für sein »Burger Battle« gegeben. Bis zum 15. April 2016 konnten User mit dem Online-Konfigurator unter burgerbattle.de ihren eigenen Burger kreieren. Für die vierte Auflage hat das Unternehmen dieser Aktion – für McDonald's mit die wichtigste Kampagne in diesem Jahr – eine Frischzellenkur verpasst. Verantwortlich für die entsprechende digitale Infrastruktur ist Hi-Res.

Die letzte Auflage der Crowdsourcing-Aktion fand vor zwei Jahren statt. McDonald's hatte die Zeit genutzt, um dem für das Unternehmen sehr wichtigen Projekt einen frischen Anstrich zu verleihen – mit neuem Namen und noch mehr Interaktion. Vor dem Hintergrund der gestiegenen Mobile-Relevanz steht nun nicht mehr der Desktop im Zentrum der User-Kommunikation, sondern es gilt: Mobile first. Unter dem Motto »Mein Burger – made by Germany« traten erstmals die 16 deutschen Bundesländer gegeneinander an. Jedes Land wurde dabei zu einer eigenen Community, die gebündelt ihre Burger-Kreationen ins Rennen schickt.

Hierbei verzeichnet McDonalds' s Rekordzahlen bei den Teilnehmern. Insgesamt 187.790 Rezepte für Burger sind innerhalb von vier Wochen eingereicht worden. Am Ende des Abstimmungszeitraums zählte das Unternehmen mehr als 17 Mio. Votes, was ebenfalls ein neuer Rekord ist.

Aus den 16 Bundesländern wurden anschließend vier Burger ausgewählt, die McDonald's sechs Wochen in zwei Phasen bundesweit in seinen Filialen verkaufte. Zeitgleich wird die Kampagne für die Gewinner-Kreationen starten. Gäste der McDonald's-Restaurants konnten ihre Stimme über einen QR-Code auf der entsprechenden Produktverpackung abgeben. McDonald's trommelte online und mobil für sein »Burger Battle« – unter anderem mit Bannern und Social Media wie beispielsweise Facebook. Auch Instore-Kommunikation gehört zum Maßnahmenpaket.
Quelle: www.cafe-future.net/gastro/branchennews/pages/McDonalds-Burger-Battle--Crowdsourcing-Aktion_32539.html

> »Man muss nicht nur mehr Ideen haben als andere, sondern auch die Fähigkeit besitzen, zu entscheiden, welche dieser Ideen gut sind.« Linus Carl Pauling

3.3 | Gewonnene Ideen bewerten, auswählen und testen

Die Gewinnung von Ideen im Innovationsprozess erfolgt im Rahmen von zuvor definierten Suchfeldern. Diese wiederum korrespondieren mit der Unternehmens- und Innovationsstrategie. Dennoch sind nicht alle gewonnenen Ideen tatsächlich umsetzbar; manchmal ist ihre Umsetzung auch nicht zielführend. Es müssen daher in der Phase der Ideenbewertung jene Ideen herausgefiltert werden, die den besten Beitrag zu den angestrebten Zielen leisten (VAHS und BREM 2013, S. 312). Es gilt ferner, die in der Phase ihrer Sammlung oder Generierung noch relativ abstrakten Ideen nun zu konkretisieren, um eine erfolgreiche Bewertung zu ermöglichen. Dazu bedarf es der Erarbeitung eines Umsetzungskonzepts, welches vor der tatsächlichen Implementierung einer Idee getestet werden sollte. Die Testphase gibt schließlich Aufschluss darüber, ob die zuvor getroffene Auswahl einer Idee tatsächlich sinnvoll und aussichtsreich ist und ob die innovative Leistung tatsächlich realisiert werden kann.

3.3.1 | Ideenbewertung und -auswahl

Oberstes Ziel der Ideenbewertung ist der größtmögliche Innovationserfolg. Allgemein ist dabei stets zu prüfen, ob und inwieweit eine betrachtete Idee mit der Unternehmens- und Innovationsstrategie (HAUSCHILDT und SALOMO 2011, S. 84) sowie den unternehmenseigenen Ressourcen und Fähigkeiten korrespondiert (DE BRENTANI 2001, S. 178).

Sprengt eine Idee beispielsweise in erheblichem Maß den finanziellen Rahmen oder harmoniert sie nicht mit der Positionierung des gastgewerblichen Unternehmens, so sollte sie gleich zu Beginn dieses Prozessschrittes eliminiert werden. Zur Abklärung des Strategie- und Fähigkeiten-Fits kann sich der innovierende Gastgeber zudem folgende Fragen stellen:

- Trägt die angestrebte Innovation zur Erreichung unserer Unternehmensvision bei?
- Baut sie auf unseren bestehenden Kernkompetenzen auf?
- Können durch eine Umsetzung die Unternehmensziele wunschgemäß erreicht werden?

VON DER IDEENBEWERTUNG ZUR -REALISATION

1. IDEENBEWERTUNG & -AUSWAHL
2. IDEENKONKRETISIERUNG MITHILFE EINES KONZEPTS
3. ERPROBUNG DES KONZEPTS
4. BETRIEBLICHE & MARKTLICHE UMSETZUNG

fortwährende Bewertung zuvor ausgewählter Ideen

Quelle: eigene Darstellung

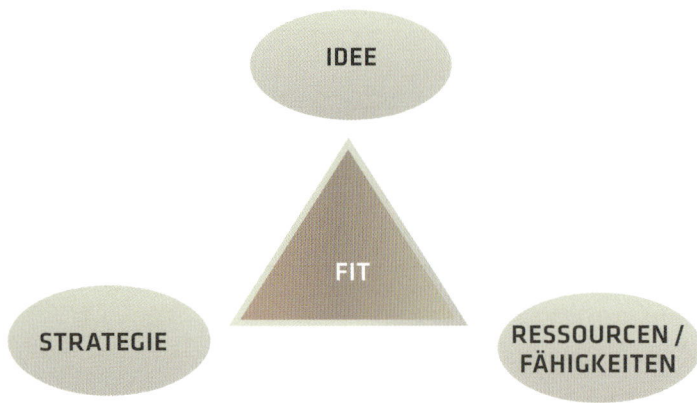

Quelle: eigene Darstellung

Bei radikalen Innovationen darf der Idee-Strategie-Ressourcen-Fit jedoch auch etwas geringer ausfallen, wenn hierdurch die Erzielung wichtiger Wettbewerbsvorteile ermöglicht wird. Insbesondere bei inkrementellen Innovationen ist eine möglichst große Übereinstimmung der Idee mit den Komponenten Strategie sowie Ressourcen und Fähigkeiten jedoch erstrebenswert, da ein derartiger Fit eine für die Gäste wiedererkennbare Konsistenz der Innovationstätigkeit des Gastgebers generiert (DE BRENTANI 2001, S. 178).

Um im Anschluss an die allgemeine Überprüfung des Fits von Idee, Strategie und Ressourcen schließlich aussagekräftige und konkrete Bewertungsergebnisse zu erhalten, sind relevante Bewertungskriterien festzulegen, die der Gastgeber zur Anwendung kommen lassen möchte. Diese Kriterien können beispielsweise ökonomischer, qualitativer, zeitlicher oder arbeitswissenschaftlicher Natur sein. Jeder Gastgeber muss die für sein Unternehmen sowie für die jeweilig angestrebte Innovation passendsten Filterkriterien bestimmen. Je nach Positionierung können die jeweiligen Merkmale eine sehr unterschiedliche Bedeutung haben. Während bei der Strategie der Qualitätsführerschaft insbesondere qualitätsbezogene Kriterien von Bedeutung sein werden, wird ein Kostenführer besonderes Augenmerk auf die »härteren« Fakten und Zahlen legen. Zielt eine Idee auf eine inkrementelle Innovation ab, so fallen beispielsweise die personalbezogenen Kriterien anders aus als bei Ideen für radikale Neuerungen. Letztere führen womöglich zu einer höheren Arbeitsbelastung, erfordern neue Qualifikationen und stellen somit Kriterien dar, die bei Verbesserungsinnovationen vielleicht nicht notwendig sind. Es ist also zeitnah eine Einschätzung über die Art der Innovation vorzunehmen, in die die betrachtete Idee im Fall ihrer Umsetzung münden würde (HARTSCHEN, SCHERER und BRUEGGER 2009, S. 60). Das Finden geeigneter unternehmensspezifischer Kriterien kann sich womöglich über den Verlauf mehrerer Innovationen erstrecken und sollte daher stets mit einer hohen Priorität versehen werden.

Typischerweise werden bei der Ideenbewertung Fragen gestellt wie:

- Inwiefern kann die Idee einen Beitrag zur **Verbesserung der Qualitäts-, Kosten- oder Umsatzsituation des Unternehmens leisten?**
- Ist die Umsetzung der Idee förderlich für die **Mitarbeitermotivation?**
- Kann das **Unternehmensimage** durch die Umsetzung der betreffenden Idee **aufgewertet werden?**
- Welcher **konkrete Aufwand** ist mit einer Umsetzung verbunden?

In einem Kriterienkatalog können alle für wesentlich erachteten Kriterien in strukturierter Form festgehalten und gewichtet werden. Sie orientieren sich in der Regel an den Zielen, die mit der Realisierung einer Idee erreicht werden sollen, und so ist für jedes Bewertungskriterium eine entsprechende Zielgröße festzulegen, z. B. eine Absatzsteigerung über die unternehmenseigene Website um 5 Prozent oder eine Reduktion der Wartezeit beim Check-Out um 10 Prozent. Qualitative Ziele sind oftmals schwerer messbar, und der innovierende Gastgeber muss in diesem Fall bisweilen »Umwege« für eine Operationalisierung – für eine Messbarmachung – einschlagen, z. B. die Anzahl an

BEISPIELE FÜR BEWERTUNGSKRITERIEN

WIRTSCHAFTLICHE MERKMALE
- Return-on-Investment
- Umsatz
- Gewinn
- Kosten

ABSATZWIRTSCHAFTLICHE MERKMALE
- Marktwachstum
- Wettbewerbssituation
- Fit zum vorhandenen Leistungsprogramm

ZEITLICHE MERKMALE
- Voraussichtlicher Produktlebenszyklus
- Amortisationszeit

ARBEITSWISSENSCHAFTLICHE MERKMALE
- Beanspruchung und Belastung der Mitarbeiter
- Motivation
- Qualifikation

BEWERTUNGSKRITERIEN

Quelle: eigene Darstellung in Anlehnung an VAHS und BREM 2013, S. 316

Verbesserungsvorschlägen als Zeichen der Mitarbeitermotivation (VAHS und BREM 2013, S. 317).

Wie kann die Ideenbewertung konkret von Statten gehen?

Der zuvor definierte individuelle Kriterienkatalog kann vom innovierenden Gastgeber beispielsweise in eine Checkliste übersetzt werden. So erfolgt die Bewertung von Anfang an auf systematische Weise. Ferner können mit relativ wenig Aufwand relativ eindeutige Aussagen über die Erfolgschancen einer Idee getroffen werden. Zuvor kann eine genaue Beschreibung der jeweiligen Idee erfolgen, die die Ergebnisse der Ideenfindung übersichtlich zusammenfasst. Dabei können neben qualitativen bereits auch quantitative Kriterien berücksichtigt werden, sofern die Idee bereits so ausgereift ist, dass sie sich in Zahlen beschreiben lässt (HARTSCHEN, SCHERER und BRUEGGER 2009, S. 52, 54). Die zuvor festgelegten Bewertungskriterien können, falls sinnvoll, lediglich mit den Antwortmöglichkeiten »ja« und »nein« versehen werden, oder aber mithilfe einer verbalen oder numerischen

EXEMPLARISCHE IDEENBESCHREIBUNG

I D E E N B E S C H R E I B U N G	Name der Idee			○ Radikal ○ Verbesserung ○ Routine		
	Beschreibung der Idee (evtl. mit Skizze)					
	Kundennutzen					
	Chancen dieser Idee					
	Gefahr dieser Idee					
	Umsetzbarkeit	○ SEHR HOCH	○ HOCH	○ MITTEL	○ TIEF	○ SEHR TIEF
	Marktpotenzial	○ SEHR HOCH	○ HOCH	○ MITTEL	○ TIEF	○ SEHR TIEF
	Notwendige Investitionen	○ SEHR HOCH	○ HOCH	○ MITTEL	○ TIEF	○ SEHR TIEF
	Passt die Idee zur Strategie?	○ SEHR HOCH	○ HOCH	○ MITTEL	○ TIEF	○ SEHR TIEF
	Gesamtbeurteilung	○ SEHR HOHES POTENZIAL	○ HOHES POTENZIAL	○ GEWISSES POTENZIAL	○ KLEINES POTENZIAL	○ SEHR KLEINES POTENZIAL
	FAZIT					

Quelle: HARTSCHEN, SCHERER und BRUEGGER 2009, S. 53

Skala bewertet werden. So kann beispielsweise das Bewertungskriterium »Mehrbelastung der Mitarbeiter« verbal von »sehr gering« bis »sehr hoch« oder von -2 bis +2 bewertet werden.

Werden zwei oder mehrere Ideen miteinander verglichen, so kann sich der innovierende Gastgeber für eine anschauliche und übersichtliche Gegenüberstellung des Instruments des sogenannten semantischen Differenzials bedienen. Hierzu werden für die zu vergleichenden Ideen alle bewertungsrelevanten Kriterien mithilfe einer Skala beurteilt, sodass sich die Unterschiede zwischen ihnen gut nachvollziehen lassen (VAHS und BREM 2013, S. 327). Die Entscheidung darüber, ob eine Idee weiterverfolgt werden soll, kann so auf anschauliche Art erleichtert werden.

Neben der qualitativen Bewertung gesammelter oder generierter Ideen kann für die Umsetzungsentscheidung zudem eine Beurteilung hinsichtlich der möglichen Wirkungen auf die Kosten- und Erlössituation des gastgewerblichen Unternehmens vorgenommen werden. Dies ist in der Regel aber erst dann möglich, wenn die betrachtete Idee bereits einen hohen Reifegrad erlangt hat (HARTSCHEN, SCHERER und BRUEGGER 2009, S. 54). Für eine quantitative Ideenbewertung kann sich der Innovator diverser Wirtschaftlichkeits- oder Investitionsrechnungen bedienen, wie beispielsweise der statischen

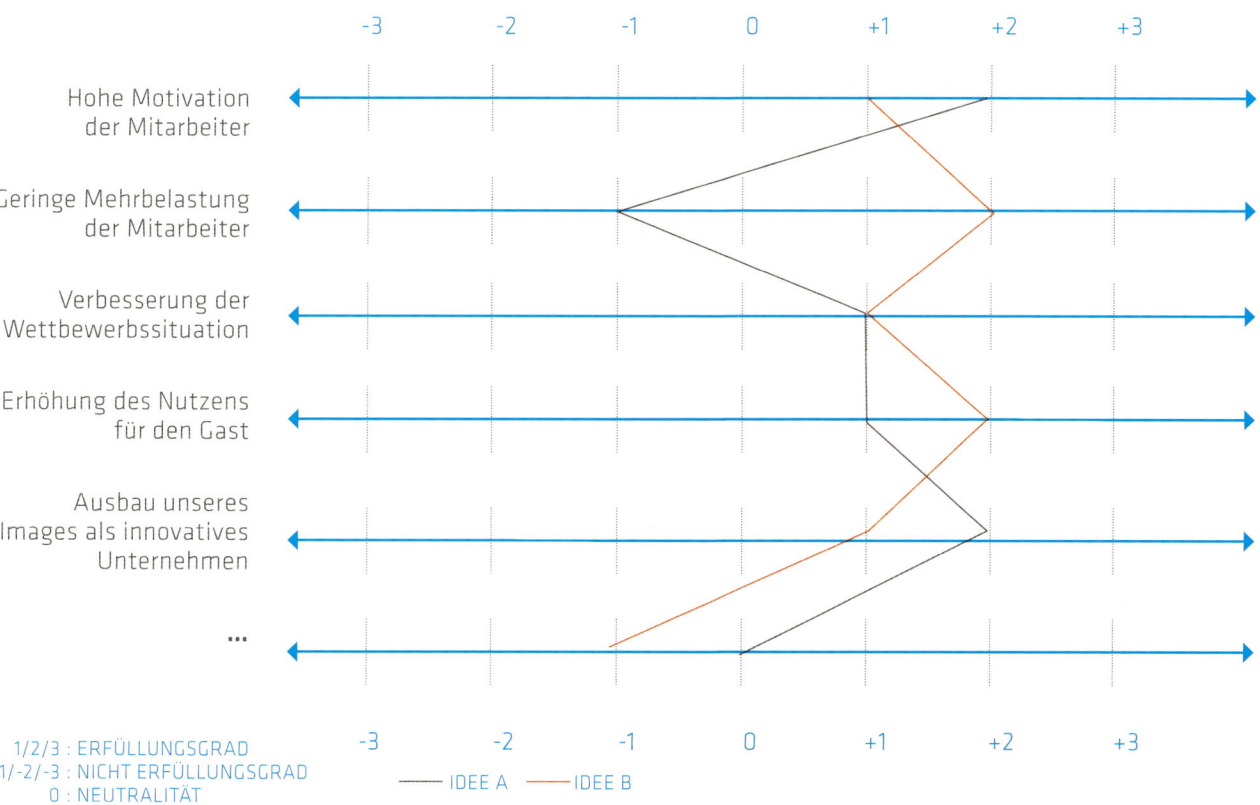

Quelle: eigene Darstellung in Anlehnung an VAHS und BREM 2013, S. 327

Kosten- und Gewinnvergleichsrechnung oder der dynamischen Kapitalwert- oder Annuitätenmethode. Diese Rechnungen zielen auf einen Vergleich der voraussichtlichen Ein- und Auszahlungsvorgänge von verschiedenen Ideen ab und liefern eindeutige quantitative Aussagen (VAHS und SCHÄFER-KUNZ 2012, S. 543 ff.). Je höher die mit einer Innovation verbundenen Investitionen sind, desto wichtiger ist die Durchführung einer geeigneten quantitativen Bewertung (HARTSCHEN, SCHERER und BRUEGGER 2009, S. 113).

Doch der Gastgeber muss die Ideenbewertung nicht alleine vornehmen. Womöglich unterstützt ihn ohnehin sein Berater, mit dem er die entsprechenden Ideen gesammelt oder generiert hat. Ferner erscheint es vor dem Hintergrund der Tatsache, dass der Erfolg einer Innovation in entscheidendem Maße von den Empfindungen der Abnehmer, der Gäste also, abhängt, sinnvoll, diese auch in diese Phase des Innovationsprozesses einzubeziehen (CHRISTENSEN, MATZLER und VON DEN EICHEN 2011, S. 129; HARTSCHEN, SCHERER und BRUEGGER 2009, S. 54). Denn letztlich geht es, zumindest bei jenen Innovationen, die nicht lediglich die internen Abläufe betreffen, immer um die Frage: »Werden unsere Gäste die neue Leistung mögen?« (VAN WULFEN 2013, S. 170). Über Lösungen auf Online-Portalen oder im Zuge von Crowdsourcing-Projekten kann der Gast befähigt werden, Punkte für die vorgestellte oder gemeinsam erarbeitete Idee hinsichtlich der zuvor kommunizierten Ziele zu vergeben (VAHS und BREM 2013, S. 229). So kann wiederum gewährleistet werden, dass eine spätere Innovation auch die tatsächlichen Kundenbedürfnisse erfüllt. Gleichzeitig erfährt die Idee im Falle ihrer Umsetzung eine hohe Unterstützung durch die involvierten Gäste, was in der Folge zu einer Erleichterung der Diffusion beitragen kann.

Mithilfe geeigneter Filterkriterien zu einer individuellen Ideenbewertung lässt sich dann systematisch entscheiden, welche Ideen

DIE BESTEN IDEEN KOMMEN IM SCHLAF, AUF REISEN ODER BEIM ZUHÖREN

Innovative Ideen generiert man nicht auf Knopfdruck. Impulse, äußere Reize sowie Zeit zum Reflektieren und kontroversen Diskutieren sind wichtig. Idealerweise besucht der (angehende) Unternehmer wettbewerbsintensive Städte wie London, Berlin, New York oder Hongkong, um sich inspirieren zu lassen.

Auch intensive Gespräche mit Gästen, die ihre Anliegen und Wünsche schildern, können Impulse für Innovationen hervorbringen. Je dringender das Gästebedürfnis und je höher die Bereitschaft, für diese Dienstleistung zu bezahlen, desto größer die Chance auf wirtschaftlichen Erfolg.

Wichtig: Ideen sofort notieren! Neben dem Bett sollte stets ein Notizblock nebst Stift bereit liegen.

im direkten Anschluss an ihre Bewertung umgesetzt werden sollen und welche womöglich erst später oder gar nicht. Jene Ideen, die nicht für eine unmittelbare Umsetzung ausgewählt werden, sind jedoch nicht automatisch unbrauchbar und sollten daher sorgfältig in einer entsprechenden Datenbank abgelegt werden (VAHS und BREM 2013, S. 347). Die Bewertung ist zu diesem Zeitpunkt jedoch noch nicht zur Gänze abgeschlossen: Bei der Konzeptentwicklung sowie bei den anschließenden Tests erfolgt eine fortlaufende Ideenbewertung im Hinblick auf das Ziel des größtmöglichen Innovationserfolgs (WALDER und POSPIECH 2006, S. 70).

3.3.2 | Konkretisierung und Erprobung der ausgewählten Ideen

Bevor die ausgewählten Ideen tatsächlich zu einer Innovation werden können, müssen sie zunächst in ein konkretes Konzept übersetzt werden, das gegebenenfalls getestet wird, bevor es schließlich implementiert wird. In dieser Prozessphase werden Ideen nicht nur greifbar gemacht, sondern es werden konkrete Antworten auf unternehmerische und strategisch relevante Fragen erarbeitet (HARTSCHEN, SCHERER und BRUEGGER 2009, S. 61). Dabei hängt der Aufwand für die Konzepterstellung von der Art der angestrebten Innovation ab. Handelt es sich um Ideen für niedriginnovative Verbesserungen, so kann oftmals auf bestehendes Wissen oder gesicherte Informationen zurückgegriffen werden. Anders verhält sich dies im Fall von radikalen Neuerungen. Ein verständliches und detailliertes Konzept kann eine spätere erfolgreiche Implementierung der Innovation in erheblichem Maße erleichtern (INNERHOFER 2012, S. 284).

So ist für das weitere Vorgehen klar abzugrenzen, welche Art der Innovation die betreffende Idee nach sich ziehen wird (VAN WULFEN 2013, S. 197). Ist ein detailliertes und fein gegliedertes Konzept notwendig, so beinhaltet dies unter anderem die folgenden Elemente, die sich in einem sogenannten Innovationssteckbrief festhalten lassen:

Aufbauend auf den Angaben im Innovationssteckbrief ist nun ein Grundgerüst für die

EXEMPLARISCHER INHALT EINES INNOVATIONSSTECKBRIEFS ZUR IDEENKONKRETISIERUNG

Quelle: eigene Darstellung in Anlehnung an HARTSCHEN, SCHERER und BRUEGGER 2009, S. 67 und VAN WULFEN 2013, S. 172, 196f.

mögliche Ideenrealisierung zu fertigen. Mit einfachen Mitteln wie Bildergeschichten oder Skizzen kann die Umsetzung einer Idee greifbar gemacht werden. Auch mithilfe sogenannter Moodboards können Ideen visualisiert werden. Mittels (digitaler) Collagen aus Fotografien oder Zeichnungen, welche teilweise mit Schlüsselworten oder Sinnsprüchen versehen sind, wird dem Betrachter ein atmosphärischer Eindruck des Produkts oder der Leistung vermittelt.

Bezieht sich die zu visualisierende Idee auf einen Schritt entlang der Wertschöpfungskette oder entlang der »Gasterlebniskette«, so können Blueprints zum Einsatz kommen. Diese stellen in grafischer Form eine exakte Abbildung eines Service- oder Dienstleistungsprozesses dar, und so kann anschaulich dargestellt werden, wo und in welcher Form eine Idee wirken soll (www.marketingberatung.de, siehe hierzu auch EINEN INDIVIDUELLEN INNOVATIONSPROZESS GESTALTEN UND VERFOLGEN).

Und schließlich können einfache Modelle, häufig auch Prototypen genannt, den Innovator dabei unterstützen, zuvor entwickelte Ideen greifbar zu machen. Anstatt beispielsweise Hotelzimmer aufwändig in Musterzimmer umzugestalten, können bei der Ideenkonkretisierung zunächst auch funktionsfähige Plastikmöbel, Konstrukte aus Pappmaché oder »Mini-Hotelzimmer« genutzt werden, um dem Betrachter den Nutzen oder die Verbesserung zu vermitteln.

Anschließend ist vom Innovator die Entscheidung zu fällen, ob das Konzept vor seiner Einführung getestet werden soll oder kann. Inkrementelle Innovationen bedürfen häufig keiner vorherigen Versuche, da der Kundennutzen bekannt und gesichert und auch das Lösungsprinzip nicht neu oder unbekannt ist. Die Einführung tragbarer Minibars anstelle von Minibars auf jedem Hotelzimmer, die fortlaufend auf Sauberkeit und das Mindesthaltbarkeitsdatum ihres Inhalts überprüft werden müssen und zudem einen hohen Stromverbrauch aufweisen, erfordert beispielsweise keine großangelegte Testphase. In anderen Fällen wären Erprobungen zwar vielleicht notwendig, jedoch nur schwer oder gar nicht möglich. Hier kommt einer möglichst detaillierten Konzeptentwicklung eine zentrale Bedeutung für den Umsetzungserfolg zu (INNERHOFER 2012, S. 68). Können Versuche hingegen durchgeführt werden, so kann dabei das in dieser Prozessphase erarbeitete Konzept für eine etwaige Implementierung noch erweitert oder verfeinert werden.

Wie können konkretisierte Ideen nun aber getestet werden?
Definitionsgemäß ist ein Test eine »Prüfung zur Feststellung der Eignung, der Eigenschaften oder der Leistung [...] einer Sache«. Bevor im Rahmen einer Ideenverwirklichung also hohe Investitionen getätigt und umfassende zeitliche und personelle Ressourcen gebunden werden, kann sich der Innovator von der tatsächlichen Leistungsfähigkeit einer Idee im Rahmen von Konzepterprobungen überzeugen. Sollte sich eine Invention als wenig erfolgreich erweisen, so kann sie vor der betrieblichen Realisation und der damit verbundenen Markteinführung in der Regel verworfen werden, ohne immense Verluste nach sich zu ziehen.

Tests werden in einem kleinen Rahmen vorgenommen, welcher jedoch durchaus repräsentativ für den Gesamtzusammenhang zu sein hat. Dabei sollten sie stets neben der Perspektive des Gastes, der ja die spätere Innovation nutzen soll, auch den Blickwinkel der Innovationserbringer, der Mitarbeiter also, berücksichtigen (VAN WULFEN 2013, S. 172 und JONES 1996, S. 89). Um dies zu ermöglichen, sollten daher beide Akteure in die Tests involviert werden. Zudem sind sämtliche weiteren an einer Innovation beteiligten Parteien wie etwa externe Berater oder Kooperationspartner in die Testphase einzubeziehen. So kann eine Vielzahl von Blickwinkeln eingenommen werden, welche weitere Modifikationen und Verbesserungen erlaubt.

Entscheidet sich der Gastgeber für die Durchführung von Tests, so ist es von zentraler Bedeutung, dass er die Tester weder beeinflusst noch stört. Suggestivfragen – Fragen also, die so gestellt sind, dass eine bestimmte Antwort besonders nahe liegt, sind genauso zu vermeiden wie eine im übertragenen Sinne elterliche Bevormundung im Falle von Verständnisschwierigkeiten. Aus einer Nicht-Einhaltung können verfälschte Ergebnisse resultieren, die schlimmstenfalls einen Misserfolg einer Innovation nach sich ziehen.

Für die Durchführung von Tests steht dem Gastgeber eine Reihe von Möglichkeiten zur Verfügung. Zum einen können die zu Visualisierungszwecken angefertigten Miniaturen, Collagen, Prototypen usw. für die Erprobung der Leistungsfähigkeit genutzt werden (WALDER und POSPIECH 2006, S. 78). Kann der Tester bereits in diesem Zusammenhang den intendierten Nutzen der entwickelten Idee erkennen und findet er Gefallen daran, so scheint eine Umsetzung aussichtsreich.

Plant ein Hotelier die innovative Neugestaltung seiner Zimmer, so können Musterzimmer Aufschluss über die tatsächliche Wahrnehmung durch den Gast oder auch durch das Reinigungspersonal geben (INNERHOFER 2012, S. 282). Zwar mögen diese bereits in die Ideenentwicklung einbezogen worden sein, doch sind sie wie jeder Mensch nicht in der Lage, Zukünftiges oder ihnen Unbekanntes mit Sicherheit vorherzusagen und zu beurteilen. So können durchaus Diskrepanzen zwischen der Ideenrealisierung und den tatsächlichen Vorstellungen und Wünschen auftreten. Die Testphase erlaubt es dem Gastgeber, Nachbesserungen vorzunehmen, bevor er sein gesamtes Hotel umbauen lässt. Im Falle von Musterzimmern sollten für die Innovationszielgruppe repräsentative Gäste dafür gewonnen werden, einen Aufenthalt im besagten Musterzimmer zu verbringen und während sowie nach der Erfahrung sämtliche Eindrücke und Anmerkungen zu äußern (WALDER und POSPIECH 2006, S. 78).

Erfahrungsberichte der Tester können in schriftlicher Form erfolgen, mithilfe von Instant-Feedback-Systemen oder im Rahmen von persönlichen Gesprächen. Gibt es beispielsweise Stammgäste, auf deren Meinung der Gastgeber großen Wert legt, die jedoch im Zeitraum der Testphase das Hotel nicht besuchen können, so sind auch internetbasierte Lösungen denkbar. Mithilfe von 360°-Rundgängen können Musterzimmer unter anderem sehr anschaulich dargestellt werden.

Ein Musterzimmer sollte zusätzlich am internen Markt getestet werden, und so sollten auch die Mitarbeiter die Möglichkeit erhalten, die Leistung aus der Perspektive des Gastes zu erleben. Diese kombinieren sie automatisch mit ihrem eigenen Blickwinkel und so können wertvolle Verbesserungsvorschläge entstehen. Zudem erhöht der aktive Einbezug der Mitarbeiter in jede Prozessphase deren Identifikation mit der Innovationstätigkeit ihres Unternehmens.

Bei Tests in Form von persönlichen Gesprächen mit dem Gast können ferner zuvor erarbeitete Blueprints zum Einsatz kommen, wenn es sich bei der Idee um eine künftige Innovation im Bereich der für den Gast sichtbaren Prozesse handelt. Auch so kann der Innovator Anhaltspunkte über die tatsächliche Leistungsfähigkeit der entwickelten Idee gewinnen. Der Gast ist durch die Visualisierung der Dienstleistung in der Lage, Mängel festzustellen, die der Gastgeber womöglich aus seinem Blickwinkel heraus nicht erkannt hat, und so können in der Folge entsprechende Modifikationen und Anpassungen vorgenommen werden (WALDER und POSPIECH 2006, S. 77f.).

Möchte ein Restaurant eine neue kulinarische Linie einführen, so können und sollten Tests wiederum sowohl die Gäste als auch die Mitarbeiter einbeziehen. Letztere können schließlich keine erfolgreichen Empfehlungen über etwas aussprechen, was sie selbst noch nie verkostet haben. Indem der Gastronom seinen Gästen beispielsweise täglich ein Gericht der neuen Linie anbietet, kann er erproben, ob diese Gefallen an der Idee finden, bevor die Idee sich zur Innovation entwickelt. Die Identifikation der Mitarbeiter mit der neuen Leistung wird dadurch genauso erhöht wie die Erfolgswahrscheinlichkeit bei einer späteren Implementation.

Sämtlichen Tests gemein ist das Erfordernis der Ungestörtheit des Gastes bei der Durchführung der Erprobung. Unabhängig davon, ob er in einem Musterzimmer nächtigt, neue Gerichte verkostet, Blueprints interpretieren soll etc., kann eine Idee nur dann erfolgversprechend sein, wenn sie so aufbereitet ist, dass ihr Nutzen für den Gast selbsterklärend ist. Dies bedeutet in der Folge jedoch nicht, dass der Gastgeber seine Tester vollkommen sich selbst überlassen soll. Vielmehr gilt es, diese wenn möglich im Umgang mit der Neuerung zu beobachten

»WER NICHT MIT DER ZEIT GEHT, GEHT MIT DER ZEIT«
Dieses Zitat des Bankiers Volker van Rüth hat sich Direktor Thomas Behrendt von den SI-Suites in Stuttgart quasi auf die Fahnen geschrieben. Was das heißt? Seit einem Jahr ist sein Haus beim Forschungsprojekt »Futurehotel« des Fraunhofer-Instituts dabei. »Als Einzelhotel neben Playern wie Hilton oder Motel One«, so Behrendt. »Warum sollen wir nicht versuchen, oben mitzuspielen?«
Sein Ziel: Die SI-Suites für die Zukunft rüsten – mit neuester Technik und dem Know-how der Fraunhofer Forscher. Denn: »Das Smarthome hält zu Hause Einzug – das will der Gast auch im Hotel«, so Behrendt. Deshalb haben er und sein Team gemeinsam mit Elektrikern, Schreiner und Innenausstatter einen Zimmerprototyp entwickelt, der von Stammgästen getestet wird. Kostenfaktoren sind unter anderem den Planungsaufwand, die Handwerker-Einsätze und eine spezielle Serveranlage.
Quelle: GLOCKE 2015, online

und aktiv um ihre Rückmeldung zu bitten (JONES 1996, S. 88).

Insgesamt spielt insbesondere bei radikalen Neuerungen die Testphase eine bedeutende Rolle im Hinblick auf eine spätere möglichst hohe Fehlerfreiheit, Verlässlichkeit und Benutzerfreundlichkeit. Zudem dient die Testphase auch der Ermittlung konkreter Weiterbildungsbedarfe der Mitarbeiter und gibt Aufschluss darüber, wie eine Innovation später bestmöglich kommuniziert werden sollte (DE BRENTANI 2001, S. 176f.). Zwar können im Rahmen der Testphase mitunter wertvolle Vorsprünge vor den Mitbewerbern des innovierenden Unternehmens verloren gehen, doch mithilfe einer proaktiven Innovationskommunikation kann die Gefahr, die aus Imitationen durch den Wettbewerb resultiert, erheblich reduziert werden. Der hohe Nutzen, der aus Ideentest gezogen werden kann, sollte bei der Durchführungsentscheidung somit in besonderem Maße berücksichtigt werden (INNERHOFER 2012, S. 75).

CHECKLISTE ZUM ENTWICKELN VON INNOVATION | HINTERFRAGEN SIE SICH!

ZENTRALE FRAGEN FÜR EINE ERFOLGREICHE ENTWICKLUNG	RELEVANZ BEWUSST – FRAGE WIRD BEREITS NACHGEGANGEN	RELEVANZ ERKANNT – FRAGE WIRD NUN NACHGEGANGEN
Nutzen Sie für Ihre Innovationstätigkeit einen strukturieren, unternehmensspezifischen Formalprozess? Haben Sie diesen mithilfe eines geeigneten Modells schematisch abgebildet?	○	☐
Bedienen Sie sich zur Gewinnung neuer Ideen sowohl der Methode der Ideensammlung als auch jener der Ideengenerierung?	○	☐
Legen Sie vor der Ideenfindung Suchfelder fest, um eine ineffiziente Ideensuche zu vermeiden?	○	☐
Versuchen Sie, das kreative Potenzial Ihrer Mitarbeiter mithilfe geeigneter Methoden gezielt zu entfalten? Konsultieren Sie hierzu auch externe Spezialisten?	○	☐
Geben Sie Ihren Gästen die Gelegenheit, sich an der Ideenfindung für Innovationen in Ihrem Unternehmen zu beteiligen?	○	☐
Werden sonstige unternehmensexterne Akteure planmäßig in die Ideengewinnung involviert?	○	☐
Nutzen Sie zur Bewertung von generierten und gesammelten Ideen in Bezug auf deren Umsetzbarkeit einen individuellen Kriterienkatalog? Erfolgt die Bewertung in systematischer Weise?	○	☐
Visualisieren Sie ausgewählte Ideen mithilfe von Moodboards, Skizzen, Blueprints oder Modellen, um die Verständlichkeit zu erhöhen?	○	☐
Führen Sie insbesondere bei radikalen Neuerungen Konzepttests vor einer tatsächlichen Ideenumsetzung durch?	○	☐

4 INNOVATION UMSETZEN

»Menschen mit einer neuen Idee gelten so lange als Spinner, bis sich die Sache durchgesetzt hat.« Mark Twain

Wird eine neue Idee erstmalig umgesetzt, beispielsweise im Rahmen von Ideentests, so spricht man von einer Invention – einer Erfindung. Selbst wenn diese Erfindung herausragend ist, garantiert das per se noch nicht ihren Erfolg. Erst wenn die Invention am Markt kommerzialisiert wird und sich durchsetzt, wird aus der Invention eine (erfolgreiche) Innovation (HAUSCHILDT und SALOMO 2011, S. 163). Mit der tatsächlichen Einführung einer neuen Idee beginnt schließlich auch ihr Lebenszyklus sowie ihre Diffusion – ihre Ausbreitung am Markt (PECHLANER, FISCHER und PRIGLINGER 2006, S. 123). Der Innovationsprozess und der Produktlebenszyklus greifen in dieser Phase ineinander, bevor eine Innovation in betriebliche Routine übergeht. Erfolgreich eingeführte Innovationen ermöglichen dem Gastgeber neben einer Umsatzsteigerung den Auf- und Ausbau existenzieller Wettbewerbsvorteile und tragen zu einer erhöhten Mitarbeiterzufriedenheit und -bindung bei (ENZ 2012, S. 189).

Ideen als Ergebnis kreativer, offener Prozesse müssen in der Phase der Umsetzung somit mithilfe von strukturierten und präzisen »Fahrplänen« in marktfähige und wirtschaftlich erfolgreiche Leistungen übersetzt werden (HARTSCHEN, SCHERER und BRUEGGER 2009, S. 120).

Der Umsetzungsvorgang kann dabei in Abhängigkeit der Innovationsart in erheblichem Maße variieren. Handelt es sich bei der umzusetzenden Idee um eine Idee, die zwar als solche neu ist, deren Art oder Bezugsbereich im gastgewerblichen Unternehmen jedoch bereits bekannt ist, so kann mitunter auf Prozesse aus der Vergangenheit zurückgegriffen werden. Bei Ideen hingegen, denen bis dato keine vergleichbaren Problemlösungen gegenüberstehen und für die somit keinerlei Umsetzungserfahrung vorliegt, muss eine Realisierung im Rahmen einer präzisen Projektplanung und -durchführung erfolgen (VAHS und BREM 2013, S. 371).

Welche konkreten Schritte nun für eine erfolgreiche Umsetzung zuvor ausgewählter und gegebenenfalls getesteter Ideen von Nöten sind, zeigen die nächsten Abschnitte auf.

DIE IDEENUMSETZUNG IM KONTEXT DES PRODUKTLEBENSZYKLUS

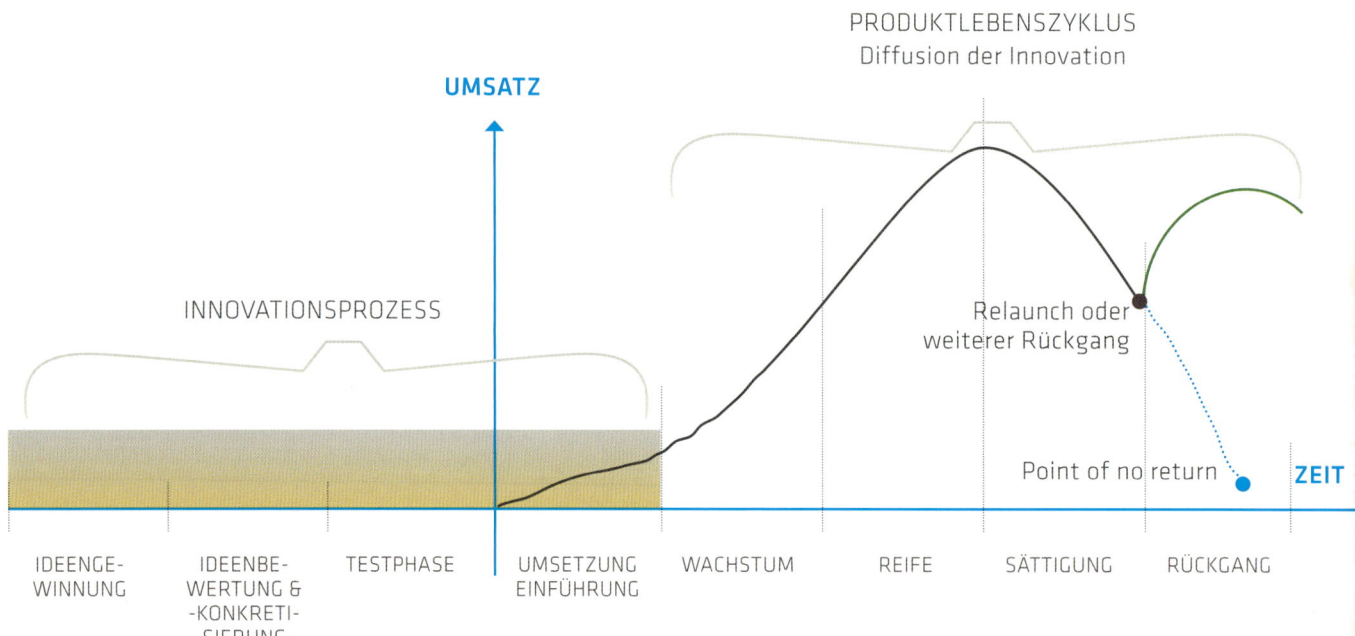

Quelle: eigene Darstellung nach WALDER und POSPIECH 2006, S. 80

INNOVATIONEN UMSETZEN, OHNE DIE WIRTSCHAFTLICHE EXISTENZ ZU GEFÄHRDEN
VORSICHT BEI DIESEN KOSTENFALLEN UND STOLPERSTEINEN

- Brauereiverträge: Den Abschluss eines Bierlieferungsvertrags gut durchdenken.

- Vermieter: Eine gute Beziehung zu ihm kann einiges erleichtern.

- Vorpächter: Trägt das Objekt ein schlechtes Image des Vorgängers?

- Gewerbeaufsicht: Sicherheitsvorschriften einhalten!

- Lebensmittelkontrolle: Hygiene zahlt sich aus!

- Nachbarn: Klärende Gespräche vorab, die für ein gutes Verhältnis sorgen, sind von Vorteil! Schnell können sonst Klagen wegen Müllentsorgung oder Ruhestörung kommen.

- Grundbuchbelastungen: Gut nach Nutzungsbeschränkungen schauen!

- Parkplatzablösen: Fünfstellige Ablösen sind keine Seltenheit, also Vorsicht!

- Sicherheitsübereignungen: Ist abgelöstes Inventar sicherheitsübereignet?

- Eigentumsprüfung bei Abstandszahlung: Liegen Pfändungen von abgelöstem Inventar vor? Schriftlich bestätigen lassen, dass dies nicht der Fall ist!

- Steuerberater & Geschäftsführer: Wollen beide gut ausgesucht sein, nicht nur weil es um die eigenen Finanzen geht.

- Geschäftsausstattung und Unternehmerlohn: Unterschiedliche Auffassungen zwischen gründenden Partnern müssen ausdiskutiert werden.

4.1 | Letzter Halt: Markterfolg – einen innovationsspezifischen Umsetzungsplan entwickeln und einhalten

Sämtliche innovativen Unternehmungen eines Gastgebers, bestehend aus den Schritten Planung, Entwicklung und Umsetzung, weisen im Allgemeinen die Eigenschaften von Projekten auf. Somit stellt sich die operative Umsetzung zuvor ausgewählter Ideen mithilfe des klassischen Projektmanagements als erfolgversprechend heraus. Doch was ist unter einem Projekt sowie dessen Management zu verstehen?

Als Projekt bezeichnet man ein einmaliges, neuartiges, zeitlich befristetes, zielorientiertes und komplexes Vorhaben, dem nur begrenzte Ressourcen zur Verfügung stehen und welches eine intensive sowie genau abgestimmte Zusammenarbeit aller Beteiligten erfordert. Das Projektmanagement umfasst dementsprechend die zielgerichtete Planung, Durchführung und Kontrolle (Management) eines Projekts (KARAVUL 2015, online).

Im Zusammenhang mit der Einmaligkeit, der Neuartigkeit und nicht zuletzt der Komplexität von Innovationsprojekten mag deren Planbarkeit dabei in der Tat schwierig erscheinen. Gleichwohl erweist sich auch in dieser Phase des Innovationsprozesses ein geplantes und zielorientiertes Vorgehen als möglich und notwendig, um zuvor entwickelte Ideen schließlich erfolgreich am Markt etablieren zu können (MADAUSS 1995, S. 682). Hierzu empfiehlt es sich, einen unternehmenseigenen, innovationsspezifischen »Umsetzungsfahrplanplan« zu entwickeln, dessen Einhaltung durch laufende Überprüfungen gewährleistet werden sollte. Im Rahmen dieses Fahrplans sollten sämtliche Stationen des Umsetzungsvorgangs angefahren werden, um schließlich wohlbehalten und zügig zur Endstation – der erfolgreichen Vermarktung der jeweiligen Ide – zu gelangen. Eine transparente Offenlegung des geplanten Ablaufs sowie die zeitnahe und offene Kommunikation in Bezug auf den jeweils aktuellen Umsetzungsstand unterstützen dabei alle am Innovationsprojekt Beteiligten bei deren persönlichem Beitrag zu einer erfolgreichen Ideenumsetzung (HARTSCHEN, SCHERER und BRUEGGER 2009, S. 140).

Wie ist bei der Entwicklung eines individuellen Umsetzungsplans vorzugehen?
Typischerweise beginnt die Ideenumsetzung bei Anwendung des klassischen Projektmanagements mit der Projektvorbereitung. In Anlehnung an die im vorangehenden Prozessschritt getätigte Ideenkonkretisierung und -erprobung wird die ausgewählte Idee nun weiter präzisiert. Erste Teilziele zur Erreichung des Gesamtziels, welche durch sogenannte Meilensteine zeitlich terminiert werden, können nun formuliert werden. Im Anschluss an die Projektvorbereitung erfolgt die Projektplanung. Nun werden Ziele, Aufgabeninhalte sowie der Projektablauf als solcher zeitlich und im Hinblick auf die benötigten Kapazitäten geplant. Hierzu erstellt der Innovator eine Reihe von Teilplänen, die konkrete Arbeitsschritte, Termine, einzusetzende Technologien, Verantwortlichkeiten usw. beinhalten. Abschließend werden im Zuge der Projektrealisierung die einzelnen Pläne in die Tat umgesetzt und somit die Idee am Markt eingeführt (BROCKHOFF 1994, S. 282).

Vor dem Hintergrund des sogenannten Uno-Actu-Prinzips, durch welches sich Dienstleistungen stets auszeichnen und das bedingt, dass die Leistungserstellung und der Leistungsabsatz zeitlich zusammenfallen, entspricht folglich bei Dienstleistungsinnovationen deren innerbetriebliche Realisierung zugleich der Markteinführung (INNERHOFER 2012, S. 283). Bei Innovationen, deren Neuheitsgrad hoch ist – die Neuheit kann sich dabei auf das innovierende Unternehmen oder auf die Konsumenten der Innovation oder auf beide Parteien beziehen –, kommt somit vorherigen Tests eine entscheidende Bedeutung zu. Sie ermöglichen den Mitarbeitern, die die Dienstleistungsinnovation später ausführen werden, den Vorgang zuvor zu erproben und ihn bei der tatsächlichen Markteinführung bereits möglichst fehlerfrei vornehmen zu können. Dies entbindet den Gastgeber jedoch nicht von der Aufgabe, seine Mitarbeiter vorab entsprechend zu schulen und ihre

PHASEN VON INNOVATIONSPROJEKTEN UND UMSETZUNGSRELEVANTE ERFOLGSFAKTOREN

Quelle: eigene Darstellung

Fähigkeiten zu erweitern, wenn eine Ideenumsetzung dies erfordert.

Welche Stationen beinhaltet der Realisierungsfahrplan?

1. HALT: PROJEKTZIELE FORMULIEREN

Eine zentrale Voraussetzung für eine erfolgreiche Projektdurchführung ist die Klarheit über die zu erreichenden Ziele. Somit erfolgt in einem ersten Schritt eine detaillierte schriftliche Formulierung der abgestrebten wirtschaftlichen und zeitlichen Projektziele. Ein Vorgehen »vom Groben zum Detail« erweist sich dabei als zielführend. Wirtschaftliche Ziele umfassen beispielsweise die angestrebte Preispositionierung, die geplante Absatzmenge oder die voraussichtlichen Marktanteile. Diese werden in der Folge um konkrete terminliche Vorgaben ergänzt.

In diesem Zusammenhang legt der Gastgeber nicht nur einen Endtermin für das Projekt, sondern überdies verbindliche Meilensteine fest. Meilensteine markieren dabei Zeitpunkte, bis zu welchen bestimmte Ergebnisse zwingend vorliegen müssen, damit der restliche Verlauf des Innovationsprozesses nicht gefährdet wird (VAHS und BREM 2013, S.383). Mit Erreichen eines Meilensteins wird darüber hinaus der entsprechende Projektabschnitt abgeschlossen. Der Vorteil der Anwendung der Meilenstein-Technik liegt nicht nur in deren Übersichtlichkeit und der daraus folgenden klar verständlichen Prozessstruktur. Das gemeinsame Erreichen eines zwingenden Ergebnisses fördert zudem die Motivation aller Projektbeteiligten und macht den Projektfortschritt greif- und überprüfbar (HAUSCHILDT und SALOMO 2011, S.321, 330). Je geringer der zeitliche Abstand zwischen den einzelnen Meilensteinen ist, desto schneller gelingt insgesamt die Umsetzung des Innovationsprojekts (HAUSCHILDT und SALOMO 2011, S.319).

Bei der Umsetzung von radikalen Ideen muss dem innovierenden Gastgeber bisweilen die Gratwanderung zwischen einer detaillierten Feinplanung und der Aufrechterhaltung eines gewissen Maßes an Flexibilität gelingen. Im Laufe des Umsetzungsprozesses können einzelne Parameter von der zuvor getätigten Planung abweichen, sodass entsprechende Anpassungen vorzunehmen sind.

2. HALT: TEILPROJEKTE DEFINIEREN

Nach der Planung der Projektziele gilt es, den Vorgang der Ideenumsetzung in einzelne Arbeitsschritte zu zerlegen. Aus diesen resultieren konkrete Teilprojekte und Arbeitspakete, die die entsprechenden Mitarbeiter im Zuge der Projektrealisierung später umsetzen müssen. Derartige Teilprojekte sind beispielsweise in Bezug auf die folgenden Aspekte zu planen (HARTSCHEN, SCHERER und BRUEGGER 2009, S. 126, 132):

- Erstellung eines Marketingkonzepts, das eine detaillierte Leistungsspezifikation, die angestrebten Vertriebskanäle für den Absatz der Innovation, Preistabellen, Kommunikationsmittel, Verkaufsförderungsmaßnahmen etc. enthält
- Notwendige Schulungen der Mitarbeiter für eine fehlerfreie Erbringung der Innovation
- Für die Ideenumsetzung erforderliche unterstützende Technologien und deren Reifegrad
- Auslagerung bestimmter Teilprojekte an unternehmensexterne Akteure im Falle von Kooperationen
- Eventuelle Erweiterungen der betrieblichen Infrastruktur

Im Zusammenhang mit der Zerlegung des Innovationsprojekts in Teilprojekte und einzelne Arbeitspakete ist festzulegen, wer für die jeweiligen Aufgaben und deren Erfüllung verantwortlich zeichnet. Dank einer innovationsoffenen Unternehmenskultur und dem Empowerment der Mitarbeiter herrscht zwar ein allgemein hohes Verantwortungsbewusstsein für die planmäßige Durchführung von Innovationsprojekten. Dennoch ist das Festlegen klarer Verantwortlichkeiten unerlässlich für eine systematische Projektabwicklung sowie für eine genau abgestimmte Zusammenarbeit aller Projektbeteiligten.

3. HALT: TERMINPLAN ERSTELLEN

Unter Berücksichtigung der voraussichtlichen Bearbeitungsdauer der einzelnen Arbeitsschritte und Teilprojekte sowie deren Abhängigkeiten wird nun ein Terminplan erstellt. Dadurch werden die zuvor festgelegten Meilensteine entweder verifiziert oder ein etwaiger Modifikationsbedarf aufgedeckt. Im Terminplan werden nicht nur Anfangszeiten jedes Arbeitspakets und deren Ausführungsdauer festgelegt, sondern er erlaubt es dem Gastgeber auch, mögliche zeitliche Engpässe zu eruieren und in der Folge entsprechend zu berücksichtigen (BÜRGEL, HALLER und BINDER 1996, S. 129).

4. HALT: ABLAUFPLAN ERSTELLEN

Wurde das Innovationsprojekt in einzelne Arbeitsschritte und Teilprojekte (sachliche Ebene) zerlegt und deren jeweilige realistische Bearbeitungsdauer festgelegt (zeitliche Ebene), so werden in einem Ablaufplan die sachliche und die chronologischen Reihenfolge miteinander verknüpft. Dadurch wird sichtbar, ob einzelne Arbeitsschritte womöglich parallel zueinander ablaufen oder ineinander integriert werden können. Im positiven Falle können zeitliche Einsparungen realisiert oder etwa erforderliche Anpassungen von Arbeitsschritten an veränderte

FAHRPLAN VON DER IDEENAUSWAHL ZUR MARKTEINFÜHRUNG

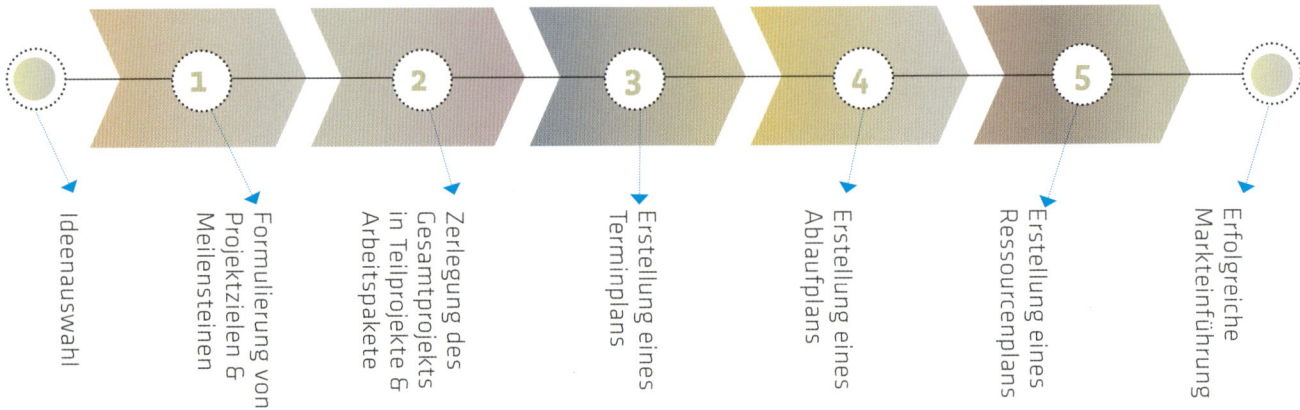

Quelle: eigene Darstellung

Parameter flexibel vorgenommen werden (VAHS und BREM 2013, S. 379, 384).

5.HALT: RESSOURCENPLAN ERSTELLEN

Schließlich sind den Teilprojekten und Arbeitspaketen entsprechend ihres Aufwands die erforderlichen sachlichen, personellen sowie finanziellen Ressourcen zuzuordnen. Dieser Ressourcenplan ermöglicht durch die monetäre Bewertung des Ressourceneinsatzes eine Bezifferung der tatsächlichen Projektkosten (VAHS und BREM 2013, S. 384). Im Falle einer Abweichung des in der Ideenbewertung vorgenommen Kostenvoranschlags können an dieser Stelle Anpassungen vorgenommen werden, damit die Projektrealisierung möglichst reibungslos von Statten gehen kann.

Zur anschaulichen integrativen Darstellung sämtlicher Teilpläne und Arbeitspakete im Zeitablauf kann sich der Gastgeber klassischer Balkendiagramme bedienen. Der Einsatz geeigneter Programme der elektronischen Datenverarbeitung (z. B. Microsoft Project) oder Tabellenkalkulationssysteme (z. B. Microsoft Excel) vermögen ihn bei deren Erstellung in erheblichem Maße zu unterstützen (VAHS und BREM 2013, S. 385f.).

Während bei der Einführung inkrementeller Innovationen auf aufwändige Projektpläne verzichtet werden kann, ist die erfolgreiche Realisierung radikaler Ideen in hohem Maße von genau abgestimmten Umsetzungsplänen abhängig (HARTSCHEN, SCHERER und BRUEGGER 2009, S. 136). Doch auch im Rahmen der Umsetzung inkrementeller Verbesserungen trägt ein strukturierter Plan, dessen Gestaltung dank der geringeren Unsicherheit und Neuartigkeit als bei radikalen Neuerungen oftmals erheblich einfacher ist, zu einer erheblichen Effizienzsteigerung bei (DE BRENTANI 2001, S. 178). Parallel zum Tagesgeschäft können Ideen dadurch planmäßig und zielkonform eingeführt werden, ohne einen Konflikt zwischen betrieblicher Routine und der Innovationstätigkeit auszulösen.

Zusammenfassend ermöglicht die Umsetzung neuer Ideen unter Zuhilfenahme des Projektmanagements dem innovierenden Gastgeber,
- die Zusammenarbeit aller beteiligten Akteure zu koordinieren,
- Schnittstellen effizient abzustimmen und
- Prozessabläufe transparent darzustellen.

BALKENDIAGRAMME ZUR VISUALISIERUNG VON AUFGABENPAKETEN IM ZEITABLAUF

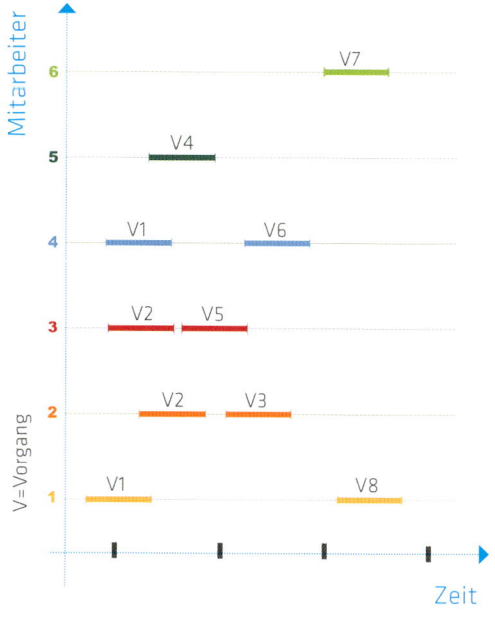

Quelle: eigene Darstellung in Anlehnung an VAHS und BREM 2013, S. 385

DIE WERBEBOTSCHAFT ALS
AUSLÖSER FÜR DEN PROZESS DER
INNOVATIONSANNAHME

4.2 | Tue Innovatives und sprich darüber

Getreu dem Motto für eine erfolgreiche Öffentlichkeitsarbeit, »Tue Gutes und rede darüber« muss der innovierende Gastgeber im Rahmen der Umsetzung neuer Ideen Sorge dafür tragen, dass diese Ideen in einer Form vermarktet werden, die ihre Umsetzung in erfolgreiche Innovationen fördert. Hierbei unterstützt ihn eine unverfälschte und überzeugende Innovationskommunikation.

Unter der Innovationskommunikation wird eine systematisch geplante und durchge-führte Kommunikation verstanden, die darauf abzielt, Verständnis für und Vertrauen in eine Innovation zu schaffen. Überdies trägt sie dazu bei, das gastgewerbliche Unterneh-men in seiner Rolle als Innovator auszuzeichnen sowie diese Rolle in der Wahrnehmung der Gäste zu verankern (ZERFASS, SANDHU und HUCK 2004, S. 56).

Quelle: eigene Darstellung

Die Innovationskommunikation richtet sich dabei gleichermaßen an externe und interne Anspruchsgruppen. Die Mitarbeiter als Erbringer einer innovativen Leistung wie auch die Gäste als Co-Produzenten dieser Leistung müssen von der Vorteilhaftigkeit der Neuerung überzeugt sein, damit sich das innovierende Unternehmen mit jener am Markt zu profilieren vermag (WALDER und POSPIECH 2006, S. 81). Zu den externen Anspruchsgruppen zählen des Weiteren Lieferanten, Kooperationspartner und auch Wettbewerber. Somit sind Anstrengungen sowohl in Bezug auf eine unternehmensinterne als auch hinsichtlich einer aussagekräftigen externen Kommunikation zu unternehmen.

Neben der Wahl geeigneter Innovationskanäle spielt auch die Schaffung einer gehaltvollen Werbebotschaft eine zentrale Rolle für den Erfolg der Innovationskommunikation. Dieser Botschaft muss es gelingen, die aus der Neuartigkeit, durch die sich Innovationen stets auszeichnen, resultierende Unsicherheit der Anwender und Konsumenten zu minimieren. Überdies soll sie die Aufmerksamkeit und das Interesse des Adressierten wecken, damit dieser im Anschluss, bestärkt durch eine daran anknüpfende weiterführende Kommunikation, einen (Probe-) Kauf der neuen Leistung in Betracht zieht und letztlich auch tätigt. Im Optimalfall verwandelt sich dieser »Probekonsument« in einen regelmäßig konsumierenden Gast der neuen Leistung (VAHS und BREM 2013, S. 396ff.) und die Innovation etabliert sich am Markt.

Insgesamt muss die Innovationskommunikation konsistent sein, zum Unternehmen sowie den anvisierten Zielgruppen passen und dabei die Erreichung der Innovations- und allgemeinen Unternehmensziele unterstützen.

4.2.1 | Mit wirkungsvoller externer Kommunikation von der Invention zur Innovation

Welche Rolle spielt die externe Kommunikation bei der Ausbreitung einer neuen Idee?

Ob eine Idee eines gastgewerblichen Unternehmens zum Erfolg und somit zu einer Innovation wird, entscheidet letztlich der Markt. Gewohnte Verhaltensweisen oder Denkmuster werden jedoch in den seltensten Fällen ohne Weiteres abgelegt. Existiert nun aber eine bessere Lösung für ein Problem als bisher, wird diese durchaus gerne angenommen (VAN WULFEN 2013, S. 122). Doch muss diese überlegene Lösung auch entdeckt werden. Der Gastgeber sollte dabei nicht warten, bis dies irgendwann einmal durch Zufall geschieht, sondern den Entdeckungsvorgang aktiv ins Rollen bringen (BRAULT 2007, S. 106). So spielt die Gestaltung der externen Kommunikation einer Idee eine ebenso zentrale Rolle in der Phase der Umsetzung wie ein strukturierter und detaillierter »Umsetzungsfahrplan« (siehe hierzu LETZTER HALT: MARKTERFOLG – EINEN INNOVATIONSSPEZIFISCHEN UMSETZUNGSPLAN ENTWICKELN UND EINHALTEN) (THIEL 2014, S. 25). Mag eine Idee noch so gut und nutzenstiftend sein – wenn der Gast um sie nicht weiß oder von ihrer Vorteilhaftigkeit nicht nachhaltig überzeugt werden kann, so ist aller Aufwand des bisherigen Innovationsprozesses womöglich vergebens (OTTENBACHER und GNOTH 2005, S. 206).

Doch muss der Gast nicht nur von einer neuen Idee überzeugt werden. Vielmehr muss er insbesondere im Falle von radikalen Neuerungen deren Anwendung womöglich erst erlernen (POMPL und BUER 2006, S. 33). Den erhöhten Erklärungsbedarf beim Gast dabei zu decken, ist ebenfalls Aufgabe der Innovationkommunikation (HAUSCHILDT und SALOMO 2011, S. 163). Handelt es sich bei der Innovation um eine Dienstleistungsinnovation, die aufgrund ihrer Immaterialität für ihre Anwender und Konsumenten nicht greifbar ist, kann der Einsatz geeigneter Kommunikationselemente helfen, die neue Leistung zu visualisieren. Mit Logos, Bildern, bestimmten Farben usw. kann es gelingen, Immaterielles dinglich und (be)greifbar zu machen (DE BRENTANI 2001, S. 179).

WIE »VIEL DESIGN FÜR WENIG GELD« DEN MARKT UNTER ANDEREM MITHILFE EINER FARBE UND AUF DEN STANDORT ABGESTIMMTEM DESIGN EROBERN KONNTE

Mit der zitierten Philosophie gewinnt die Hotelmarke Motel One zunehmend Marktanteile. Die Kombination von Low-Budget und Design kann zweifellos als erfolgreiche Innovation bezeichnet werden. Unterstützt wurde und wird die Diffusion des neuartigen Konzepts unter anderem durch die Farbe Türkis. Denn »Türkis ist verbindlich. Mit dieser Farbe teilt man seine Gefühle und Gedanken mit. Mit Türkis entfacht man das Feuer der eigenen Kreativität und drückt es aus.«

Quelle: SCHELLE-MUELLER 2011, S. 13 ff.

DIE ROLLE DER EXTERNEN INNOVATIONSKOMMUNIKATION BEI DER INNOVATIONSDIFFUSION

Quelle: eigene Darstellung

Mithilfe der Innovationskommunikation sucht der Gastgeber überdies nicht lediglich seine neue Idee zu vermarkten. Im gleichen Atemzug »verkauft« er auch sein Unternehmen als solches und vermittelt dem Gast die Unternehmensmarke sowie deren Werte und Kompetenzen (THIEL 2014, S. 136). Und schließlich dient eine wirkungsvolle externe Kommunikation dem Schutz einer guten Idee vor Imitationen sowie zur Abgrenzung des eigenen Unternehmens von seinen Wettbewerbern (DE BRENTANI 2001, S. 182).

Nachdem die Bedeutsamkeit der externen Innovationskommunikation in der Phase der Markteinführung nun anschaulich dargelegt wurde, stellt sich die Frage, was diese denn eigentlich beinhaltet.

Allgemein umfasst die externe Innovationskommunikation alle Interaktionen zwischen einem Unternehmen und seinen externen Anspruchsgruppen, welche Einfluss auf die erfolgreiche Vermarktung einer Innovation haben (BREM et al. 2011, S. 5).

Zu den externen Anspruchsgruppen eines Hotels oder Restaurants zählen selbstredend vornehmlich die Gäste. Gehaltvolle Innovationskommunikation kann zudem aber auch positiv auf Zulieferer, Absatzmittler (potenzielle) Mitarbeiter oder externe Multiplikatoren wirken. Diese wiederum tragen zu einer weiteren Ausbreitung der neuen Idee am Markt bei, wenn sie vom Gastgeber in ihrem Tun aktiv unterstützt werden (HARTSCHEN, SCHERER und BRUEGGER 2009, S. 143).

Die Interaktionen des Unternehmens mit seinen externen Anspruchsgruppen beginnen jedoch keineswegs erst mit der Einführung einer neuen Idee. Im Rahmen des »offenen Innovierens« und der damit verbundenen Einbeziehung externer Akteure in die Innovationstätigkeit sollte bereits sehr früh im Innovationsprozess Sorge dafür getragen werden, dass ein reger Austausch mit allen Beteiligten und Betroffenen außerhalb des Unternehmens herrscht. Die Einbeziehung von Gästen und anderen »Unternehmensexternen« in die Phasen der Gewinnung, Auswahl und Erprobung neuer Ideen ist genauso Teil der externen Innovationskommunikation wie die tatsächliche Vermarktung in der Phase der Umsetzung. Der Fokus dieses Abschnitts liegt allerdings auf Mitteln und

Wegen für eine wirkungsvolle Innovationskommunikation im Hinblick auf die Einführung einer neuen Idee auf dem Markt.

Welche Instrumente und Kanäle stehen dem Innovator also für die Vermarktung seiner Innovation zur Verfügung?
Im Zeitalter der Digitalisierung gewinnt insbesondere der mediale Austausch zwischen einem gastgewerblichen Unternehmen und seinen externen Anspruchsgruppen an Bedeutung. Gleichzeitig erweist sich vor dem Hintergrund des steigenden Bedürfnisses nach Individualisierung sowie der Natur des Gastgewerbes eine persönliche und zwischenmenschliche Kommunikation als erfolgversprechend. Im Folgenden werden einige exemplarische Kommunikationsmöglichkeiten aufgezeigt.

Storytelling – die Innovation in eine originelle Geschichte betten
Indem der Innovator zu seiner Innovation eine authentische Geschichte erzählt (Englisch: storytelling) und diese damit in Szene setzt, kreiert er für die Innovationskonsumenten verständliche, erinnerbare und emotional berührende Inhalte. Geschichten stillen dabei zugleich den Hunger nach Erlebnissen und erfüllen den immer stärkeren Wunsch der Menschen nach einer Flucht aus dem Alltag. Sie können in Form von Worten und Bildern, beliebig kombiniert – erzählt – werden. Je mehr eine Erzählung ihr Publikum begeistert, desto öfter wird sie weitererzählt – die kostengünstigste Form des Marketings.

So erzählt beispielsweise Thomas Hirschberger mit seinem innovativen Konzept Hans im Glück Burgergrill die Geschichte vom Glück des Augenblicks. Wie erzählt er diese Geschichte, die in jedem seiner Restaurants wahr werden soll? Die Idee von Hans im Glück zieht sich wie ein roter Faden von der Website über die Einrichtung der Restaurants bis hin zur Speisekarte, die wie ein Märchenbuch aufgebaut ist.

Erlebnisorientierte Innovationkommunikation durch Eventmarketing
Im Hinblick auf den Drang des Gastes nach Erlebnissen können Innovationen auch auf Messen oder Events erfolgreich kommuniziert werden. Im Rahmen eines besonderen Ereignisses – eines Events – werden die externen Anspruchsgruppen über die Innovation, ihren Nutzen, ihre Anwendung usw. informiert, während sie gleichzeitig einen hohen Unterhaltungsfaktor

GESCHICHTEN IN FILMEN WEITERFÜHREN
Der Personaldienstleister Talent Garden erzählt nicht nur auf seiner Website die Geschichte, wie Talente in seinem Garten zur vollen Reife gelangen, auf welche Weise er die Felder seiner Kunden bestellt und wie man kooperativ die Früchte gemeinsamer Arbeit erntet. Das junge Unternehmen kommuniziert seine Werte darüber hinaus in einem wirkungsvollen »Wertefilm«, der auf der Website sowie auf der Plattform YouTube zu sehen ist, und vermag so mehr und mehr Talente für sein innovatives Konzept zu gewinnen und dadurch stetig zu wachsen.
Quelle: www.talentgarden.de

NUR FÜR KURZE ZEIT
Die Salzburger Privatbrauerei Stiegl schlägt in Form einer eigenen Modelinie innovative Wege für die Vermarktung ihres Produkts ein. Der Bierbrauer bestückt nun neben Kühlschränken auch die Kleiderschränke von Genießern seines Gerstensafts. In Szene setzt Stiegl diese Modelinie mithilfe von Kurzzeitgeschäften (Englisch: Pop-Up Stores). Die Bewohner einer Stadt werden für wenige Wochen in einem aufwendig gestalteten Laden in zentraler Lage fachkundig über das Unternehmen und seine Produkte informiert und dabei nicht nur mit Freibier unterhalten.
Quelle: www.stiegl.at

INNOVATIONSKOMMUNIKATION IM HOTELEIGENEN RADIOSENDER?
Innovative Wege in Sachen externe Kommunikation schlägt auch Prizeotel ein. Der Hotelsender »Prizemusic« stellt den Gästen drei Musikkanäle zur Auswahl. Diese können nicht nur im Hotel empfangen werden, sondern auch als Streaming über die Hotelwebsite oder per App auf dem Smartphone. Neben Musik können so auch aktuelle Innovationen schnell sowie selbst innovativ und außergewöhnlich an die Zielgruppen kommuniziert werden.
Quelle: https://hottelling.files.wordpress.com/2015/06/prizeotel-musik-prizemusic.jpg

genießen (KIRCHGEORG o. J., online). Während derartiger Events lernen die Teilnehmenden überdies das innovierende Unternehmen, seine Leistungen und Werte besser kennen, und die Beziehungen zu bestehenden Gästen werden intensiviert. Auch hier spielt die authentische Inszenierung der Innovation eine zentrale Rolle. Durch sie können Emotionen geweckt und Begeisterung für die Neuerung hervorgerufen werden. Ereignisse für ein begeisterndes Eventmarketing kann der innovierende Gastgeber nicht nur in seinem Hotel oder Restaurant, sondern auch außerhalb des gewohnten Umfelds stattfinden lassen.

»Klassische« externe Kommunikation
Mit deutlich weniger Aufwand kann eine Innovation in Form von Pressemitteilungen, Artikeln in Fachmedien, Newslettern oder auf der eigenen Website an externe Anspruchsgruppen kommuniziert werden (HARTSCHEN, SCHERER und BRUEGGER 2009, S. 142 f.). Auch ist Printwerbung in Zeitungen, Zeitschriften und sonstigen Printerzeugnissen noch nicht völlig aus der Mode gekommen, sondern ermöglicht dem Innovator nach wie vor, innerhalb kurzer Zeit eine breite Zielgruppe zu erreichen (VAHS und BREM 2013, S. 413). Zu den bewährten Werbemaßnahmen zählen auch Plakatwerbungen, Werbung auf Bussen, Firmenfahrzeugen etc.

Innovationen über soziale Netzwerken verbreiten – Social-Media-Marketing
Vor dem Hintergrund der heutigen Bedeutsamkeit von sozialen Medien sollte kein Innovator die Möglichkeit missen, seine Innovationen via Facebook und Co. zu kommunizieren. Mit aussagekräftigen und emotional ansprechenden Inhalten, Posts, Tweets, Fotos usw. kann er eine Vielzahl externer Anspruchsgruppen erreichen, die ihrerseits wiederum bei Gefallen die Innovation weiter verbreiten. Durch Gewinnspielaktionen oder Einladungen zu einer kostenlosen Nutzung der Innovation können Aufmerksamkeit und Begeisterung für die neue Leistung geweckt werden. Neben einer großen Reichweite bietet der Einsatz sozialer Medien dem Gastgeber zudem die Möglichkeit eines direkten Dialogs mit Begeisterten sowie Skeptikern gleichermaßen. Durch die sorgfältige Pflege aller genutzten sozialen Medien können auch etwaige externe Ablehner einer Innovation erreicht und bestenfalls nachhaltig von der Vorteilhaftigkeit der Neuerung überzeugt werden.

Im Hinblick auf die kontinuierlich wachsende Zahl von Smartphone-Nutzern profitiert der Gastgeber auch von einer ansprechenden Gestaltung seiner digitalen Innovationswerbung für mobile Geräte. Obwohl er großes Potenzial birgt, wird dieser Aspekt häufig noch vernachlässigt.

Indem der Gastgeber auch bei der Kommunikation seiner Innovationen innovativ vorgeht, kann er das Image eines innovativen Unternehmens fördern und festigen. Kreative Ansätze müssen dabei keineswegs immer kostenintensiv sein. Der Innovator sollte lediglich sicherstellen, dass die gewählte Methode zu seinem Unternehmen sowie zu dessen Zielgruppen passt und so eine authentische Interaktion ermöglicht. Überdies sollte der Fokus nie auf einem einzigen Kanal oder einigen wenigen liegen. So facettenreich wie die Klientel eines gastgewerblichen Unternehmens sollte sich auch die Vermarktung seiner Innovationen zeigen, um dadurch so zielgruppengerecht wie möglich interagieren zu können. Für eine differenzierte Marktbearbeitung kann der Gastgeber auch das Modell des idealisierten Annahmeverhaltens in Bezug auf Innovationen bzw. des korrespondierenden Zeitpunkts der Annahme im Verlauf des Prozesses der Innovationsausbreitung zu Rate ziehen.

REISEBLOGGER WOHNEN IM SCANDIC HOTEL BERLIN KURFÜRSTENDAMM KOSTENLOS

Während ihres Berlin-Aufenthalts haben Reiseblogger ganzjährig die Möglichkeit, im Scandic Berlin Kurfürstendamm kostenfrei zu übernachten. Mit diesem neuen Service ist das nachhaltige Lifestyle-Hotel nach eigenen Angaben Erster in Berlin.

Im neuen »Blogger Room« können digitale Reiseberichterstatter das ganze Jahr über kostenfrei Quartier beziehen, um sowohl im Hotel als auch in der Stadt auf Geschichtensuche zu gehen. Die skandinavisch eingerichteten Räumlichkeiten sind idealer Rückzugsort, um den nächsten Blogbeitrag zu schreiben. Auch im Scandic Hamburg Emporio gibt es mittlerweile einen »Blogger Room«.

Quelle: http://hottelling.net/2015/07/21/reiseblogger-wohnen-im-sandic-hotel-berlin-kurfuerstendamm-kostenlos/

IDEALISIERTES ANNAHMEVERHALTEN VON INNOVATIONEN IM LAUFE
IHRER AUSBREITUNG AM MARKT

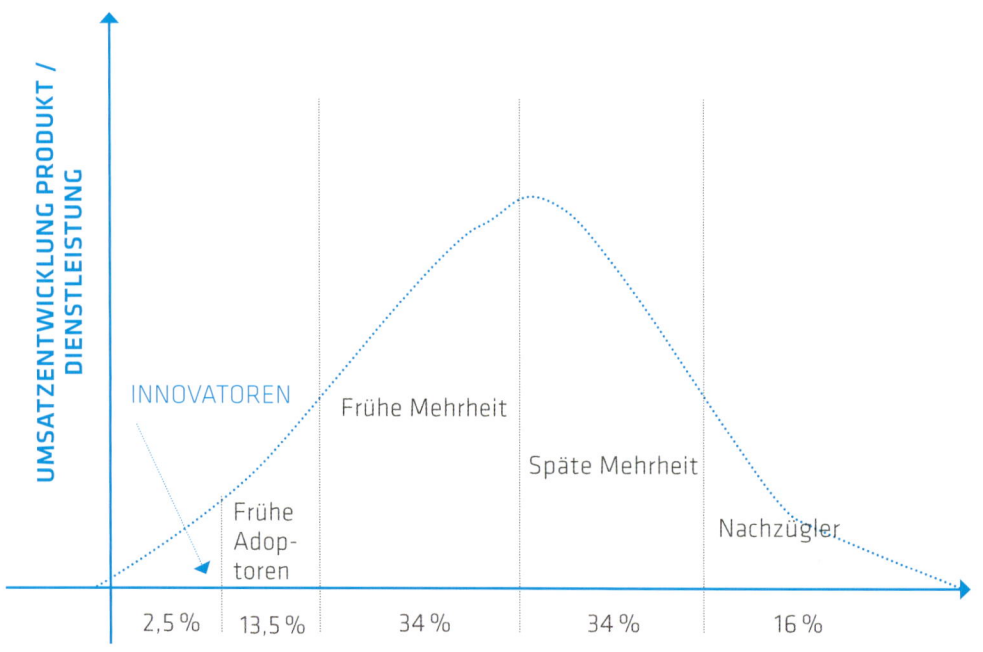

Quelle: eigene Darstellung nach ROGERS 2003, S.281

Es wird deutlich, dass eine gezielte Differenzierung der Innovationskommunikation vorzunehmen ist, um die Vertreter der jeweiligen »Gruppen« bestmöglich zu erreichen. Möchte der Gastgeber eine radikale Neuerung am Markt etablieren, so sollte er es vermeiden, sein »ganzes Pulver« in puncto externer Kommunikation bereits zum Zeitpunkt ihrer Einführung zu »verschießen«. Zu diesem Zeitpunkt wird er zwar die sogenannten Innovatoren und die frühen Adoptoren mit seinen Kommunikationsbemühungen erreichen. Rund 80 Prozent der übrigen potenziellen Anwender jedoch werden erst später bereit sein, die Innovation anzunehmen. Es sind anfangs daher solche Maßnahmen zu ergreifen, die gezielt die relativ kleine Gruppe der Innovatoren und frühen Adoptoren ansprechen, sodass diese in ihrer Rolle als Meinungsführer den Gastgeber bei der Diffusion der Innovation in der Folge unterstützen. Im weiteren Verlauf der Innovationsausbreitung sind geeignete Instrumente und Kanäle zu bespielen, um schließlich die Mehrheit der potenziellen Anwender zu erreichen.

Dabei fällt auf, dass der Innovationskommunikation auch geraume Zeit nach der Einführung der Innovation weiter Rechnung getragen werden muss, damit die Neuerung letztlich von der großen Mehrheit angenommen wird und so zu einem wirtschaftlichen Erfolg werden kann.

EXEMPLARISCHE KANÄLE UND INSTRUMENTE DER EXTERNEN INNOVATIONKOMMUNIKATION IN DER PHASE DER INNOVATIONSUMSETZUNG

WO?
- **Printmedien wie Zeitungen, Zeitschriften usw.**
- **Plakatwerbung**
- **Soziale Netzwerke**
- **Fachmedien**
- **Pressemitteilungen**
- **Unternehmenswebseite**
- **Messen und Events**
- **Newsletter**
- **Pop-Up Stores**
- **Unternehmensinterne Kanäle (eigener Radiosender, eigenes Fernsehen, eigene App usw.)**
- ...

EXTERNE INNOVATIONS-KOMMUNIKATION

WIE?
- **Pressetexte, Fachartikel**
- **Posts, Tweets, Fotos, Chats usw.**
- **Geschichten**
- **Filme**
- **Gewinnspiele**
- **Einladungen**
- **Werbegeschenke**
- **Spezielle Farben, Logos, Muster usw**
- ...

Quelle: eigene Darstellung

MEHR ALS NUR SCHLAFEN – WIE DAS HOTEL MONTANA MIT EVENTS SEINEN UMSATZ STEIGERT

Veranstaltungen sind für das Art-déco-Hotel Montana in Luzern sehr wichtig. Neben den 61 Zimmern wollen ein großer Saal, zwei Seminarräume, fünf kleinere Board Rooms und nicht zuletzt das Restaurant gefüllt werden. Dazu rührt das Hotel kräftig die Werbetrommel.

Jeden zweiten Mittwoch im Monat lädt das Luzerner Hotel Montana zur Hausführung ein. Dann bekommen alle Interessierten die Zimmer gezeigt, das Restaurant, die Veranstaltungsräume, die neue Erlebnisküche und auch die Terrasse mit dem fantastischen Blick über den Vierwaldstättersee. Denn das 105 Jahre alte Traditionshaus thront auf einem Hügel über der Stadt.

Events auf die Beine stellen

Die Idee dahinter: »Wir möchten den Luzernern, die sich ansonsten vielleicht nicht hereintrauen würden, unser Haus und seine Möglichkeiten vorstellen«, sagt Stephanie Christ, Leiterin Seminar & Bankett. Und die sind vielfältig. Der große Art-déco-Saal eignet sich bestens für opulente Hochzeiten, Firmenjubiläen, Weihnachtsfeiern oder Bankette. Daneben gibt es zwei kleinere Säle und fünf Board Rooms, von denen drei erst im Februar eröffnet wurden.

Doch die Hausführung ist nicht das einzige Event, mit dem man Gästen aus der Region das Hotel nahebringen will. Seit drei Jahren gibt es zudem einen Sonntagsbrunch, der laut Christ regelmäßig ausgebucht ist; in der Bar finden hochrangige Jazz-Konzerte und in der Hotelküche Kochkurse statt. Diese ist gerade zur Erlebnisküche umgebaut worden. Ins Reich des Küchenchefs fährt man nun per Rolltreppe ein, genießt dort einen Apéro oder ein »Nachtessen« am »Chef's Table«, begleitet von Piano-Musik. Auch Trüffelseminare hat das Hotel schon veranstaltet.

Alles Events, die das Haus mit Leben füllen und es als Location bekannt machen sollen. Denn private Veranstaltungen – ob Hochzeiten, Geburtstage, Jubiläen oder auch Trauerfeiern, sind ein wichtiges Standbein, berichtet Christ

Quelle: BALTES 2015, online

4.2.2 | Eine konsistente interne Kommunikation als Erfolgskatalysator

Analog zur externen Innovationskommunikation umfasst die interne Innovationskommu-nikation alle Interaktionen zwischen einem Unternehmen und seinen internen Anspruchsgruppen, die Einfluss auf die erfolgreiche Vermarktung einer Innovation haben (BREM et al. 2011, S. 5).

Die interne Vermarktung bildet neben der externen Innovationskommunikation und einem präzisen Umsetzungsplan eine weitere tragende Säule für die erfolgreiche Einführung einer Innovation (OTTENBACHER und GNOTH 2005, S. 216). Sie hängt eng mit der Auffassung zusammen, dass die Humanressourcen eines gastgewerblichen Unternehmens wertvolle Erfolgs- und nicht nur Kostenfaktoren darstellen. Trotz ihrer großen Bedeutung wird sie jedoch bisweilen etwas »stiefmütterlich« behandelt und der Fokus stattdessen auf die Interaktion mit externen Anspruchsgruppen gerichtet (VAHS und BREM 2013, S. 403).

Der folgende Abschnitt fasst daher zusammen, was eine ausgereifte interne Innovationskommunikation beinhalten kann und wann sie zum Einsatz kommen sollte, um den Innovationserfolg nicht nur herbeizuführen, sondern sogar zu beschleunigen. Dabei wird, anders als bei der externen Innovationskommunikation, eine phasenübergreifende Betrachtung vorgenommen. Das Hauptaugenmerk lediglich auf die Phase der Innovationsumsetzung und Markteinführung zu richten, greift für einen nachhaltigen Innovationserfolg zu kurz. Welche Instrumente und Kanäle ein Gastgeber sich letztlich tatsächlich zunutze macht, muss er für sich und sein Unternehmen trotzdem individuell herausfiltern.

Wo und wann beginnt die interne Innovationskommunikation?

Den ersten wichtigen Bestandteil einer wirksamen internen Innovationskommunikation bildet die Etablierung einer innovationsoffenen Unternehmenskultur (ENZ 2012, S. 188). Durch diese sollen die kreativen Potenziale jedes Mitarbeiters grundsätzlich geweckt und im Zuge der Ideengewinnung zu ihrer vollen Entfaltung gelangen können. Das hat zur Voraussetzung, dass die Mitarbeiter und deren Kompetenzen systematisch und ganzheitlich in die Innovationstätigkeit und deren einzelne Abschnitte eingebunden werden. Die Ansicht hingegen, seinen Mitarbeitern neue Ideen, an deren Entstehungsprozess sie weder aktiv noch passiv beteiligt gewesen sind, aufoktroyieren zu können, wird in den seltensten Fällen in einer erfolgreichen Innovationsumsetzung münden. Vielmehr muss sich der innovierende Gastgeber im Klaren darüber sein, dass seine Humanressourcen wertvolle Ideengeber und einen entscheidenden Erfolgsfaktor für die tatsächliche Erbringung einer Innovation darstellen. Den Mitarbeitern diese tragende Rolle, die sie im gesamten Prozess des Innovierens »besetzen«, vor Augen zu führen ist bereits Aufgabe der internen Innovationskommunikation.

Welche wichtigen Funktionen erfüllt die interne Innovationskommunikation?

Nun kann aber nicht jeder Mitarbeiter stets im selben Maße an jedem Innovationsprojekt beteiligt werden. Wird eine neue Idee beispielsweise in einem kleineren Innovationsteam erarbeitet und als umsetzungsfähig bewertet, muss die entsprechende Neuerungen unter Umständen von solchen Mitarbeitern »am Gast« erbracht werden, die nicht vollumfänglich an ihrer Entwicklung beteiligt waren. Unsicherheit, Angst und Widerstand können mögliche Reaktionen verkörpern (SENGUPTA und DEV 2011, S. 15), wodurch emotionale Aspekte in den Vordergrund rücken und eine erfolgreiche Innovationsumsetzung gefährden können. Womöglich besitzen die Innovationsumsetzenden zudem noch nicht die erforderlichen Fähigkeiten und Kompetenzen, um die Idee so umzusetzen, wie sie vom Entwicklungsteam ausgearbeitet wurde (ENZ 2012, S. 187). Die interne Kommunikation erfüllt in derartigen Situationen daher zahlreiche Funktionen (INNERHOFER 2012, S. 234):

- **Informationsfunktion**
- **Überzeugungsfunktion** und damit verbunden **Unsicherheitsreduktion** sowie **Überwindung von Widerständen**
- **Motivationsfunktion**
- Sicherstellung eines **fruchtbaren Dialogs** zwischen Innovationsentwicklern und Innovationsumsetzern
- Vermittlung **neuer Kenntnisse und Fähigkeiten** in Form von entsprechenden Trainings, falls erforderlich

Die Innovationsforscherin Cathy Enz (2012) belegt in einer Studie zum Thema der Umsetzung von Innovationen in gastgewerblichen Unternehmen, dass bei der Einführung von Dienstleistungsinnovationen eine partizipative Vorgehensweise allgemein die erfolgversprechendste in Bezug auf eine schnelle und fehlerfreie Umsetzung der Neuerung darstellt (ENZ 2012, S. 193). Im Rahmen der aktiven Einbeziehung der Mitarbeiter in die Innovationstätigkeit, eines partizipativen Führungsstils sowie der gezielten Übertragung von Verantwortung (Empowerment) kann dies nur die folgerichtige Konsequenz sein. So muss eine wirksame Innovationskommunikation alle internen Akteure »abholen«, unabhängig davon, ob sie von einer Innovation direkt oder nur indirekt betroffen sind. Im zweiten Fall müssen Mitarbeiter eine Neuerung womöglich nicht selbst anwenden, doch muss sie für ein fundiertes Verständnis und eine Identifikation mit ihr genauso umfänglich kommuniziert werden wie an jene Mitarbeiter, die die Innovation für die Gäste des Unternehmens erbringen werden. Im Zusammenhang mit dem Ziel, das Unternehmen auch in seiner Umwelt als innovativ und fortschrittlich hervorzuheben, bildet eine regelmäßige und umfassende Kommunikation innerhalb der Unternehmensgrenzen die substanzielle Grundlage.

In welcher Form kann eine regelmäßige und wirksame interne Kommunikation erfolgen?

Dem innovierenden Gastgeber stehen zahlreiche Instrumente der internen Kommunikation zur Verfügung, deren Einsatz er je nach Art und

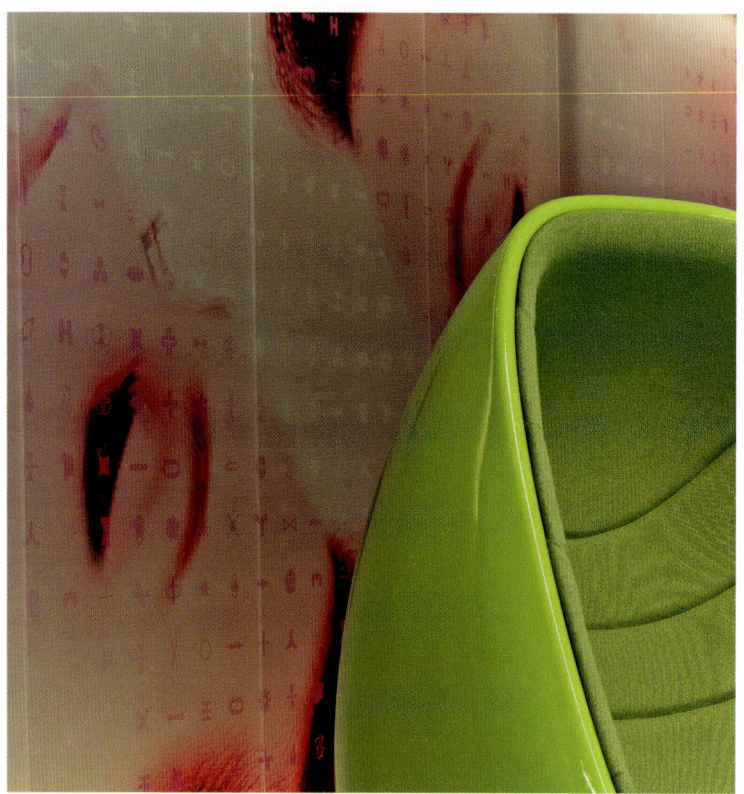

Umfang der Neuerung variieren kann. Die Wahl der Instrumente sollte stets mit der »Persönlichkeit« des Unternehmens und seiner Akteure korrespondieren, um Ineffizienzen und unnötige Ressourcenaufwendungen zu vermeiden.

PERSÖNLICHE KOMMUNIKATION

In einer Industrie, die mit Menschen und für Menschen existiert, ist eine Interaktion von Angesicht zu Angesicht zweifelsohne ebenso bedeutend wie unersetzlich. Ein wirkungsvoller Austausch kann dabei in Form von persönlichen Gesprächen auf individueller oder durch regelmäßige Team- oder Abteilungsbesprechungen auf Gruppenebene stattfinden. Ferner können Vollversammlungen oder Mitarbeiter-Events für eine kollektive und umfassende Kommunikation genutzt werden (DÖRNER, GURTNER und SCHEFCZYK 2009, S. 202). Zwar können solche Events nicht so regelmäßig wie Zusammenkünfte und Gespräche im persönlichen oder gemeinschaftlichen Rahmen erfolgen, doch können durch ihre Einmaligkeit und ihren dadurch bedingten besonderen Charakter die gemeinschaftliche Motivation für und Identifikation mit Innovationen intensiviert werden. Mit Mitarbeiter-Events setzt der innovierende Gastgeber unternehmensintern eine erlebnisorientierte Kommunikation in die Tat um, welche auch bei der externen Innovationsvermarktung ein erfolgversprechendes Instrument darstellt.

GEDRUCKTE UND ELEKTRONISCHE KOMMUNIKATION

Zweifellos kann eine regelmäßige persönliche Kommunikation in einem Gewerbe, in dem Schichtdienste unvermeidbar sind, erschwert werden. Um dennoch eine umfassende und wirksame Kommunikation zu gewährleisten, kann der innovierende Gastgeber Mitarbeiterzeitschriften, Mitarbeiternewsletter oder klassische Aushänge zum Einsatz kommen lassen. Dabei ist darauf zu achten, dass jedes dieser Medien sorgsam und ansprechend gestaltet wird, um die größtmögliche Wirkung in Bezug auf die Funktionen zu entfalten, die sie erfüllen sollen. Im Kontext der Informationsfunktion dienen auch spezifische Handbücher als effiziente Form der gedruckten Kommunikation (INNERHOFER 2012, S. 282). Sie bilden einen objektiven und verbindlichen Rahmen, der Unsicherheit und etwaige mangelnde Kenntnisse zu überwinden vermag.

Insbesondere mit jenen Mitarbeitern, die eine hohe Affinität zu einem digitalen Gedankenaustausch aufweisen, kann der Gastgeber darüber hinaus über ein Intranet oder ein unternehmenseigenes soziales Netzwerk kommunizieren. Soziale Medien werden heutzutage nicht mehr nur für externe Zwecke, sondern immer häufiger auch für eine verbesserte Zusammenarbeit und einen fruchtbaren Austausch innerhalb des Unternehmens genutzt (BITKOM 2015, online). So kann die in den sozialen Medien gepflegte Kultur des Teilens auch Einzug in das Unternehmen halten, wodurch die Wissensbasis sämtlicher Mitarbeiter schnell und unkompliziert erweitert werden kann. Durch die formlosere textliche Gestaltung kann zudem wertvolle Zeit gewonnen werden. Günstige Einstiegsvarianten unternehmensinterner sozialer Netzwerke sind am Markt durchaus zu finden.

IMPLIZITE INNOVATIONSKOMMUNIKATION

Zur Innovationskommunikation im weiteren Sinne können unter anderem umfassende Schulungsmaßnahmen, gemeinsame Konzepttests oder Probeläufe vor der eigentlichen Innovationseinführung gezählt werden. Hierdurch werden die Kenntnisse und Fähigkeiten der Mitarbeiter derartig erweitert, dass sie die Neuerung später fehlerfrei in die betriebliche Routine übersetzen können.

Zudem bilden Prozedere wie die Schematisierung von Innovationsprozessen oder präzise Umsetzungspläne mit verbindlichen Meilensteinen weitere Elemente einer effektiven internen Innovationskommunikation.

Die bereits vorgestellten Promotoren leisten einen weiteren wichtigen Beitrag zu einer konsistenten internen Kommunikation. Promotoren sind Mitarbeiter, die den Innovationsprozess engagiert mitgestalten und fördern. Dabei verfügen sie über ein ausgeprägtes technisches und wirtschaftliches Fachwissen. Was sie in Bezug auf eine neue Idee kommunizieren, gilt somit als authentisch, glaubhaft und wahr. Da sie im Unternehmen in aller Regel ein hohes Ansehen genießen, vermögen sie einen großen Teil der übrigen Mitarbeiter mit ihren Kommunikationsbemühungen zu erreichen (VAHS und BREM 2013, S. 184).

Die vorangegangenen Ausführungen machen deutlich, dass die Innovationskommunikation eine wichtige und dabei sehr anspruchsvolle Aufgabe des Innovationsmanagements darstellt. Sie gewährleistet nicht nur die notwendige phasenübergreifende interne Innovationsunterstützung, sondern ist zudem essenziell für die spätere Akzeptanz einer Innovation am Markt. Der Gastgeber ist dazu angehalten, neue und kreative Wege in Sachen Kommunikation zu beschreiten, um sein Unternehmen sowohl intern als auch extern als innovativ und fortschrittlich zu positionieren.

TYPISCHE FUNKTIONEN UND INSTRUMENTE DER INTERNEN INNOVATIONSKOMMUNIKATION

WANN?
- Frühzeitig und regelmäßig

WARUM?
- Informieren
- Motivieren
- Unsicherheit und Angst reduzieren und eliminieren
- Widerstände überwinden
- Überzeugen
- Fruchtbare und kontinuierliche Dialoge gewährleisten
- Erforderliche Fähigkeiten und Kompetenzen entwickeln

INTERNE INNOVATIONS-KOMMUNIKATION

WIE?
- Mitarbeiterzeitschriften und -newsletter
- Unternehmenseigenes soziales Netzwerk / Intranet
- Persönliche Gespräche
- Abteilungsbesprechungen
- Vollversammlungen
- Mitarbeiter-Events
- Handbücher
- Trainings und Probeläufe
- Implizit durch Elemente wie schematisierte Prozessverläufe, Meilensteinplanungen usw.

WEN?
- Alle Mitarbeiter
- Sonstige interne Anspruchsgruppen, z. B. Eigentümer, Anteilseigner

Quelle: eigene Darstellung

> »Eine gute Idee erkennt man daran, dass sie geklaut wird.« Rudi Carrell

4.3 | Der Gefahr von Imitationen begegnen

Die zwei Seiten der Medaille

Eine wirkungsvolle externe Innovationskommunikation bildet – wie bereits aufgezeigt, eine tragende Säule für den späteren Markterfolg einer neuen Idee. Doch je effektvoller und umfassender diese Kommunikation ist, desto größer ist die Gefahr einer schnellen und meisterhaften Nachahmung durch den Wettbewerb. Wie kann der Gastgeber diese Gefahr von seinem Unternehmen abwenden? Hierzu lässt sich feststellen – wie ebenfalls schon illustriert, dass Imitationen einen nicht unbedeutenden Bestandteil der Hospitality-Industrie darstellen. Jeder innovierende Gastgeber ahmt selbst auch nach, da schlichtweg nicht alles selbst innoviert werden kann. Und schließlich können Dienstleistungsinnovationen in den seltensten Fällen durch die Anmeldung eines Patents geschützt werden (POMPL und BUER 2006, S. 30; DE BRENTANI 2001, S. 173).

So kann auf die oben gestellte Frage erwidert werden, dass die Gefahr von Nachahmungen nie zur Gänze abwendbar sein wird. Dennoch kann der innovierende Unternehmer Anstrengungen unternehmen, seine Innovationen bestmöglich vor raschen Imitationen zu schützen und dadurch entscheidende Wettbewerbsvorteile für sein Unternehmen zu erhalten. Der folgende Abschnitt beleuchtet, auf welche Weise Innovationen im Gastgewerbe gegen Nachahmungen zumindest teilweise immunisiert werden können.

Die Medaille wieder umdrehen

Zwar kann die effektvolle externe Kommunikation einer guten Idee sehr einladend auf Mitbewerber wirken, diese Idee rasch nachzuahmen, doch trägt die Innovationskommunikation nicht nur zur erfolgreichen Innovationsdiffusion bei, sondern kann gleichzeitig für den Schutz der neuen Idee genutzt werden.

Bewusst kann der Gastgeber in seiner Kommunikation hervorheben, dass er der Erfinder der betreffenden neuen Idee ist und folglich der Erste war, der sie erfolgreich umgesetzt hat.

Verbindet er mit seiner Innovation spezielle Farben, Muster oder Assoziationen und setzt diese in der Innovationskommunikation gekonnt ein, dann kann es ihm gelingen, die Innovation mithilfe dieser visuellen Verknüpfungen an sein Unternehmen zu binden. Sieht der Gast die Farbe Türkis, stehen die Chancen gut, dass ihm das innovative Konzept von Motel One in den Sinn kommt. Neue Ideen können dadurch im übertragenen Sinne den Stempel eines gastgewerblichen Unternehmens tragen. Wird die Idee von Nachahmern umgesetzt, ist sie in der Folge weniger wirkungsvoll, da sie automatisch mit dem Erfinder der Idee in Verbindung gebracht wird (DE BRENTANI 2001, S. 179, 181).

Wird im Rahmen der Vermarktung eine Geschichte um die Innovation gesponnen, muten Imitationen womöglich wie ein »billiger Abklatsch« an. So sollte der innovierende Gastgeber sämtliche Kommunikationskanäle und -instrumente, die zum Einsatz kommen, stets auch vor dem Hintergrund des Nachahmungsschutzes hinterfragen.

»Natürlicher« Innovationsschutz

Neben der Innovationskommunikation existieren weitere »natürliche« Schutzmechanismen, die sich der Gastgeber gezielt zunutze machen kann (INNERHOFER 2012, S. 97 ff.). Die einzigartige Unternehmenskultur sowie die Unternehmenstradition spiegeln die Freude zur Innovation und zum Fortschritt anschaulich wider. Die fortlaufende Innovationstätigkeit macht das Unternehmen zu einem immer erfahreneren Innovator (VILA, ENZ und COSTA 2012, S. 76). Die damit verbundenen weitreichenden Lernprozesse können nicht so schnell nachgeahmt werden. Der langjährigen Erfahrung wiederum vertrauen die Gäste und werden durch stets neue Idee nicht nur begeistert, sondern langfristig an das innovierende Unternehmen gebunden. Etwaige Nachahmer können diese Gäste nicht so leicht für sich gewinnen.

Überdies kommt auch im Hinblick auf den Schutz neuer Ideen den Mitarbeitern eines Unternehmens eine zentrale Bedeutung zu (DE BRENTANI 2001, S. 182). Sie sind nicht nur wertvolle Ideengeber und erfolgreich Umsetzende, sondern können durch ihre kontinuierliche und ganzheitliche Einbindung in die Innovationstätigkeit zur Einmaligkeit einer Idee beitragen.

Denn die zur Erbringung einer Dienstleistungsinnovation unabkömmlichen Humanressourcen eines Unternehmens sind nie eins zu eins imitierbar. Somit unterstützt eine erfolgreiche Strategie zur Mitarbeiterbindung den Innovator dabei, den Wettbewerbsvorteil langfristig zu erhalten (VILA, ENZ und COSTA 2012, S. 84).

Ein effizientes und umfängliches Innovationsmanagement trägt insgesamt betrachtet also zu einem »natürlichen« Innovationsschutz im Gastgewerbe bei.

Marken kreieren und eintragen
Auch ein gewerblicher Schutz von Innovationen ist im Gastgewerbe durchaus möglich. So können »natürliche« Schutzmechanismen beispielsweise mithilfe von Marken verstärkt werden.

Eine omnipräsente Unternehmensidentität
Die kreierte Marke soll den Gast nicht nur berühren, ihm Orientierung sowie die Möglichkeit zur Identifizierung mit ihr bieten. Er soll sie stets mit allen Sinnen wahrnehmen können. So sollte der Gastgeber zur Verstärkung des Effekts seiner Marke und als weiteres Instrument der in- wie auch externen Kommunikation eine durchgängige Unternehmenspersönlichkeit aufbauen, die in allen Bereichen sichtbar wird. Der Wiedererkennungswert steigt dadurch erheblich. Die Unternehmensidentität umfasst das Erscheinungsbild des Unternehmens, die Unternehmenskommunikation und schließlich das Unternehmensverhalten (FREYBERG und ZEUGFANG 2014, S. 72). Die einzelnen Elemente (siehe nachfolgende Abbildung) sollen dabei miteinander harmonieren, damit sich das Fremdbild des Unternehmens mit dem Selbstverständnis deckt.

WESENTLICHE ELEMENTE DER UNTERNEHMENSIDENTITÄT

UNTERNEHMENSPERSÖNLICHKEIT

UNTERNEHMENS-ERSCHEINUNGSBILD
» Farben
» Symbole, Logos
» Architektur, Inneneinrichtung
» Kleidung der Mitarbeiter
» Stil der Kommunikationsinstrumente
» Werbegeschenke

UNTERNEHMENSVERHALTEN
» Kundenbetreuung
» Beschwerdemanagement
» Führungsstil
» Verhalten gegenüber weiteren Anspruchsgruppen
» Arbeits- und Konfliktstil

UNTERNEHMENS-KOMMUNIKATION
» Firmenname
» Werbeaussagen, Slogans
» Internetauftritt
» Presse- und Öffentlichkeitsarbeit
» Prospekte, Drucksachen
» Kundenkontakt, Kundenservice

SCHAFFUNG EINES DECKUNGSGLEICHEN FREMDBILDES VOM INNOVIERENDEN UNTERNEHMEN

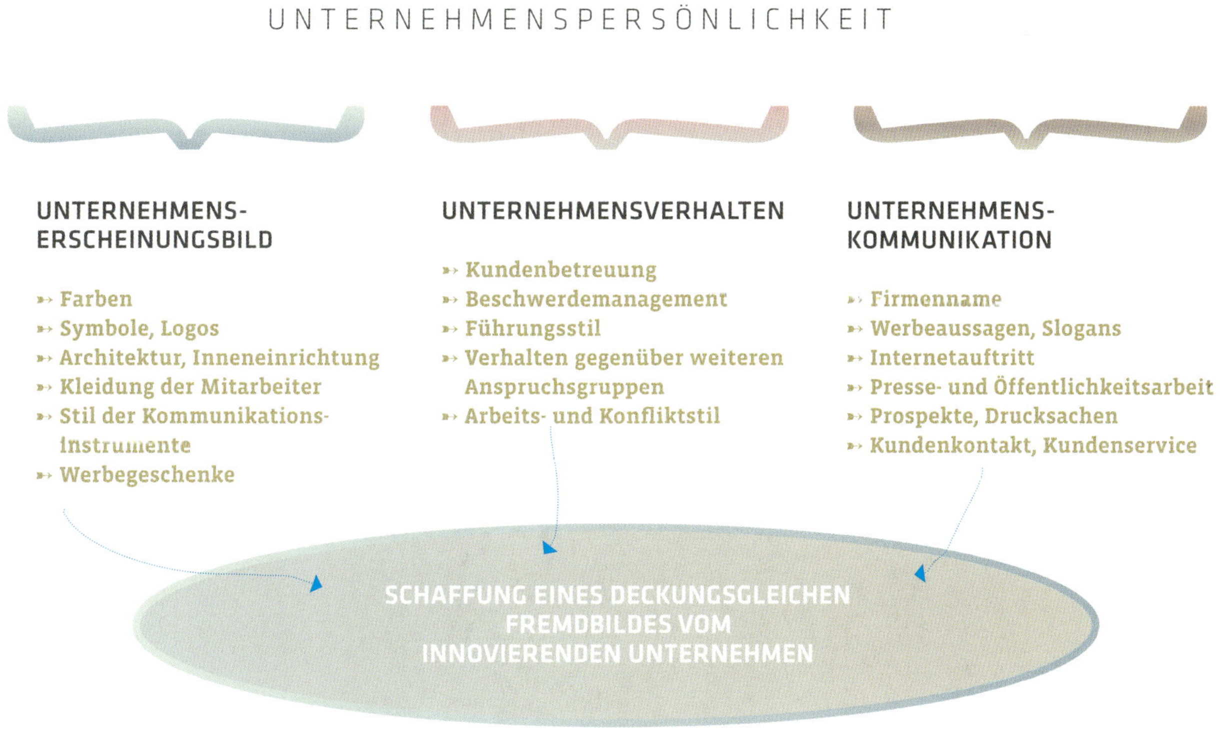

Quelle: eigene Darstellung nach FREYBERG und ZEUGFANG 2014, S. 72

SUPER, MARIO! WIE DER ERSTE HUMANOIDE HOTEL-ROBOTER SEINE MENSCHLICHEN KOLLEGEN UNTERSTÜTZT UND ERHEITERT

Mario – so heißt der jüngste Mitarbeiter im Ghent Marriott Hotel, Belgien. Er ist 57 cm gross, 6 kg leicht und spricht 19 Sprachen. Der von QBMT/Zora Robotics entwickelte Hotel-Roboter vermag Gäste willkommen zu heißen, ihren Check-In zu unterstützen und sich ihr Gesicht mithilfe einer Gesichtserkennungssoftware und zwei Kameras schließlich sechs Monate lang zu »merken«. Künftig soll er diverse weitere Aufgaben übernehmen: etwa den Hotelgästen ein Taxi rufen oder ihnen aktuelle Nachrichten in ihrer jeweiligen Sprache vorlesen. Mario, durch seine menschlichen Kollegen gleichermaßen bewundert und geschätzt, wird dabei aber nie einen Hotelmitarbeiter ersetzen, so Personalchefin Emmly Boddin. Ob ein vermehrter Einsatz humanoider Roboter in der Hospitality Industrie erfolgversprechend ist? Mario wird zweifelsohne sein Bestes geben, um seine Daseinsberechtigung positiv zu unterstreichen.

Quelle: PÜTZ-WILLEMS 2016

Glaubwürdigkeit und Authentizität sind auch hier unabdingbar. Die Unternehmensidentität erwächst also aus der Tradition eines Unternehmens, aus seiner Kultur und den damit verbundenen Werten. Da in all diesen Bereichen die Innovationstätigkeit eine entscheidende Rolle spielt, wird sie in der Folge sowohl durch das Selbstverständnis – die Persönlichkeit – des Unternehmens als auch durch das Bild, das Außenstehende vom Unternehmen haben, verkörpert.

Vor Nachahmungen ist letztlich kein erfolgreicher Gastgeber gefeit. Durch den Aufbau einer starken und relevanten Marke jedoch, die sowohl Gäste als auch die Partner des Unternehmens berührt, und durch ein gezieltes und ganzheitliches Innovationsmanagement kann es dem Innovator dennoch gelingen, mit seinen Innovationen Wettbewerbsvorsprünge zu gewinnen und zu halten.

4.4 | Ideen mithilfe von professionellen Innovationsworkshops erfolgreich umsetzen

Was ist ein Innovationsworkshop?

Bei Innovationen in Hotellerie, Gastronomie und Tourismus geht es nicht nur darum, völlig neue Ideen für Produkte und Dienstleistungen auf den Markt zu kommerzialisieren, um die Leistungsfähigkeit auszubauen, Wachstum zu fördern und letztlich den Fortbestand des Betriebs zu sichern. Auch die alltäglichen Probleme eines Hotels, Restaurants oder touristischen Betriebs können mithilfe professioneller Innovationsworkshops bearbeitet und die entwickelten Problemlösungen als Innovation eingeführt werden.

Aber wie plant und führt man auf einfache Art und Weise einen Innovationsworkshop durch, der nachvollziehbare und realisierbare Ergebnisse liefert?

In der Praxis hat sich gezeigt, dass jeder Betrieb anders mit dem Thema Innovation und der Lösung von operativen Problemen umgeht. Es gibt also, wie bereits angeführt, keine einheitliche Innovationsstrategie/-vorgehensweise für jeden einzelnen Betrieb. Vielmehr müssen die individuelle Unternehmensvision sowie die organisatorischen, personellen und finanziellen Voraussetzungen jedes Betriebs in der Planung und Umsetzung von Innovationen berücksichtigt werden. Ähnliches gilt auch für die Vorbereitung, Durchführung und Nachbereitung von Innovationsworkshops.

In diesem Abschnitt werden mögliche Inhalte, Instrumente und Agenda eines Innovationsworkshops dargestellt, die der Gastgeber im Team selbst durchführen oder mit Hilfe eines externen Innovationsexperten/-dienstleister professionell umsetzen lassen kann. Die dahinter liegende Methodik hat sich bereits in der Praxis bewährt.

Am Ende des Kapitels werden mögliche Beratungsleistungen und Aufgaben im Rahmen des Innovationsmanagements kurz aufgezeigt, die der Gastgeber aufgrund knapper Zeit- bzw. Personalbudgets an professionelle Dienstleister auslagern kann. Dadurch hat der Gastgeber die Möglichkeit, sich weiterhin auf sein Tagesgeschäft konzentrieren zu können und dennoch seinen Betrieb kontinuierlich innovativer und zukunftsfähiger zu gestalten.

Erfolgsfaktoren eines Innovationsworkshops

1. ERFOLGSFAKTOR »ZEITPUNKT«

Der ideale Zeitpunkt für einen Innovationsworkshop ist spätestens dann im Betrieb gegeben, wenn sich bereits manifestierte Probleme im täglichen Betriebsablauf, z.B. durch wiederholte Rückmeldungen/ Beschwerden der Gäste, Mitarbeiter und Lieferanten herauskristallisiert haben.

In den Abschnitten INNOVATION VERSTEHEN und INNOVATION PLANEN wurden die unterschiedlichen Impulse und der ideale Zeitpunkt für den Start von Innovationsmaßnahmen im Betrieb bereits im Detail aufgezeigt.

VON ERIK A. LEONAVICIUS

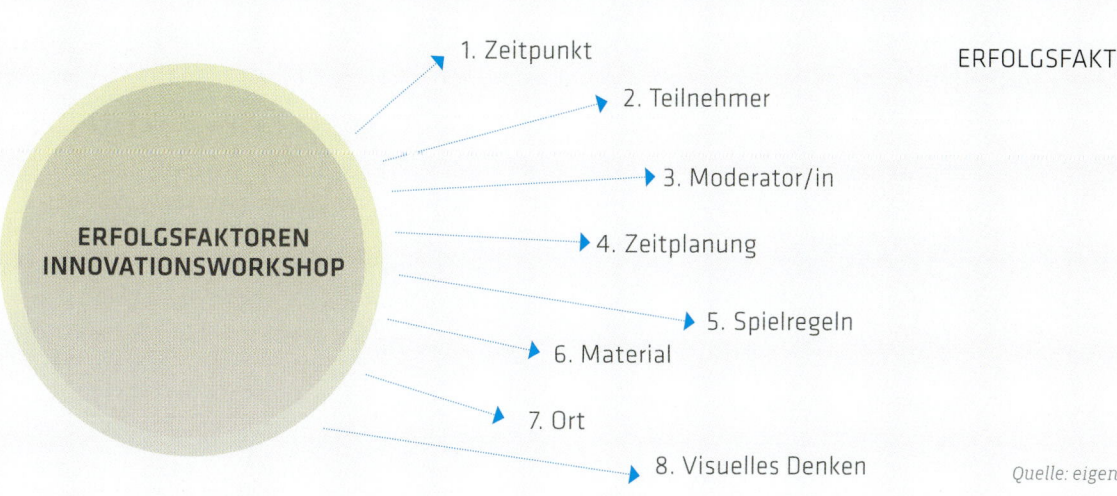

ERFOLGSFAKTOREN

- ERFOLGSFAKTOREN INNOVATIONSWORKSHOP
  1. Zeitpunkt
  2. Teilnehmer
  3. Moderator/in
  4. Zeitplanung
  5. Spielregeln
  6. Material
  7. Ort
  8. Visuelles Denken

Quelle: eigene Darstellung nach Reinventis

Spätestens einmal im Halbjahr sollten Innovationsworkshops zu unterschiedlichen Problemen im Betrieb durchgeführt werden, um die eigene Leistungsfähigkeit, das Wachstum und letztlich den Fortbestand des Hotels oder Restaurants zu sichern.

Viele Betriebe sind mittlerweile auch dazu übergegangen, das Thema Innovation mindestens halbjährlich oder als festen Bestandteil der wöchentlichen Abteilungsleiter-Meetings zu machen. Dabei werden die entsprechenden Aufgaben der Innovationsworkshop-Agenda an die jeweiligen Abteilungsleiter delegiert, um dann die restliche Woche bis zum nächsten Meeting zu nutzen, um die einzelnen Aufgaben und festgelegten Maßnahmen zu bearbeiten. Die Ergebnisse werden dann im nächsten Meeting präsentiert, diskutiert, weiterentwickelt und verabschiedet. Auf diese Weise können im Hotel, Restaurant oder touristischen Betrieb auch gleichzeitig die ersten Schritte zum Aufbau einer eigenen betrieblichen Innovationskultur getätigt werden.

Für den Gastgeber macht es auch Sinn, sich mindestens einmal im Jahr Gedanken über die Zukunft des eigenen Betriebs zu machen. In einer sogenannten Zukunftswerkstatt (ein erweiterter Innovationsworkshop, in dem der gesamte Betrieb im Detail aus unterschiedlichen Blickwinkeln (z. B. Wirtschaftlichkeit, Organisation, Prozesse, Vermarktung, Personal, Instandhaltung, Investitionen) und mit Experten unterschiedlicher Disziplinen betrachtet wird, werden die Weiterentwicklungsschritte und Innovationsmaßnahmen meist für die nächsten drei Jahre diskutiert, geplant und festgelegt. Dadurch wird nicht nur eine wichtige Planungsbasis für den Betrieb geschaffen, um Investitionsentscheidungen leichter treffen zu können, sondern auch für Banken, Eigentümer und Investoren attraktive Unterlagen bzw. Entscheidungsvorlagen für die weitere Finanzierung des Betriebs erarbeitet.

2. ERFOLGSFAKTOR »TEILNEHMER/IN«

Der Teilnehmerkreis eines Innovationsworkshops kann sich sehr unterschiedlich zusammensetzen. Der Unterschied besteht darin, ob nur mit einem internen Team der Innovationsworkshop durchgeführt werden soll oder auch Externe im Rahmen eines »Open Innovation« (siehe hierzu auch »OFFEN« INNOVIEREN – DIE UNTERNEHMENSUMWELT EINBEZIHEN UND VON NETZWERKEN PROFITIEREN) teilnehmen.

In der Praxis haben sich folgende zwei Arten von Teilnehmerkreisen bei der Planung und Durchführung von Innovationsworkshops herauskristallisiert:

»Geschlossener« Teilnehmerkreis – eignet sich für zum Beispiel für eintägige Innovationsworkshop-Formate oder auch für die Besprechung von Innovationsmaßnahmen innerhalb des wöchentlichen Abteilungsleiter-Meetings. Teilnehmer sind:
- Entscheidungsbevollmächtigter (z. B. Betriebsleiter/in /-direktor/in)
- alle Abteilungsleiter/innen
- evtl. ausgewählte Mitarbeiter, die direkt von dem zu bearbeitenden Problem im Betrieb betroffen sind
- evtl. externer Moderator

»Offener« Teilnehmerkreis – eignet sich für zweitägige Innovationsworkshop-Formate. Teilnehmer sind:
- Entscheidungsbevollmächtigter (z. B. Betriebsleiter/in /-direktor/in)
- alle Abteilungsleiter/innen
- evtl. ausgewählte Mitarbeiter, die direkt von dem zu bearbeitenden Problem im Betrieb betroffen sind
- ausgewählte externe Teilnehmer (z. B. Gäste, Lieferanten und Experten)
- evtl. externer Moderator

Im »offenen« Teilnehmerkreis sollten vertrauliche Daten, wie z. B. Budgetzahlen und Daten zur Wirtschaftlichkeit nicht »offen« diskutiert werden. Außerdem sollten externe Teilnehmer auf jeden Fall eine Verschwiegenheitserklärung vor der Durchführung Innovationsworkshops unterzeichnen, um die im Innovationsworkshop entwickelten Ideen zu schützen.

Darüber hinaus sollten externe Teilnehmer am Ende des Innovationsworkshop als Dank für die Teilnahme eine angemessene Aufmerksamkeit des Betriebs erhalten, die gleichzeitig zum erneuten Besuch des Betriebs

animiert (z. B. ein Gutschein für ein Abendessen, eine Wellnessmassage, Besuch einer Veranstaltung/Feierlichkeit, Gratis-Übernachtungen etc.).

3. ERFOLGSFAKTOR »MODERATOR/IN«

Der Moderator, der den Innovationsworkshop vorbereiten, moderieren und nachbereiten soll, kann direkt im Betrieb (z. B. ein Abteilungsleiter mit Erfahrungen in der Vorbereitung und Moderation von Workshops) bestimmt werden. Verantwortlichkeiten hinsichtlich des Innovationsworkshops des Moderators sind:

- Vorbereitung, Durchführung und Nachbereitung
- Raum, Technik, Material, Format und Zeitplanung vorbereiten
- Bestimmen eines Teilnehmers, der die erarbeiteten Ergebnisse protokolliert
- Diskussionen einleiten und strukturiert ablaufen lassen – d. h. jeder Teilnehmer sollte zu Wort kommen und seine Sichtweise bzw. Meinung zu den einzelnen Tagesordnungspunkten der Innovationsworkshop-Agenda äußern können und dürfen
- Agenda des Workshops als roten Leitfaden nutzen
- Zeitplanung für die Durchführung einhalten
- Eventuell bereits Recherchen zu internen und externen Fakten bzw. Daten und Unterlagen durchführen, die zum Thema des Innovationsworkshop passen
- Externe Teilnehmer (z. B. Gäste, Lieferanten oder Experten) zum Workshop einladen und im Vorfeld die Vertraulichkeit absichern
- Erstellung der Dokumentation der Ergebnisse und Überwachung der Umsetzung von geplanten Maßnahmen

In der Praxis hat sich gezeigt, dass immer mehr Betriebe einen externen, auf Innovationen in Hotels, Restaurants bzw. touristischen Betrieben spezialisierten Berater/Dienstleister als Moderator beauftragen, um möglichst schnell und effektiv arbeiten zu können.

Die Vorteile, die sich daraus ergeben sind unter anderem:

- Auslagerung der Vorbereitung, Durchführung und Nachbereitung des Innovationsworkshops an einen Spezialisten. Der Gastgeber kann dadurch sogar Einsparungen hinsichtlich Zeit und Kosten realisieren, weil vorhandene Ressourcen im Betrieb nicht unnötig gebunden werden.

- Nutzung eines erfahrenen Experten für einen »frischen« und unbeeinflussten Blick auf den eigenen Betrieb und als zusätzlichen Impulsgeber im Rahmen der Diskussionen innerhalb des Innovationsworkshops
- Zugang zu analytischem Methodenwissen, zu Referenzmodellen und Praxisbeispielen sowie praxisorientierte Umsetzungskompetenz und einem Spezialisten-Netzwerk unterschiedlicher Disziplinen
- Übernahme von Spezialaufgaben und professionelle Begleitung im Rahmen der Umsetzung und Vermarktung von Ideen zu Innovationen

4. ERFOLGSFAKTOR »ZEITPLANUNG«

Kreativität braucht einen strikten Rahmen, damit das Team schnell und ergebnisorientiert arbeiten und für Probleme im Betrieb kreative Lösungen entwickeln kann. Der Moderator kann sich daher im Rahmen der Vorbereitung Gedanken darüber machen, welches Zeitbudget für die Diskussion und Durchführung der einzelnen Tagesordnungspunkte des Innovationsworkshops zur Verfügung stehen soll.

In der Praxis haben sich eintägige Innovationsworkshops (ca. 8 Stunden) bewährt. Das dadurch resultierende Zeitbudget – im Schnitt ca. 20 Minuten pro zu bearbeitender Tagesordnungspunkt – ist bewusst knapp gehalten, um Diskussionen im Team auf das Wesentliche zu konzentrieren.

Je öfter Innovationsworkshops durchgeführt werden und je länger das Team mit den einzelnen Tagesordnungspunkten der Innovationsworkshop-Agenda bereits vertraut ist, umso schneller kann das Team dann die einzelnen Punkte abhandeln.

5. ERFOLGSFAKTOR »SPIELREGELN«

Um konzentriert im Team arbeiten zu können, sollten folgende »Spielregeln« von den Teilnehmern gemeinsam am Anfang des Innovationsworkshops besprochen, verabschiedet und eingehalten werden:
- Handys der Teilnehmer sollten ausgeschaltet werden. Lediglich ein Handy darf als »Notfall-Handy« festgelegt werden, falls es Probleme im Betrieb geben sollte und ein Teilnehmer im Innovationsworkshop unbedingt erreichbar sein muss.
- Der Moderator ist verantwortlich für die Leitung und für die Einhaltung des Zeitrahmens des Innovationsworkshops.
- Die Teilnehmer folgen den Weisungen des Moderators.
- Es wird im Team sachlich und faktenbasiert diskutiert, niemand jedoch persönlich »angegriffen«.
- Jeder Teilnehmer bringt sich in die Diskussionen ein. Die Praxiserfahrung zeigt, dass gerade die »stillen« Teilnehmer meistens sehr gute Ideen haben, die zur einfachen Lösung eines Problems beitragen.
- Teilnehmer werden im Rahmen ihrer Beiträge zur Diskussion nicht unterbrochen.
- Alle 90 Minuten sollte es eine zehnminütige Pause mit Erfrischungen und leichten Snacks zur Regeneration der Teilnehmer geben.

6. ERFOLGSFAKTOR »MATERIAL«

Folgendes Material/Werkzeug wird für die Durchführung des Innovationsworkshops typischerweise benötigt:
- Beamer und Beamer-Leinwand
- Laptop, ggf. ein zweiter Laptop oder iPad, um Fragestellungen in den Diskussionen direkt durch Internetrecherchen klären zu können
- Internetzugang via W-LAN
- Drucker, um eventuell ausdrucken zu können
- Moderationskoffer
- Pinnwand
- Flipchart mit ausreichendem Papier (im Schnitt wird etwa ein Blatt pro Tagesordnungspunkt benötigt)
- Gegebenenfalls ein Schreibtafel-Folie, die selbstklebend an den Wänden befestigt und vom Team mit bunten Farbmalstiften beschrieben werden kann
- Ausreichend Post-Its, gerne auch in verschiedenen Farben
- Filzmarker in unterschiedlichen Farben
- Fotoapparat (Handy)
- Bastelmaterial, um Prototypen/ Gebrauchsmuster schnell und kostengünstig herstellen zu können (z. B. Schere, Kleber, Knete, Lego-Steine, Buntpapier, alte Magazine, um Fotos ausschneiden zu können)

- Leere Blätter in DINA-4 und DINA-3
- Alkoholfreie Getränke, Kaffee, Tee, Wasser und Säfte
- Frisches Obst, Kekse, Nüsse und Schokolade
- Bei 8-Stunden-Workshops ein leichtes Mittagessen

7. ERFOLGSFAKTOR »ORT«

Der ideale Ort für einen Innovationsworkshop befindet sich idealerweise außerhalb des Betriebs, um den Workshop möglichst ungestört durchführen zu können. Auch bietet es sich an, gerade an den Orten den Innovationsworkshop durchzuführen, die die Kreativität fördern (z. B. Blick in die Natur, in die Berge, aufs Meer oder auf die Dächer einer Stadt) oder sogar als Referenzmodell (z. B. interessante Betriebe mit hohem Erlebnisfaktor, neueröffnete Betriebe) genutzt werden können.

Der Raum mit Tageslicht sollte großzügig, ruhig, hell und freundlich eingerichtet sein. Idealerweise gibt es einen Konferenztisch vor einer Video-Projektor-Leinwand, Pinnwand und Schreibtafel/Flipchart, an dem alle Teilnehmer Platz finden. Zusätzlich hat es sich bewährt, einen zweiten Sitzbereich in Form eines Kreises rund um eine Pinnwand und/oder Flipchart einzurichten, in dem diskutiert und gemeinsam im Dialog die einzelnen Gesprächspunkte bearbeitet werden können.

8. ERFOLGSFAKTOR »VISUELLES DENKEN«

In der Praxis hat es sich bewährt, die Ergebnisse der Team-Diskussionen immer nur stichpunktartig auf Post-Its zu schreiben oder als einfache Skizzen darzustellen. Damit werden die Gedanken der einzelnen Teilnehmer sehr schnell für alle Teilnehmer sichtbar und können mit Hilfe der Post-Its auf dem Flipchart sehr einfach ausgetauscht, ergänzt oder verschoben werden.

Folgende einfache Regeln gibt es beim visuellen Denken und Arbeiten mit Post-Its:
- Pro Gedanke nur ein Post-It verwenden
- Filzstift zum Beschriften bzw. Bemalen eines Post-Its verwenden
- Maximal 3 Wörter auf ein Post-It schreiben, die den Gedanken repräsentieren
- Maximal 1 Bild/ Skizze pro Post-It

Ein wesentlicher weiterer Vorteil für die Arbeit mit Post-Its ist auch die einfache Dokumentation der Workshop-Ergebnisse auf den Flipchart-Papieren mit Hilfe eines Fotoapparats/Handys oder die Nutzung einer Smartphone-App (z. B. Post-It Plus), die die einzelnen Post-Its visuell erfasst und zur weiteren Verarbeitung automatisch digitalisiert.

DISKUSSIONSPUNKTE

1. Identifizierung des Innovationsimpulses
2. Festlegung des Innovationsfokus
3. Festlegung Innovationsteam
4. Beschreibung des Problems und Innovationsuchfeldes
5. Beschreibung der Problem-Wirkung
6. Ermittlung interner Fakten
7. Ermittlung externer Fakten
8. Gemeinsames Verständnis für Problem-Ursache und -Wirkung
9. Das Problem beobachten
10. Anforderungen an die Problemlösung
11. Ideen zur Problemlösung entwickeln
12. Grobkonzept der Idee beschreiben
13. Prototyp/Gebrauchsmuster anfertigen
14. Test des Prototyps durchführen
15. Feinkonzept auf Basis der Testergebnisse erstellen
16. Geschäftsmodell entwickeln
17. Kommunikation planen
18. Realisierungsfahrplan erstellen
19. Schlüsselpartner auswählen und einbinden
20. Machbarkeitsprüfung durchführen
21. Wirtschaftlichkeitsprognose anfertigen
22. Umsetzungsentscheidung fällen
23. Realisierung starten
24. Erfolgreiche Umsetzung messen
25. Qualitätssicherung durchführen

AGENDA INNOVATIONSWORKSHOP

Quelle: eigene Darstellung nach Reinventis

Agenda eines Innovationsworkshops

Die Agenda eines typischen Innovationsworkshops umfasst folgende Tagesordnungspunkte (TOP), die in der vorgeschlagenen Reihenfolge im Team kurz diskutiert und die Ergebnisse mit Hilfe von Post-Its schriftlich festgehalten werden sollten. Die einzelnen Inhalte, Aufgaben und Hilfsmittel der Tagesordnungspunkte werden im Folgenden kurz vorgestellt.

1. IDENTIFIZIERUNG DES INNOVATIONSIMPULSES

Beim TOP »Innovationsimpuls« wird vom Team diskutiert und schriftlich festgehalten, was die Durchführung des Innovationsworkshops ausgelöst hat:
- Gast-/Kundenbeschwerde nachgehen
- Umsatz steigern
- Kosten senken
- Gäste/Kunden gewinnen
- Wettbewerbsvorteile ausbauen
- Mitarbeiter motivieren

Weitere Innovationsimpulse für Innovationen in Hotels, Restaurants und touristische Betriebe können in Abschnitt INNOVATION VERSTEHEN im Detail nachgelesen werden. Gerne kann der Teilnehmerkreis auch eigene im Betrieb identifizierte Innovationsimpulse kurz schriftlich festhalten, die den Innovationsworkshop initiiert haben.

2. FESTLEGUNG DES INNOVATIONSFOKUS

Im Rahmen des anstehenden Innovationsworkshops sollte sich der Teilnehmerkreis auf einen Innovationsfokus festlegen, der zum ausgewählten Innovationsimpuls passt. Aufgeführte Beispiele, die durch eigene Innovationsthemen/-suchfelder im Team auch gerne ergänzt werden können, sind:
- Wachstum
- Produkt
- Dienstleistung
- Service
- Erlebnis
- Organisation
- Prozesse
- Management
- Mitarbeiter
- Technologie
- Preis
- Marketing
- Kooperation
- Immobilie

3. FESTLEGUNG INNOVATIONSTEAM

Im Rahmen des Innovationsworkshops sollte ein Innovationsteam als Verantwortungsträger/innen festgelegt werden, dass die Ergebnisse des Innovationsworkshops und deren Umsetzung im Betrieb vorantreibt. Folgende Rollen gibt es im Innovationsteam:

- Teamleiter, der für die Inhalte, Themen, Aufgaben und Umsetzung der Ergebnisse des Innovationsworkshops verantwortlich ist
- Vertreter, der den Teamleiter unterstützt und vertritt, falls der Teamleiter nicht verfügbar ist
- Ausgewählte Mitarbeiter, die mit der entwickelten Problemlösung zukünftig arbeiten sollen und ihre wertvollen Erfahrungen mit in die Umsetzung einbringen sollen
- Entscheidungsbevollmächtigter, der die Entscheidung hinsichtlich Umsetzung und Finanzierung des Innovationsvorhabens im Betrieb letztendlich treffen und unterschreiben darf (z. B. der Direktor oder Abteilungsleiter mit Prokura).

4. BESCHREIBUNG DES PROBLEMS UND INNOVATIONSUCHFELDES

Eine kurze Problembeschreibung wird auf einem Flipchart-Papier stichpunktartig auf Post-Its erfasst und kurz begründet, warum das Problem einen Innovationsimpuls für den Betrieb und damit für die Durchführung des Innovationsworkshops ausgelöst hat. Es wird auch kurz beschrieben, wer von dem Problem in welcher Art betroffen ist. Hilfreich ist es an dieser Stelle, im Teilnehmerkreis auch folgende Fragen kurz zu diskutieren:

- Wer ist von dem Problem direkt und indirekt betroffen?
- Was sieht, hört, sagt, denkt und fühlt diese Person hinsichtlich des Problems?
- Was bereitet »Unbehagen« bei der Person hinsichtlich des Problems?
- Welche »Freude« und welchen Mehrwert könnte eine Lösung für das bestehende Problem für diese Person liefern?

Zudem werden an dieser Stelle stichpunktartig die wichtigsten Informationen bereits erfasst, die über das Problem und somit das Innovationsuchfeld bisher im Betrieb bekannt sind.

5. BESCHREIBUNG DER PROBLEM-WIRKUNG

Auswirkungen des beschriebenen Problems hinsichtlich z.B. Gäste/Kunden, Mitarbeiter, Organisation, Prozesse, Management und Wirtschaftlichkeit des Betriebs, werden auf einem separaten Flipchart-Papier mit Hilfe von Post-Its stichpunktartig erfasst.

6. ERMITTLUNG INTERNER FAKTEN

Hier werden die wichtigsten Erkenntnisse aus den Auswertungen des vorhandenen internen Datenmaterials (z. B. Betriebswirtschaftliche Auswertungen (BWA) vom Steuerberater, innerbetriebliche Statistiken, Gäste-Fragebögen, Mitarbeiter-Befragungen, Auswertungen aus dem Qualitätsmanagement) auf einem separaten Flipchart-Papier mit Hilfe von Post-Its stichpunktartig erfasst. Sollten im Betrieb noch keine internen Fakten zum Problem vorhanden sein, dann sollten folgende Kreise befragt werden und die wichtigsten Erkenntnisse aus diesen Befragungen im Team stichpunktartig erfasst werden:

- Management
- Steuerberater
- Mitarbeiter
- Lieferanten
- Gäste/Kunden

7. ERMITTLUNG EXTERNER FAKTEN

Die wichtigsten Erkenntnisse aus Recherchen, Befragungen und Auswertungen des vorhandenen externen Datenmaterials (Internetrecherche, Studien, Zeitungsartikel, Literatur, Referenzmodelle, Praxisbeispiele, Informationen über Mitbewerber-Betriebe etc.) werden auf einem separaten Flipchart-Papier stichpunktartig mit Hilfe von Post-Its erfasst. Sollten im Betrieb noch keine externen Fakten zum Problem vorhanden sein, dann sollten folgende Kreise befragt werden und die wichtigsten Erkenntnisse aus diesen Befragungen im Team stichpunktartig erfasst werden:

- Lieferanten
- Experten
- Kooperationspartner
- Freundeskreis

8. GEMEINSAMES VERSTÄNDNIS FÜR PROBLEM-URSACHE UND -WIRKUNG

Beim Tagesordnungspunkt »Gemeinsames Verständnis für Problem-Ursache und -Wirkung« geht es darum, die gewonnenen internen und externen Fakten gemeinsam im Team stichpunktartig auf Post-Its zu erfassen, zu sichten, zu diskutieren, auszuwerten, und dadurch die Ursache des Problems möglichst umfassend zu verstehen und gemeinsam die Hintergründe des Problems zu begreifen.

Darauf aufbauend sollte im Team diskutiert werden, was gegebenenfalls noch im Betrieb untersucht oder beobachtet werden muss, damit das Problem in seinem gesamten Ausmaß verstanden wird.

9. DAS PROBLEM BEOBACHTEN

Für den TOP »Das Problem beobachten« wird das Problem in Rahmen einer »Fotosafari« in seinem »natürlichen« Umfeld mit dem Fotoapparat bzw. Handy/iPad fotografiert. Die aussagekräftigsten Fotos werden ausgedruckt und auf einem separaten Flipchart-Papier aufgeklebt. Alternativ kann das Problem auch mit Hilfe von ausgeschnittenen Bildern aus Magazinen oder einfachen Skizzen, die im Teilnehmerkreis des Innovationsworkshops auf Post-Its erstellt werden, visuell dargestellt werden.

10. ANFORDERUNGEN AN DIE PROBLEMLÖSUNG

Aus der Diskussion und Auswertung der Tagesordnungspunkte:
- Beschreibung des Problems und Innovationsuchfeldes
- Beschreibung der Problem-Wirkung
- Ermittlung interner Fakten
- Ermittlung externer Fakten
- Gemeinsames Verständnis für Problem-Ursache und -Wirkung
- Das Problem beobachten

ergeben sich im Team neue Erkenntnisse, Sichtweisen und Anforderungen, wie das Problem auf eine einfache Art und Weise gelöst werden sollte.

Bei dem TOP »Anforderungen an die Problemlösung« werden nun aus diesen Erkenntnissen im Team die wichtigsten Anforderungen an die zu erarbeitende Problemlösung aufgelistet.

Diese Anforderungen dienen anschließend bei der Ideenentwicklung als kreativer Rahmen, in dem zielgerichtete Ideen gemeinsam im Team entwickelt werden.

11. IDEEN ZUR PROBLEMLÖSUNG ENTWICKELN

Nun ist es Zeit, aus den ermittelten Fakten und Anforderungen an die Problemlösung auf kreative Art und Weise eine Vielzahl an Ideen zu entwickeln. Verschiedene hierfür nutzbare Kreativitätstechniken (z. B. Gamestorming) wurden im Kapitel UNTERNEHMENSINTERNE IDEENGEWINNUNG bereits vorgestellt. Die entwickelten Ideen werden mithilfe von Post-Its auf einem separaten Flipchart-Papier erfasst.

Anschließend werden im Team qualitative und quantitative Kriterien festgelegt. Damit werden die entwickelten Ideen bewertet und diejenige Idee herausgefiltert, die im Rahmen des weiteren Innovationsworkshops weiter verfolgt werden soll.

Beispiele für quantitative Kriterien:
- Wie oft kann die Idee ggf. als Produkt oder Dienstleistung verkauft werden?
- Potenzieller Umsatz, der mit der Idee generiert werden kann
- Potenzielle einmalige und laufende Kosten, die mit der Umsetzung der Idee entstehen

Beispiele für qualitative Kriterien:
- Akzeptanz der Idee als Lösung für das Problem bei den Gästen
- Akzeptanz der Idee als Lösung für das Problem bei den Mitarbeitern
- Integrationsmöglichkeiten der Idee zum Beispiel in die bestehende Marke, Organisation, Personalstruktur
- Welche Wettbewerbsvorteile können mit der Idee erreicht werden?

12. GROBKONZEPT DER IDEE BESCHREIBEN

Ein Grobkonzept beschreibt die ersten groben Details der entwickelten Idee auf Basis von folgenden Fragen, die im Team diskutiert und deren Ergebnisse auf einem separaten Flip-chart-Papier mit Hilfe von Post-Its stichpunktartig erfasst werden sollten:

- Was ist die Idee zur Lösung des Problems?
- Wie wird die Idee umgesetzt?
- Wann wird die Idee umgesetzt bzw. sollte umgesetzt werden?
- Womit wird die Idee umgesetzt?
- Welche Technologie ist ggf. notwendig, um die Idee umsetzen zu können?
- Wer ist bei der Umsetzung der Idee involviert?
- Wie viel wird – als erste grobe Schätzung – die Umsetzung der Idee vermutlich kosten?

13. PROTOTYP/GEBRAUCHSMUSTER ANFERTIGEN

Ein Prototyp bzw. ein Gebrauchsmuster ist die visuelle und möglichst »greifbare« erste grobe Realisierung der im Team entwickelten Problemlösung. Die Idee soll mit möglichst einfachen Mitteln entweder visuell z. B. als Skizze, Zeichnung oder Foto-Collage dargestellt werden.

Das Team im Innovationsworkshop kann noch einen Schritt weitergehen und die Idee mit Hilfe von einfachem Bastelmaterial als Gegenstand »greifbar« und »funktionsfähig« machen. Fotos von den gebastelten Prototypen werden ausgedruckt und auf einem separaten Flipchart-Papier aufgeklebt.

Die Vorteile eines Prototyps, der mit möglichst einfachen Mitteln visuell und greifbar hergestellt wird, sind:
- Die Idee kann in ihrer Gesamtheit besser beurteilt werden.
- Die Problemlösung kann denjenigen gezeigt werden, die nützliche Rückmeldungen im Rahmen eines Tests oder Interviews liefern können.
- Es können kostenintensive Fehlentscheidungen vermieden werden, da ja nur mit einfachen Mitteln ein funktionsfähiger Prototyp erstellt wurde.

14. TEST DES PROTOTYPS DURCHFÜHREN

Wenn der Prototyp/das Gebrauchsmuster der Idee erstellt wurde, dann kann die Idee auf einfache Art und Weise bei den Personen, die das Problem haben, getestet werden. So können wertvolle erste Hinweise auf den Erfolg der Problemlösung ermittelt werden. Da der Prototyp/das Gebrauchsmuster mit sehr einfachen Mitteln kostengünstig erstellt wurde, können so in diesem TOP bereits mögliche spätere kostenintensive Fehleinschätzungen vermieden werden.

Der Prototyp/das Gebrauchsmuster sollte folgenden Personenkreisen als Test zur Begutachtung gezeigt und deren Rückmeldungen ohne Bewertung eingeholt werden:

Interner Test
- Management
- Mitarbeiter
- Familie
- Freunde

Externer Test
- (Stamm-)Gäste
- Lieferanten
- Experten
- Berater

Externe Teilnehmer sollten auf jeden Fall vor Teilnahme am Test der Idee/des Prototyps eine Vertraulichkeitserklärung unterzeichnen.

Die wichtigsten Ergebnisse werden vom Team auf einem Flipchart-Papier festgehalten. Zudem sollte das Team an dieser Stelle auf Basis der Ergebnisse aus dem Test diskutieren, ob die Idee bzw. der Prototyp überhaupt weiterverfolgt werden sollte, oder ob eine andere Idee als Problemlösung erst einmal als Prototyp entwickelt und getestet wird.

Fällt die Entscheidung zum Weiterverfolgen für die getestete Idee bzw. den Prototyp positiv aus, dann wird mit dem nächsten Tagesordnungspunkt der Innovationsworkshop-Agenda »Feinkonzept« weitergearbeitet.

15. FEINKONZEPT AUF BASIS DER TESTERGEBNISSE ERSTELLEN

Nachdem der Prototyp/das Gebrauchsmuster der Idee getestet wurde, kann das vorhandene Grobkonzept auf Basis der gewonnenen Erkenntnisse zu einem Feinkonzept mit Hilfe folgender Fragen detailliert bzw. angepasst werden:

- Welche Stärken – Schwächen – Chancen – Risiken hat die entwickelte Idee/der entwickelte Prototyp auf Basis der Ergebnisse des Tests?
- Wie muss die Idee/der Prototyp der Erkenntnisse aus dem Test verbessert werden?
- Wann sollte die Idee/der Prototyp am besten umgesetzt werden?
- Womit wird die Idee umgesetzt?
- Welche Technologie ist ggf. notwendig, um die Idee umsetzen zu können?
- Wer ist bei der Umsetzung der Idee involviert?
- Wieviel wird als erste grobe Schätzung die Umsetzung der Idee voraussichtlich kosten?
- Anhand welcher praktisch messbaren Kriterien kann der Erfolg der Umsetzung und Vermarktung der Idee als Innovation überprüft werden?

16. GESCHÄFTSMODELL ENTWICKELN

Ohne die Diskussion des Geschäftsmodells, auf welches die Umsetzung des Prototypens basieren soll, kann keine Idee erfolgreich umgesetzt werden. Bei diesem TOP werden die Inhalte des entwickelten Feinkonzepts und Prototypen im Hinblick auf die Marke und das bestehende Geschäftsmodell des Betriebs überprüft und ggf. ergänzt bzw. angepasst. Folgende Punkte sollten im Teilnehmerkreis diskutiert und die Ergebnisse auf einem separaten Flipchart-Papier stichpunktartig auf Post-Its erfasst werden:

- Welche Zielgruppen des Betriebs betrifft die Idee?
- Wie wird das Gäste-/Kunden-Nutzenversprechen für die Zielgruppen von der Idee beeinflusst?
- Welche Gäste-/Kundenbeziehungen sollen mit der Idee verbessert werden?
- Über welche Gäste-/Kundenkanäle (z. B. Werbung, Kommunikation) soll über die Idee berichtet werden?
- Wie wird mit der Idee nachhaltig Geld verdient?
- Welche Schlüsselaktivitäten, Schlüsselressourcen und Schlüsselpartner des Betriebs werden von der Idee beeinflusst?
- Welche fixen und variablen Kostenstrukturen ergeben sich bei der Umsetzung der Idee?

17. KOMMUNIKATION PLANEN

Beim TOP »Kommunikation« wird im Teilnehmerkreis diskutiert, wie die entwickelte Idee intern bzw. extern kommuniziert und damit vermarktet werden kann.

GESCHÄFTSMODELLE UNTER BERÜCKSICHTIGUNG VON MARKTVERÄNDERUNGEN ENTWICKELN
Teilen und Tauschen liegen im Trend: Jeder zweite Deutsche nutzt Share Economy

In Zukunft möchten rund zwei Drittel der Deutschen Produkte oder Dienstleistungen teilen oder leihen / Ein Drittel sieht darin die Chance auf zusätzliches Einkommen / Verbraucher fordern Versicherungsschutz und transparente Preise: *Sich ein Auto mit Freunden teilen, die Wohnung verleihen oder auf das Elektriker-Know-how des Nachbarn zurückgreifen: Der Trend zur sogenannten Ökonomie des Teilens (»Share Economy«) setzt sich in Deutschland immer mehr durch. Eine repräsentative Umfrage unter tausend Bundesbürgern im Auftrag der Wirtschaftsprüfungs- und Beratungsgesellschaft PwC belegt: Die Deutschen teilen gern. 46 Prozent haben in den letzten beiden Jahren mindestens ein Share Economy-Angebot genutzt. In Deutschland erfreut sich das Teilen und Tauschen großer Beliebtheit. Das gilt insbesondere auch im Vergleich zu anderen Ländern wie den USA, wo nur rund ein Fünftel der US-Bürger teilt und tauscht.*

Diskrepanz zwischen Angebot und Nachfrage: *Die Marktchancen für Unternehmen, deren Geschäftsmodell auf »Sharing« ausgelegt ist, sind enorm. Ein wichtiger Erfolgsfaktor besteht darin, Angebot und Nachfrage stärker ins Gleichgewicht zu bringen und innovative Geschäftsmodelle zu entwickeln«, so die Einschätzung von Roman Friedrich, Partner bei Strategy&. Noch sind mehr Menschen bereit, etwas auszuleihen, als selbst etwas zu verleihen. Nur gut ein Drittel der Deutschen hat schon einmal Produkte oder Dienstleistungen zum Tausch oder Verleih angeboten. Immerhin die Hälfte der Befragten plant dies für die Zukunft.*

Die Share Economy als Motor für Wachstum und Arbeitsplätze: *Der Trend zum Teilen statt Besitzen ist keine kurzfristige Erscheinung. Für 55 Prozent der Deutschen bedeutet das Konzept ein Motor für Arbeitsplätze. 68 Prozent sind der Meinung, dass es im Jahr 2030 normal sein wird, statt eines einzigen 40-Stunden-Jobs mehrere Einnahmequellen zu haben. Diese Einschätzung steht auch im Einklang mit den Erwartungen der Deutschen an die Arbeit der Zukunft: Knapp die Hälfte (47 Prozent) möchte lieber freiberuflich arbeiten als in einem Unternehmen mit festen Strukturen. »Die Zeit ist reif, Angebote aus der Share Economy auch in weiteren als den bisher bekannten Branchen auszurollen. Jedes Unternehmen, das heute Markt- oder Technologieführer ist, muss sich überlegen, inwieweit sich seine Produkte oder Dienstleistungen gemeinschaftlich nutzen lassen. Ist dies möglich, sollte es am besten selbst eine Teil-Plattform aufbauen und diese lukrative Chance nicht einem Dritten überlassen«, so die Empfehlung von PwC-Partner Nikolas Beutin.*
[...] Übernachtungsmöglichkeiten werden immer beliebter. In den Bereichen Hotellerie, Dienstleistungen oder Transport wird sich die Nutzung von Share Economy-Angeboten in den kommenden zwei Jahren nahezu verdoppeln. »Dabei ist zu befürchten, dass sich die steigende Nachfrage mangels Angebot gar nicht befriedigen lässt«, resümiert Beutin.
Quelle: www.strategyand.pwc.com

Die interne Kommunikation der Idee kann zum Beispiel durch folgende Maßnahmen erreicht und umgesetzt werden:
- Aushang einer Mitarbeiterinformation am schwarzen Brett
- Vorstellung der Idee im Rahmen von zum Beispiel täglichen Servicebesprechungen, in denen der Abteilungsleiter seinen Mitarbeiter von der Idee berichtet
- Durchführung von internen Schulungen oder Trainings
- Ergänzung von bestehenden Handbüchern (Betrieb, Prozesse, Qualitätsmanagement etc.)
- Verbreitung der Informationen zur Idee mit Hilfe eines Intranet-Portals oder internen Newsletters

Die externe Kommunikation der Idee kann zum Beispiel durch folgende Maßnahmen erreicht und umgesetzt werden:

- Planung und Durchführung von entsprechenden Werbemaßnahmen (Aktualisierung Internetseite des Betriebs, Flyer auslegen und verteilen, mündliche Empfehlung durch Mitarbeiter, Interviews mit der Presse, Fachartikel platzieren, PR-Maßnahmen etc.)
- Aktualisierung des Marketing-Jahresplans des Betriebs, um mit den entsprechenden Marketinginstrumenten die Idee im Markt zu kommerzialisieren

Im Rahmen der Diskussion sollte das Team dabei bereits erste überschlägige Budgets für die geplanten Kommunikations-/Werbemaßnahmen schätzen und stichpunktartig erfassen.

18. REALISIERUNGSFAHRPLAN ERSTELLEN

Die Diskussion über einen Realisierungsfahrplan (siehe hierzu auch LETZTER HALT: MARKTERFOLG – EINEN INNOVATIONSSPEZIFISCHEN UMSETZUNGSPLAN ENTWICKELN UND EINHALTEN) hilft, einen Zeitplan auf Wochenbasis mit den notwendigen Aktivitäten, Meilensteinen, Ressourcen und Verantwortlichkeiten für die Realisierung der Idee als Innovation zu planen und zu erstellen. Den einzelnen Aktivitäten können so auch bereits erste fixe und variable Kosten-Budgets zugeordnet werden, die später für die Wirtschaftlichkeitsprognose benötigt werden.

19. SCHLÜSSELPARTNER AUSWÄHLEN UND EINBINDEN

Da nun feststeht, wie die entwickelte Idee aussieht, realisiert und vermarktet wird, sollte bei diesem Diskussionspunkt durch das Team kurz stichpunktartig festgehalten werden, was im Betrieb selbst umgesetzt werden kann und was gegebenenfalls an Dritte ausgelagert bzw. beauftragt werden sollte, unter anderem weil

- es kostengünstiger ist, als es selbst im Betrieb umzusetzen
- ein spezialisierter Dritter geplante Aktivitäten schneller durchführen kann
- weil ein spezialisierter Dritter über das eventuell benötigte funktionale, organisatorische und technische Knowhow verfügt

Bevor die Entscheidung endgültig gefällt wird, hat es sich in der Praxis bewährt entsprechende Angebote von Dienstleistern einzuholen.

20. MACHBARKEITSPRÜFUNG DURCHFÜHREN

In der Machbarkeitsprüfung geht es darum, im Team zu diskutieren, inwieweit die Realisierung der Idee unter folgenden Gesichtspunkten wirklich umsetzbar ist bzw. was zu tun ist, um die Idee eventuell so anzupassen, dass die Realisierung der Idee im Betrieb gelingt:

- räumlich
- organisatorisch
- technisch
- personell
- gestalterisch
- rechtlich

An dieser Stelle sollte auch geprüft werden, inwieweit die Idee auch z. B. durch Marken-/ Gebrauchsmuster- oder Patentanmeldung mithilfe eines Rechtsanwalts gegenüber dem Wettbewerb geschützt werden kann.

Die Ergebnisse der Diskussion werden kurz stichpunktartig auf einem Flipchart mit Post-Its erfasst. Außerdem sollte nach dieser Diskussion entschieden werden, ob die Idee weiterverfolgt wird oder nicht.

21. WIRTSCHAFTLICHKEITSPROGNOSE ANFERTIGEN

Bei der Wirtschaftlichkeitsprognose geht es darum, alle bisher recherchierten, diskutierten und entwickelten Ergebnisse in Zahlen auszudrücken bzw. Schätzungen im Team zu diskutieren, um die Wirtschaftlichkeit der Umsetzung der Idee final beurteilen zu können.

Folgende Elemente der Wirtschaftlichkeit sollten im Team diskutiert werden:
- Investition zur Umsetzung der Idee. Die Kosten für die Investition können z. B. durch Angebote von Lieferanten oder Preisrecherche im Internet verifiziert werden
- Umsatzschätzung pro Jahr, die mit der Idee generiert werden können
- Geschätzte fixe und variable Kosten pro Jahr, die durch die Idee entstehen
- Schätzung des Ergebnisses (= Umsatz minus Kosten), das die Idee jährlich generiert

Empfehlenswert ist es auch, diese Informationen direkt in einem Kalkulationsprogramm wie z. B. Microsoft Excel zu erfassen und die Prognose auf drei bis fünf Jahre auszuweiten, um unter anderem auch die Amortisation der Realisierung der Idee beurteilen zu können. Viele Hotels, Restaurants und touristische Betriebe nehmen für die Beurteilung der Wirtschaftlichkeit von Ideen im Gesamtzusammenhang mit dem Betrieb auch gerne externe Berater, wie z. B. den Steuerberater in Anspruch.

22. UMSETZUNGSENTSCHEIDUNG FÄLLEN
Nachdem die Ergebnisse der Wirtschaftlichkeitsprognose vorliegen, kann im Team die Entscheidung zur Umsetzung mit dem Entscheidungsbevollmächtigten diskutiert werden. Das Ergebnis der Diskussion und die Entscheidung, ob die erarbeitete Idee als Innovation umgesetzt wird, sollte abschließend und mit einer kurzen Begründung festgehalten und vom Entscheidungsbevollmächtigten mit Datum unterschrieben werden.

23. REALISIERUNG STARTEN
Wenn die Entscheidung zur Umsetzung der Idee getroffen ist, dann sollte das Team die entwickelte Idee entsprechend den erarbeiteten Vorgaben und deren Anlagen umsetzen. Notwendig sind die erarbeiteten Informationen. Ergebnisse und Unterlagen aus folgenden Tagesordnungspunkten:

- Feinkonzept
- Geschäftsmodell
- Kommunikation
- Realisierungsfahrplan
- Schlüsselpartnerwahl
- Machbarkeitsprüfung
- Wirtschaftlichkeitsprüfung

24. ERFOLGREICHE UMSETZUNG MESSEN
Nach der Umsetzung der Idee sollte deren Erfolg vom Team in regelmäßigen Abständen anhand der geplanten Vorgaben überprüft und je nach den Ergebnissen, die Umsetzung der Idee optimiert werden.

25. QUALITÄTSSICHERUNG DURCHFÜHREN
Alle erarbeiteten Dokumente und eventuelle Anlagen sollten zum Schluss als Dokumentation und zur Archivierung in einen Innovationsordner im Betrieb abgelegt werden. Zudem sollte die umgesetzte Idee in das bestehende Qualitätsmanagementsystem des Betriebs aufgenommen werden und kontinuierlich weiterentwickelt und verbessert werden.

Dokumentation eines Innovationsworkshops
Zum Ende des Innovationsworkshops sollten alle erarbeiteten/beschrifteten Flipchart-Papiere fotografiert und so dokumentiert werden. Die Fotos können dann im Format DIN A4 ausgedruckt werden. Hinter diesen Ausdrucken können auch alle anderen zusätzlichen Schriftstücke, Planungsdokumente und Ergebnisse aus dem Innovationsworkshop strukturiert angefügt und für weitere Schritte in dem Innovationsordner abgelegt werden. Wenn die Tagesordnungspunkte der Innovationsworkshop-Agenda vom Team strukturiert diskutiert und in der vorgeschlagenen Reihenfolge durchgearbeitet wurde, dann liegen nun alle wichtigen und notwendigen Informationen vor, um aus einer Idee eine Innovation werden zu lassen, indem die Idee umgesetzt und intern bzw. extern vermarktet wird.

Am Ende des Innovationsworkshops und der damit verbundenen intensiven Teamarbeit sollten die Ergebnisse beispielsweise mit einem gemeinsamen Abendessen oder Teamevent gefeiert werden.

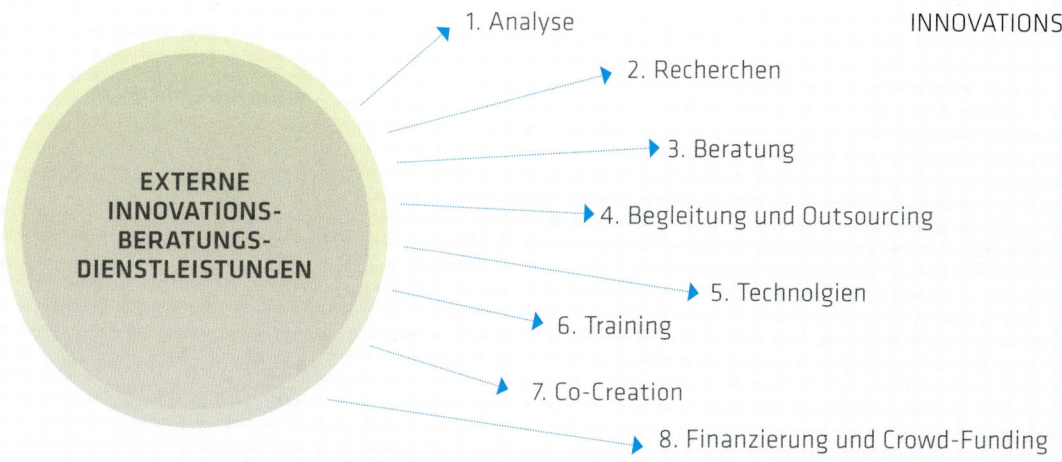

INNOVATIONSBERATUNG

Quelle: eigene Darstellung nach Reinventis

Externe Innovationsberatungsdienstleistungen im Überblick

1. ANALYSEN
Folgende Analysen werden beispielsweise von Gastgebern beauftragt:
- Betriebsanalyse Status-quo
- Potenzialanalyse
- Wettbewerbsanalyse
- Standort-, Markt- und Objektanalyse
- Zielgruppenanalyse
- Analyse der Wertschöpfungskette des Betriebs (Einkauf, Produktion, Absatz, Service, Management) und Erlebniskette des Gastes (vor, während und nach dem Besuch des Betriebs)
- Mystery Checks

2. RECHERCHEN
Im Rahmen des Innovationsmanagement können von externen Beratern und Dienstleistern folgende Recherche-Dienstleistungen übernommen werden:
- Quartalweise Berichterstattung über weltweite Trends und Neuerungen (Trendscouting), die Relevanz für den jeweiligen Betrieb haben und deren Umsetzung im Betrieb Nutzen stiften würden
- Referenzmodelle für die geplante Umsetzung der entwickelten Ideen
- Expertenidentifikation
- Schlüsselpartneridentifikation (z. B. Lieferanten, Dienstleister)

3. BERATUNG
Zu folgenden Themengebieten im Rahmen des Innovationsmanagements können Gastgeber durch externe Berater und Dienstleistungspartner beraten werden:

- Zielgruppendefinition
- Aufbau und Weiterentwicklung der Marke
- Festlegung und Weiterentwicklung des Gast-Nutzen-Versprechens
- Planung und Umsetzung von Gästebeziehungsmanagement – auch technologisch unterstützt, um bestehende Gäste an den Betrieb zu binden
- Konzeption und Umsetzung von Gästekanälen, um neue Gäste zu generieren
- Erschließung von neuen Umsatzquellen
- Ableitung von Schlüsselaktivitäten bzw. -ressourcen und Definition der dafür notwendigen Prozesse, Technologien und Organisationstrukturen
- Identifizierung und Auswahl von Schlüsselpartnern
- Festlegung und Optimierung von Kostenstrukturen
- Entwicklung und Umsetzung von Markteintritt-Strategien für entwickelte Ideen, die als Innovation in den Markt eingeführt werden sollen
- Optimierung und Neupositionierung des Betriebs sowie Einführung von Innovationen im Rahmen des Generationswechsels

4. BEGLEITUNG UND OUTSOURCING
Wenn der Gastgeber aufgrund seines Tagesgeschäfts daran gehindert ist, sich um das Thema Innovation zu kümmern, kann er z.B. die Entwicklung von Ideen für seinen Betrieb und die Begleitung der Umsetzung an externe Berater und Dienstleistungspartner im Rahmen des Innovationsmanagements als »Outsourcing« komplett auslagern.

Der externe Berater und Dienstleistungspartner übernimmt dann in einem zuvor

CO-CREATION ALS ERFOLGSFAKTOR

Eines der Unternehmen in Deutschland, das Co-Creation aktiv gemeinsam mit ihren Kunden nutzt, ist Tchibo: Auf der Website Tchibo-Ideas.de können User der Tchibo-Community eine Aufgabe stellen, die sie gerne gelöst hätten. Das reicht von »der Hausschlüssel lässt sich nie auffinden« bis »mein Toast wird nie, wie ich ihn gerne hätte«. Die Community versucht, eine Lösung für das Problem zu finden, und Tchibo lässt aus besonders guten Ideen, ein Produkt entwickeln.

Auch das ist eine Form von Co-Creation: die Massenindividualisierung. Eines der ersten Unternehmen dieser Art ist MyMuesli.de aus Passau. Drei Studenten wollten ein Müsli anbieten, das zuckerfrei ist, aus biologischen Zutaten besteht und das sich jeder nach seinen Vorlieben zusammenstellen kann. Und schon war die Idee von MyMuesli.de geboren. Der Erfolg gibt den Passauer Studenten recht. Mittlerweile hat das Unternehmen sogar MyMüsli.de-Ladengeschäfte in Passau, München und Regensburg eröffnet, und die Facebook-Fangemeinde ist inzwischen auf über 130.000 Fans angewachsen.

Quelle: www.marketingmag.de

abgestimmten Rahmen die einzelnen Prozessschritte innerhalb des Innovationsmanagement für den jeweiligen Betrieb umzusetzen oder zu belgeiten. Die Vorgehensweisen und geplanten Ergebnisse der einzelnen Prozessschritte werden dann mit dem Gastgeber in regelmäßigen Abständen besprochen und verabschiedet.

5. TECHNOLOGIEN

Mithilfe von Technologien können viele Ideen erst als Innovationen auf den Markt gebracht werden, weil dadurch zum Beispiel Prozesse automatisiert bzw. überhaupt erst umgesetzt werden können. Sinnvoll ist es daher für den Gastgeber, sich auch hier professionelle Unterstützung zu holen. Der externe Berater kann z. B. ein umfassendes Pflichtenheft für die neue Technologie für die Umsetzung einer entwickelten Idee erstellen, um aus der Vielzahl der Technologie-Anbieter passende Angebote einzuholen.

6. TRAINING

Um eine eigene Innovationskultur im Betrieb aufzubauen und umzusetzen, können Gastgeber auf die Erfahrungen und Hilfsmittel von externen Beratern und Dienstleistern zurückgreifen. Die Trainings können intern im Betrieb oder beim Berater selbst durchgeführt werden. Jeder einzelne Prozessschritt eines professionellen Innovationsmanagements können als Trainings- und Schulungseinheiten für den Betrieb individuell vorbereitet und vermittelt werden.

7. CO-CREATION

Um einen Betrieb innovativer zu machen, ist es oft auch sinnvoll, Lieferanten und Gäste direkt in die Entwicklung von Innovationen für den Betrieb aktiv einzubinden. Im Rahmen des sogenannten »Co-Creation« werden mithilfe moderner Internet-Technologien, sozialer Medien (z. B. Facebook) oder Co-Creation-Plattformen (z. B. www.unseraller.de) die Gäste und Lieferanten in alle Schritte des Innovationsprozesses integriert. Beispiele für Co-Creation können zum Beispiel sein, wenn ein Hotel oder Restaurant Renovierungen plant und seine Gäste mit abstimmen lassen möchte, wie das Endergebnis der Renovierung aussehen soll.

Auch auf der eigenen Website und Facebook-Seite des Betriebs kann Co-Creation mithilfe von einfachen Umfragen durchgeführt werden. Stehen im Hotel oder Restaurant beispielsweise Renovierungs- und Modernisierungsmaßnahmen an, so können die Gäste mit einfachen Abstimmungsknöpfen (Voting) darüber entscheiden, welche vorgeschlagenen Varianten der Renovierung/Modernisierung oder sogar welche Gerichte auf die Speisekarten aufgenommen und letztlich umgesetzt werden sollen.

8. FINANZIERUNG UND CROWD-FUNDING

Externe Berater und Dienstleister können Gastgeber dabei unterstützen, entsprechend überzeugende Unterlagen für Finanzierungsrunden für neue Ideen/Innovationen bei Banken und Investoren vorzubereiten und für den Gastgeber zu moderieren.

Zudem gibt es im Internet sogenannte Crowd-Funding-Plattformen, auf denen für die Realisierung von Ideen zu Innovationen Geldmittel akquiriert werden kann.

Bekannte Beispiele für interessante Crowd-Funding-Plattformen sind z. B. Kickstarter (www.kickstarter.de), Startnext (www.startnext.com), Companisto (www.comapnisto.de) und Seedmatch (www.seedmatch.de). In den USA gibt es zudem die speziell für die Gastronomie zugeschnittene Crowd-Funding-Plattform Foodstart (www.foodstart.com), in Deutschland STARTinFOOD (www.startinfood.de).

4 INNOVATION UMSETZEN

CHECKLISTE ZUM UMSETZEN VON INNOVATION | HINTERFRAGEN SIE SICH!

ZENTRALE FRAGEN FÜR EINE ERFOLGREICHE UMSETZUNG	RELEVANZ BEWUSST – FRAGE WIRD BEREITS NACHGEGANGEN	RELEVANZ ERKANNT – FRAGE WIRD NUN NACHGEGANGEN
Setzen Sie in Ihrem Unternehmen Innovationsprojekte mithilfe des Projektmanagements um?	○	☐
Verfolgen Sie in diesem Kontext für die erfolgreiche Ideeneinführung einen innovationsspezifischen Umsetzungsplan, der neben den allgemeinen Projektzielen auch konkrete Meilensteine und Teilpläne umfasst?	○	☐
Wird der Projektplan und der jeweilige Projektfortschritt transparent an alle internen und externen Innovationsbeteiligten kommuniziert?	○	☐
Breiten Sie Ihre Innovationen durch eine gezielte Innovationskommunikation am Markt aus? Basiert diese auf einer gehaltvollen Werbebotschaft, die schließlich den Prozess der Innovationsannahme ins Rollen bringt?	○	☐
Welcher Instrumente der externen Innovationskommunikation bedienen Sie sich bereits und welche könnten zusätzlich genutzt werden?	○	☐
Ist die unternehmensinterne Innovationskommunikation derart gestaltet, dass sie all ihre Funktionen erfüllt?	○	☐
Erfolgt die interne Kommunikation genauso regelmäßig und widerspruchsfrei wie die externe?	○	☐
Nutzen Sie die externe Innovationskommunikation in Verbindung mit einer aussagekräftigen Marke zum Schutz Ihrer Innovationen vor Nachahmungen?	○	☐
Sind Sie sich der Bedeutung Ihrer Humanressourcen im Hinblick auf die Nicht-Imitierbarkeit Ihrer Innovationen bewusst? Wie binden Sie Ihre Mitarbeiter an Ihr Unternehmen?	○	☐

5 INNOVATION STEUERN UND EVALUIEREN – INNOVATIONSCONTROLLING

ZIELSETZUNG UND AUFGABEN DES INNOVATIONSCONTROLLINGS

- Kontinuierliche Unterstützung sämtlicher Phasen des Innovationsprozesses
- Einleitung geeigneter Maßnahmen zur Gegensteuerung im Falle einer Kursabweichung
- Aufdecken etwaiger Abweichungen des Ist- vom Soll-Zustand
- Überwachung des Prozessverlaufs hinsichtlich festgelegter Termine, Kosten usw.
- Festlegung innovationsspezifischer, zeitlicher und ökonomischer Ziele
- Verständliche Aufbereitung sämtlicher entscheidungsrelevanter Informationen
- Sicherstellung des Datenflusses zwischen allen involvierten Parteien
- Vermeidung von Doppelarbeiten sowie zeitlichen und personellen Engpässen

Quelle: eigene Darstellung

5.1 | Grundlagen und Instrumente der kontinuierlichen Prozesssteuerung

Dem Innovationscontrolling kommt über den gesamten Innovationsprozess hinweg eine zentrale Bedeutung zu. Als Querschnittsfunktion soll es kontinuierlich und unterstützend eingreifen, um das jeweilige Innovationsprojekt schließlich zum Erfolg zu führen (VAHS und BREM 2013, S. 354). Doch was ist unter dem deutschen Kunstwort Controlling zu verstehen?

Der Controlling Begriff
Die Durchführung eines Innovationsprozesses ohne ein entsprechendes Innovationscontrolling gleicht einer Seereise an Bord eines Schiffs ohne Steuermann. Treibt das Schiff ziellos im Meer, unabhängig davon, wie hochwertig seine Maschinerie oder Ausstattung auch sein mag, so ist ein Eintreffen im Zielhafen äußerst ungewiss. Es ist daher Aufgabe des Steuermannes, wie sein Name bereits impliziert, das Schiff zu steuern und zu führen. Hierzu muss er die relevanten Instrumente bedienen und Seekarten lesen können sowie Kenntnis über das angestrebte Ziel haben. Aus dieser Analogie folgt die zentrale Zielsetzung des Innovationscontrollings:

Das Innovationscontrolling dient der rechtzeitigen Beschaffung und zur Verfügung Stellung sämtlicher betriebswirtschaftlicher Informationen in der richtigen Qualität und Quantität, die für die Steuerung des Innovationsprozesses nötig sind (VAHS und BREM 2013, S. 354).

Grundlage eines erfolgreichen Innovationscontrollings ist zunächst die Kenntnis über die angestrebten unternehmerischen Ziele. Im Hinblick auf deren Erreichung ist es notwendig, den Weg hin zu diesen Zielen – die Strategie also – zu kennen und von Beginn an einzuschlagen. Im weiteren Prozessverlauf liegt es am Controlling, etwaige Abweichungen vom Kurs aufzudecken und den Prozess in der Folge wieder in Richtung Zielhafen zu manövrieren. Wird dies versäumt, so kann selbst eine herausragende Qualität und Effizienz der übrigen Prozessschritte die Kursabweichungen nicht mehr ausgleichen. Schlimmstenfalls kann der gesamte Aufwand sogar vergeblich gewesen sein.

Zwar wird das Innovationscontrolling in einem eigenen Abschnitt behandelt, doch darf dies nicht über die Notwendigkeit seines phasenübergreifenden und kontinuierlichen Einsatzes hinwegtäuschen. Von der Bestimmung geeigneter Suchfelder bis hin zur finalen Überprüfung des Innovationserfolgs hat es die Aufgabe, die Ausrichtung auf die zuvor festgelegten Meilensteine zu überprüfen und deren Einhaltung zu unterstützen. Ferner wird mithilfe des Controllings laufend der Einsatz der finanziellen, personellen und materiellen Ressourcen überwacht und gegebenenfalls flexibel neu koordiniert (VAHS und BREM 2013, S. 355).

Das Steuerrad fest in der Hand zu haben ist von erfolgsentscheidender Bedeutung für jede »Innovationsexpedition« (GRISSEMANN, PIKKEMAAT und WEGER 2013, S. 11). Dabei sollte es jedoch nicht von Hand zu Hand gereicht werden, vielmehr sind geeignete Steuermänner neben dem Gastgeber selbst auszumachen und mit der allgemeinen Prozesssteuerung zu betrauen (INNERHOFER 2012, S. 326). Doch wie kann diese Steuerung konkret gelingen?

Das notwendige Instrumentarium
Für ein erfolgreiches Innovationscontrolling kann dem Gastgeber kein einheitlich bestückter Instrumentenkoffer an die Hand gegeben werden. Jeder Innovator sieht sich der Herausforderung gegenüber, den Innovationsprozess einerseits weder zu stark zu reglementieren und dabei womöglich wertvolles kreatives Potenzial aus Gründen der Rationalität einzuengen. Doch eine mangelnde Koordination und Steuerung oder ein blindes Festhalten an einzelnen Projekten kann auch nicht zielführend sein (GLEICH und SCHENTLER 2011, S. 57). Die richtige Balance also zwischen kreativer Freiheit und bewusster Risikobegrenzung zu finden, ist so individuell wie der gesamte Innovationsprozess. Auch fällt die erforderliche Steuerungsintensität je nach Art der angestrebten Innovation unterschiedlich aus (HAUSCHILDT und SALOMO 2011, S. 316). So erweist sich eine formelle Steuerung bei inkrementellen Innovationen unumstritten als erfolgssteigernd, während sie bei radikalen Neuerungen aufgrund der Merkmale der Neuartigkeit, Unsicherheit und Komplexität oftmals nicht im selben Maß wie bei niedriginnovativen Projekten durchsetzbar ist (HAUSCHILDT und SALOMO 2011, S. 319). Zudem ist eine Überwachung von Dienstleistungsinnovationsprozessen aufgrund der mangelnden Greifbarkeit von Dienstleistungen insgesamt oft schwierig (OTTENBACHER und GNOTH 2005, S. 206).

Dennoch sollen an dieser Stelle einige wirkungsvolle Instrumente des Innovationscontrollings vorgestellt werden. Diese kann der Gastgeber um unternehmensspezifische Elemente erweitern oder kürzen, um passgenaue Tools für seinen Innovationsprozess zu entwickeln.

Partizipatives Monitoring mithilfe einer ausgeglichenen Wertekarte
Der aus dem Amerikanischen stammende Begriff des Monitorings kann mit Beobachtung oder Überwachung ins Deutsche übersetzt werden. Das Ziel dieses Instruments ist die konkrete und fortlaufende Ermittlung von Abweichungen des Ist-Zustands vom angestrebten Soll-Zustand im laufenden Innovationsprozess. Zur Feststellung des Ist-Zustands können entweder erzielte Ergebnisse oder auch die Aktivitäten zur Erreichung dieser Ergebnisse unter die Lupe genommen werden (HAUSCHILDT und SALOMO 2011, S. 322). Treten Abweichungen zwischen »Soll« und »Ist« auf, so sind die Ursachen dafür zu ermitteln, gegebenenfalls mit dem Verursacher zu erörtern, falls die Abweichung einer einzelnen Person zuordnbar ist, und in der Folge sind gemeinsam (partizipative Komponente) geeignete

Korrekturmaßnahmen einzuleiten. Die zwingende Voraussetzung für den Einsatz dieses sowie sämtlicher weiterer Steuerungsinstrumente ist somit eine vorherige Festlegung von angestrebten Soll-Zuständen bzw. Zielen, denn: »Wer das Ziel nicht weiß, kann den Weg nicht haben« (Christian Morgenstern). Das Monitoring sollte im Rahmen des Empowerments sowohl von den Mitarbeitern selbst in Form von Selbstkontrollen vorgenommen werden (partizipative Komponente) als auch durch Vorgesetzte, die über die notwendigen Kompetenzen zur Ermittlung von Abweichungen verfügen.

Die Durchführung eines kontinuierlichen Monitorings kann durch den Einsatz einer ausgeglichenen Wertekarte (Englisch: Balanced Scorecard) erleichtert werden. Im Rahmen dieses klassischen Steuerungsinstruments werden unternehmensrelevante Ziele in vier Bereichen aufgestellt. Diese umfassen neben der finanziellen Perspektive die Perspektiven Gast, interne Prozesse sowie Mitarbeiter. Nach der Zielformulierung in allen Bereichen werden Kennzahlen festgelegt, die das jeweils angestrebte Ziel bestmöglich abbilden. Wurde beispielsweise in der Gästeperspektive das Ziel »Bekanntheitsgrad ausbauen« formuliert, so könnte als korrespondierende Kennzahl die Anzahl der umgesetzten Marketingaktionen dienen. Diesen Kennzahlen werden in der Folge konkrete Werte als Zielvorgaben zugeordnet, im Beispiel des Ausbaus des Bekanntheitsgrads z. B. die Zahl zwölf – zwölf Marketingaktionen sollen im betrachteten Zeitraum also realisiert werden –, sodass

PERSPEKTIVEN UND INHALT DER AUSGEGLICHENEN WERTEKARTE

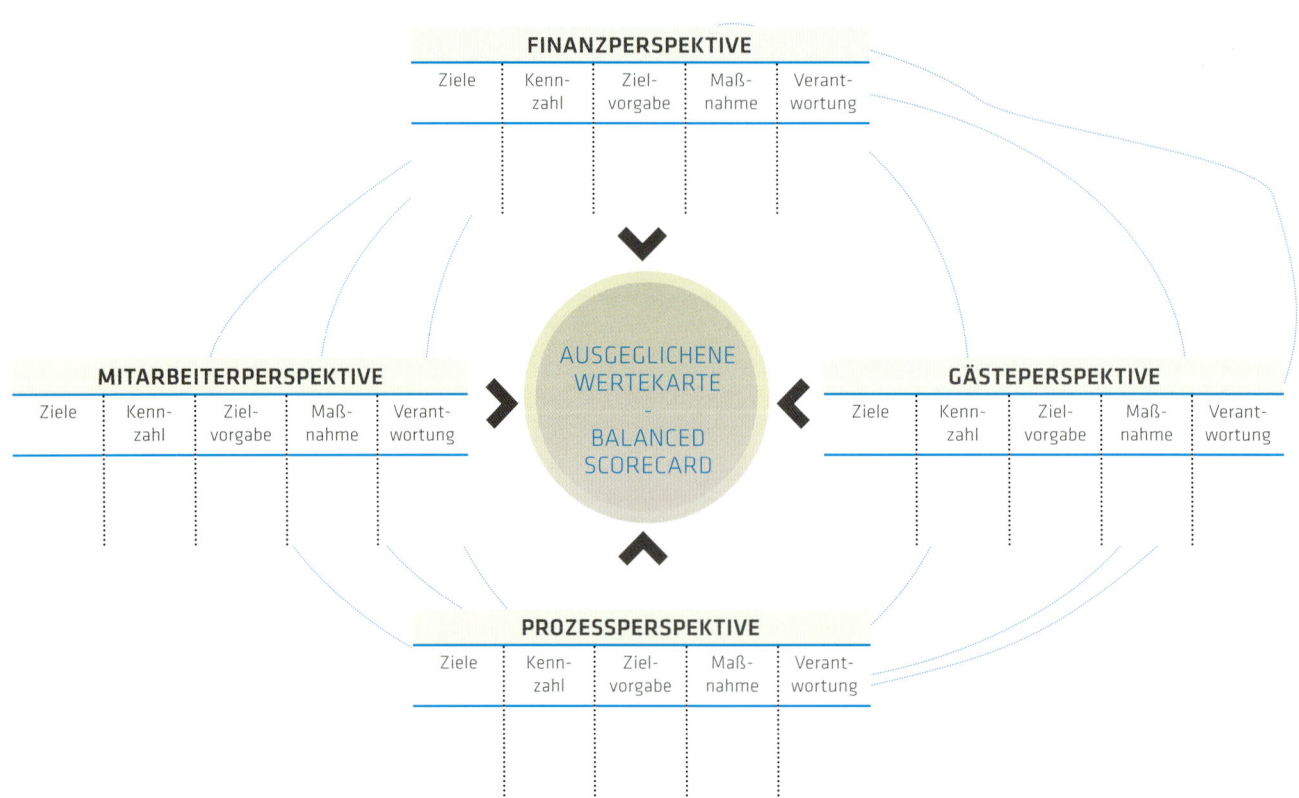

Quelle: eigene Darstellung nach FREYBERG und ZEUGFANG 2014, S. 181

DIE FÜNF DIMENSIONEN DER INNOVATIONSWERTEKARTE

Quelle: eigene Darstellung in Anlehnung an LITTLE 2002, S. 3

die qualitativen Ziele quantifizierbar werden. Schließlich werden auf der Wertekarte geeignete Maßnahmen zur Zielerreichung festgehalten sowie die jeweils Verantwortlichen für diese Maßnahmen (FREYBERG und ZEUGFANG 2014, S. 181f.).

Im Rahmen des Innovationscontrollings können die vier herkömmlichen Perspektiven der Wertekarte um die Perspektive der Innovationstätigkeit erweitert werden. Alternativ kann der Gastgeber die Innovationsprozesse in die Prozessperspektive integrieren. Im Zuge des Monitorings werden kontinuierlich aktuelle Ist-Zustände analysiert und mit den Soll-Zuständen auf der Wertekarte verglichen. Neue Maßnahmen können im Falle von Abweichungen zur Gegensteuerung getroffen werden, für deren Einhaltung der jeweilige »Steuermann« verantwortlich zeichnet.

Im Hinblick auf eine dauerhafte und intensive Innovationstätigkeit kann sich der Innovator zur Prozesssteuerung jedoch ebenfalls der sogenannten Innovationswertekarte bedienen. Dabei bildet die Innovationstätigkeit nicht nur eine Unternehmensperspektive wie bei der (»allgemeinen«) ausgeglichenen Wertekarte, sondern wird selbst in mehrere Perspektiven untergliedert.

Eine ausgeglichene Innovationswertekarte – die Innovation Scorecard

Das eigentliche Ziel der von der Unternehmensberatung Arthur D. Little entwickelten Innovationswertekarte, welche fünf verschiedene Dimensionen in Bezug auf die Innovationstätigkeit eines Unternehmens umfasst, besteht im Aufzeigen eines möglichst ganzheitlichen und integrierten Bildes der tatsächlichen Innovationsstärke des betrachteten Unternehmens. Liefern die Höhe von Forschungs- und Entwicklungsbudgets oder die Anzahl neuer Patente doch oftmals nur eindimensionale und verzerrte Bilder über die eigentliche unternehmerische Innovationskraft. Die Innovationswertekarte, die einst aus der ausgeglichenen Wertekarte hervorging, kann jedoch nicht nur als Analyseinstrument genutzt werden. Vielmehr kann der Unternehmer sie auch zur effizienten Steuerung seiner Innovationsprozesse anwenden (www.innovationscorecard.de).

Die Wertekarte beinhaltet zur Erfassung der Innovationsstärke eines Unternehmens fünf Dimensionen. Diese Dimensionen stellen jene Elemente dar, die innovative Unternehmen von weniger innovativen Unternehmen unterscheiden.

EXEMPLARISCHE KRITERIEN FÜR DIE INNOVATIONSSTÄRKE EINES UNTERNEHMENS

INNOVATIONSPROZESS

- ? Werden in Ihrem Unternehmen Informationen von Kunden, Wettbewerbern, Lieferanten und Partnern sowie Informationen über diese systematisch genutzt, um Innovationsideen abzuleiten?
- ? Gehört die systematische Verfolgung/Antizipation von Markt- und Technologietrends zu den Entwicklungsaufgaben in Ihrem Unternehmen?

INNOVATIONSKULTUR

- ? Erkennen die Mitarbeiter Ihres Unternehmens die Wichtigkeit hoher Innovationsleistung und Lernbereitschaft und die ihres eigenen Beitrags dazu?
- ? Gibt es in Ihrem Unternehmen Anlässe/Zusammenkünfte, um über den Stand des Unternehmens, seiner Produkte/Leistungen und seine Zukunft kritisch zu reflektieren?

INNOVATIONSSTRATEGIE

- ? Sind Bemühungen in Ihrem Unternehmen im Gange, um Wettbewerbsvorteile durch Innovationen zu erzielen, zunehmendem Kostenwettbewerb durch Differenzierung zu entgehen und Preiserosion durch Nutzensteigerung zu vermeiden?
- ? Werden Entwicklungsprojekte nach ihrer Bedeutung für die Innovationsstrategie Ihres Unternehmens und für die gezielte Entwicklung einer Kompetenzbasis bewertet/gesteuert?
- ? Gehört Ihr Unternehmen zu den Innovationsführern seiner Branche?

INNOVATIVE STRUKTUREN

- ? Gibt es in Ihrem Unternehmen Mitarbeiter, die damit beauftragt sind, innerhalb und außerhalb des Unternehmens nach Innovationspotenzialen zu suchen?
- ? Besteht in Ihrem Unternehmen eine hohe Bereitschaft und die organisatorische Flexibilität, um attraktive Innovationsvorhaben schnell aufzugreifen und umzusetzen?

RESSOURCENEINSATZ

- ? Ist es üblich in Ihrem Unternehmen, Know-how und Kompetenzen auch außerhalb der eigenen Organisation zu suchen und zu nutzen?
- ? Haben Sie um die Kernkompetenzen Ihres Unternehmens herum ein Beziehungsnetz von Experten aufgebaut, um Innovationschancen frühzeitig ergreifen zu können?

Quelle: eigene Darstellung in Anlehnung an www.innovationscorecard.de[27]

Den einzelnen Dimensionen sind wiederum beschreibende Kriterien zugeordnet, deren Erfüllung durch die Vergabe von Punkten jeweils bewertet wird. Diese Punktevergabe sollte der Gastgeber nicht im stillen Kämmerlein vornehmen, sondern jedes Kriterium mit seinen Mitarbeitern ausdiskutieren. In der Folge entsteht ein mosaikartiges Gesamtbild von der Innovationstätigkeit eines Unternehmens. Jene Mosaiksteinchen, die eine weniger hohe Punktzahl und somit auch eine weniger gute Erfüllung des Kriteriums aufweisen, können gezielt herausgenommen und entsprechend bearbeitet werden, um die Leistung zu erhöhen. So soll schließlich eine ausgeglichene Innovationswertekarte entstehen, welche ein ausgewogenes Verhältnis aller Innovationsdimensionen widerspiegelt.

Der Einsatz der Innovationswertekarte als Steuerungsinstrument erleichtert es, verschiedene Einzelmaßnahmen in den unterschiedlichsten Unternehmensbereichen sachlich und zeitlich zu priorisieren und miteinander zu koordinieren. Blindem Aktionismus beugt sie dabei ebenso vor wie einer lediglich punktuellen Verbesserung einzelner Parameter. Dabei ermöglicht es die Wertekarte dem Gastgeber und den übrigen »Steuerleuten«, den aktuellen Stand eingeleiteter Maßnahmen im Rahmen eines kontinuierlichen Monitorings zeitnah zu überwachen und gegebenenfalls frühzeitig gegenzusteuern. In engem Zusammenhang mit einem kontinuierlichen Innovationscontrollings ist die Bewertung der einzelnen Kriterien fortlaufend zu überprüfen und gegebenenfalls anzupassen. Die Wertekarte bedarf somit einer sorgfältigen Pflege (www.innovationsscorecard.de).

Meilensteinplanung

Auch die Meilensteinplanung, die im Zuge des Umsetzungsfahrplans vorgenommen wird, stellt ein wirksames Instrument zur Steuerung der letzten Phasen des Innovationsprozesses dar. Die Planung der endgültigen Umsetzung eines Innovationsprojekts ist in hohem Maße steuerungsbedürftig. In dieser Phase können letztmalig Anpassungen vorgenommen werden, bevor eine Leistung tatsächlich abgesetzt wird. Durch die Definition von Meilensteinen mit geringen zeitlichen Abständen wird nicht nur die Verständlichkeit des Umsetzungsprozesses bei allen Beteiligten gefördert, sondern auch eine Überprüfung der Zielkonformität erheblich erleichtert (HAUSCHILDT und SALOMO 2011, S. 319).

Durch die Anwendung eines partizipativen Führungsstils, der den Mitarbeitern autonome Entscheidungen in einem vereinbarten Rahmen erlaubt (FREYBERG, GRUNER und LANG 2012, S. 118), wird die Wirkung der Meilensteintechnik als Steuerungsinstrument noch verstärkt. Im Rahmen einer kooperativen und beteiligenden Mitarbeiterführung anstelle eines autoritären oder patriarchischen Verhältnisses empfinden die Mitarbeiter ein gesteigertes Verantwortungsbewusstsein für die Innovationstätigkeit in ihrem Unternehmen. Dadurch überprüft und steuert jeder Einzelne den jeweiligen Innovationsprozess im Rahmen der ihm übertragenen Verantwortung im Hinblick auf die zu erreichenden Meilensteine eigenverantwortlich. Im Idealfall fungiert so jeder Mitarbeiter als »Steuermann« in seinem Tätigkeitsbereich.

Dem Gastgeber muss es in der Folge jedoch gelingen, stets einen Gesamtüberblick zu wahren und gegebenenfalls von der »Vogelperspektive« aus einzugreifen, um den Zielhafen mit gemeinsamer Kraft zu erreichen.

[27] Der gesamte Kriterienkatalog aller Dimension kann im Rahmen einer Innovationswertekarte zur eigenen Verwendung mit der Möglichkeit zur Berechnung eines individuellen Innovations-Indexes als Excel-Tabelle auf www.innovationsscorecard.de heruntergeladen werden

5.2 | Grundlagen und Dimensionen der abschließenden Erfolgskontrolle

Eine neue Idee wurde entwickelt, bewertet, ausgewählt, gegebenenfalls getestet und schließlich implementiert. Dazu bedurfte es eines großen planerischen und je nach Art der Innovation auch zeitlichen und finanziellen Aufwands. Trotz einer laufenden Überprüfung und Steuerung des jeweiligen Innovationsprozesses stellt sich dich Frage, ob sich dieser Aufwand nun tatsächlich »rentiert« hat. Wurden die Kundenbedürfnisse in der Planung richtig definiert und ist somit die Akzeptanz der neuen Idee am Markt entsprechend hoch? Wie realistisch waren die Zielsetzungen des Unternehmens? Welche sonstigen Effekte traten durch die Ideenumsetzung ein? All diese Fragen sind zentral und wollen und sollen daher so fundiert wie möglich beantwortet werden (SENGUPTA und DEV 2011, S. 16).

Den konsequenten letzten Schritt einer laufenden Überwachung des Innovationsprozesses im Rahmen des Innovationscontrollings bildet somit die Evaluierung des tatsächlichen Innovationserfolgs. Sie erfolgt dabei nach der Einführung und Diffusion einer neuen Idee am Markt (HAUSCHILDT und SALOMO 2011, S. 344). Nun ist dies ein recht vage ausgedrückter Zeitpunkt. Soll die Erfolgsbewertung nun eine Woche nach der Markteinführung, einen Monat oder ein Jahr später erfolgen? Diese Frage muss jeder Innovator erneut für sich und sein Unternehmen selbst beantworten. So kann er beispielsweise bestimmte Fristen definieren, nach deren Ablauf der Erfolg dann gemessen wird, etwa eine Frist von sechs Monaten. Auch das Erreichen einer bestimmten Phase im Produktlebenszyklus, beispielsweise der Reifephase, kann als Bewertungszeitpunkt gewählt werden (HAUSCHILDT und SALOMO 2011, S. 345). Um eine Vergleichbarkeit mit anderen Innovationsprojekten ermöglichen zu können, sollte die Bewertung stets zum selben Zeitpunkt erfolgen. Dadurch kann der Gastgeber festen, welche Arten von Innovationen für sein Unternehmen die erfolgversprechendsten und effizientesten sind. Die abschließende Erfolgskontrolle ist somit gleichsam zukunftsweisend.

Als Kontrollaktivität (HAUSCHILDT und SALOMO 2011, S. 338) zeigt die Erfolgsbewertung auf, wie lohnend die Anstrengungen im Verlauf des Innovationsprojekts waren. So markiert sie also theoretisch den letzten Schritt im Innovationsprozess. In der betrieblichen Praxis jedoch kann die Innovationsevaluierung ausschlaggebend für erneute Weiterentwicklungen oder Verbesserungen des betrachteten Projekts sein, auch wenn dieses bereits am Markt eingeführt wurde (INNERHOFER 2012, S. 235). Entsprechende Innovationserweiterungen oder -nachbesserungen werden im Anschluss erneut implementiert und wiederum zum festgesetzten Zeitpunkt im Rahmen der Innovationsevaluierung bewertet.

Erweist sich der Erfolg des bewerteten Projekts hingegen als groß und sind keine unverzüglichen Weiterentwicklungen notwendig, so sollte spätestens durch diesen Prozessschritt der individuelle Innovationskreislauf des Gastgebers wieder angestoßen werden. Denn Wettbewerbsvorteile oder Vorteile, die ein Unternehmen am Markt hat, weil es eine Leistung als Erster erbringt (Englisch: First Mover Advantages), können bisweilen rasch verloren gehen (DEV und KELLER 2014, S. 335). Diese Gefahr resultiert unter anderem aus erfolgreichen Imitationen, sich kontinuierlich weiterentwickelnden Kundenbedürfnissen oder verschärften Wettbewerbsverhältnissen. Es gilt daher, neue Suchfelder zu bestimmen, sodass ein neuer Innovationsprozess entsprechend seinen Verlauf nehmen kann. Der Gastgeber nimmt somit die Innovationstätigkeit als Daueraufgabe in seinem Unternehmen erfolgreich wahr.

Obwohl die Erfolgsbewertung substanziell und wegweisend für die Zukunft ist, wird sie in der gastgewerblichen Praxis nicht selten vernachlässigt (OTTENBACHER und GNOTH 2005, S. 209). Daher werden hier neben wichtigen Voraussetzungen konkrete Möglichkeiten aufgezeigt, wie die Evaluierung vom Innovator vorgenommen werden kann.

Stets verschiedene Blickwinkel einnehmen
Generell ist für eine ehrliche und aussagekräftige Bewertung des Innovationserfolgs der Einsatz eines einzigen Messwerts nicht ausreichend (HAUSCHILDT und SALOMO 2011, S. 369). Vielmehr muss der Innovator differenzierende

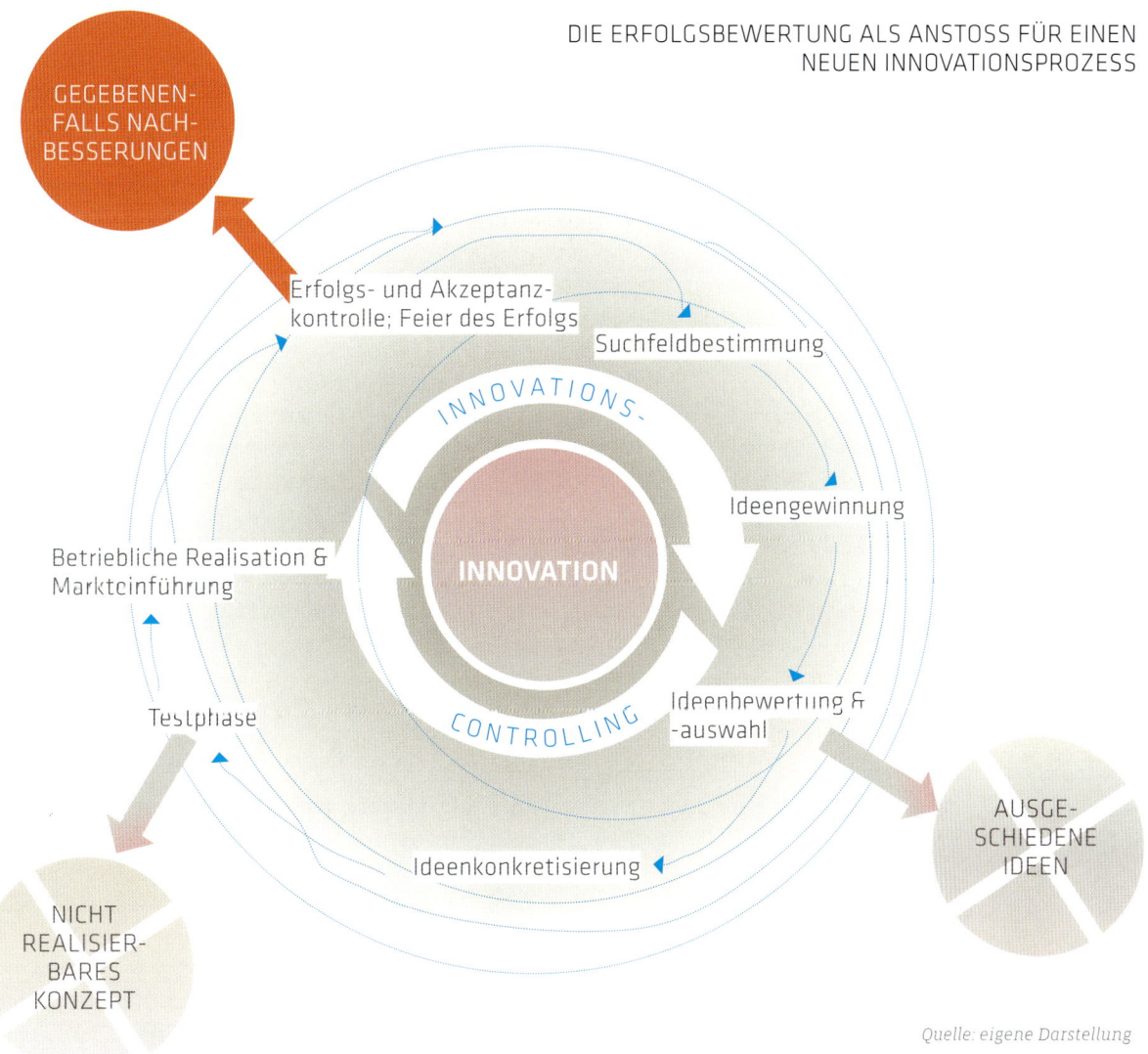

DIE ERFOLGSBEWERTUNG ALS ANSTOSS FÜR EINEN NEUEN INNOVATIONSPROZESS

Quelle: eigene Darstellung

**3D-HOLOGRAMM-TELEPRÄSENZ-TECHNOLOGIE –
WELCHE INNOVATION VERBIRGT SICH HINTER
DIESER DIFFIZILEN BEZEICHNUNG?**

Ob Tagung, wichtige Konferenz oder glamouröses Event: Mit ihrem holografischen Telepräsenz-System revolutioniert die spanische Hotelkette NH Hotel den Veranstaltungssektor in der Hospitality Industrie. Diese Technologie ermöglicht eine (über-) lebensgroße dreidimensionale Projektion beliebiger Objekte oder Menschen. Zur Premiere bestaunten die größten Event-Partner der Hotelkette die Innovation im verdunkelten Ballsaal. Dabei wurde das Publikum von einer holografisch abgebildeten Moderatorin durch den Abend begleitet, die sich zu diesem Zeitpunkt weder auf der Bühne noch im Ballsaal noch in derselben Stadt befand. Doch ihre Interaktion wirkte lebensecht. Wie ist das möglich?

Wie NH erklärt, basiert die Technologie auf der Projektion eines HD-Bildes auf eine reflektierende Oberfläche, das auf eine Sichtfolie zurückgeworfen wird, wo das Hologramm mit 3D-Effekt erscheint. In diversen Häusern der Kette ist die Technologie bereits im Einsatz, in vielen weiteren wird sie in naher Zukunft eingeführt werden. Namhafte Unternehmen wie Sony Pictures führten mit NH bereits erfolgreich holografische Pressekonferenzen u.ä. durch.

Quelle: Pütz-Willems 2016

Betrachtungsweisen ansetzen, um ein möglichst anschauliches Bild über die tatsächliche Wirkung einer umgesetzten Idee zeichnen zu können. Dies wird durch die Betrachtung sowohl quantitativer als auch qualitativer Dimensionen ermöglicht (HAUSCHILDT und SALOMO 2011, S. 344).

Die ursprünglichen Vorgaben und Zielgrößen als Referenzwerte ansetzen

Der Begriff Erfolg bezeichnet einerseits das »positive Ergebnis einer Bemühung« und andererseits das »Eintreten einer beabsichtigten, erstrebten Wirkung« Um einen Erfolg messen zu können, bedarf es daher definitionsgemäß zuvor festgelegter Zielvorstellungen. Diese wurden im Rahmen der Ideenkonkretisierung sowie im Zuge des Umsetzungsplans durchaus getätigt (INNERHOFER 2012, S. 162). Naturgemäß strebt jeder Mensch im Hinblick auf seine unternommenen Anstrengungen so positive Ergebnisse als möglich an. Dieses natürliche Trachten nach Erfolg darf im Kontext der Innovationsbewertung jedoch keinesfalls in einer nachträglichen Umformulierung oder in einem Uminterpretieren zuvor formulierter Vorgaben und Zielgrößen resultieren, um einen größeren Erfolg herbeizuführen (HAUSCHILDT und SALOMO 2011, S. 346).

Um einen tatsächlichen Nutzen aus der Bewertung umgesetzter Ideen für die Zukunft seines Unternehmens ziehen zu können, muss der innovierende Gastgeber diese unverfälscht und selbstkritisch vornehmen. Das Ergebnis der Innovationsbewertung muss dabei ebenso transparent und widerspruchsfrei an alle Innovationsbeteiligten kommuniziert werden wie sämtliche vorangegangenen Prozessabläufe. Nur so können ein kollektives Verantwortungsbewusstsein, die Freude am gemeinsamen Fortschritt und der Ansporn, noch besser zu werden, aufrechterhalten werden.

Bewertung ökonomischer Effekte

Im Zusammenhang mit den für eine Ideenentwicklung und anschließende -umsetzung getätigten Investitionen stellt sich dem Innovator die Frage, auf welchen finanziellen Erfolg er am Ende des Tages blicken kann. Daher sollte die Wirkung einer Innovation stets auf monetäre Größen bzw. auf solche, die sich auf den monetären Erfolg niederschlagen, hin überprüft werden. Hierzu kann der innovierende Gastgeber folgende Kriterien ansetzen (MARTINEZ-LOPEZ und VARGAZ-SANCHEZ 2013, S. 603; INNERHOFER 2012, S. 161; OTTENBACHER und GNOTH 2005, S. 208):

- Anzahl getätigter Buchungen oder Reservierungen/erreichte Verkaufszahlen
- Erzielter Umsatzanstieg
- Realisierte Kosteneinsparungen
- Zusätzliche Gewinne
- Rentabilitätssteigerungen
- Hinzugewinn von Marktanteilen

Die Ergebnisse des Soll-Ist-Vergleichs in diesen wirtschaftlichen Dimensionen spiegeln quantitativ und somit eindeutig wider, in welchem Maß die beabsichtigten, erstrebten Wirkungen tatsächlich eingetreten sind.

Ermittlung qualitativer Effekte

Die Evaluierung kann sich jedoch, wie oben erwähnt, nicht lediglich auf quantitative Messtechniken beschränken. Eine derartige Einseitigkeit bildet im Gastgewerbe in den seltensten Fällen den Innovationserfolg vollumfänglich ab. Im Zusammenhang mit dem Dienstleistungen inhärenten Attribut der Immaterialität wird die

DIE ABSCHLIESSENDE BEWERTUNG DES INNOVATIONSERFOLGS

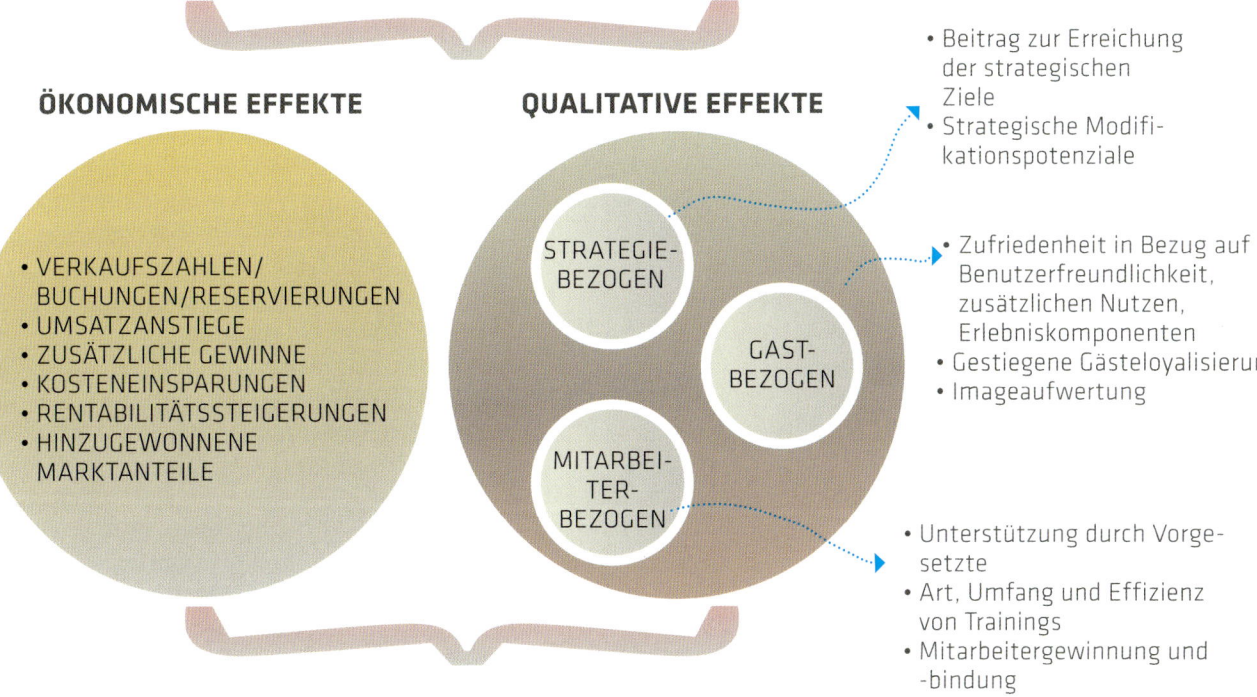

Quelle: eigene Darstellung

Messung quantitativer, »harter« Faktoren zudem häufig erschwert. Auch sind nicht alle ökonomischen Effekte stets einer bestimmten Aktivität zuordenbar, und so kann auf den Ansatz qualitativer, »weicher« Kriterien nicht verzichtet werden (OTTENBACHER und GNOTH 2005, S. 206).

Derartige weiche Kriterien umfassen unter anderem die folgenden Dimensionen (MARTINEZ-LOPEZ und VARGAS-SANCHEZ 2013, S. 603; INNERHOFER 2012, S. 230; OTTENBACHER und GNOTH 2005, S. 207f.; JONES 1996, S. 89):

STRATEGIEBEZOGEN
- Beitrag der evaluierten Innovation zur Erreichung der unternehmens- und innovationsstrategischen Ziele
- Identifikation möglicher strategischer Modifikationsbedarfe oder künftiger Potenziale, die in der Strategie Berücksichtigung finden sollen

GASTBEZOGEN
- Generelle Akzeptanz der Innovation am Markt
- Zufriedenheit der (Stamm-) Gäste in Bezug auf Benutzerfreundlichkeit, zusätzlichen Nutzen, Erlebniskomponenten etc. der Innovation
- Gestiegene Gästeloyalität und Gewinnung neuer Stammkunden
- Erhöhung der Bekanntheit und dadurch Gewinn von Neukunden
- Erzielung einer Imageaufwertung

MITARBEITERBEZOGEN
- Zuteil gewordene Unterstützung im Verlauf des Innovationsprozesses durch Vorgesetzte
- Art, Umfang und Effizienz von Trainings und Weiterentwicklungsprogrammen
- Erlangung von Wissensvorsprüngen
- Gestiegene Mitarbeiterloyalität sowie Gewinn neuer Fachkräfte durch Imageaufwertung

KEMPINSKI TRAINING & EDUCATION: MITARBEITER-INNOVATIONEN FÖRDERN UND WÜRDIGEN

In 2012 entwarf der Bereich Kempinski Training & Education das Essential! Management Programm und gewann mit diesem bereits 2013 den zweiten Platz des Hospitality HR Awards der Fachzeitschrift first class. Bei dem Programm trainierte das Kempinski Management Board in Zusammenarbeit mit Universitätsprofessoren der Reims Management School mehrere Male im Jahr in verschiedenen Regionen die talentiertesten Kempinski-Mitarbeiter. Alle Teilnehmer absolvierten zur Vorbereitung auf das Management Training verschiedene e-learning Kurse von Swiss VBS.
Im Laufe von Präsenztagen arbeiteten die Kandidaten u.a. an Case Studies und entwickelten eine eigene, innovative Idee, die – wenn sie das Management Board als Gewinnerkonzept überzeugte – unter der Projektleitung der erfolgreichen Teilnehmer weltweit bei Kempinski implementiert wurde.
Im Jahr 2014 wurde das Programm verändert. In Zusammenarbeit u.a. mit der NEOMA Business School, dem Zusammenschluss der Reims Management School und der Rouen Business School, besuchen seitdem Talente drei-tägige Kurse in Essential! Leadership und in Essential! Data Analytics und entwickeln auch hier neue Ideen und Konzepte.
Letztlich geht es laut Kempinski darum, mit diesen Ansätzen vor allem auch das mittlere Management mit dem richtigen Mix aus internen und externen akademisch ausgebildeten Trainern auf ihrem Karriereweg zum General Manager zu begleiten und zu fördern.
Quelle: KONZACK 2014, S. 72f.

Die qualitativen Bewertungsdimensionen können vom Innovator entsprechend der Kernkompetenzen, Kernziele usw. seines Unternehmens nach Belieben individuell erweitert oder reduziert werden. Dabei sollte er jedoch stets darauf achten, dass der Kriterienkatalog ausgewogen, relevant, unverfälscht sowie für sämtliche Beteiligten nachvollziehbar ist.

Würdigung und gemeinsame Feier von erzielten Erfolgen

Ergibt die Bewertung eines Innovationsprozesses, dass die Mühen und Anstrengungen sämtlicher Akteure schließlich zu einem guten oder sehr guten Erfolg der Innovation führten, so sollte der Gastgeber nicht die Gelegenheit verstreichen lassen, diesen gemeinsamen Erfolg offen zu würdigen und gemeinsam zu feiern. Wertschöpfung erfolgt in einer Industrie von Menschen für Menschen durch entsprechende Wertschätzung. Erfolgreiche gastgewerbliche Unternehmer wie Bodo Janssen (Upstalsboom Hotels und Ferienwohnungen) oder Marco Nussbaum (Prizeotel Group) haben dies nicht nur erkannt, sondern setzen alles daran, ein entsprechendes branchenweites Umdenken zu beflügeln (z.B. NUSSBAUM 2015, online). Im Rahmen dieser allgemeinen Wertschätzung, die mit Höflichkeitsbekundungen beginnt und bis zu einer partizipativen Unternehmensführung reicht, sollte die Honorierung gemeinsamer (Innovations-)Erfolge eine Selbstverständlichkeit darstellen. Dies kann keinesfalls nur in materieller, sondern ebenso gut in verbaler Form geschehen. Entscheidend ist das aufrichtige Zollen von Respekt und Anerkennung, wodurch das persönliche und kollektive Engagement für die Innovationstätigkeit im Unternehmen gleichermaßen nicht nur aufrechterhalten, sondern stetig weiter ausgebaut zu werden vermag.

Gibt das Ergebnis der Innovationevaluierung Anlass zu Nachbesserungen oder Weiterentwicklungen, so ist eine konstruktive Würdigung dieses Ergebnisses vorzunehmen, um in der Folge wiederum gemeinsam angestrebte Verbesserungen erfolgreich vornehmen zu können.

Die Einführung einer neuen Idee am Markt bedeutet also abschließend betrachtet nicht etwa einen sofortigen Abschluss des entsprechenden Innovationsprozesses, der dann gedanklich ad acta gelegt werden kann. Das Rad der Innovationstätigkeit sollte kontinuierlich gemeinsam mit allen internen und externen Anspruchsgruppen am Laufen gehalten und dabei mit vereinten Kräften vor einem Abweichen vom rechten Weg bewahrt werden. Wie dieser Weg aussieht, muss jeder Innovator für sich selbst herausfinden, doch findet er in diesem Werk hoffentlich neben dem notwendigen Wissen auch die entscheidende Inspiration.

CHECKLISTE ZUM STEUERN UND BEWERTEN VON INNOVATIONSPROZESSEN
HINTERFRAGEN SIE SICH!

ZENTRALE FRAGEN FÜR EINE ERFOLGREICHE STEUERUNG	RELEVANZ BEWUSST – FRAGE WIRD BEREITS NACHGEGANGEN	RELEVANZ ERKANNT – FRAGE WIRD NUN NACHGEGANGEN
Steuern Sie Innovationsprozesse in Ihrem Unternehmen aktiv und ganzheitlich?	○	☐
Geschieht dies im Rahmen eines planmäßigen Innovationscontrollings?	○	☐
Welche Instrumente setzen Sie zur Prozesssteuerung ein? Werden diese an sämtliche Innovationsbeteiligte kommuniziert?	○	☐
Wer ist in Ihrem Unternehmen mit den Aufgaben des Innovationscontrollings betraut?	○	☐
Oder fungiert jeder Ihrer Mitarbeiter als »Steuermann« in seinem Tätigkeitsbereich? Wie kann dies andernfalls in der Zukunft gelingen?	○	☐
Wird in einem letzten Schritt der tatsächliche Erfolg einer Innovation in Ihrem Unternehmen bewertet?	○	☐
Erfolgt die Erfolgsbewertung selbstkritisch, transparent und mithilfe verschiedener Betrachtungsweisen?	○	☐
Werden gute Erfolge honoriert und gemeinsam gefeiert?	○	☐

6 VON ERFOLGREICHEN INNOVATOREN LERNEN

»Wenn man genug {eigene} Erfahrung gesammelt hat, ist man zu alt, um sie zu nutzen.« William Somerset Maugham

Daher lerne aus den Erfahrungen anderer!

Im Hinblick auf weitere wertvolle Anregungen und das im Kapitel PHASEN DER STRATEGIE-ENTWICKLUNG illustrierte Benchmarking zur Ermittlung geeigneter Suchfelder für die eigene Innovationstätigkeit gewährt das folgende und letzte Kapitel dieser Arbeit einen anwendungsbezogenen Einblick in die Innovationpraxis erfolgreicher gastgewerblicher Innovatoren. Hierzu wurden namhafte Unternehmer aus den Bereichen Hotellerie, Gastronomie, Beratung, Onlinemarketing sowie Architektur zum Thema Innovationsmanagement befragt.

Die Unternehmen wurden dabei nach dem bereits vorgestellten P-Modell kategorisiert. Dieses klassifiziert Innovationen nach den sieben P's des Dienstleistungsmarketings:
- Product – innovative Produktpolitik
- Price – innovative Preispolitik
- Place – innovative Distributionspolitik
- Promotion – innovative Kommunikation
- Process – innovative Prozesse
- People – innovative Mitarbeiterführung
- Physical Environment – innovative materielle Ausstattungen

In diesen sieben Dimensionen berichten die jeweiligen Experten anschaulich über ihre Innovationspraxis und ihre innovativen Verdienste. Durch diese Art der Aufbereitung erhält der Leser Impulse und Ideen für eine ganzheitlich innovative Gestaltung seines eigenen Dienstleistungsangebots.

6.1 | Product

6.1.1 | Therme Erding

Interviewpartner: Marcus Maier, Prokurist & Geschäftsleitung GALAXY ERDING und Wellenbad, Marketing Leitung THERME ERDING.
Kirsten Schneider Kohnke, General Manager Hotel Victory

DIE THERME ERDING IN EIGENEN WORTEN

Die Therme Erding ist Europas größte Thermenlandschaft. Auf aktuell 185 000 Quadratmetern Gesamtfläche steht es unseren Gästen frei, ob sie einen Rückzugsort für Ruhe und Entspannung aufsuchen oder etwas erleben möchten. Von Aqua Cycling über Animationsprogramme bis hin zu kosmetischen Behandlungen und Meditationen bieten wir eine große Bandbreite an Unterhaltung und Erlebnis für jedes Alter und alle Bedürfnisse. Sich auf lediglich eine Zielgruppe zu fixieren kann im Fall eines früheren oder auch späteren Ausbleibens dieser Besucher schließlich sehr risikoreich sein. Dabei verbinden wir in unserem Konzept Authentizität, Professionalität und Qualität mit Leidenschaft und Herzblut.

Was verstehen Sie unter einer Innovation?
Der Begriff Innovation hat bei uns sehr viele Facetten. Wir innovieren im Bereich unserer technischen Ausstattung, im Hinblick auf unsere Humanressourcen, in puncto Design und und und. Allgemein lässt sich sagen, dass wir, abgesehen von einigen wirklichen Weltneuheiten, insbesondere im Bereich der Rutschen, hier in der Therme Erding das Rad nicht immer neu erfinden. Innovativ zu sein bedeutet für uns neben »harten« und greifbaren Innovationen auch oder vor allem, dem Gast immer wieder etwas zu bieten, was er nicht erwartet.

Worin sehen Sie den Anreiz zu innovativem Handeln?
Der Gast hat von vornherein eine sehr hohe Erwartungshaltung. Bezogen auf die Therme Erding bedingt dies einen verhältnismäßig hohen, aber in unseren

Augen absolut gerechtfertigten Preis. Gerechtfertigt auch deshalb, weil uns dieser erlaubt, kontinuierlich mit neuen Ideen und Innovationen aufzuwarten, für die es nun einmal entsprechender Investitionen bedarf. Zum anderen eilt uns mittlerweile natürlich unser Ruf voraus. Uns reicht es aber nicht, diese Erwartungshaltung unserer Gäste lediglich zu erfüllen, sondern unser Ziel ist es, diese zu übertreffen. Indem wir stets innovativ sind, gelingt uns dies auch.

Welche Innovation, die Sie in den letzten Jahren umgesetzt haben, hat sich als besonders effektvoll herausgestellt? In welcher Hinsicht?
In den vergangenen Jahren hat sich bei uns viel getan. Neben der weltweit größten Saunalandschaft, einem neuen Wellenparadies inmitten von 300 Großpalmen oder der größten Rutschenlandschaft Europas bieten wir unseren Gästen jährlich mittlerweile weit über 100 Events. Dieses Jahr fanden wir zudem heraus, dass wir die größte Therme der Welt sind. All diese Innovationen weisen in der Tat bedeutende Effekte auf. Dafür sprechen auch unsere Besucherzahlen. Pro Tag begrüßen wir nicht selten 6 000 bis 8 000 Gäste in unserem gesamten Areal, von welchen laut unserer aktuellen Gästezufriedenheitsanalyse 98,5 Prozent zufrieden oder sehr zufrieden sind.

Doch man muss eigentlich bis zum Anfang der Unternehmensgeschichte zurückspulen, da zu diesem Zeitpunkt auch die Innovationskraft der Therme ihren Anfang fand. Unser Inhaber Josef Wund nämlich trat als erster den Beweis an, dass sich eine Therme finanziell rechnet. Während andere Bäder und Thermen in aller Regel von den Kommunen subventioniert werden (müssen), schreibt die Therme Erding seit ihrem ersten Geschäftsjahr schwarze Zahlen. Als Visionär hat Josef Wund dabei vor nunmehr 16 Jahren mit etwas Kleinem

begonnen. Er erkannte, dass es in Erding gutes Wasser gibt und der Großraum München vielversprechend ist. So war es sein Streben, tropische Urlaubserlebnisse mit vielen Palmen, warmem Wasser, Cocktails usw. nach Bayern zu holen. Trotz zahlreicher Bedenken von Seiten der Lokalpolitik setzte er sein Vorhaben, von dessen Erfolg er fest überzeugt war, um und fungierte dabei zugleich als Architekt und späterer Betreiber des Projekts. Nach der Eröffnung des Thermalheilbads im Jahr 1999 begann Herr Wund aus den USA und anderen Ländern Neues nicht nur nach Erding, sondern überhaupt erst nach Deutschland zu bringen. Dabei interpretierte er das Thema Sauna völlig neu, indem er Themenwelten innerhalb des Thermalbads inszenierte, in denen das Saunieren seit jeher regelrecht zelebriert wird. Insgesamt haben wir pro Tag rund hundert Aufgüsse zu monatlich wechselnden Themen. Zum Oktoberfest wird beispielsweise zu bayerischer Musik in der Lederhose aufgegossen. Der Thermalbesuch des Gastes findet so also in einer Erlebniswelt anstatt lediglich in einem Bad statt. Heute ist die Therme Erding längst auch über die deutschen Grenzen hinweg bekannt und beliebt und steht in ihrer Innovationstätigkeit niemals still. Aktuell bauen wir beispielsweise eine Kugelsauna oder planen die Installation einer Gondel aus Tirol, in welcher wir im Thermengarten Aufgüsse machen möchten, während die Gondel auf Schienen auf und ab fährt.

Welche Rolle spielen Trends für Ihre Innovationstätigkeit?
Trends spielen bei uns eine sehr wichtige Rolle, einfach aus dem Grund, weil sie das spiegeln, was sich unsere Gäste heute und künftig wünschen. Indem wir unseren Gästen zuhören und zusehen, finden wir heraus, welche langfristigen Entwicklungstendenzen für die Therme Erding relevant sind. Aber natürlich

orientieren wir uns auch an allgemeinen Trends wie z. B. dem Trend zu bewusster Selbstfindung, dem Bedürfnis, vom Alltag abzuschalten usw., und so bieten wir beispielsweise seit einiger Zeit einmal die Woche kostenlos Yoga in der Therme Erding an. Wir probieren vieles aus und behalten das bei, was unserem Gast dann tatsächlich gefällt, bzw. bauen es in der Zukunft weiter aus.

Wie integrieren Sie Ihre Mitarbeiter in Ihre Innovationstätigkeit? Ihre Gäste? Weitere Akteure?

Die Meinung des Gastes ist für uns erfolgsentscheidend. So hat beispielsweise jeder Gast die Möglichkeit, mithilfe des sogenannten Blauen Zettels Wünsche, Anregungen oder Dinge, die ihm nicht so gut gefallen, an uns heranzutragen. Diese Blauen Zettel erhält anschließend neben den Geschäfts- und Abteilungsleitern auch jeder Mitarbeiter. Aber natürlich erhalten wir auch über soziale

Medien Feedback von unseren Gästen. Die Tatsache, dass ein Gast, der um 23 Uhr bei Facebook einen Beitrag auf der Therme-Erding-Seite schreibt, keine zehn Minuten später eine Antwort von uns erhält, verdeutlicht den Wert, den sein Feedback für uns hat. Hat ein Gast vor Ort im Bad oder im Hotel größere Probleme oder hat er Grund zur ernsten Beschwerden, so kommt postwendend jemand von der Geschäftsleitung zu ihm.

Doch neben dem Gast ist der Fokus auf unsere Mitarbeiter für uns essentiell. Tritt ein Mitarbeiter mit einer neuen Lösung an uns heran, so wird diese auf kurzem Weg besprochen und auf entsprechend kurzem Weg weiterverfolgt, umgesetzt oder gegebenenfalls verworfen. Bei der Entwicklung des thermeneigenen Hotels, des Victory, das 2014 eröffnete, haben wir beispielsweise gemeinsam mit den Mitarbeitern der ersten Stunde Werte, eine Mission und eine Vision erarbeitet.

Und schließlich spielt auch der Austausch mit externen Partnern eine wichtige Rolle in unserer Innovationstätigkeit. Wir arbeiten mit Hochschulen zusammen, tauschen uns mit unseren Partnerthermen aus, übernehmen Dinge von ihnen, während sie im Gegenzug Innovationen, die bei uns entstanden sind, adaptieren.

Wie beugen Sie internen Widerständen gegen Ihre Innovationstätigkeit vor?
Ein zentraler Faktor zur Vermeidung von Widerständen ist die Nähe zu unseren Mitarbeitern. Von den Inhabern der Therme Erding über die Geschäftsleiter bis hin zu jedem Abteilungsleiter wird diese Nähe zu jedem einzelnen Mitarbeiter ständig gelebt. Jeder Geschäftsleiter arbeitet regelmäßig im regulären Tagesbetrieb mit. So sehen unsere Mitarbeiter, dass wir uns stets auch in ihre Lage versetzen und mit ihnen gemeinsam unsere Ziele erreichen möchten. Wir versuchen, jeden unserer Mitarbeiter anzuzünden, ihn in der Folge jedoch nicht zu verbrennen. Werden Innovationen entwickelt und umgesetzt, so werden alle Mitarbeiter so in diesen Prozess involviert, dass sie schließlich ein tiefgreifendes Verständnis für die Innovation entwickeln und dieses später am Gast auch widerspiegeln. So erfahren wir insgesamt nur wenig Widerstand gegen unsere Innovationstätigkeit.

Wie bewerten Sie den Erfolg einer Innovation? Lediglich in wirtschaftlicher Hinsicht, oder spielen auch qualitative Kriterien eine Rolle?
Sicherlich sind betriebswirtschaftliche Ergebnisse, die sich mit einer Innovation in Verbindung bringen lassen, von entscheidender Bedeutung. Doch bei uns kommt es vor allem auch darauf an, wie zufrieden der Gast ist. Manche unserer Events sind beispielsweise nicht zwingend sehr rentabel, doch geht es uns in solchen Fällen um die Begeisterung des Gastes, und dabei nehmen wir dann eben in Kauf, dass wir durch die jeweilige Veranstaltung keine großen Beträge in unsere Kassen spülen. Dadurch übertreffen wir aber nicht nur die Erwartungen unserer Gäste, sondern erhöhen in der Folge auch unsere Bekanntheit. Wir werden Familienangehörigen, Freunden, Kollegen etc. weiterempfohlen, die Gäste posten Fotos oder Videos bei Facebook, Instagram oder YouTube. Und wenn wir auf einem unserer regelmäßigen Rundgänge durch die Therme ein begeistertes Kind mit seinen Eltern treffen, das darum bettelt, wiederkommen zu dürfen, wissen wir, dass wir etwas richtig gemacht haben.

6.1.2 | Motel One

<u>Interviewpartner:</u> Daniel Müller, Geschäftsführer

MOTEL ONE IN EIGENEN WORTEN

Motel One ist ein Hotelunternehmen im Budgetsegment. In diesem Segment aber haben wir eine spezielle Nische gefunden und besetzt, nämlich die Design- und Qualitätsnische. Unser Konzept »Viel Design für wenig Geld« bietet dem Gast eine hohe Produktqualität zu günstigen Preisen. Dabei erfährt er trotz konzeptbedingter limitierter Serviceangebote und optimierten Flächen überdies eine sehr hohe Servicementalität.

Was verstehen Sie unter einer Innovation?
Eine Innovation bedeutet für mich nicht unbedingt etwas komplett Neues zu erfinden, sondern ich verstehe darunter vor allem eine Weiterentwicklung von bestehenden Produktteilen verschiedener Bereiche. Innovationen verbinde ich dabei mit einer Verbesserung. Und diese Verbesserung bezieht sich bei uns auf die Zufriedenheit unserer Gäste. Neue Ideen, die wir im Service-, Einrichtungs- oder Prozessbereich – wie z. B. ein Mobile Check-In, umsetzen, stellen insofern Innovationen dar, als sie den Status quo positiv verändern und in einem Mehrwert des Produkts Motel One für den Gast resultieren.

Worin sehen Sie den Anreiz zu innovativem Handeln?
Innovationen entstehen bei uns aus dem Drang heraus, erfolgreich zu sein. Motel One wird mittlerweile als Innovator in der Branche wahrgenommen, und dadurch erfahren wir natürlich einen besonderen Innovationsdruck. Diesem Druck möchten wir standhalten und weiterhin erfolgreich sein. Erfolg ist für mich somit eine Hauptmotivation für innovatives Handeln.

Welche Innovation, die Sie in den letzten Jahren umgesetzt haben, hat sich als besonders effektvoll herausgestellt? In welcher Hinsicht?
Unsere größte Innovation ist eigentlich unser Konzept »Viel Design für wenig Geld«. Die Budgethotellerie und die damit verbundene Nachfrage nach günstigen Hotels existiert bereits seit mehreren Jahrzehnten. Dennoch handelt es sich dabei heute um ein stark wachsendes und in unseren Augen sehr attraktives Segment. Wir fokussierten uns also auf diese Nachfrage und waren die Ersten, die zwar günstige, aber keine billigen Hotels anboten. Von den Materialien und Einrichtungsgegenständen über die Designer, mit denen wir zusammenarbeiten, bis hin zum Servicekonzept haben wir immer versucht, ein Erlebnis anzubieten, mit den Erwartungen übertroffen werden, und dabei die Preise günstig und konstant zu halten.

Dadurch gelingt es uns, auch Kundenströme aus dem klassischen Viersterne-Segment zu gewinnen und diese Gäste zu loyalisieren. So sind wir auf aktuell 52 Häuser in Deutschland und dem europäischen Ausland gewachsen und erfreuen uns einer durchschnittlichen Jahresauslastung von 75 Prozent, wobei wir an vielen Standorten eine Auslastung von über 80 Prozent verzeichnen.

Wo in Ihrem Produkt spiegelt sich wider, dass »viel Design {auch} für wenig Geld« möglich ist?
Alles, was der Gast sowohl im öffentlichen Bereich als auch auf den Zimmern sieht, anfassen kann, worauf er sich setzt und worin er schläft, entspricht dem Standard eines Fünfsternehotels. Wir bieten ihm in allen Ausstattungsbereichen High-End-Marken, die Qualität widerspiegeln und die man mit Luxus verbindet.

Dies alles zu günstigen Preisen anbieten zu können ist insofern möglich, als wir unsere Hotels sehr flächeneffizient konzipieren. Jede Fläche generiert Ertrag, daher verzichten wir auf all das, was auf vielen Quadratmetern hohe Investitionskosten und Mieten verursacht und worauf der Gast bei einer Städte- oder Geschäftsreise verzichten kann. Hier lassen sich der Doorman, ein Fitnessbereich, ein eigenes Restaurant oder Telefone auf den Zimmer nennen. Stattdessen fokussieren wir uns stark auf unsere Zimmer und auf unsere One Lounge. Diese beiden Bereiche bringen Umsatz und Ertrag, und so können wir uns unsere hochwertige Einrichtung leisten.

Welche Rolle spielen neue Technologien in Ihrer Innovationstätigkeit?
Neue Technologien spielen dabei eine sehr große Rolle. Generell sind wir aber kein Early Adopter von technologischen Neuheiten, sondern wir warten, bis eine Technik marktreif ist, bevor wir sie in der Folge bei Motel One einsetzen. Neue Technologien haben somit einen unterstützenden Charakter für unsere Innovationstätigkeit.

Welchen Herausforderungen sehen Sie sich bei Ihrer Innovationstätigkeit gegenüber und wie meistern Sie diese?
Allgemein sehen wir uns zahlreichen Herausforderungen bei unserer Innovationstätigkeit gegenüber. Innovationen erfordern stets einen Blick in die Zukunft. Um erfolgreich innovieren zu können, muss man ein Gespür für Trends entwickeln und dabei eine gewisse Branchenpräsenz aufweisen, seine Mitarbeiter »hungrig« halten usw. All dies erfordert natürlich sehr viel Zeit und Energie. Hinzu kommt, dass es in einer größeren Kette, wie wir es mittlerweile auch sind, sehr aufwendig und zeitintensiv ist, eine Idee bis zu ihrer tatsächlichen Umsetzung hin voranzutreiben. Hier müssen wir noch besser werden.

Konkret kann ich in puncto Herausforderungen das Beispiel der One Lounge, unserer Bar in jedem Motel One, nennen. In den letzten Jahren haben wir unsere One Lounge in der Einrichtung sehr stark entwickelt, merken aber, dass unsere Bar eigentlich für nichts steht. Fragt uns ein Gast, warum er in eine Motel-One-Bar gehen solle, so liegt keine richtige Antwort auf der Hand. Wir heben uns mit unserer Bar nicht durch die größte Gin-Auswahl der Stadt oder dergleichen ab, und auch im Servicebereich sehen wir Verbesserungsbedarf. Hier nun mit Innovation zu punkten, damit die One Lounge schließlich für etwas steht, weshalb man sie als Gast besucht, ist für uns sehr schwer. Wie versuchen wir diese Herausforderung nun zu meistern? Zum einen involvieren wir unsere Bar-Mitarbeiter sowie unsere Gäste in diesen Prozess und möchten ihre Meinungen und Ideen hören. Zum anderen soll sich auch jede andere Abteilung mit diesem Thema befassen, indem sich deren Mitarbeiter einmal aus der täglichen Routine zurückziehen und sich in Ruhe Gedanken darüber machen und diese schließlich mit uns gemeinsam diskutieren.

Wie integrieren Sie Ihre Mitarbeiter in Ihre Innovationstätigkeit? Ihre Gäste?
Unsere Mitarbeiter integrieren wir vor allem mithilfe unsere jährlichen Mitarbeiterzufriedenheitsanalysen. Hierüber erreichen uns sehr viele Ideen und Verbesserungsvorschläge. Aber auch über unser Intranet können innovative Ansätze hervorragend kommuniziert werden. Ferner existieren in den verschiedenen Bereichen Arbeitsgruppen, die Ideen und neue Ansätze erarbeiten.

Anfang des Jahres führten wir bei Motel One unser neues Bio-Frühstück ein. Hierzu haben wir 30 Stammgäste nach München in unsere Zentrale eingeladen, wo wir sie ein Probefrühstücksbuffet haben testen lassen. Wir wollten von diesen Gästen, die Motel One ja seit vielen Jahren kennen, erfahren, wie das angedachte neue Frühstück auf sie wirkt, wie zufrieden sie mit der Auswahl sind etc. So konnten wir sehr wertvolle Erkenntnisse gewinnen, da diese Stammgäste gut beurteilen können, was zu uns passt und was nicht. Dies ist nur ein Beispiel für die Integration unserer Gäste in unsere Innovationstätigkeit.

Wie gelingt es Ihnen, auf Ihrem Expansionskurs stets innovativ zu bleiben?
Aktuell sind wir dabei, die One University zu entwickeln und aufzubauen. Diese spielt im Hinblick auf unsere künftige Innovativität eine zentrale Rolle. Die One University basiert auf zwei Säulen: auf Aus- und Weiterbildung zum einen und auf Innovation und Vision zum anderen. An der One University möchten wir gemeinsam mit vielen Branchenexperten und unseren Mitarbeitern über die Zukunft der Hotellerie sprechen, Workshops zur Erarbeitung neuer Ideen abhalten und vieles mehr.

Um auch in Zukunft kontinuierlich innovativ zu bleiben, ist es aber natürlich zudem extrem wichtig, weiterhin auf unsere Gäste zu hören. Der Köder muss schließlich dem Fisch schmecken und nicht dem Angler.

Wie schützen Sie Ihre Innovationen vor Imitationen?
Generell ist es in unserer Branche natürlich schwer, Innovationen vor Imitationen zu schützen. Jeder kann in ein Hotel hineingehen und in der Folge kopieren, was er sieht. Natürlich kann man Wort-Bild-Marken eintragen lassen, aber Dinge wie innovative Einrichtungsgegenstände schützen zu lassen ist sehr schwierig. Wenn solche Innovationen aber imitiert werden, werden sie nicht automatisch zu einem Erfolg des Nachahmers. Der Erfolg von Motel One hängt nicht lediglich von einer einzelnen Innovation ab, sondern basiert auf einem Gefüge von zahlreichen Faktoren. Und all diese in genau der Weise nachzuahmen, wie sie bei uns zusammenhängen, ist nicht so leicht.

Überdies haben wir es in den vergangenen Jahren geschafft, mithilfe diverser Assoziationen die Marke Motel One und das dahinterstehende Produkt in den Köpfen unserer Gäste zu verankern. Unsere Eggchairs, die Farbe türkis, das Kaminfeuer in unseren Lounges usw. sorgen für einen hohen Wiedererkennungswert, und so versuchen wir, auch künftige Innovationen auf diese Weise zu schützen bzw. an unser Unternehmen zu binden.

6.2 | Price

6.2.1 | B&G Hotel Management

Interviewpartnerin: Cornelia Baars, Inhaberin und Geschäftsführerin

B&G HOSPITALITY MANAGEMENT IN EIGENEN WORTEN
Die B&G Hospitality Management GmbH hat im Prinzip zwei Säulen:
1.) Die Betreibung von Hotels – mit Fokus auf solche Projekte, die wirtschaftlich nicht gut »performen« und in Schieflage geraten sind
2.) Die Projektentwicklung, also die Entwicklung von Hotelprojekten sowohl in Form eines Neubaus als auch in Form von Umstrukturierungen bestehender Häuser, mit Betreibersuche, Vertragsverhandlungen, Asset Management etc.

Was verstehen Sie unter einer Innovation?
Unter einer Innovation verstehe ich eine für den bestehenden Markt passende Entwicklung eines (Hotel-)Unternehmens, die ihm Auslastung bringt, die Gästezufriedenheit sichert und Begeisterungsfaktoren in sich trägt, um schließlich Wiederholungsbuchungen zu generieren. Diese Definition tätige ich dabei aus der Sales-und-Marketing-Perspektive heraus, denn ohne eine innovative Verkaufspolitik ist ein Produkt, sei es auch noch so gut, nur schwer erfolgreich absetzbar.

Worin sehen Sie den Anreiz zu innovativem Handeln?
Ohne Innovation fehlen einem Hotelunternehmen die Begeisterungsfaktoren, der Gast hat keinen Anreiz, ein Haus erneut zu buchen, und so wird dieses Hotel schließlich zu einem von vielen. Derart austauschbar zu sein, kann auf Dauer keinen Erfolg bringen.

Welche Innovation, die Sie in den letzten Jahren umgesetzt haben, hat sich als besonders effektvoll herausgestellt? In welcher Hinsicht?
Hier lässt sich unsere Entwicklung familienfreundlicher Arrangements nennen. Sie erzeugen Begeisterung erzeugen und bewegen sich innerhalb einer für den Gast passenden Preisspanne. So haben wir bei einem unserer Projekte beispielsweise den »Familienhit« entwickelt. Durch dieses Arrangement änderten wir die völlig falsche Positionierung dieses Hauses vom schicken Viersternesegment mit einer zu hohen Rate und einer jährlichen Auslastung von 38 Prozent hin zu einem Produkt, das sich voll und ganz an dem orientiert, was der Gast wirklich möchte und wofür er bereit ist, einen bestimmten und vor allem einen markt- und unternehmensgerechten Preis zu entrichten. Der »Familienhit« berücksichtigt dabei das Bedürfnis des Gastes, ein für ihn kalkulationssicheres Angebot vorzufinden. Und natürlich ist dieses Arrangement auch auf die Faktoren Standort der Immobilie sowie die Immobilie selbst zugeschnitten, was bei der bisherigen Positionierung nicht der Fall war. Der Gast erfährt nun ein passendes Preisleistungsverhältnis und bucht das Arrangement immer wieder.

So steigerten wir die Auslastung dieses Hauses binnen vier Jahren auf 67 Prozent und können den »Familienhit« zu Spitzenzeiten mittlerweile auch teurer verkaufen, weil der Gast bereit ist, auch diesen höheren Preis für das

Package zu zahlen. Dieses innovative Pricing wirkt sich dann in der Folge auch auf die Ergebnisse aller anderen Outlets des Hauses aus. Und nicht zuletzt erhalten wir aktuell für das Hotel wohlwollende Betrachtungen von Banken, die eine Grundsanierung finanzieren, was zu Zeiten unserer Übernahme des Projekts vier Jahre zuvor noch undenkbar war.

Natürlich gibt es heute auch Abwandlungen des Arrangements, und man entwickelt sich weiter, um die Begeisterungsfaktoren für den Gast aufrechtzuerhalten.

Als Beratungsunternehmen stehen Sie Hoteliers auch bei der Gestaltung einer innovativen Preispolitik zur Seite. Welche Komponenten beinhaltet Ihrer Meinung nach eine innovative Preispolitik?
Anstelle von Preispolitik würde ich lieber von dem Verhältnis, in welchem ein Preis zu einer bestimmten Leistung steht – also dem Preis-Leistungs-Verhältnis, sprechen. Für ein erfolgreiches Pricing gilt es dann, das richtige Preis-Leistungs-Verhältnis für das eigene Unternehmen zu finden. Damit einher geht die Notwendigkeit, herauszufinden, was mein Gast zu zahlen bereit ist. Diese Bereitschaft kann sich natürlich innerhalb einer mehr oder weniger großen Spanne bewegen und die Kunst liegt darin, letztlich den Preis festzusetzen, der dem Konglomerat dieser verschiedenen Preisbereitschaften am besten gerecht wird und folglich die Nachfrage so gewinnbringend wie eben möglich abschöpft. Hierbei kann und muss ich mir aber durchaus auch eigene, unternehmensgerechte Ziele setzen.

Eine weitere wichtige Komponente ist das Benchmarking. Ich kann mein Preis-Leistungs-Verhältnis nicht vollkommen losgelöst von meinen Wettbewerbern in der Region, von meinen Wettbewerbern im selben Segment usw. gestalten, sondern muss auch hier herausfinden, was auf der einen Seite nötig und vielleicht auch unverzichtbar ist und was auf der anderen Seite überhaupt möglich ist.

Und schließlich spielt ein geschicktes Mischen verschiedener Vertriebswege eine wichtige Rolle. Eigenverkauf und der Vertrieb über fremde Portale müssen so verwoben werden, dass man am Ende des Tages den Preis erzielt, den man sich zuvor als Ziel gesetzt hat.

Welche aktuellen und künftigen Herausforderungen in der Hotellerie sehen Sie als ausschlaggebend für die Entwicklung einer innovativen Preispolitik?
Zum einen werden die Anforderungen der Gäste von Jahr zu Jahr höher. Der Lifestyle verändert sich kontinuierlich, und man möchte bei einem Hotelaufenthalt nicht weniger Leistung genießen als zu Hause oder im Alltag. Mit den Ansprüchen an ein gastgewerbliches Unternehmen nimmt aber zugleich auch das Preisbewusstsein der Gäste zu. Zum anderen wird das Angebot in Hotellerie und Gastronomie durch das Internet immer vergleichbarer. Und was speziell im Bereich der Ferienhotellerie eine weitere Herausforderung darstellt, ist die Tatsache, dass der Gast zunehmend die Preise von All-Inclusive-Angeboten aus anderen Ländern, beispielsweise der Türkei oder Ägypten, für seinen Familienurlaub in Deutschland als Vergleich ansetzt. Besonders merkt man dies in den Hauptferienzeiten. Natürlich sind derartige Preise mit der deutschen Kostenstruktur nicht vereinbar, und hier zeigt sich in meinen Augen, wer in puncto Pricing wirklich innovativ ist: ein (All Inclusive-) Paket für den Gast so zu schnüren, dass

er Kalkulationssicherheit hat, dabei eine angemessene Qualität vorfindet und sich dieses Paket leisten kann und will.

Wie können auch kleinere Hotelbetriebe in puncto Preispolitik innovativ werden?
Bei einem solchen Beratungsauftrag würde ich mit dem entsprechenden Hotelier eine Nische auftun, mit der er sich identifizieren kann und auf die er sich schließlich fokussiert. Hier gibt es zahlreiche Möglichkeiten, wie z. B. das Thema Ernährung, das Thema familien- oder kleinkinderfreundliche Hotellerie oder aber deren Gegenteil mit einem Mindestalter der Gäste, das Thema Hunde usw. Besteht bei der Zielgruppe für das entsprechende Thema eine Sensibilität, so können höhere Raten durchgesetzt werden. Dabei können natürlich auch mehrere Ansätze miteinander kombiniert werden. Die genannten und viele weitere sind Nischen, die kleine Hotels wunderbar besetzen können und sich dadurch aus der breiten Masse sehr gut herausschälen können.

Was sollten Gastgeber bei der Neugestaltung ihrer Preispolitik beachten?
Zu allererst muss der Gastgeber hierzu ein Ziel vor Augen haben – vielleicht möchte er sein Haus in der Zukunft als schickes, aber nicht übertrieben gehobenes Bio-Hotel positionieren. Um dieses Ziel zu erreichen, hat er nun einen Weg zu gehen. Hat er kein Ziel, gibt es auch keinen Weg dorthin. Der Weg, den man nun beschreitet ist dabei aber nicht vom Anfang bis zum Ende vorgezeichnet. Es gibt immer wieder eine Tür, die sich auftut und hinter der etwas liegt, das zum eigenen Haus passen könnte.

Um eine falsche (Neu-) Positionierung eines Hauses zu vermeiden, sind bei der konkreten Neugestaltung der Preispolitik die folgenden Stellschrauben zentral:
• die Zielgruppe des Hotels
• das Budget des Gastes
• das Budget des Hotels

An ihnen muss sich die Schnürung neuer Pakete oder Angebote stets orientieren. Das Risiko von Fehlschlägen kann durch Testphasen reduziert werden, die diese drei Komponenten berücksichtigen. Was sich bewährt, setzt man dann natürlich gezielt ein. Dabei muss der Gastgeber aber stets mit wachem Auge Veränderungen in besagten Feldern verfolgen, wie etwa Konsumtrends usw., und sein Angebot derartigen Veränderungen entsprechend wiederum neu oder andersartig gestalten.

Zudem sollte ein Hotelier nicht der Vorstellung erliegen, heute mit etwas Neuem anfangen und sofort mit dem Alten aufhören zu können. Wir haben einmal bei einem Projekt beispielsweise den Fehler begangen, die bestehende Zielgruppe sofort abzuschneiden, weil wir sie nicht mehr wollten. Dies war aber wirklich ein Fehler. Stattdessen muss man mit viel Fingerspitzengefühl an das Justieren der oben genannten Stellschrauben herangehen und stets die Wirkung einer Handlung überprüfen.

Wie kann der tatsächliche Erfolg von Innovationstätigkeiten in der Preispolitik gemessen werden?
In erster Linie muss sich der Gastgeber diesbezüglich natürlich seine Zahlen und Ergebnisse ansehen. Nicht immer »schießen« diese vielleicht gleich »durch

die Decke«, aber sie müssen sich längerfristig natürlich verbessern, um von einem positiven Erfolg des neuen Pricings sprechen zu können. Es gilt also, die Kennzahlen, die man für das eigene Unternehmen als relevant erachtet, kontinuierlich und akribisch zu überprüfen und zu überlegen, was den Ausschlag für einen jeweiligen Wert gegeben haben könnte. Vom Erfolg einer innovativen Preisgestaltung zeugt natürlich auch die Zahl der Wiederbuchenden und damit verbunden die Gästezufriedenheit und – im Idealfall – die damit verbundene Gästeloyalisierung.

6.2.2 | Prizeotel

<u>Interviewpartner</u>: Marco Nussbaum, Gründer und Geschäftsführer

PRIZEOTEL IN EIGENEN WORTEN

Prizeotel ist 2020 die unkonventionellste Budget-Design-Hotelkette mit Präsenz in allen Kernmärkten Deutschlands. Kehren wir zurück in die Gegenwart, so bieten die Prizeotels ein exklusives Produkt mit Design-Ambiente zu einem bezahlbaren Preis.

Was verstehen Sie unter einer Innovation?
Unter einer Innovation verstehe ich etwas Neues, etwas noch nie Dagewesenes.

Worin sehen Sie den Anreiz zu innovativem Handeln?
Innovieren sollte man, um sich vom Markt und den dort agierenden Marktbegleitern abzusetzen und darüber hinaus, um als Unternehmen in Summe effizienter und produktiver, qualitativ hochwertiger usw. zu werden als man es bisher war.

Welche Innovation, die Sie in den letzten Jahren umgesetzt haben, hat sich als besonders effektvoll herausgestellt? In welcher Hinsicht?
Das Innovative an unserem Pricing ist eigentlich die Tatsache, dass wir bei Prizeotel von Beginn an, und in der Folge vor allem sehr konsequent, ein vollautomatisches Revenue Management umgesetzt haben. Regelmäßige Competition Checks sind dabei aber ein wichtiges Element, und so behält ein Mitarbeiter fortlaufend im Auge, was unsere Marktbegleiter in puncto Preispolitik machen. Diese allerdings nur in Form eines möglichst niedrigen Preises zu gestalten, ist weder innovativ noch förderlich für den Gesamtmarkt.

Im Jahr 2010 war das Prizeotel Bremen-City der Sieger des Yield-Management-Wettbewerbs »UPS«. Die Prizeotels zeichnen sich auch heute durch eine innovative Preispolitik aus. Welche Komponenten beinhaltet diese Preispolitik?
Das Besondere bei uns ist, dass wir keine Ratenparität mehr haben – das ist eigentlich das Kernelement unserer Preispolitik. So erhält beispielsweise der Mobile-User, also jener Gast, der über ein mobiles Endgerät bucht, den allerbesten Preis, weil wir speziell diesen Gast für Prizeotel gewinnen möchten. Ansonsten sind die besten Preise auf unserer eigenen Website zu finden. Und zudem ist unser Revenue-Management, wie zuvor bereits erwähnt, voll automatisiert.

Anstatt selbst Revenue-Manager »zu spielen« und tagtäglich eine grafische Darstellung unserer Belegungsvorschau zu erstellen, was wir dann als Revenue Management bezeichnen, haben wir vollstes Vertrauen in die uns zur Verfügung stehende Technik. Wir arbeiten von Anfang an mit dem Revenue-Management-System IDEAS, das eine treffsichere Prognose der Nachfrage ermittelt.

Welche aktuellen und künftigen Herausforderungen in der Hotellerie sehen Sie als ausschlaggebend für die Entwicklung einer innovativen Preispolitik?
Nach wie vor ist in unserer Branche das durchschnittliche Know-how in Bezug auf Revenue-Management sowie dessen anschließende Umsetzung viel zu gering und insgesamt zu erfolglos. 1998 habe ich an der Cornell University mein Certification of Revenue Management gemacht, und wenn ich aus diesen Unterlagen heute eine Schulung ableite, dann sind immer noch unzählige Hoteliers erstaunt, dass Revenue-Management funktionieren kann. Da wir aber in Deutschland einen sehr fragmentierten Hotelmarkt haben und die Privathotellerie nach wie vor einen deutlich höheren Anteil an Hotelkapazitäten stellt als die Kettenhotellerie, muss das Thema einer innovativen Preisgestaltung in den Fokus rücken, um sich als Privathotelier von der Masse bekannter internationaler Marken abheben zu können und nicht von großen Hotelketten verdrängt zu werden.

Wie können auch kleinere Hotelbetriebe in puncto Preispolitik innovativ werden?
Eine Preispolitik, die darauf baut, Nachfrage nur durch den Preis zu generieren, kann langfristig und im Hinblick auf unsere gesamte Branche nicht zum Erfolg führen. Meine Devise im Pricing lautet: Finger weg vom Selbst-Machen. Stattdessen sollten Gastgeber in ein vollautomatisiertes Revenue-Management-System mit einem sauberen Schnittstellenmanagement investieren. Das Vertrauen in die Technik muss endlich heranreifen. Und wenn der Hotelier dann noch seine Hausaufgabe in Bezug auf seine Ratenstrategie macht, dann setzt der Erfolg schon sehr bald ein.

Wie kann der tatsächliche Erfolg von Innovationstätigkeiten in der Preispolitik gemessen werden?
Ganz klar anhand des RevPAR, des Revenue Per Available Room, und anhand der Steigerungen dieser wichtigen Kennzahl – eine Steigerung zeugt dann vom positiven Erfolg einer neuen Maßnahme im Pricing. Aber natürlich muss der RevPAR wie jede Kennzahl in eine Beziehung gesetzt werden, so etwa zu den Vergleichswerten des Marktes. So lässt sich leicht herausfinden, wie es einem Hotel in seinem Competitive Set ergeht und ob es darin über dem Durchschnitt oder eher in den unteren Gefilden rangiert.

6.3 | Place – Online Birds

Interviewpartner: Philipp Ingenillem, Director of Sales & Business Development

ONLINE BIRDS HOTEL MARKETING SOLUTIONS IN EIGENEN WORTEN

Online Birds Hotel Marketing Solutions gehört zu den führenden Anbietern in der Hotellerie für ganzheitliche Online Marketing Lösungen. Wir betreuen über 130 der schönsten Hotels in allen Belangen rund um das Thema »Customer Journey«. Das bedeutet im Klartext: Wir machen Hotels erfolgreicher, und das über alle Kanäle des Online Marketings. Also von der Auffindbarkeit in Suchmaschinen (bestehende Nachfrage bedienen), der Sichtbarkeit und der Interaktion im Bereich Social Media Marketing (neue Nachfrage schaffen) über Verkaufs- und Usability-Optimierung und/oder Erstellung von zielgerichteten Hotelwebsites bis hin zur Kundenbindung, (Direkt-)Umsatzmaximierung und vielem mehr. Die Besonderheit unseres Unternehmens liegt also vornehmlich darin begründet, dass wir einer der wenigen ganzheitlichen Anbieter in diesem Kontext sind.

Was verstehen Sie unter einer Innovation?
Generell ist eine Innovation für mich die Umsetzung einer Idee. Diese Idee kann sich auf Produkte, Dienstleistungen Prozesse oder ähnliches beziehen. Wichtig ist, dass ich unter einer Innovation nicht immer ›etwas Neues‹ verstehe. Manchmal kann Innovation auch eine Weiterentwicklung einer Leistung bzw. vor allem die Optimierung einer Leistung bedeuten, die dann am Ende des Tages auch dazu führt, gewisse Ziele – wie z. B. Umsatzmaximierung – zu erreichen.

Worin sehen Sie den Anreiz zu innovativem Handeln?
Ohne Innovation kann es keinen Fortschritt geben, und auf Stillstand folgt früher oder später der Tod, um es einmal ganz drastisch zu formulieren. Innovatives Handeln ist dahingehend wichtig, dass man sich selbst – als Mensch, als Unternehmung – hinterfragt und dadurch eben weitergelangt.

Welche Innovation, die Sie in den letzten Jahren umgesetzt haben, hat sich als besonders effektvoll herausgestellt? In welcher Hinsicht?
Wie bereits eingangs im Zuge der Unternehmensbeschreibung angedeutet, ist unser gesamtes (!) Geschäftsmodell einer Innovation gleichzusetzten. Wir eröffnen dem Hotelier mit Online Birds Hotel Marketing Solutions die Möglichkeit, eine Vielzahl an verschiedensten Online Marketing Lösungen aus einer Hand in Anspruch zu nehmen. Dies hat zur Konsequenz, dass der Kommunikationsaufwand mit Dienstleistern drastisch abnimmt bei gleichzeitiger Effizienzsteigerung, sind doch viele der in der Hotellerie wichtigen Online-Vermarktungsmöglichkeiten miteinander verzahnt. Gerade im Hinblick auf die Themen Messbarkeit und Datenanalyse ein erfolgskritischer Aspekt. All das hat selbstverständlich auch eine generelle Kostenreduktion zur Folge, dies sei aber nur der Vollständigkeit halber genannt.

Bedenkt man nun, dass wir erst im August 2012 operativ zu zweit (mit einem Praktikanten) »an den Start« gegangen sind und nun einige der bekanntesten Hotels, wie beispielsweise das Campo Bahia in Brasilien während der

WM und darüber hinaus das Baur au Lac in Zürich, das Gstaad Palace Hotel, das The Fontenay Hamburg oder die gesamten 25Hours Gruppe mit 40 Kollegen bedienen (20 bei Online Birds an den Standorten München und Berlin sowie 20 weitere bei unseren Partnern im Bereich Webdesign und SEO für Online Birds Projekte), so kann man sicherlich von einem starken Effekt dieser Innovation – natürlich in Kombination mit dem ungemein wichtigen Quäntchen Glück – sprechen, so glaube ich.

Welche Bedeutung hat die Wahl der richtigen Distributionskanäle für den erfolgreichen Absatz einer Hotel- oder Gastronomieleistung?
Der Erfolg einer Leistung im Allgemeinen steht und fällt letztlich mit der Wahl der richtigen Distributionskanäle. Insbesondere in der Hotellerie ist das Online Marketing zum einem der wichtigsten Vertriebskanäle überhaupt geworden, kriegsentscheidend also. Gerade im Hinblick auf das Direktmarketing eines Hotels zeigt sich die Website als die Plattform, auf welche alle initiierten Maßnahmen trichterförmig verweisen. Leider gibt es immer noch ungemein viele Hotels, die sich der Wichtigkeit ihrer Website kaum bis gar nicht bewusst sind und es zum Teil bis heute versäumen, in diese unternehmenseigene Website gerade im Hinblick auf Usability, Conversion Optimierung, technische Aspekte wie gutes (!) responsive Design, zielgruppenspezifische Kommunikation, Relevanz der Inhalte und vieles mehr zu investieren.

Hinzu kommt, dass sich das Suchverhalten der Gäste und jener, die es werden möchten, komplett verändert hat. Die Hotelwebsite steht in direkter Konkurrenz mit Meta-Suchmaschinen wie booking.com. Als Fazit lässt sich also postulieren, dass die Zukunft der Branche online ist, und dies vor allem mobil! Dafür sprechen schon die Zahlen: Alleine in dem Jahresvergleich 2012-2013 wurde der Umsatz von booking.com über mobile Endgeräte fast verdreifacht, von 3 Milliarden USD auf 8 Milliarden USD, alleine in Deutschland gibt es laut der IHA Studie 2015 bereits mehr als 35 Millionen Unique Mobile User. Dabei handelt es sich um Gäste, die ihre Reisen nur noch über mobile Endgeräte buchen.

Müssen Gastgeber innovative Wege der Distribution alleine beschreiten? Wie können ihnen Unternehmen wie Online Birds dabei zur Seite stehen?
Dadurch, dass Online Birds seinen Kunden einen Full-Service-Ansatz bietet, müssen unsere Kunden keinen einzigen Schritt auf einem Weg hin zu einer zielgerichteten Distributionspolitik alleine tun. Mit Leistungen vom E-Mail-Marketing über Social-Media-Marketing und Facebook-Apps bis hin zu Google AdWords oder Webdesign helfen wir Gastgebern jeglicher Hotelkategorie, auf innovative Weise aus der Masse der Wettbewerber hervorzustechen und ihr Angebot erfolgreich zu vermarkten. Der Hotelier kann sich dadurch voll und ganz auf seine Gäste konzentrieren, wir kümmern uns um alle Aktivitäten des Online-Marketings, selbstverständlich in enger Abstimmung mit den Ansprechpartnern.

Die laufende Steuerung und abschließende Bewertung des Erfolgs einer innovativen Maßnahme ist ein wichtiger Bestandteil des Innovationsmanagements. Wie ist dies in der Distributionspolitik möglich?
Gerade hier zeigen sich wieder die große Bedeutsamkeit und ein zentraler Nutzen des Online Marketings: Dessen gute Möglichkeiten der Messbarkeit, gerade im direkten Vergleich zu anderen Maßnahmen wie Print, Anzeigengeschäft etc.

Sicherlich sollte hier immer die jeweilige Zielgruppe Maßstab für die Wahl des entsprechenden Vermarktungsweges sein. Will heißen: Ein guter Kunde hat nun einmal eine tolle Printkampagne verdient, während wiederum ein Gast, der nur wenig Geld im Hotel lässt und oft die günstigste Rate wählt, auch mit einem E-Mail Newsletter bestmöglich angesprochen werden kann, dies aber nur am Rande. Es liegen die Vorteile auf der Hand: Öffnungsraten, Klickverhalten, Geo Coding, Datenanreicherung, Versandzeitpunktoptimierung, der Analyse sind schier keine Grenzen gesetzt, eine Erfolgskontrolle kann sogar eine direkte ROI Messung umfassen, man vergleiche hier beispielsweise den Google AdWords Bereich mit einem entsprechendes Umsatz-Tracking, dank einer Verknüpfung mit der Internet Booking Engine auf der jeweiligen Hotelwebsite.

Aus all diesen Informationen lassen sich wiederum mithilfe von dezidierten Analysen Interessen/Präferenzen einzelner Gäste ableiten, was eine zielgerichtete Ansprache und somit höhere Umsätze zur Folge hat.

Wie erfolgt die laufende Überwachung, Steuerung und Erfolgsbewertung bei Online Birds?
Kundenseitig haben wir bei Online Birds regelmäßig wiederkehrendes Monitoring aller einzeln beauftragten Leistungen etabliert, welches auf monatlicher Basis mindestens schriftlich, meist jedoch auf zusätzlich in Form von persönlichen Gesprächen erfolgt. Diese Auswertungen werden regelmäßig von Online Birds den jeweiligen Kanal betreffend durchgeführt und mit dem Kunden en detail besprochen. Strategische Jahresworkshops helfen bei der Ausrichtung aller Kanäle auf übergeordnete Ziele wie Positionierung, Neukundenansprache, Zielgruppenverjüngung, Minimierung der Kommission an Buchungsportale und vieles mehr. Hier zeigt sich Online Birds als Sparringspartner, Ideengeber und umsetzendes Unternehmen im Hinblick auf die Wahl der richtigen Online Vermarktungskanäle und deren Kontrollmechanismen.

Innovieren wir unternehmensintern, so erfolgt die Überprüfung und Steuerung eines Projekts über unser internes Projektmanagement und Monitoring. Jeder unserer Kollegen hat hierauf Zugriff, es können Tasks zugewiesen und dementsprechend überprüft werden, nichts bleibt also dem Zufall überlassen. Dabei unterstützt uns eine moderne Projektmanagement Software. Darüber hinaus ist unser Geschäftsführer stark darauf bedacht, eine unternehmensinterne Weiterentwicklung durch den Einsatz von neuen, innovativen Tools voran zutreiben, um so die Effizienz im Interesse des Kunden und der Mitarbeiter zu steigern. Diese Prozessoptimierung, mit der wir uns bei Online Birds insgesamt sehr intensiv beschäftigen, basiert dabei zum einen auf Standardisierung interner Arbeitsabläufe, zum anderen aber auch ganz stark auf dem Schaffen von Freiraum für Kreativität und somit neue Innovationen. Ziel ist es für uns, zu erreichen, dass jeder einzelne Mitarbeiter »gegen den Strom« denkt und dadurch neue Ideen für künftige Optimierungen auf dem Gebiet der Distribution und des Online-Marketings erreicht werden.

6.4 | Promotion – Starwood

Interviewpartner: Dr. Markus Schreyer, ehemals Regional Director of Marketing East & Central Europe Starwood Hotels & Resorts, jetzt Vice President – The Americas Design Hotels AG

STARWOOD HOTELS UND RESORTS IN EIGENEN WORTEN

Starwood Hotels und Resorts ist ein globales Hospitality-Unternehmen mit aktuell über 180 000 Mitarbeitern in mehr als 1 200 Hotels in 100 Ländern und zählt zu den führenden Hotelgesellschaften weltweit. Im Moment zählt das Portfolio der Starwood Hotels und Resorts zehn Marken, die von Luxus über Upper Upscale bis zum Select-Service-Bereich ein breites Spektrum der Nachfrage in der Hotellerie bespielen.

Was verstehen Sie unter einer Innovation?
Grundsätzlich umfasst eine Innovation für mich immer etwas Neues. Dieses »Neue« kann sowohl Produkte als auch Dienstleistungen oder Prozesse betreffen und erzeugt dabei eine Wahrnehmung beim Gast. Das Wichtigste in der Innovation ist somit meiner Meinung nach eine Nutzenstiftung für den Kunden, worin zugleich aber auch der Mehrwert für das innovierende Unternehmen liegt. Nur eine Idee, die tatsächlich vermarktungsfähig ist, kann in der Konsequenz zu einer Innovation werden.

Worin sehen Sie den Anreiz zu innovativem Handeln?
Die Hotellerie hat es über viele Jahre hinweg verpasst, Innovation strategisch zu betreiben. Imitation von Wettbewerbern oder anderen Branchen wurde dabei dem Einschlagen eigener neuer Wege oftmals vorgezogen. Um aber selbst Innovationen, die nachhaltige und ertragsstarke Zuwächse generieren, zu entwickeln, ist meiner Meinung nach eine eigene strategische Einheit sowie ein strukturierter Innovationsprozess ganz zentral.

Darüber hinaus sehe ich zudem zwei weitere Gründe, die ein gastgewerbliches Unternehmen zu innovativem Handeln förmlich zwingen: zum einen

verändert sich das Reise- und Konsumentenverhalten dramatisch – hierzu tragen insbesondere der demografische Wandel, die Individualisierung der Gesellschaft sowie die zunehmende Digitalisierung bei. Zum anderen befindet sich die Hotellerie in einem sehr schwierigen Marktfeld. Es herrscht ein Überangebot an Übernachtungsmöglichkeiten, welches in einem Preis- und Verdrängungswettbewerb resultiert. Gleichzeitig aber erhöhen sich die Kosten in der Hotellerie von Jahr zu Jahr, und die Branche als solche wird vor dem Hintergrund der Sharing Economy von Substitutionsprodukten wie Airbnb und Co. zunehmend bedroht. Ein strategisches Innovationsmanagement stellt letztlich die Antwort auf diese Herausforderungen dar.

Welche Innovation, die Sie in den letzten Jahren umgesetzt haben, hat sich als besonders effektvoll herausgestellt? In welcher Hinsicht?
In den letzten Jahren haben wir eine ganze Menge an Innovationen herausgebracht. Mit SPG Keyless führte Starwood z. B. das erste mobile, schlüssellose Zutrittssystem der Hotelbranche ein. Das Thema Mobiltelefon wird auch künftig ein Kernthema in der Hotellerie sein. Bei Starwood werden schon jetzt etwa 53 Prozent aller Buchungen in irgendeiner Weise über das Mobiltelefon generiert. Basierend auf diesem Trend entwickelten wir eine eigene App für Mitglieder unseres Bonusprogramms Starwood Preferred Guest (SPG). Von der Buchung über den Check-In, das Öffnen des Hotelzimmers bis hin zu Informationen zur Umgebung, zugeschnitten auf persönliche Interessen, kann der Gast einen Großteil seines Hotelaufenthalts über unsere App steuern. Die Qualität und Innovationsstärke dieser App wird z. B. dadurch bestätigt, dass Apple bei seiner Präsentation der neuen Apple Watch unsere SPG App als Reiseapp präsentierte.

In puncto Kommunikationspolitik sorgte unser kleiner Roboter »A.L.O. Botlr« (Roboter Butler) für äußerst positive Effekte. Er entlastet seit 2014 die Front-Office-Teams unserer Marke Aloft, indem er Gästebestellungen wie zusätzliche Handtücher, eine vergessene Zahnbürste etc. annimmt und selbstständig ausführt. Dabei kommuniziert er mit den Gästen via Twitter und freut sich über Trinkgeld in Form von Tweets. A.L.O. erzeugte bereits unheimlich viel Rich Content in sozialen Netzwerken wie YouTube, der sich viral verbreitete. Heute sehen

wir A.L.O. zwar noch eher als Gimmick, doch kann es sich hierbei durchaus um ein attraktives Zukunftfeld handeln. In jedem Fall spiegelt der Roboter Butler aber das, wofür die Marke Aloft steht, sehr gut wider: ein frisches, modernes und erschwingliches Hotelkonzept, das Design mit Entertainment verbindet.

Welche Bedeutung messen Sie der Kommunikationspolitik bei der Vermarktung von neuen Ideen bei?
Die Innovationskommunikation ist enorm wichtig. Insbesondere dann, wenn Innovationen sehr komplex sind – ich denke hier beispielsweise an Innovationen technischer Natur –, spielt die richtige Kommunikation eine zentrale Rolle. Hier sollten Themen vereinfacht werden; das innovierende Unternehmen sollte versuchen, mit Bildern zu arbeiten und konkrete Beispiele aufzugreifen, um dem Gast bzw. Nutzer das entsprechende Thema so transparent als möglich zu machen. Das hat auch viel mit der Überwindung von Angst vor Neuem zu tun. Interpretiert die Zielgruppe eine innovative Idee aufgrund einer mangelhaften Kommunikation nämlich fehl oder versteht sie womöglich nicht, so kann dies bewirken, dass diese eigentlich vielleicht sehr gute Idee nie zur Marktreife gelangen bzw. als Innovation umgesetzt werden kann. Das Gelingen oder Nicht-Gelingen einer Innovation hängt also letztlich von deren (erfolgreicher) Kommunikation ab.

Ein Kernpunkt für eine erfolgswirksame Innovationskommunikation ist deren systematische Planung und anschließende Durchführung. Es ist dabei wichtig, viel stärker in die strategische Kommunikationspolitik zu gehen, anstatt zwischendurch einmal eine Ad-hoc-Pressemitteilung zu veröffentlichen. Die Innovationskommunikation ist für mich aber nicht nur zentral, sondern auch sehr spannend. Mit Innovationen kann man einen sehr hohen Nachrichtenwert generieren und so natürlich auf positive Weise in das Bewusstsein der Öffentlichkeit vordringen.

Was sind Ihrer Meinung nach Erfolgsfaktoren für eine wirkungsvolle unternehmensinterne Innovationsvermarktung?
Hier sehe ich vor allem die folgenden drei Punkte: Zum einen muss die interne Innovationskommunikation eingebunden sein in das Gesamtkonzept der Unternehmenskommunikation. Die interne Kommunikation kann man nicht unabhängig von der Öffentlichkeitsarbeit sehen und betreiben. Das Unternehmen muss hier eine einheitliche »Sprache« sprechen, und hierzu wiederum bedarf es einer Strategie.

Der zweite Punkt besteht darin, dass eine Innovation zuerst von den Mitarbeitern verstanden werden muss, denn nur so kann sie in der Folge auch transportiert werden. So war es uns beispielsweise wichtig, als wir SPG Keyless in den ersten Häusern einführten, dass jeder Mitarbeiter die Möglichkeit erhält, diesen Prozess auch selbst einmal zu durchlaufen. Die interne Innovationskommunikation schafft aber nicht nur Verständnis, sondern baut auch mögliche Barrieren und Ängste der Mitarbeiter in Bezug auf Neues oder Unbekanntes ab: Die interne Kommunikation muss jedem einzelnen Mitarbeiter vermitteln, was die jeweilige Innovation konkret für seinen täglichen Arbeitsablauf bedeutet, denn nur so kann auch jeder einzelne Mitarbeiter auf den neuen Weg mitgenommen werden.

Und schließlich merke ich, dass man in vielen Bereichen bereits weggegangen ist von Top-Down-Innovationen, die von der Unternehmensleitung vorgegeben und anschließend »herunter«kommuniziert werden, sondern stattdessen Feedback-Möglichkeiten schafft und dadurch Bottom-Up-Innovationen fördert. Ich bin überzeugt davon, dass diese Richtung der Innovation auch in Zukunft immer bedeutender wird und dass Unternehmen somit intelligente Innovationsnetzwerke fördern müssen, welche im Unternehmen vorhandenes Expertenwissen systematisch sammeln und verknüpfen.

Welche Kommunikationskanäle nutzen Sie für die interne Innovationskommunikation?
Bei uns gibt es nicht mehr den klassischen, statischen Newsletter, der die Mitarbeiter regelmäßig mit Inhalten überschwemmt, sondern wir arbeiten mit einem Mail-System, das es dem Mitarbeiter ermöglicht, persönlich zusammenzustellen, welche Themen ihn in welchen Routinen interessieren. Nur so kommen Inhalte dann auch tatsächlich beim Mitarbeiter an. Über dieses System können Inhalte aber nicht nur abgerufen werden, sondern jeder Mitarbeiter hat auch die Möglichkeit, sich mit anderen über diese Inhalte auszutauschen oder selbst Inhalte einzustellen. In der internen Innovationkommunikation ist das Thema der Personalisierung also in meinen Augen ein ganz zentrales Thema, und ich denke, dass wir hier bereits auf einem sehr guten Weg sind. Mitarbeiter ohne eigenen E-Mail-Zugang haben die Möglichkeit, über Computerterminals im Hotel auf alle Inhalte zuzugreifen, die sie interessieren.

Was sollten Gastgeber beim Einschlagen neuer Wege in Sachen Kommunikationspolitik beachten?
Häufig geht hier das Thema der Zielgruppendefinition unter. Genau zu wissen, wer der Kaufentscheider ist und worin der Nutzen einer Innovation für diesen liegen könnte, ist aber das Fundament einer erfolgreichen Innovationskommunikation. Hat ein Gastgeber seine Zielgruppe genau definiert, so gilt es, diese so anzusprechen, wie sie es sich wünscht. In der heutigen Zeit spielen natürlich das Internet und die darin enthaltenen sozialen Medien eine herausragende Rolle in der Kommunikation. Gastgeber sollten überlegen, wie sie Rich Content erzeugen können und wie sie auch ihre Gäste dazu animieren können, Content über ihr Unternehmen zu generieren. Denn Informationen, die durch die aktive Einbindung des Gastes in die Kommunikationspolitik erzeugt werden, sind in der heutigen Gesellschaft insgesamt glaubwürdiger als Informationen, die ein Unternehmen über sich selbst in Umlauf bringt.

Kann der Gastgeber seine Zielgruppe(n) alleine vielleicht nicht wirkungsvoll erreichen, sollte er versuchen, (Kooperations-) Partner zu finden, die dieselbe Zielgruppe ansprechen und ihn bei der Innovationskommunikation unterstützen können.

Nicht zuletzt muss sich der Gastgeber dabei aber bewusst machen, dass all dies nicht von heute auf morgen »umgestrickt« werden kann. Innovation und alle damit verbundenen Aufgaben und Disziplinen erfordern Zeit und Ausdauer, um ihr Potenzial voll entfalten zu können.

Wie können Gastgeber diejenigen Kommunikationskanäle auftun, die sowohl zu ihrem Unternehmen als auch zu ihren Gästen passen?
Die Kernfrage, die jeder Gastgeber dabei beantworten sollte, lautet: in welchen Medien und über welche Kanäle kommuniziert denn eigentlich mein Gast? Viele Innovatoren machen sich nicht die Mühe, ihre Zielgruppe(n) genau zu definieren und in der Folge zu analysieren, über welche Kanäle diese am liebsten kommuniziert bzw. kommunizieren. Ein erfolgreiches Vermarkten einer Innovation ist dann aber nicht möglich. Denn ich kann meinem Gast nicht vorschreiben, über welchen Kanal er mit mir zu kommunizieren hat.

Wie können nun auch kleine Hoteliers und Gastronomen herausfinden, über welche Kanäle ihre Zielgruppe bevorzugt kommuniziert? Nun, dem Gastgeber muss es gelingen, all die Daten, die er über seine Gäste besitzt – Stichwort Big Data, smart zu nutzen. Letzten Endes kann man heutzutage alles rückverfolgen und analysieren, zusätzlich kann der Gast zu diesem Thema natürlich immer auch befragt werden.

Insgesamt wird meiner Meinung nach die direkte Kommunikation weiter an Bedeutung gewinnen. Hier sollte der Gastgeber herausfinden, wie er seine Gäste aktiv mit einer Innovation in Verbindung bringen könnte, während diese im Hotel sind oder wenn sie über das Unternehmen lesen, hören usw. Und damit einhergehend ist natürlich zu entscheiden, welche sozialen Medien der Zielgruppe besonders wichtig sind und wie hierin entsprechender Content generiert werden kann, durch welchen eine Innovation schließlich rasch und glaubwürdig verbreitet wird.

6.5 | Process

6.5.1 | Ruby Hotels

Interviewpartner: Michael Struck, Geschäftsführer und Gründer

RUBY HOTELS IN EIGENEN WORTEN
Ruby Hotels lässt sich mit zwei Worten beschreiben: Lean Luxury – schlanker Luxus. Wir bieten unserem Gast ein Fünfsterneprodukt mit Luxusanspruch in Bezug auf Design, Zimmerausstattung sowie Ästhetik zum Preis eines Budgethotels. Dabei konzentrieren wir uns auf das Wenige, was für unsere Zielgruppe in den zentralen Lagen, in denen wir uns befinden, unerlässlich ist.

Was verstehen Sie unter einer Innovation?
Eine Innovation ist grundsätzlich etwas Neues. Das alleine macht es aber natürlich noch nicht zu einer Innovation. Es muss zudem relevant sein und einen Mehrwert für den Nutzer bzw. den Gast schaffen. Innovationen sind dabei nicht alleine auf das Produkt fokussiert, sondern beziehen sich ebenso auf Prozesse, Systeme sowie emotionale Faktoren wie die Kultur und Seele eines Unternehmens. Der Wert einer Innovation schließlich misst sich daran, ob sie am Ende einer mehr oder weniger langen Wirkungskette beim Gast so ankommt, dass sie dem Innovator hilft, sich nachhaltig vom Wettbewerb abzuheben.

Worin sehen Sie den Anreiz zu innovativem Handeln?
Jeder Hotelier ist am Ende des Tages auch Unternehmer und muss als Unternehmer bestehen und Geld verdienen. Die Kernherausforderung liegt dabei darin, sich erfolgreich vom Wettbewerb zu unterscheiden. Indem wir unseren Gästen im Vergleich zum Wettbewerb einen relevanten Mehrwert bieten, können wir diese Herausforderung meistern. Und hierin liegt der Anreiz zu innovativem Handeln.

Welche Innovation, die Sie in den letzten Jahren umgesetzt haben, hat sich als besonders effektvoll herausgestellt? In welcher Hinsicht?
Zum einen lässt sich hier unser Konzept des schlanken Luxus nennen. Das, was wir anbieten, wird dem Anspruch nach Luxus gerecht und auf das, was unsere Zielgruppe nicht unter allen Umständen benötigt, verzichten wir. So gibt es bei uns etwa ein hervorragendes Frühstück, eine coole Bar, Snacks rund um die Uhr, dagegen aber kein Fitness, keinen Concierge, kein Restaurant, keinen Frühstücksraum. Indem unsere Buchungs- und Zahlungswege eingeschränkt sind, gehen wir mit unserem Produkt sogar noch einen Schritt weiter.

Zum anderen zeichnet sich Ruby im Bereich seiner innovativen Prozesse und Systeme aus. Dabei setzen wir bei dem an, womit die Airline Industrie einst begonnen hat: bei einer Vereinfachung der Ratenstruktur, einer Vereinfachung der Buchungs- und Zahlungswege, wie oben bereits angesprochen, sowie einer Vereinfachung weiterer Prozesse, in die auch der Gast involviert ist. Der Check-In beispielsweise ist für unsere Gäste eine Sache von wenigen Sekunden, da die Zahlungsabwicklung schon vorbereitet, der Meldeschein schon für ihn ausgefüllt ist und dieser nur noch digital per Tablet unterschrieben werden muss.

Unser Reservierungs- und Front-Office-Prozess ist dabei weitgehend automatisiert und sieht für eine Standardreservierung keinerlei manuelle Intervention mehr vor. Von der anfänglichen Zahlungsmittelprüfung über die Kreditkartenautorisierung bis hin zur Reservierungsbestätigung sowie weiteren elektronisch versandten Informationen und Nachrichten mit Links, durch welche der Gast dann unsere Systeme selbst nutzen kann, ist alles automatisiert. Bei seiner Ankunft erfolgt zunächst die Zuordnung seines Zimmers vollautomatisch, in der Folge die Rechnungsstellung sowie deren Versand oder auch der Versand von Post-Stay-Mails. Auch in anderen Bereichen haben wir diese Automatisierung vorangetrieben, wie zum Beispiel in der Buchhaltung oder in unserem Customer-Relationship-Management.

Neben der Prozessautomatisierung spielt bei uns auch die Zentralisierung eine bedeutende Rolle. Wir haben einen sehr umfassenden Teil unserer Funktionen zentralisiert. Neben der Verwaltung mit den Bereichen Finance, Controlling oder HR, die viele andere Unternehmen ebenfalls zentralisieren, sind bei Ruby darüber hinaus auch die Vertriebs-, Marketing- und PR-Funktionen sowie große Teile des Front Office zentral organisiert. Im Hotel am Empfang fallen also nur noch die Aufgaben an, die auch nur dort abgewickelt werden können, wie z. B. das Erfüllen eines Sonderwunsches, die Ausgabe einer neuen Schlüsselkarte oder dergleichen. Doch Abläufe, die sonst typischerweise den Empfang betreffen, wie beispielsweise die Kontrolle der Anreiseliste, Storno- oder Änderungsbuchungen, Rechnungsänderungen oder das Buchen von Extragebühren für z. B. Haustiere, erfolgen bei uns zentral.

Diese beiden Hebel nun, Zentralisierung und Automatisierung, ermöglichen uns, im Haus mit sehr viel weniger Personal auszukommen, wodurch der Fixkostenblock des jeweiligen Hauses beträchtlich gesenkt werden kann. Ich habe also den großen Vorteil, dass ich die Kapazitäten da nutzen kann, wo ich sie brauche. Durch die Reduzierung der Fixkosten ist wiederum der Break Even Point des Hotels deutlich niedriger und damit auch das Risiko für alle Beteiligten, nicht zuletzt für die Immobilienpartner. Indem wir eine weniger zyklische Immobilie für unsere Immobilieninvestoren schaffen, erlangen wir Vorteile im Wettbewerb um neue Standorte.

Was ist »Lean Luxury« und »Budget Design« gemein und wodurch unterscheiden sich diese beiden Ansätze?
Budget Design wie auch Lean Luxury stellen Nischensegmente dar, die, den Präferenzen und Prioritäten ihrer Zielgruppe entsprechend, ein neues Angebot geschmiedet haben. Diese Präferenzen und Prioritäten stellen die Treiberkräfte beider Konzepte dar und nicht etwa von einer Institution fest vorgegebene Klassifizierungskriterien. Beiden Ansätzen liegt überdies das Begreifen des Gastes zu Grunde, dass er mehr von dem einen bekommen kann, wenn er bereit ist, auf etwas anderes zu verzichten. Dadurch zahlt er lediglich den Preis für ein Budget- anstatt für ein Luxushotel, obwohl das Angebot seinem Anspruch an Luxus bzw. Design gerecht wird.

Die Zielgruppe von Ruby Hotels möchte ein noch stylischeres, ein noch schickeres Ambiente auf dem Zimmer in Verbindung mit noch mehr Komfort und einer noch hochwertigeren Ausstattung erfahren als in einem Budget-Design-Hotel. Lean Luxury als neues Nischensegment ist einem weiteren Schritt auf diesem vor noch nicht allzu langer Zeit erst eingeschlagenen Weg vergleichbar, den unsere Branche in Zukunft weiter gehen wird.

Wie reagieren Ihre Gäste auf Ihre schlanken Prozesse, so zum Beispiel die Tatsache, dass Reservierungen nur online, nicht telefonisch, vorgenommen werden können?
Für unsere Zielgruppe scheint dies keinerlei »Beeinträchtigung« darzustellen. Wir hören so gut wie nie, dass unseren Gästen – wie in diesem Beispiel – der telefonische Reservierungskanal fehlt. Gleichwohl ist, das gehört zum Wesen einer Innovation, fast immer eine Nach- oder Feinsteuerung innovativer Maßnahmen vorzunehmen. So haben wir anfänglich überhaupt keinen Telefonkontakt angeboten, haben dann aber festgestellt, dass für komplexe Transaktionen wie Änderungsbuchungen oder Stornos die Möglichkeit eines telefonischen Kontakts sinnvoll ist. Und wir haben auch festgestellt, dass das Telefon als Informationsquelle nicht ganz verzichtbar ist. So haben wir dies also nachträglich gemäß den Bedürfnissen unserer Zielgruppe justiert und stehen unseren Gästen nun für komplexere Belange oder im Falle von Erklärungsbedarf auch telefonisch zur Verfügung.

Im Übrigen ist der Gast bei uns aber nicht immer zu schlankeren Prozessen als in einem »herkömmlichen« Hotel gezwungen. Unsere Begrüßungsroutine lässt ihm beispielsweise von Anfang an die Wahl, ob er klassisch von unserem Empfangsmitarbeiter eingecheckt werden möchte oder ob er es vorzieht, einen Self-Check-In vorzunehmen. Treten Berührungsängste oder Schwierigkeiten auf, so wird der Gast selbstverständlich jederzeit an die Hand genommen.

Daraufhin erkennen auch Gäste, die anfangs vielleicht ein wenig skeptisch waren, wie effizient unser Angebot tatsächlich ist und nutzen es nun als Stammgäste ausnahmslos. Durch geringe Hemmschwellen, den bewussten Verzicht auf eine technische Aura sowie eine hohe Benutzerfreundlichkeit unserer Systeme und Prozesse holen wir den Gast eigentlich sehr gut ab.

Nimmt die Bedeutsamkeit der Humanressourcen im Zuge der Prozessverschlankung in Ihrem Unternehmen ab?
Ganz im Gegenteil: Die Bedeutsamkeit der Humanressourcen nimmt durch unsere Prozessverschlankung eher zu. Denn durch diese können wir uns auf das konzentrieren, was wesentlich ist, nämlich der Kontakt zu unserem Gast. Unser Empfang ist 24 Stunden täglich besetzt und der jeweilige Empfangsmitarbeiter muss sich nun eben nicht mehr um administrative Prozesse kümmern, sondern kann sich ganz und gar unseren Gästen zuwenden. Die Zuwendung zum Menschen, auch unternehmensintern, ist für uns entscheidend und wird in meinen Augen durch die Verschlankung unserer Prozesse erheblich verbessert.

Wie kann Ihrer Meinung nach auch ein bestehendes Hotel von der Entwicklung innovativer Prozessabläufe profitieren?
Nehmen wir einmal das Beispiel der Prozessautomatisierung: Indem ich Prozesse automatisiere, spare ich Geld, und ich spare wertvolle Mitarbeiterkapazitäten oder kann diese Mitarbeiterkapazitäten für etwas anderes nutzen. Dadurch wiederum kann ich einen Mehrwert für den Gast generieren und in der Folge vielleicht wiederum mehr Geld verdienen. Prozessinnovationen führen in meinen Augen also in jedem Falle zu einem Margenvorteil.

Natürlich sind derartige Innovationen bei bestehenden Organisationsstrukturen auch mit Herausforderungen verbunden – man muss Ängsten vor Veränderung und Verlust begegnen, bestehende Werte und Einstellungen müssen womöglich aufgebrochen werden und vor allem muss genügend Zeit eingeplant werden; von der Konzeption bis zur »Serienreife« dauerte es bei Ruby rund ein Jahr. Wir hatten jedoch den Luxus, eine Organisation für diese Systeme und Prozesse neu aufbauen zu können. Davon sollten sich Hoteliers jedoch nicht abschrecken lassen, sondern sich all dieser Faktoren bewusst werden, um mit ihnen umgehen zu können.

Wo setzt dabei die Entwicklung von innovativen Prozessen an?
Insbesondere im Bereich von Prozessen und Systemen sind wir sehr stark geneigt, uns im immer schon Dagewesenen zu bewegen. Um innovative Wege und Ansätze, wo man eigentlich etwas ändern könnte, zu finden, muss sich jedoch ein Perspektivenwechsel vollziehen. Dabei ist meiner Meinung nach der Transfer aus anderen Branchen zentral. Jeder Hotelier hat sicherlich schon einmal den Vergleich zur Airline Industrie gezogen; denn die Zeit ist reif, dem Gast auch in der Hospitality-Industrie das zu bieten, was ihm beispielsweise bei einer Airline geboten wird. Früher oder später wird es ganz normal sein, dass der Gast eben nicht mehr an der Rezeption oder, in unserem Fall, am Check-In-Kiosk stoppt, sondern er wird seinen Schlüssel bereits auf seinem Handy oder wo auch immer haben und direkt auf sein Zimmer gehen. Man sollte für die Entwicklung innovativer Prozesse aber nicht beim Blick in die Airline-Industrie aufhören. Technische Lösungen haben wir z.B. aus der Yacht-Branche. Wir haben uns gefragt, wie wir Luxus auf kleiner Fläche unterbringen können und wer dies vielleicht schon besonders gut macht, und diesem Anspruch werden eben Luxusyachten hervorragend gerecht. Es gilt also, mit wachem Blick durch die Welt zu gehen und zu erkennen, wo wir in der Hotellerie etwas von anderen lernen können. Und die Erfahrung zeigt, dass viele Ideen zu weiteren (Prozess-)Innovationen erst auf dem Weg zu dem Ziel, das man erreichen möchte, entstehen. Nicht immer muss und kann also alles vorab zur Gänze durchdekliniert und durchkalkuliert werden.

6.5.2 | Block Menü

<u>Interviewpartner:</u> Eugen Block, in Hamburg ansässiger Unternehmer, zu dessen Holding Block Gruppe 16 Unternehmen mit über 2200 Beschäftigten gehören

BLOCK MENÜ IN EIGENEN WORTEN

Die Block Menü produziert und liefert frische Lebensmittelkomponenten, die mit wenigen und praktischen Handgriffen angerichtet werden, an die feine À-la-carte Küche – dies ist die Mission von Block Menü. Wir sehen uns – in Küchendeutsch gesprochen – als Sous Chef. Die Idee hinter der Block Menü ist in erster Linie eine dauerhafte Gelingsicherheit sowie die Erweiterung des Angebotsspektrums eines Gastgebers bei gleichzeitiger Steigerung der Wirtschaftlichkeit. Unsere Produktpalette umfasst dabei aktuell 800 Artikel.

Was verstehen Sie unter einer Innovation?
Innovation bedeutet für mich, einen neuen Weg zu beschreiten und dabei die Lebensverhältnisse für unsere Mitmenschen zu erleichtern oder zu verbessern.

Worin sehen Sie den Anreiz zu innovativem Handeln?
Innovatives Handeln ist in meinen Augen nötig bzw. reizvoll, weil die Welt sich dreht und, damit einhergehend, unser Umfeld und unsere Umwelt sich fortlaufend verändern. Demzufolge haben die Menschen ständig neue Bedürfnisse, veränderte Bedürfnisse, denen wir mit innovativem Handeln gerecht werden müssen.

Welche Innovation, die Sie umgesetzt haben, hat sich als besonders effektvoll herausgestellt? In welcher Hinsicht?
Eine für die Block Menü wirklich wesentliche Innovation ist der sogenannte gekühlte Portionsbeutel. Hierbei handelt es sich um Lebensmittel, die in 98-prozentigem Vakuum in Einzelportionen verpackt sind und Menükomponenten

darstellen. Diese Menükomponenten kann der Gastronom in der Folge einsetzen, um seine Speisekarte zu erweitern oder die Arbeit an der Speisekarte zu entlasten.

Wir beliefern mit aktuell 156 Mitarbeitern 1 500 Kunden in Gastronomie und Hotellerie mit täglich 250 Sendungen. Unsere Produktionsfläche in Zarrentin beläuft sich heute auf 8 000 Quadratmeter, Erweiterungen sind aber bereits in Planung.

Wann und wieso entstand die Idee für Ihr Unternehmen Block Menü und wie wurde aus dieser Idee schließlich eine erfolgreiche Innovation?
Die Idee für die Block Menü entstand 1972 und steht im Zusammenhang mit Salatsaucen. Damals verhielt es sich nämlich wie folgt: Ich kam mehrere Male in die Küche unseres Steakhauses, das Restaurant war jedes Mal bis auf den letzten Platz besetzt und weitere Gäste standen in Erwartung eines Tisches in Schlangen bis vor die Tür. Die armen Köche waren nicht nur unterbesetzt, sondern auch am Ende ihrer Kapazitäten, und dann hatten sie vergessen, ausreichend Salatsaucen für diesen Ansturm an Gästen vorzubereiten. Ich sah, wie einer der Köche einen halbvollen Eimer Dressing unter dem Wasserhahn einfach mit Wasser auffüllte. Anstatt einer gleichbleibend guten Qualität der Salatsauce erhielten unsere Gäste also an jenen Tagen eine dünne Plörre. Da sagte ich mir, dass dies nicht mehr angehen könne, und so entstand schließlich die Block Menü. Wir begannen, diese Salatsaucen, später auch Suppen, in größeren Mengen herzustellen, um eine gleichbleibend gute Schmackhaftigkeit zu garantieren und eine Arbeitserleichterung für die Köche zu schaffen.

Welche konkreten Vorteile gehen für den Gastgeber mit der Verschlankung der eigenen Küchenprozesse und der Inanspruchnahme Ihrer Leistung einher?
Schwerpunktmäßig ergeben sich für den Gastgeber fünf Vorteile:
1. Unser Kunde erzeugt mit unseren Menükomponenten Tag für Tag eine gleichmäßige Schmackhaftigkeit seiner Speisen auf hohem Niveau. Unsere ausgefeilten Rezepturen, die wir in demokratischer Form entwickelt haben, ermöglichen dies.
2. Im Falle von häufig bestellten Suppen, Saucen oder Gemüse braucht der Küchenchef nicht mehr die ganze Küchenmannschaft zu mobilisieren, sondern kann dies in entsprechend großen Mengen von uns beziehen und spart dadurch Küchenpersonal. Gehen Gerichte nur zwei oder drei Mal am Tag oder handelt es sich um sehr aufwändige Speisen, so profitiert unser Kunde ebenfalls von unseren Menükomponenten: Er kann diese Gerichte nämlich anbieten, obwohl er sie vielleicht à-la-minute selbst nicht so schnell herstellen könnte und eliminiert dabei gleichzeitig die Gefahr einer hohen Überproduktion.
3. Häufig wird nicht zur Gänze rezepttreu gearbeitet und es entsteht ein unnötig hoher Warenaufwand. Durch unsere kontrollierten Portionsgrößen spart unser Kunde daher beim Wareneinsatz.
4. Durch uns gewinnt der Küchenchef Zeit. Beispielsweise für eine innovative Menüplanung, für strategische Belange, für Dinge also, die für den langfristigen Fortbestand eines Unternehmens von großer Bedeutung sind.
5. Und schließlich steigen Hygiene, Sauberkeit sowie bakteriologische Sicherheit in der Küche ab dem Zeitpunkt der Inanspruchnahmen unseres Angebots.

Wie gelingt es Ihnen, stets am Puls der Zeit zu bleiben und wichtige Ernährungstrends in der Gestaltung Ihres Angebots zu berücksichtigen?
Zum einen versuchen wir alle bei Block Menü durch Marktbeobachtungen sowie durch unser Marktgespür, was wir in den vielen Jahrzehnten entwickeln konnten, Ernährungstrends frühzeitig zu erahnen. Dies allein reicht aber natürlich nicht. Und so testen wir innerhalb der gesamten Block Gruppe neue Gerichte oder Linien, um herauszufinden, ob der Gast diese annimmt und in der Zukunft wünscht. Durch diese Methode können wir stets sehr schön sehen, in welche Richtung die Gästewünsche künftig laufen und entwickeln auf dieser Grundlage entsprechend angepasste oder ganz neue Rezepturen, welche wir schließlich in unser Sortiment aufnehmen.

Hieraus geht hervor, dass Sie bei Block Menü neue kulinarische Linien oder Produkte also systematisch vor deren Einführung am Markt testen. Auf welche Weise geschieht dies?
Generell wird alles, was zum Standardgericht oder -artikel unserer Produktpalette wird, zuvor getestet. Testgerichte können hervorragend in allen Restaurants der Block Gruppe in einem ganz »natürlichen« und realistischen Umfeld getestet werden. Dies ist auch ein gutes Beispiel, wie innerhalb der Block Gruppe Synergieeffekte entstehen können, von denen – in diesem Fall – die Block Menü beim Hervorbringen von Neuerungen bzw. Innovationen in großem Maße profitiert.

Was sollten Gastgeber Ihrer Meinung nach beim Einschlagen innovativer Wege in puncto betriebliche Prozesse beachten?
Generell wird meines Erachtens das Thema Convenience in Zukunft immer weiter an Bedeutung gewinnen. Wie entsteht nun aber Convenience? Durch Arbeitsteilung und Spezialisierung. Je stärker sich ein Hotelier oder Gastronom auf etwas spezialisiert, desto besser wird er genau dies in der Folge auch können. Und an dieser Überlegung sollte auch die Gestaltung der innerbetrieblichen Prozesse anknüpfen. Vielleicht muss der Gastgeber nicht jeden Prozessschritt in seiner Wertschöpfungskette selbst erbringen, sondern kann dabei auf das Know-how, die Erfahrung und die Stärken eines geeigneten Partners zurückgreifen.

Allgemein erfahre ich aber nicht selten noch immer eine mangelnde Lernbereitschaft in Hotellerie und Gastronomie. Das typische »Sowieso-Denken« herrscht in vielen Betrieben noch vor: »...so muss ich es aber sowieso machen...« – »...ich habe diesen und jenen Effekt sowieso...«. Diese Trägheit sollten Gastgeber jedoch endgültig ablegen und stattdessen beginnen zu reflektieren und damit einhergehend ihre eigenen Prozesse aktiv und vor allem auch selbstkritisch hinterfragen. Dies bildet den Nährboden für innovative Ansätze, die zum langfristigen Erfolg führen.

6.6 | People

6.6.1 | Upstalsboom

<u>Interviewpartner:</u> Bodo Janssen, Geschäftsführer

UPSTALSBOOM IN EIGENEN WORTEN
Upstalsboom ist im Bereich von Hotellerie und Ferienwohnungen Marktführer an der Nord- und Ostseeküste. Originär war das Unternehmen dem Bauträgergeschäft zugewandt, seit dem Jahr 2000 allerdings widmet sich Upstalsboom ausschließlich der Bewirtschaftung von Hotels und Ferienwohnungen.

Was verstehen Sie unter einer Innovation?
Unter einer Innovation verstehe ich eine Weiterentwicklung oder Veränderung, die dem Fortbestand eines Unternehmens nicht nur dient, sondern dazu zwingend erforderlich ist. Innovationen bedarf es, um den sich ändernden Verhältnissen am Markt gerecht zu werden oder, besser noch, ihnen ein Stück weit voraus zu sein, um gegenüber dem Wettbewerb einen Vorteil zu erlangen. Dabei mache ich den Begriff Innovation völlig unabhängig davon, ob es sich um logistische oder prozessuale Weiterentwicklungen und Veränderungen handelt, ob sie den Umgang mit Menschen betreffen oder aber Produkte und Angebote.

Worin sehen Sie den Anreiz zu innovativem Handeln?
Der Anreiz zu innovativem Handeln geht mit dem Streben danach einher, dem Unternehmensumfeld mithilfe von Innovationen einen Schritt voraus zu sein. Innovativ sollte man dabei unbedingt werden, bevor die Notwendigkeit dazu besteht. Denn besteht erst einmal eine Not, kann es für ein innovatives Handeln womöglich schon zu spät sein. In Notsituationen steht man unter Druck und dieser Druck kann dazu führen, dass es einem sehr schwer fällt, – quasi auf Knopfdruck – kreativ und innovativ zu werden. Innovatives Handeln muss also der Notwendigkeit zu innovieren vorausgehen, damit diese Notwendigkeit gar nicht erst entsteht.

Welche Innovation, die Sie in den letzten Jahren umgesetzt haben, hat sich als besonders effektvoll herausgestellt? In welcher Hinsicht?
Unser Weg bei Upstalsboom hin zu einem sinnorientierten und wertschätzenden Führen, durch welches jeder Mitarbeiter seine Potenziale entfalten kann anstatt lediglich Dienst nach Vorschrift zu leisten, weist ungeheure Effekte auf. So hat beispielsweise die Zahl der Krankheitstage drastisch abgenommen, wir konnten erhebliche Umsatzanstiege verbuchen oder auch die Qualität unserer Ausbildung steigern. Indem unsere Mitarbeiter das Gefühl haben, etwas Sinnvolles bei uns und mit uns zu tun, steigert sich ihre Leistungsfähigkeit um 300 Prozent. Dies ist neurobiologisch nachgewiesen. Eine sinnorientierte Führung basiert auf einem Loslassen der originären betriebswirtschaftlichen Ziele. Wirtschaftliche Aspekte sind also nicht der Sinn unseres Handelns, sondern lediglich die Basis unserer Existenz. Vielmehr legen wir den Fokus auf unser Engagement im Bereich Corporate Social Responsibility (CSR).

Unsere CSR-Aktivitäten umfassen neben dem Bau von Schulen in Afrika oder der Möglichkeit unserer Mitarbeiter, sich drei Tage im Jahr frei zu nehmen, um sich sozial zu engagieren, viele weitere. Was allen Aktionen gemein ist: sie ermöglichen unseren Mitarbeitern, Erfahrungen zu machen, Dinge selbst zu erleben, und derartige persönliche Erfahrungen führen sehr oft zu Paradigmenwechseln und einem Umdenken beim Menschen.

Unseren Auszubildenden bieten wir diese Chance, wichtige Erfahrungen zu machen und aus der Erfahrung heraus zu lernen, indem ich mit ihnen den Kilimandscharo besteige. Hier lernen die jungen Menschen, ihren »inneren Schweinehund« zu überwinden und sich Herausforderungen zu stellen. Sie erfahren dabei, wie es ist, selbst Verantwortung zu übernehmen. Bereits in der Vorbereitungsphase durchleben viele eine Veränderung ihrer bisherigen Haltung und Denkweisen, die sie privat, aber natürlich auch beruflich prägen.

Verbunden mit unserem sinnorientierten Führungsstil und allen damit verbundenen Aktivitäten ist eine öffentliche Aufmerksamkeit, die wir nicht durch bewusste Marketingaktionen generieren, sondern die aus dem Engagement unseres Unternehmens heraus entsteht. Man spricht hierbei vom sogenannten intrinsischen Marketing. Auch dies stellt für uns eine wichtige Innovation dar. Wir konnten in den vergangenen drei Jahren unsere Bekanntheit in den DACH-Staaten verzehnfachen.

Welche Rolle spielt in Ihrem Unternehmen das sogenannte Empowerment und in welcher Form wird es sichtbar?

Das Thema des Empowerment ist bei Upstalsboom unter dem Begriff »Verantwortung – Entscheide Du und steh dazu« fest verankert. Freiräume, in denen Entscheidungen eigenmächtig getroffen und Projekte ganz eigenständig bearbeitet werden dürfen, erhält bei uns jeder – vom studentischen Mitarbeiter bis hin zum Hoteldirektor. Benötigt ein Mitarbeiter jedoch Unterstützung, so erhält er diese im selben Maße. Als eine ehemalige Studierende, die bei Upstalsboom ihre Bachelorarbeit schrieb, nach ihrem Studienabschluss unser Hotel auf Borkum (wieder-) eröffnete, das sie übrigens heute noch immer führt, konnte sie sich selbstständig ein Team zusammenstellen und ganz eigenständig mit diesem arbeiten. Schließlich eröffnete und führte sie das Hotel dergestalt, dass es das erfolgreichste Jahr in seiner über 30-jährigen Geschichte erlebte.

Ein weiteres Beispiel für das Thema Empowerment ist die gemeinsame Erarbeitung eines neuen Leitbilds für unser Unternehmen mit allen Mitarbeitern. Diese ließen mich nämlich wissen, dass sie sich mit dem bestehenden, von mir erarbeiteten, Leitbild von Upstalsboom nicht identifizieren konnten. In der

Folge sollten knapp hundert Mitarbeiter ihr persönliches Leitbild erarbeiten, welches spiegelt, was ihnen im Leben wichtig ist, wo ihre Talente liegen und was sie später erreichen möchten. Daraus resultierten Werte, die mit denen des bestehenden Leitbilds wenig gemein hatten. Und so haben wir all diese Werte zusammengestellt und auf deren Basis das Unternehmensleitbild in einem Zeitraum von rund eineinhalb Jahren gemeinsam neu erarbeitet. Indem wir unsere Mitarbeiten mitgestalten ließen, ist das Leitbild Teil ihrer selbst geworden, für welches sie sich tagtäglich einsetzen anstatt es womöglich hin und wieder einmal auswendig wiederzugeben.

»Wertschöpfung durch Wertschätzung« – diese Philosophie verfolgen Sie in Ihrem Unternehmen noch nicht immer. Wie lange dauerte dieser Kulturwandel?
Der »Weckruf« für den Paradigmenwechsel von der reinen Ressourcenausnutzung hin zu einer wertschätzenden Führung kam im Jahr 2010. Nachdem ich mich unmittelbar auf diesen Impuls hin ins Kloster begeben habe, um über mich selbst und das Thema Führung zu meditieren, habe ich im Anschluss mit meinen Führungskräften Curricula zum Kulturwandel erarbeitet. Die Wirkung ließ jedoch mehr als eineinhalb Jahre auf sich warten. Eineinhalb Jahre war also nichts von all dem zu spüren, was wir erarbeitet und in Form von Schulungen etc. bis dato umgesetzt hatten. Erst nach zwei Jahren permanenten Inputs und als wir das integrierte Unternehmensleitbild neu erarbeitet haben, ist der ganze Upstalsboomweg tatsächlich in Bewegung gekommen. Ab diesem Zeitpunkt jedoch entfaltete sich die Wirkung exponentiell.

Welchen Herausforderungen sahen Sie sich bei Ihrem Paradigmenwechsel von der reinen Ressourcenausnutzung hin zu individueller Potenzialentfaltung gegenüber? Wie meisterten Sie sie?
Die erste und größte Herausforderung, der ich mich gegenübersah, war, die Situation, in der ich mich befand, wahrzuhaben und mich dieser Situation schließlich zu stellen. Und zwar geht es um die Situation, dass unsere Mitarbeiter uns deutlich machten, dass sie mit ihren Führungskräften nicht zufrieden seien. In Schulnoten ausgedrückt lag ihre Zufriedenheit zwischen vier und fünf. Die Situation nicht schönzureden und diese Fakten nicht unter den Teppich zu kehren, war die bitterste Pille für mich. Und schluckt man diese Pille nicht, stellt man sich dieser Herausforderung also nicht, dann scheitert meiner Meinung nach der gesamte Prozess. Also schluckte ich sie und sagte mir, dass ich diese Situation ändern wolle.

Die nächste Herausforderung war, dass es auf den aus dieser Situation entwachsenen Einsatz, meinen persönlichen wie auch den Einsatz meiner Führungskräfte, zunächst keinerlei Resonanz gab. Zwei Jahre lang geschah nichts, zwei Jahre lang arbeiteten wir ohne Echo. Dabei nicht die Orientierung und die Lust zu verlieren und stattdessen ins Zweifeln zu kommen, stellte für uns eine sehr große Herausforderung dar. Da aber jeder während unseres Klosteraufenthalts sein persönliches Leitbild erarbeitet hatte, welches die Richtung weist, in die man möchte, kamen wir nicht vom Weg ab.

Durch unseren kulturellen Wandel schufen wir eine Kultur des Vertrauens. Doch nicht alle Führungskräfte konnten mit dieser Vertrauenskultur und den darin enthaltenen gewonnenen Freiheiten schließlich umgehen. Dies führte zum Teil zu Negativentwicklungen in einzelnen Häusern, weshalb wir uns sogar von zwei Führungskräften trennten, um diesen Entwicklungen entgegenzuwirken. Und als weitere Herausforderung kam hinzu, dass die Anwendung unseres bisherigen, sehr standardisierten und strukturierten Managementsystems zum Erliegen kam, weil es zu unserer neu geschaffenen Kultur nicht mehr passte. So erarbeiteten wir ein völlig neues Managementsystem, welches den kulturellen Ansprüchen gerecht zu werden vermag.

Steht das Rad des innovativen Personalmanagements in Ihrem Unternehmen jemals still?
Wenn es um die (Weiter-) Entwicklung der Persönlichkeit unserer Mitarbeiter geht, gibt es bei Upstalsboom keine Restriktionen. So innovieren wir kontinuierlich und orientieren uns dabei am Vorbild der Natur. Diese investiert für ihren Fortbestand stets in sehr hohem Maße, man denke beispielsweise an Blüten und Pollen. Wir versuchen, es ihr gleichzutun und möchten mithilfe von hohen Investitionen die individuellen Potenziale unserer Mitarbeiter voll entfalten. Hierzu haben wir ein offenes Weiterbildungsbudget. Jeder Mitarbeiter kann sämtliche Weiterbildungsmöglichkeiten nutzen, die für ihn persönlich erfolgversprechend scheinen. Wir geben heute rund siebenmal mehr für Schulungen und Weiterbildungsmaßnahmen aus als vor dem Kulturwandel bei Upstalsboom. Doch hieraus ergeben sich wiederum ganz neue Möglichkeiten und weitere Innovationen. So sind wir beispielsweise mittlerweile weltweit bei anderen Unternehmen gefragt, um Vorträge, Workshops etc. abzuhalten, in denen ihnen der Upstalsboomweg nähergebracht wird. Und diese Vorträge und Workshops halten unsere Mitarbeiter. Sämtliche daraus resultierende Erträge dienen in Zukunft wiederum als Weiterbildungsbudget. So rechnen wir damit, die Weiterbildungskosten künftig völlig frei von den originären Hotelkosten decken zu können. Dies stellt wiederum eine effektvolle Innovation dar.

Was sind in Ihren Augen Erfolgsfaktoren beim Einschlagen eines innovativen Personalmanagements?
Der erste und zentrale Schritt ist, sich seiner selbst bewusst zu werden und dabei zu definieren, was einem Freude macht und wo man künftig stehen möchte. Passt dies mit dem zusammen, was man gerade tut? Diskrepanzen müssen in der Folge aufgedeckt und Wege für eine Zusammenführung aufgetan werden.

In der Folge muss sich der Fokus auf die Mitarbeiter richten. Diese müssen miteinbezogen werden und sollen die Möglichkeit zu persönlichem Wachstum, vor allem durch Erfahrungen, und zur Mitgestaltung erhalten. Der Grad der Beteiligung meiner Mitarbeiter an Veränderungsprozessen entscheidet letztlich über die Umsetzungsgeschwindigkeit. Im engen Zusammenhang mit der Mitgestaltung steht die Vermittlung eines Sinns, der dem persönlichen Handeln innewohnt. Daraus wiederum resultiert Verbundenheit im Team und eine hohe Motivation, gemeinsame Ziele bestmöglich zu erreichen.

Zusammengefasst sind in meinen Augen also die Aspekte Mitgestaltung, Verbundenheit, persönliches Wachstum sowie das Wissen um die eigenen Talente und Freuden in Verbindung mit einer Sinnorientierung zentral für den Erfolg. So ist beispielsweise einer unserer Köche, der sehr mäßig kochte, jedoch extrem gute Warenkalkulationen vornahm, durch die Anwendung all dieser Faktoren zum Chef-Controller unseres Unternehmens geworden.

6.7 | Physical Environment

6.7.1 | Fortune Hotels

<u>Interviewpartner:</u> Kai Hollmann, Geschäftsführer

FORTUNE HOTELS IN EIGENEN WORTEN

Der Name Fortune Hotels ist eigentlich ein Überbegriff für verschiedene Hotelwelten, die wir in den letzten Jahren geschaffen haben. Insgesamt firmieren momentan fünf Häuser unter dem Label Fortune Hotels:
- das Gastwerk – ein Loft Industry Design Hotel, welches in Deutschland als zweites Hotel Member of Design Hotels wurde
- das 25hours Number One – ursprünglich ein Pilotprojekt, mit dem wir im Jahr 2003 herausfinden wollten, ob man Design auch für kleinere Preisebenen schaffen kann; heute zählt 25hours bereits sieben Häuser und wächst in naher Zukunft noch weiter
- das George – ein Boutique-Hotel-Konzept, welches die bunte und lebendige Welt des Stadtteils St. Georg mit der ebenfalls sehr facettenreichen, bunten Welt Londons zusammenführt
- die Superbuden – die Welt der Superbude entstand aus der Budgetidee heraus und setzt das Einstern-Produkt Jugendherberge bzw. Hostel neu in Szene

Was verstehen Sie unter einer Innovation?
Grundsätzlich ist eine Innovation für mich etwas wirklich Neues. In der Hotellerie kann Innovation aber in meinen Augen auch bedeuten, sich mit dem Alten, dem Ursprünglichen unserer Branche zu beschäftigen und dies anschließend ins Heute zu transportieren. Jede Innovation sollte sich dabei an ihrer wirtschaftlichen Machbarkeit sowie an den Bedürfnissen und Wünschen der anvisierten Zielgruppe orientieren.

Ich persönlich sehe Innovationen vor allem in der Technik. Diese betreffen dabei aber nicht nur unsere Gäste, sondern auch unsere Mitarbeiter: hier sind Themen wie moderne Zeiterfassungssysteme oder eine innovative interne Kommunikation von großer Bedeutung für uns.

Worin sehen Sie den Anreiz zu innovativem Handeln?
Innovation ist bei uns, wenn man es genau nimmt, eigentlich zweitrangig. Im Vordergrund steht nämlich das ursprüngliche Produkt »Hotel« und der damit verbundene Dienstleistungsgedanke. Um dieser Anforderung, die ich selbst an jedes meiner Produkte stelle, in der heutigen Zeit bestmöglich gerecht zu werden, innovieren wir. Von bedeutendem Wert sind Innovationen bei uns vor allem deshalb, weil sie Arbeitserleichterung hinter den Kulissen schaffen.

Welche Innovation, die Sie in den letzten Jahren umgesetzt haben, hat sich als besonders effektvoll herausgestellt? In welcher Hinsicht?
Hier lässt sich zum Beispiel das Konzept unserer Superbuden anführen. Die Superbuden interpretieren das Thema »Jugendherberge« neu, indem der Gast trotz Übernachtungspreisen ab € 16,- im sogenannten Backpackerbett weder auf eine ansprechende materielle Umgebung und einladende Atmosphäre noch auf guten Service verzichten muss. Hier übernachtet er nicht nur, sondern wird in eine gewissermaßen verrückte Welt entführt. Vom ersten Moment an geborgen fühlt er sich in dieser unter anderem deshalb, weil unsere Mitarbeiter ihn duzen – natürlich ohne dabei respektlos aufzutreten. So spricht das Produkt Superbude keineswegs nur junge Menschen oder Rucksacktouristen, sondern auch Geschäftsreisende oder ältere Menschen an.

Als eine weitere wirkungsvolle Innovation hat sich unser einstiges Pilotprojekt 25hours herausgestellt. Wie bei den Superbuden erwirbt der Gast nicht lediglich eine Hotelübernachtung, sondern er taucht bei Betreten des Hotels in eine Erlebniswelt ein. Dabei war es schon immer ein besonderes Anliegen von 25hours, auch die Nachbarschaft ins Hotel zu holen, damit sich Hotelgäste und

Menschen aus der Stadt in unserer Lobby, in unserer Bar usw. vermengen und so ein authentisches Erleben der Atmosphäre des Umfelds geschaffen wird. Die Empfangshalle spielt dabei eine ganz zentrale Rolle. Sie ist groß und einladend gestaltet und bietet einen hohen Unterhaltungs- und Erlebniswert: von der Bakery über Tischfußball, Tischtennis, der Möglichkeit, Schallplatten aufzulegen oder Fahrräder zu entleihen bis hin zu Hängematten und Fotoautomaten. So herrscht in der Lobby eine große Lebendigkeit, die aber keineswegs künstlich ist.

Die extrem starke Belegung unserer Gastronomie oder auch die durchschnittliche Hotelauslastung, die bei keinem unserer Häuser unter 80 Prozent liegt, sprechen für den Erfolg unseres Tuns. Hier möchte ich fast vom größten Erfolgsfaktor sprechen, den 25hours erreicht hat. 25hours setzt aber nicht auf die Vervielfältigung eines erfolgreichen Konzepts, sondern das Motto des Unternehmens lautet: »Kennst Du eins, kennst Du keins«. Auch das würde ich eigentlich als Innovation in unserer sonst vielfach durch Standards und Wiedererkennungswert geprägten Branche bezeichnen.

Welche Rolle spielt der Standort Ihrer Hotels in Ihren Hotelkonzepten und in welcher Form beziehen Sie diesen mit ein?
Der Standort ist für unsere Konzepte ganz entscheidend. Zum einen soll der Gast auf authentische Weise das erleben, was einen Standort ausmacht, und zum anderen wollen wir Gegenden auch aktiv entwickeln. Dabei wagen wir uns eben auch an schwierige Standorte heran, wie zum Beispiel das Hauptbahnhofviertel mit Drogenszene oder wenig entwickelte Viertel, in denen außer unserem Hotel anfangs nicht viel zu finden ist, die sich dann aber zu bedeutenden Stadtteilen aufschwingen. So eröffneten wir beispielsweise 2011 mit dem 25hours HafenCity das erste Hotel in der HafenCity und in fünf oder sechs Jahren wird dies einfach der innovativste Stadtteil Hamburgs sein. Auch Immobilieninvestoren sind derart innovativen Projekten gegenüber heutzutage viel aufgeschlossener als noch vor einigen Jahren.

Die Häuser der Fortune Hotels befinden sich zwar allesamt in Hamburg, doch ist jeder Standort innerhalb dieser Stadt natürlich anders. Im 25hours wird der Standort beispielsweise bereits in der Lobby sehr stark miteinbezogen, damit der Gast sofort spürt, wo er eigentlich ist. Im Kiosk kann er ausgefallene Dinge kaufen, die für den Standort typisch sind, die er aber in der Fußgängerzone, die in Hamburg identisch wie in München oder Berlin ist – inklusive der Schaufensterdekorationen der einzelnen Läden – nicht erstehen kann. Unser Kiosk wird extrem stark wahr- und angenommen und so verdienen wir trotz des hohen Personalaufwands, den wir für den Kiosk haben, auch wirklich Geld damit.

Wie gelingt es Ihnen, dass bereits Ausstattung und Atmosphäre von der Leistung des jeweiligen Konzepts erzählen?
Hier stellen wir uns zunächst immer die Frage, welcher Designer für ein neues Konzept in Frage kommen könnte. Finden wir den geeigneten, so setzen wir uns in der Folge intensiv mit dem Projekt auseinander, indem wir beispielsweise Interviews mit Nachbarn und der Lokalbevölkerung führen, um herauszufinden, wo die Story, die unsere Ausstattung und Atmosphäre erzählen wird, hingehen soll. Wir denken uns gemeinsam mit den Designern dann in die Welt hinein, die wir für unsere Gäste erschaffen wollen. Das reicht in Bezug auf die physische Umgebung von den Materialen, die der Gast im ganzen Haus anfassen kann, über Bodenbeläge bis hin zum Klang, den eine ins Schloss fallende Tür erzeugt. Auf dieser anfänglichen intensiven Auseinandersetzung mit dem künftigen Erlebnis basiert dann die restliche Leistung des Konzepts.

Welchen Einfluss nimmt in Ihren Augen ein innovatives physisches Umfeld auf das Gasterlebnis?
Ich glaube, dass in der Hotellerie die Wirkung des physischen Umfelds häufig noch stark unterschätzt wird. Das physische Umfeld ist aber durchaus entscheidend für das Gesamterlebnis des Gastes. Und beginnt bei »einfachen« Dingen wie den Lichtschaltern oder Steckdosen auf den Zimmern und reicht bis zu den Fahrstühlen, welche bereits Erlebnisse schaffen können. Diese Dinge nimmt der Gast auch ganz bewusst wahr und weiß sie anschließend zu schätzen. So gehen wir mittlerweile beispielsweise von dem anfangs innovativen System, das Hotelzimmer nur mit Schlüsselkarte beleuchten zu können, um Energie zu sparen, wenn der Gast sich nicht im Zimmer aufhält, schon wieder weg und denken stattdessen über einen Hauptschalter nach, der denselben Zweck erfüllt. Insbesondere bei Doppelbelegung eines Zimmers könnten wir unseren Gästen einige Umständlichkeit ersparen, indem sie ihre Karte behalten und das Zimmer trotzdem beleuchten können.

Wenn wir aber nochmal an den Klang der Türen, wenn sie ins Schloss fallen, denken, gibt es aber auch Detailgeschichten, bei denen wir uns sehr viel Mühe geben, bei denen ich mich aber auch immer wieder mal frage (lacht): wird das denn eigentlich wirklich wahrgenommen?

Wie finden Sie heraus, was Ihren Gästen tatsächlich gefällt?
Hierzu werden sie in unseren Häusern zuweilen direkt befragt. In Gästebefragungen sollten sie uns gezielt mitteilen, wie sie bestimmte Dinge im Hotel finden bzw. wie sie unsere Hotels sehen. Mittels iFeedback können uns die Gäste zudem in Echtzeit übermitteln, was ihnen auffällt, gefällt oder vielleicht nicht so gut gefällt. Auch unsere Mitarbeiter, die ja tagtäglich in Gästekontakt stehen, sowie die Hoteldirektoren befragen wir zu unseren Häusern und wollen ihre Wahrnehmung erfahren. Wir versuchen also, unser Angebot aus verschiedenen Perspektiven zu betrachten und in der Folge so zu gestalten, dass es dem Gast gefällt. Und nicht zuletzt sitze ich häufig mal in den Hotel Lobbies herum und merke bei meinen Beobachtungen der Gäste sehr schnell, ob sie an etwas Gefallen finden.

Hinsichtlich neuer Konzeptideen sprechen wir in deren Entwicklungsphase immer auch Menschen an, die wir für unsere Zielgruppe halten, und bitten sie um ihr Feedback zu den Dingen, die wir vorhaben.

In Ihre Innovationstätigkeit beziehen Sie immer auch externe Partner mit ein. Nach welchen Kriterien wählen Sie Ihre jeweiligen Partner aus?
Wir betreiben stets einen großen Aufwand, um gezielt Marken oder Partner aus der Industrie und den anderen »Wirtschaftswelten« zu finden, die zum jeweiligen Konzept passen könnten. 25hours allgemein kooperiert zum Beispiel eng mit Mini, in Frankfurt haben wir gemeinsam mit Levi's das dortige 25hours Hotel gestaltet. Für die Kioske, die ich oben bereits erwähnte und die in jedem 25hours zu finden sind, holen wir immer regionale Partner mit ins Boot, weil uns eben wichtig ist, dass mit deren Angebot jeweils der Ort widergespiegelt wird, an dem man sich befindet. Und mit regionalen Partnern diskutieren wir auch bei der Konzipierung neuer Projekte intensiv, was das Umfeld eines Standorts prägt oder was die Menschen sich an einem bestimmten Standort von einem Haus vielleicht erwarten. Das alles können wir nicht nur mit unserem eigenen Gehirnschmalz leisten.

Oft kann man schon fast von einer schrägen Truppe sprechen, wenn man z. B. das aktuelle Projekt Pier 3 in der HafenCity nimmt, bei welchem die Fortune Hotels gemeinsam mit dem Miniatur Wunderland Hamburg und dem Schmidt's Tivoli Reeperbahn-Theater ein familienorientiertes Entertainmenthotel entwickeln. Doch nur so können wir in der Hotellerie wieder ganz neue Welten erschließen.

Wo finden Sie Inspiration für neue Ideen und Konzepte, woher kommt Ihre Lust an Neuem?
Der Reiz, ein Hotel, welches ich entwickelt und realisiert habe und welches anschließend auch recht erfolgreich ist, zu vervielfältigen, ist bei mir komischerweise eigentlich nie dagewesen. Hier bin ich irgendwie ein unruhiger Mensch. Dies treibt mich jedenfalls zu immer Neuem an. Zudem bin ich natürlich auch häufig unterwegs und schaue mir dabei neue Dinge – auch außerhalb der Hotellerie – an, so z. B. architektonische Besonderheiten. Hierzu lese ich auch sehr viel in internationalen Architekturzeitschriften und Einrichtungszeitungen. Was ich besonders spannend finde, reiße ich heraus und lege es in einem meiner zahlreichen Ordner ab. Wenn ich ein neues Projekt habe, blättere ich diese durch und sehe, was von dem Gesammelten mich aktuell inspiriert.

6.7.2 | Hotel Jungbrunn

Interviewpartnerin: Ulrika Gutheinz, Eigentümerin

DAS HOTEL JUNGBRUNN IN EIGENEN WORTEN

Wir sehen unser Hotel wie ein großes Privathaus. Mit 81 Zimmern, Apartments und Suiten macht es mit dem persönlichen Charme und Service eines familiengeführten Domizils unterschiedlichste Urlaubswünsche wahr. Die zwölf verschiedenen Zimmer- und Preiskategorien in unserem Haus müssen dabei in einem abwechslungsreichen Mix wie eine gute Party arrangiert werden. So entstand das erste alpine Lifestyle Hotel der Welt. Außerhalb seines Zimmers erwarten den Gast in unserem Hotel rund 7.000 Quadratmeter SPA-Fläche, Kochkunst zwischen regionalen Spezialitäten und experimenteller Gourmetküche in drei Restaurants und ein großes Angebot an Freizeitaktivitäten.

Was verstehen Sie unter einer Innovation?
Unter Innovation verstehen wir in unserem Betrieb die stetige Weiterentwicklung der vorhandenen Stärken mit unendlich vielen neuen Facetten. Für neue Produkte und Ideen sind wir daher immer sehr offen.

Worin sehen Sie den Anreiz zu innovativem Handeln?
Da wir in unserem Haus einen sehr hohen Anteil an Stammgästen verzeichnen, ist es sehr wichtig, diesen immer wieder etwas Neues zu bieten. Auch ist es schön, immer wieder neue Impulse und Trends zu setzen, und sich dabei als Gesamtkonzept selbst neu zu definieren. Diese Verwandlung geht allerdings nicht von heute auf morgen, die Begleitung dieses Prozesses ist eine »Lebensaufgabe«; auch wenn es viel Herzblut, Schweiß und Tränen kostet. Daraus resultiert aber, sich zu unterscheiden, seine Einzigartigkeit herauszuarbeiten und sich als Solitär zu positionieren.

Welche Innovation, die Sie in den letzten Jahren umgesetzt haben, hat sich als besonders effektvoll herausgestellt? In welcher Hinsicht?
Das Jungbrunn ist das erste alpine Lifestyle Hotel der Welt. Der alpine Lifestyle bildet dabei den Spannungsbogen zwischen Tradition und Trend gepaart mit Regionalität und Nachhaltigkeit. So vereint das Ambiente und Design in unserem Haus Tiroler Ursprünglichkeit, alpine Lebensart und legeren Luxus. Traditionelle Materialien, geschmackvoll platziert in Zimmern und Lebensräumen, befinden sich im Wechselspiel mit moderner Hintergrundtechnik und zeitgenössischem Design. Wir verstehen unser Haus als Gesamtkunstwerk, das zur täglichen Inspiration anregen und zu einer Entdeckungsreise für den Gast werden soll.

Insbesondere die Errichtung des Jungbrunn SPA Wellness(t) hat dieser Gesamtkonzeption des Hotel Jungbrunn einen enormen Schub gegeben. Anwendungskabinen, die wie Tortenstücke um die sichtbar gemachte Jungbrunn Quelle, die dem Hotel zu seinem Namen verhalf, angeordnet sind, eine großzügige Warte-Relax-Lounge sowie eine Ruheoase mit Panoramablick und Liegewiese erweiterten den bereits weitläufigen SPA-Bereich um ein Vielfaches.

Der wirtschaftliche Erfolg trat unverzüglich ein, da durch das vergrößerte Angebot an Räumlichkeiten und der Einstellung von weiteren Mitarbeitern mehr Anwendungen durchgeführt werden konnten.

Wie reifte die Idee des »ersten alpinen Lifestyle-Hotels der Welt« heran?
Im Jahr 1975 eröffneten Elisabeth und Raimund Gutheinz das Hotel Jungbrunn. Nach der Übernahme durch die 2. Generation – meinen Mann und mich – reifte der Entschluss heran, ein Hotel zu betreiben, das so ausgestattet sein sollte, wie wir es gerne hätten, wären wir hier zu Gast. Als Pionier der Wellness-Hotellerie in Österreich haben wir erkannt, dass Innovation und Weiterentwicklung notwendig sein werden, da das Thema Wellness in der Top-Hotellerie zum Basis-Angebot werden würde. Nach vielen Überlegungen und der Unterstützung der Agentur Neue Formen, Kassel, entstand die Vision des alpinen Lifestyle-Hotels – der

Spannungsbogen zwischen Tradition und Trend. Das Alte bewahren und dabei offen sein für Neues. Dazu wurden typische regionale Materialen modern interpretiert, alte Handwerkskunst zu neuem Leben erweckt und im Sinne des Upcycling nachhaltig agiert.

Welchen Einfluss nimmt ein innovatives materielles Umfeld Ihrer Meinung nach auf das Gesamterlebnis des Gastes?

Einen sehr großen, denn nur durch die ständige Erneuerung bekommt der Gast ein immer wieder neues Gesamterlebnis. Bewusst und unbewusst beeinflusst es auch die Stimmung des Gastes. Aus unserer Sicht gibt es nichts Schlimmeres als viele verschiedene Stilarten, zusammen gemischt in einem Konglomerat aus Räumen und Bauten. Ein roter Faden muss auf jeden Fall erkennbar sein und dieser muss sich durch das ganze Konzept ziehen.

Tradition und Innovation müssen keineswegs Gegensätze darstellen wie das »Jungbrunn« gekonnt beweist. Wie vereinen Sie in Ihrem Hotel diese beiden Komponenten?

Wir sind sehr stolz darauf, dass wir immer wieder Gewerke neu zum Leben erwecken können und vor allem die Handwerker dazu finden, die die alten Techniken noch beherrschen. Es macht Spaß, Trendsetter zu sein und alte, regional typische Materialen modern und neu zu interpretieren sowie zu inszenieren. Während der Vorbereitungs- oder Findungsphase vor einem Umbau sammeln wir viele Eindrücke und versuchen so, den alpinen Lifestyle immer weiter zu entwickeln.

Beziehen Sie Ihre Gäste in Ihre Innovationstätigkeit ein?

In unserem Fragebogen zur Gästezufriedenheit, den unsere Gäste nach ihrer Abreise per E-Mail erhalten und online ausfüllen können, gibt es auch eine Frage zu dem, was sie sich für ihren nächsten Aufenthalt bei uns wünschen. Teilweise werden hier sehr gute Anregungen genannt, die Sachverhalte präzisieren, die uns so gar nicht bewusst waren, und uns in der Folge zu einer Innovation beflügeln. Diese Befragung ist für uns zudem ein Gradmesser zur Überprüfung unserer Qualität und des Gesamtkonzepts Jungbrunn.

Wie gewinnen Sie in Ihrem Unternehmen neue Ideen?
Indem wir Augen und Ohren offen halten und neugierig durchs Leben gehen. Auch ein guter Blick fürs »Ablaufdatum« ist wichtig. Impulse unserer Gäste und Mitarbeiter fließen ebenfalls mit ein. Es geht nicht alles »hoppla hopp«, sondern muss wie guter Wein reifen und ausgegoren sein. Schnellschüsse funktionieren meistens nur kurz und sind die Zeit und Kraft nicht wert, die dafür aufgewendet werden muss.

Verfolgen Sie eine Innovationsstrategie?
Wir haben eine Fünf-Jahre-Strategie, die wir gemeinsam in der Familie erarbeiten. Aus dieser ergeben sich jährliche Ziele sowie die Weiterentwicklung des alpinen Lifestyle und die stetige Verbesserung der Qualität. Diese wird monatlich gemessen und aktualisiert und gegebenenfalls an neue Herausforderungen angepasst. Dies muss aber nicht heißen, dass es in dieser Stilrichtung immer weitergeht. Vielleicht kommt in ein paar Jahren etwas ganz anderes zum Tragen, was das Jungbrunn wieder eine Stufe höher bringt. Durch den Einstieg unseres Sohnes in die Geschäftsführung kommen junge Impulse und beflügeln unsere Ideen.

Wird die Innovationstätigkeit in Ihrem Hotel jemals abgeschlossen sein, zum Beispiel mit der Erreichung eines bestimmten (strategischen) Ziels?
Wenn wir so denken würden, wäre das für uns ein grundsätzlich falscher Ansatz. So ein Gesamtkonzept wie das Jungbrunn kann nie abgeschlossen sein, denn durch die Eigendynamik des Hauses, der Gäste und vor allem der Mitarbeiter kommen immer wieder neue Aspekte zum Vorschein, die es in unseren Augen wert sind, umgesetzt zu werden. Es wäre sehr schade, wenn es hier einen Abschluss geben würde, denn dann würde es keine Weiterentwicklung mehr geben.

6.7.3 | Baumbaron

Interviewpartner: Johannes Schelle, Gründer und geschäftsführender Gesellschafter

BAUMBARON IN EIGENEN WORTEN

Baumbaron baut Baumhäuser für Kinder, Erwachsene und Baumhaushoteliers. Damit versuchen wir, unsere Kunden bei dem Kindheitswunsch abzuholen, den viele Menschen hatten – nämlich ein Baumhaus zu bauen oder sogar in einem zu übernachten.

Was verstehen Sie unter einer Innovation?
Unter einer Innovation verstehe ich eine Erfindung, die am Markt bestehen kann und dabei nutzbringend für den Verwender oder Käufer ist. Derartige Erfindungen können sich auf das beziehen, was der Kunde unmittelbar sieht und anfassen kann, also beispielsweise ein Baumhaushotel. Darüber hinaus spielen Innovationen auch im internen, für den Gast nicht sichtbaren, Bereich eine große Rolle, um Arbeitsabläufe effizienter und – daraus resultierend – das Endprodukt besser gestalten zu können.

Worin sehen Sie den Anreiz zu innovativem Handeln?
Ein bedeutender Anreiz für ein innovatives Produkt ist sicherlich der, dass man dadurch ein Produkt schafft, das es so noch nicht gibt und wodurch man vielleicht zum Marktführer in diesem Bereich wird. Ich generiere also ein USP, welches mir wichtige Wettbewerbsvorteile verschafft. Vielleicht bin ich sogar der einzige am Markt, der dieses innovative Produkt anbietet, und brauche mich somit bekanntermaßen nicht an die Preise Anderer anzupassen. Im Falle von Baumbaron sind unsere Baumhäuser dieses innovative Produkt. Nun bauen aber mittlerweile auch andere Anbieter Baumhäuser. So versuchen wir, diesen Anbietern durch Innovativität immer einen Schritt voraus zu bleiben und dadurch unseren wirtschaftlichen Erfolg zu erhalten.

Welche Innovation, die Sie in den letzten Jahren umgesetzt haben, hat sich als besonders effektvoll herausgestellt? In welcher Hinsicht?
Vor nunmehr acht Jahren baute ich das erste »Auftragsbaumhaus«, welches zu privaten Zwecken in Auftrag gegeben wurde. Doch schließlich erhielten wir auch Aufträge von Hoteliers, die ihr bestehendes Angebot durch Baumhäuser erweitern oder gar ein Baumhaushotel eröffnen wollten. So waren wir mit die Ersten, die Baumhäuser zu gastgewerblichen Zwecken bauten. Von aktuell zehn Baumhaushotels in Deutschland baute Baumbaron fünf. In Summe haben wir mittlerweile rund 120 Baumhäuser gebaut. Zahlreiche Aufträge erhielten wir dabei übrigens aufgrund von vorangegangenen Aufenthalten des jeweiligen Kunden in einem Baumhaushotel. Unser innovatives Produkt »Baumhaushotel« ist somit eine hervorragende Werbung für unser Angebot im nichtgewerblichen Segment.

Mittlerweile ist ein gar nicht mehr unbedeutender Markt rund um Baumhäuser und Baumhaushotels entstanden. Baumhäuser liegen in meinen Augen vor dem Hintergrund der zunehmenden Digitalisierung unserer Welt im Trend. Viele Menschen möchten heute zurück zur Natur und möchten dies auch ihren

Kindern bieten und genau diese Verbundenheit zum Natürlichen, Ursprünglichen und zunehmend auch zum Nachhaltigen bietet Baumbaron. Wir bauen unsere Baumhäuser nur mit heimischen Hölzern anstatt mit tropischen, dämmen sie mit Holz- anstatt mit Glasfaser und decken die Dächer mit Holzschindeln anstatt mit Bitumenschindeln. Der Gast eines Baumhaushotels muss dabei nicht um die halbe Welt nach Thailand oder dergleichen fliegen, sondern fördert stattdessen den inländischen Tourismus. Mit allen Baumhaushoteliers, deren Baumhäuser Baumbaron gebaut hat, stehe ich noch in engem Kontakt und sie alle erfreuen sich guter Jahresauslastungen von bis zu 80 Prozent.

»Dem Himmel ein Stück näher« – inwiefern begeistern Sie Gäste von Baumhaushotels mit dieser Philosophie?
Mit dem Erklimmen eines Baumhauses erlebt der Gast einen Perspektivenwechsel. Er kann seine Sorgen und den Alltag unten lassen, während er oben ein Gefühl von Freiheit und Losgelöstheit erfährt. Er soll dem Himmel also nicht nur physisch ein Stück näher zu sein, sondern auch mit der Seele. In einer Umgebung, in der Grillen zirpen, Blätter rauschen und der Duft von Zirbenholz verströmt wird, taucht der Gast in einen Mikrokosmos ein, der ihn den Alltag vergessen lässt und ihm die Möglichkeit gibt, zu sich selbst zu finden.

Welchen Stellenwert hat Kreativität in Ihrer Tätigkeit als Innovator?
Kreativität spielt für uns eine sehr große Rolle. Jeder Baum ist anders, jedes Umfeld ist anders und so versuchen wir, auch jedes Baumhaus anders als bisherige zu gestalten und kein Baumhaus mehrmals zu bauen. Hierzu ist Kreativität unerlässlich, denn mit jedem Entwurf, der ja etwas Neues hervorbringt, sind wir kreativ tätig.

Wie entfalten und fördern Sie Kreativität?
Es gibt Tage, an denen ich meine Kreativität überhaupt nicht fördern muss. Ich stehe bei meinem Kunden und sehe sofort sein künftiges Baumhaus vor meinem geistigen Auge. Dann gibt es aber natürlich auch Tage, an denen es mir sehr schwer fällt, ein Baumhaus gedanklich im Baum zu platzieren, auszustatten usw. In diesen Situationen hilft es mir, zu meditieren und mich von dem Zwang, sofort einen Entwurf anfertigen zu müssen, zu lösen – z. B. auf einer Bergtour oder einem Spaziergang. Entspannung ist in meinen Augen für Kreativität unerlässlich, aber auch Sport ist für mich ein starker Kreativitätsförderer. Ich mache außerdem immer Fotos vom Umfeld des jeweiligen Projekts, vom Haus des Bauherrn etc., um hernach bei der Betrachtung herauszufinden, was am besten dazu passt

Worauf sollten Gastgeber Ihrer Meinung nach bei der Gestaltung eines neuen, innovativen physischen Umfelds in ihrem Betrieb achten?
Ich finde es sehr wichtig, dass man dem Gast durch die materielle Umgebung ermöglicht, das zu vergessen, was vor Betreten dieses Umfelds eigentlich war und ihn in eine neue Welt eintauchen lässt. Nichts von dem, was er sieht, anfasst, riecht usw., sollte ihn mehr an den Alltag erinnern. Gastgeber sollten versuchen, mit ihrer Atmosphäre und ihrem Umfeld alle Sinne ihrer Gäste anzusprechen und anzuregen. Dabei muss ein innovatives Umfeld aber natürlich noch immer zum Produkt und zur Kultur des jeweiligen Unternehmens passen.

6.7.4 | W2 Manufaktur

Interviewpartner: Alfred Waltl, Geschäftsführender Gesellschafter

DIE W2 MANUFAKTUR IN EIGENEN WORTEN

»Die Architektur als Handwerk der Vision, die Kunst als Erlebnis der Sinne, das Leben als unser kostbarstes Gut« – so beschreiben wir die drei Säulen unseres Unternehmens. Im Fokus unserer Arbeit steht das Bestreben, durch hochwertiges Handwerk und heimische Materialien wie Holz, Lehm oder Gestein eine einmalige Architektur zu schaffen, die sich harmonisch in die umliegende Natur einfügt.

Was verstehen Sie unter einer Innovation?
Innovation bedeutet für mich, dass die Neugier nach Neuem stärker ist als die Angst vor Veränderung. Befeuert wird diese Neugier aber natürlich vom kommerziellen Druck des Erfolges. Konkret beinhaltet Innovation für mich Kreativität, Lust auf Neues-Anderes, die Suche nach künstlerischen Lösungswegen sowie die Suche nach neuen technischen Ansätzen und Erkenntnissen.

Das Spannende an Innovation – egal, ob Designinnovation, Produkt- oder Serviceinnovation, ist für mich, dass sie mit dem bloßen »Schöpfungsakt« nicht abgeschlossen ist. Viele Objekte und Gebilde sind im Moment ihrer Schöpfung noch »Unsinn«. Das Hergestellte wird oft erst im Anwendungsprozess sinnvoll.

Worin sehen Sie den Anreiz zu innovativem Handeln?
Ganz klar im kommerziellen Erfolgsdruck und den Anforderungen, die unsere Kunde an W2 Manufaktur stellen. Die Welt dreht sich weiter und was heute gut und top ist, kann morgen schon Schnee von gestern sein. Die Ansprüche und Herausforderungen der heutigen Zeit fordern ständig neue Lösungsansätze, die uns über den Tellerrand schauen lassen.

Welche Innovation, die Sie in den letzten Jahren umgesetzt haben, hat sich als besonders effektvoll herausgestellt? In welcher Hinsicht?
Die W2 Manufaktur hat eine innovative Herangehensweise an potenzielle Aufträge und Projekte entwickelt. Bevor wir nämlich einen Auftrag übernehmen bzw. vor Entwurfsbeginn, erstellen wir ein dem Kundenwunsch entsprechendes Raumprogramm, daraus errechnen wir die zu erwartenden gesamten Herstellungskosten inklusive aller Nebenkotenstellen bis hin zu Marketing- und Finanzierungskosten. Parallel dazu erarbeiten wir das Betriebskonzept mit Ertragsplanung und Kostenstellenplanung mit allen fixen und sprungfixen Kostenstellen einschließlich Zinsen, Tilgungen und steuerlichen Komponenten mit Prognoserechnungen für bis zu 25 Jahre.

Die Herstellungskosten und das Betriebskonzept sind über das Raumbuch verknüpft, sodass wir hier bereits eine Optimierung durchführen können. Erst wenn hier ein klar positives Ergebnis zu Tage tritt, beginnen wir mit der eigentlichen Entwurfsarbeit. Unsere Prognoserechnungen stützen sich auf langjährige Erfahrung und eine große Anzahl von Vergleichsobjekten.

Unsere Kunden schätzen diese Herangehensweise außerordentlich; sie gibt Sicherheit und von Beginn an eine klare Budgetplanung. Alle auf diese Weise gestarteten Projekte sind sehr erfolgreich am Markt, so z. B. das Bergdorf

Priesteregg, Das Goldberg, das Almhotel Forsthofalm, welches Gewinner der Hotelimmobilie des Jahres 2014 war, oder das Mama Thresl.

»Die Verbindung von Architektur mit hochwertigem Handwerk begleitet von sinnlicher Kunst und Lebensfreude«. Dafür steht die W2 Manufaktur. Inwiefern nimmt dieses Credo Ihrer Meinung nach Einfluss auf das Gasterlebnis?
Wie eingangs bereits erwähnt bildet das Bestreben, eine einmalige Architektur mithilfe von hochwertigem Handwerk in Verbindung mit heimischen Materialien wie Holz, Lehm und Gestein zu schaffen, einen wesentlichen Bestandteil unserer Philosophie. Diese architektonische Hülle wird dabei durch ein individuell abgestimmtes Interieur-Design mit Leben gefüllt. Möbel, Teppiche oder Stoffe werden projektbezogen entworfen, angefertigt und an das Gesamtprodukt angepasst.

Auch das Thema Kunst erhält in unseren Arbeiten besondere Aufmerksamkeit. So wird für den Gast bewusst ein Raum geschaffen, der eben nicht nur einen bloßen Raum, sondern einen Lebensraum darstellt. Dieser ist kein statischer Körper, sondern ein aus »lebenden« naturbelassenen Materialien geschaffener Raum, welcher seinem Bewohner neue Perspektiven eröffnet, beispielsweise in Bezug auf die Haptik, neue Blickwinkel oder Gerüche.

Alle Bauten erhalten durch diese Ganzheitlichkeit eine eigene, klare Persönlichkeit, die der Gast bei seinem ersten Aufenthalt kennenzulernen beginnt.

Wie ermöglichen Sie den Gästen in den von Ihnen gestalteten Hotels mithilfe der Architektur stets etwas Neues zu entdecken, auch wenn es sich um Stammgäste eines Hauses handelt?
Unsere Objekte sind sehr detailreich gestaltet, der Materialmix in Verbindung mit Licht und Jahreszeit schafft ein breites Spektrum an Eindrücken. Die raffinierte Architektur lässt Interpretationsspielraum im Kopf und der Gast entdeckt vieles beim zweiten und dritten Mal Hinsehen aufs Neue. Mit Hilfe einer projektbezogenen Architekturfibel und Hotelaussendungen wie zum Beispiel einer Zeitung erfährt der Gast Schritt für Schritt viele Hintergründe zu »seinem« Hotellebensraum.

In welchem Zusammenhang stehen Ihrer Meinung nach Kreativität und Innovation?
Diese beiden Phänomene sind eng miteinander verknüpft. Während Kreativität zur Schaffung von Neuem führt, entspricht Innovation der Umsetzung dieses Neuen im Sinne einer kommerziellen Betrachtung. Kreativität bedeutet dabei für mich, gedanklich frei zu sein und jegliche Ideen zuzulassen. Nur mit Kreativität kann Innovation in meinen Augen letztlich entstehen.

Wie entfalten und fördern Sie Kreativität?
Wir – meine Frau und ich, entfalten unsere Kreativität auf Reisen, wo wir andere Kulturen, andere Sitten, Bauten, Speisen usw. entdecken und kennenlernen. Außerdem entfalten wir unsere Kreativität in der Natur. Wir tanken dort Kraft, sammeln neue Ideen, lassen uns inspirieren und wir lachen viel – vorwiegend über uns selbst.
Die Kreativität unserer Mitarbeiter fördern wir durch Begeisterung und durch das Wecken von Neugierde. Wir animieren sie zum Durchstöbern von Fachzeitschriften und Büchern sowie zum Besuch von Ausstellungen und Messen. Spielzeug wie Dartscheiben, Tischfußball, Knetmasse, Bauklötze etc. in unseren Büroräumen dienen ebenfalls der täglichen Förderung und Entfaltung von Kreativität.

Worauf sollten Gastgeber Ihrer Meinung nach bei der Gestaltung eines neuen, innovativen physischen Umfelds in ihrem Betrieb achten?
In keinem Fall sollte ein Gastgeber etwas Aufgesetztes, Unehrliches umzusetzen, sondern nur das, was er selbst aus tiefster Überzeugung darstellt und vertritt. In Verbindung damit sollte man zudem nicht dem Zeitgeist einfach nachlaufen und Dinge umsetzen, nur weil sie gerade »in« sind. Und schließlich sollten Gastgeber meiner Meinung nach nichts vom Nachbarn abschauen und nachbauen, nur weil es erfolgreich ist. Es gilt, eine eigene innovative Atmosphäre und Persönlichkeit zu schaffen, die man für sein Haus auch selbst entdeckt und formt.

7 LAST, BUT NOT LEAST

**INNOVATIONEN SIND NICHT IMMER NÖTIG –
ALTBEWÄHRTES ALS ALLEINSTELLUNGSMERKMAL**

Wenn insbesondere Hotelgesellschaften unter einem permanenten Innovationsdruck stehen, gibt es doch den einen oder anderen gastgewerblichen Betrieb, der diesen nicht spürt bzw. sich diesem auch zukünftig gar nicht – soweit möglich – unterwerfen möchte, da gerade das Traditionelle oder Altbewährte das Alleinstellungsmerkmal darstellt. Der Landgasthof Ruedihus in Kandersteg, das Hotel Masson in Montreaux-Vevey und das Waldhaus Sils in Sils-Maria sind solche Beispiele, die mit ihrer jahrhundertealten Geschichte leben und diese als wertvolles Erbe bewahren, ohne in die Jahre zu kommen.
Der Landgasthof Ruedihus existiert seit 250 Jahren und ist im Originalzustand erhalten, was auch Persönlichkeiten wie Kofi Anan, Prinz Charles oder das belgische Königspaar als Gäste schätzen. Das Hotel Masson ist das älteste historische Hotel in der Gegend von Montreux-Vevey. Eingeschrieben im regionalen Architekturerbe ist es Zeuge einer nahezu zwei Jahrhunderte alten Hotelgeschichte. Im Jahre 2009 feierte das Hotel Masson sein 180-jähriges Bestehen. Von den Anfängen der Belle Époque über die verrückten Jahre und die Weltkriegskrisen hat das Masson alles überstanden und kann sich heute seiner außerordentlichen Authentizität erfreuen. Das Waldhaus Sils trägt seine über 100 Jahre mit Stolz und steht dabei nicht still. Hier finden zehn Jahrzehnte zusammen zu einem unverwechselbaren Ganzen. Die Besitzer und Betreiber hüten seit fünf Generationen sorgsam ihre Unabhängigkeit und nützen gleichzeitig den Spielraum, den sie ihnen gibt. So entsteht eine eigenwillige, aber ur-helvetische Mischung aus Kargheit und Großzügigkeit.

Quelle: www.doldenhorn-ruedihus.ch/ruedihus/;
www.hotelmasson.ch/; www.waldhaus-sils.ch/de

Quellenverzeichnis

Bücher

BOLZ, NORBERT (2005): **Blindflug mit Zuschauer**. München: Wilhelm Fink Verlag

BROCKHOFF, KLAUS (1994): **Forschung und Entwicklung. Planung und Kontrolle**. München/Wien: Oldenbourg Wissenschaftsverlag

BÜRGEL, HANS DIETMAR; HALLER, CHRISTINE und BINDER, MARKUS (1996): **F&E-Management**. München: Verlag Franz Vahlen

CHRISTENSEN, CLAYTON M.; MATZLER, KURT und VON DEN EICHEN, STEPHAN FRIEDRICH (2011): **The Innovator's Dilemma. Warum etablierte Unternehmen den Wettbewerb um bahnbrechende Innovationen verlieren.** München: Verlag Franz Vahlen

FREYBERG, BURKHARD VON; GRUNER, AXEL und HÜBSCHMANN, MANUEL (2015): **Nachhaltigkeit als Erfolgsfaktor in Hotellerie & Gastronomie**. Stuttgart: Matthaes Verlag

FREYBERG, BURKHARD VON; GRUNER, AXEL und LANG, MARINA (2012): **ErfolgReich in der Privathotellerie.** Impulse für Profilierung und Profit. Stuttgart: Matthaes Verlag

FREYBERG, BURKHARD VON und ZEUGFANG, SABRINA (2014): **Strategisches Hotelmanagement.** München: Oldenbourg Wissenschaftsverlag

GARDINI, MARCO A. (2015): **Marketing-Management in der Hotellerie.** Berlin/München/Boston: Walter de Gruyter

GERPOTT, TORSTEN J. (2005): **Strategisches Technologie- und Innovationsmanagement.** Stuttgart: Schäffer-Poeschel Verlag

GESER, GUNTRAM; HAID, ELISABETH; LASSNIG, MARKUS; PLÖSSNIG, MANUELA und WIEDENBISCHOF, DIANA (2007): **Tourismus-Trends & IKT-Szenarien. Trendradar und Zukunftsszenarien im e-Tourismus. Informations- und Kommunikationstechnologien in der Tourismus- und Freizeitwirtschaft.** Hamburg: ITD-Verlag

GOFFIN, KEITH; HERSTATT, CORNELIUS und MITCHELL, RICK (2009): **Innovationsmanagement. Strategien und effektive Umsetzung von Innovationsprozessen mit dem Pentathlon-Prinzip.** München: FinanzBuch Verlag

GRUNER, AXEL (2003): **Markenloyalität in der Hotellerie**. Hamburg: Verlag Dr. Kovac

GRUNER, AXEL (Hrsg.) (2008): **Management-Lexikon Hotellerie & Gastronomie.** Frankfurt am Main: Deutscher Fachverlag

GRUNER, AXEL; FREYBERG, BURKHARD VON und PHEBEY, KATHARINA (2014): **Erlebnisse schaffen in Hotellerie & Gastronomie.** Stuttgart: Matthaes Verlag

HARTSCHEN, MICHAEL; SCHERER, JIRI und BRUEGGR, CHRIS (2009): **Innovationsmanagement. Die 6 Phasen von der Idee zur Umsetzung.** Offenbach: Gabal Verlag

HAUSCHILDT, JUERGEN und SALOMO, SOEREN (2011): **Innovationsmanagement.** München: Verlag Franz Vahlen

HOFSTEDE, GEERT (2001): **Lokales Denken, globales Handeln. Interkulturelle Zusammenarbeit und globales Management.** München: Dtv

HUTZSCHENREUTER, THOMAS (2011): **Allgemeine Betriebwirtschaftslehre. Grundlagen mit zahlreichen Praxisbeispielen.** Wiesbaden: Gabler Verlag

KOTLER, PHILIP; KELLER, KEVIN L. und BLIEMEL, FRIEDHELM (2007): **Marketing-Management: Strategien für wertschaffendes Handeln.** München: Pearson Studium

KUEHL, STEFAN (2011): **Organisationen. Eine sehr kurze Einführung.** Wiesbaden: VS Verlag

LEIMEISTER, JAN M. (2012): **Dienstleistungsengineering und -management.** Berlin/Heidelberg: Springer Gabler

MAGER, BIRGIT und GAIS, MICHAEL (2009): **Service Design.** Stuttgart: UTB

MÜLLER-STEWENS, GÜNTER und LECHNER, CHRISTOPH (2005): **Strategisches Management. Wie strategische Initiativen zum Wandel führen.** Stuttgart: Schäffer-Poeschel Verlag

ROGERS, EVERETT M (2003): **Diffusion of Innovations.** New York: Free Press

STICKDORN, MARC und SCHNEIDER, JAKOB (2011): **This is Service Design Thinking: Basics, Tools, Cases.** Amsterdam: BIS Publishers

THIEL, PETER (2014): **Zero to One. Von Null auf Eins.** Frankfurt am Main: Campus Verlag

VAHS, DIETMAR (2012): **Organisation. Ein Lehr- und Managementbuch.** Stuttgart: Schäffer-Poeschel Verlag

VAHS, DIETMAR und BREM, ALEXANDER (2013): **Innovationsmanagement. Von der Idee zur erfolgreichen Vermarktung.** Stuttgart: Schäffer-Poeschel Verlag

VAHS, DIETMAR und SCHÄFER-KUNZ, JAN (2012): **Einführung in die Betriebswirtschaftslehre.** Stuttgart: Schäffer-Poeschel Verlag

VAN WULFEN, GIJS (2013): **The Innovation Expedition. A Visual Toolkit To Start Innovation.** Amsterdam: BIS Publishers

Beiträge in Sammelbänden

AUER, MANFRED und EDLINGER, GABRIELA (2006): **Begeisterung, Befähigung, Ermöglichung. Der Einfluss des Personalmanagements auf die Innovativität von Organisationen.** In: PIKKEMAAT, BIRGIT; PETERS, MIKE und WEIERMAIR, KLAUS (Hrsg.). Innovationen im Tourismus. Wettbewerbsvorteile durch neue Ideen und Angebote. Berlin: Erich Schmidt Verlag, S. 137–149.

BEHRENDS, THOMAS (2006): **Corporate Entrepreneurship und Organisationskultur.** In: FRANK, HERMANN. Corporate Entrepreneurship. Wien: Facultas Verlags- und Buchhandels AG, S. 113–149.

BERITELLI, PIETRO und ROMER, DANIEL (2006): **Inkrementelle versus Radikale Innovationen im Tourismus.** In: PIKKEMAAT, BIRGIT; PETERS, MIKE und WEIERMAIR, KLAUS (Hrsg.). Innovationen im Tourismus. Wettbewerbsvorteile durch neue Ideen und Angebote. Berlin: Erich Schmidt Verlag, S. 53–64.

BIDMON, SONJA und MATZLER, KURT (2006): **Methoden zum Einbezug innovativer Kunden: der Lead-User Ansatz.** In: PIKKEMAAT, BIRGIT; PETERS, MIKE und WEIERMAIR, KLAUS (Hrsg.). Innovationen im Tourismus. Wettbewerbsvorteile durch neue Ideen und Angebote. Berlin: Erich Schmidt Verlag, S. 177–195.

BOKSBERGER, PHILIPP (2006): **Cluster als reduziertes Innovationssystem.** In: PIKKEMAAT, BIRGIT; PETERS, MIKE und WEIERMAIR, KLAUS (Hrsg.). Innovationen im Tourismus. Wettbewerbsvorteile durch neue Ideen und Angebote. Berlin: Erich Schmidt Verlag, S. 151–162.

BURKIA, CHRISTIAN (2006): **Erfolgreiche und innovative Ideen in der Gastronomie.** In: PIKKEMAAT, BIRGIT; PETERS, MIKE und WEIERMAIR, KLAUS (Hrsg.). Innovationen im Tourismus. Wettbewerbsvorteile durch neue Ideen und Angebote. Berlin: Erich Schmidt Verlag, S. 255–261.

DANLER, RENATE (2006): **Zur Umsetzung von Innovationen in Destinationen – Praxisbeispiele.** In: PIKKEMAAT, BIRGIT; PETERS, MIKE und WEIERMAIR, KLAUS (Hrsg.). Innovationen im Tourismus. Wettbewerbsvorteile durch neue Ideen und Angebote. Berlin: Erich Schmidt Verlag, S. 199–210.

FREHSE, JOERG (2006): **Innovationen in der Markenhotellerie – Fakt oder Fiktion?** In: PIKKEMAAT, BIRGIT; PETERS, MIKE und WEIERMAIR, KLAUS (Hrsg.). Innovationen im Tourismus. Wettbewerbsvorteile durch neue Ideen und Angebote. Berlin: Erich Schmidt Verlag, S. 245–253.

GROETSCH, KURT (2006): **Design und Architektur als Instrumente der Innovation im Tourismus.** In: PIKKEMAAT, BIRGIT; PETERS, MIKE und WEIERMAIR, KLAUS (Hrsg.). Innovationen im Tourismus. Wettbewerbsvorteile durch neue Ideen und Angebote. Berlin: Erich Schmidt Verlag, S. 277–287.

KESSLER, ALEXANDER; MAIR, MICHAEL; OEHLBOECK, PETRA und STUMMER, KATHARINA (2011): **Organisationale Innovativität und deren Resultate am Beispiel der Wiener Hotellerie.** In: BOCKSBERGER, PHILIPP und SCHUKERT, MARKUS (Hrsg.). Innovationen in Tourismus und Freizeit. Hypes, Trends und Entwicklungen. Berlin: Erich Schmidt Verlag, S. 299–314.

KLAUSEGGER, CLAUDIA und SALZGEBER, THOMAS (2006): **Innovationen und Unternehmenserfolg – untersucht am Beispiel ausgewählter Branchen im Tourismus.** In: PIKKEMAAT, BIRGIT; PETERS, MIKE und WEIERMAIR, KLAUS (Hrsg.). Innovationen im Tourismus. Wettbewerbsvorteile durch neue Ideen und Angebote. Berlin: Erich Schmidt Verlag, S. 37–52.

MADAUSS, BERND-J. (1995): **Methoden des Managements von Technologieprojekten.** In: ZAHN, ERICH (Hrsg.). Handbuch Technologiemanagement. Stuttgart: Schäffer-Poeschel Verlag, S. 681–703.

MAREE, GEOFF (2011): **Innovation Management in the Hospitality Industry: New Roads Towards Meaning and**

Corporate Culture. In: CONRADY, ROLAND und BUCK, MARTIN (Hrsg.). Trends and Issues in Global Tourism 2011. Berlin, Heidelberg: Springer Verlag, S. 125-134.

MUELLER, HANSRUEDI (2006): **Qualitätsmanagement als Triebfeder von Innovationsprozessen und ihre Grenzen.** In: PIKKEMAAT, BIRGIT; PETERS, MIKE und WEIERMAIR, KLAUS (Hrsg.). Innovationen im Tourismus. Wettbewerbsvorteile durch neue Ideen und Angebote. Berlin: Erich Schmidt Verlag, S. 109-117.

PECHLANER, HARALD; FISCHER, ELISABETH und PRIGLINGER, PETRA (2006): **Die Entwicklung von Innovationen in Destinationen – Die Rolle der Tourismusorganisationen.** In: PIKKEMAAT, BIRGIT; PETERS, MIKE und WEIERMAIR, KLAUS (Hrsg.). Innovationen im Tourismus. Wettbewerbsvorteile durch neue Ideen und Angebote. Berlin: Erich Schmidt Verlag, S. 121-136.

POMPL, WILHELM und BUER, CHRISTIAN (2006): **Notwendigkeit, Probleme und Besonderheiten von Innovationen bei touristischen Dienstleistungen.** In: PIKKEMAAT, BIRGIT; PETERS, MIKE und WEIERMAIR, KLAUS (Hrsg.). Innovationen im Tourismus. Wettbewerbsvorteile durch neue Ideen und Angebote. Berlin: Erich Schmidt Verlag, S. 21-35.

SCHUMPETER, JOSEPH A. (1912): **Theorie der wirtschaftlichen Entwicklung.** In: BACKHAUS, JUERGEN (Hrsg.) (2003). Joseph Alois Schumpeter. Entrepreneurship, Style and Vision. Boston: Kluwer Academic Publishers, S. 5-59.

TRASSER, ROBERT (2006): **(Destinations-) Marken als innovatives Verkaufsinstrument im alpinen Tourismus am Beispiel des österreichischen Bundeslandes Tirol.** In: PIKKEMAAT, BIRGIT; PETERS, MIKE und WEIERMAIR, KLAUS (Hrsg.). Innovationen im Tourismus. Wettbewerbsvorteile durch neue Ideen und Angebote. Berlin: Erich Schmidt Verlag, S. 223-244.

TROMMSDORFF, VOLKER und SCHNEIDER, PETER (1990): **Grundzüge des betrieblichen Innovationsmanagements.** In: TROMMSDORFF, VOLKER (Hrsg.). Innovationsmanagement. München: Verlag Franz Vahlen, S. 1-25.

WALDER, BIBIANA und POSPIECH, ANDREAS (2006): **Innovationsprozess im Tourismus – eine nachfrageorientierte Typologisierung.** In: PIKKEMAAT, BIRGIT; PETERS, MIKE und WEIERMAIR, KLAUS (Hrsg.). Innovationen im Tourismus. Wettbewerbsvorteile durch neue Ideen und Angebote. Berlin: Erich Schmidt Verlag, S. 67-84.

WEIERMAIR, KLAUS und PETERS, MIKE (2006): **Zur Analyse des Innovationspotenzials der touristischen Werteketete.** In: PIKKEMAAT, BIRGIT; PETERS, MIKE und WEIERMAIR, KLAUS (Hrsg.). Innovationen im Tourismus. Wettbewerbsvorteile durch neue Ideen und Angebote. Berlin: Erich Schmidt Verlag, S. 9-20.

WOEHLER, KARLHEINZ (2006): **Wahrnehmung von Innovationen: soziale und kulturelle Aspekte.** In: PIKKEMAAT, BIRGIT; PETERS, MIKE und WEIERMAIR, KLAUS (Hrsg.). Innovationen im Tourismus. Wettbewerbsvorteile durch neue Ideen und Angebote. Berlin: Erich Schmidt Verlag, S. 85-95.

Wissenschaftliche Artikel und Vorträge

ALDEBERT, BÉNÉDICTE; DANG, RANI J und LONGHI, CHRISTIAN (2011): **Innovation in the tourism industry: The case of Tourism@.** In: Tourism Management, 32 (5), S. 1204-1213.

ARTHUR D. LITTLE (2002): **Company value through Innovation Management.** Aus einem Vortrag im Rahmen des 13. Wirtschaftssymposiums Schloss Reichartshausen, Sep. 2002.

BRAULT, BRIAN (2007): **A Timely Product Innovation.** In: Cornell Hotel and Restaurant Administration Quarterly, 48 (1), S. 105-107.

BREM, ALEXANDER; GERHARD, DANIEL; GUDD, CHRISTIAN und LETTL, CHRISTIAN (2011): **Innovationskommunikation – Theorie und empirische Untersuchung der externen Kommunikation von Innovationen über das Internet und sozialen Medien.** Reihe Innovationsmanagement und Entrepreneurship, Band 2.

BROWN, TIM (2008): **Design Thinking.** In: Harvard Business Review, June 2008, S. 84-92.

CROTTS, JOHN und GUPTA, S.K. (2013): **Innovation and Competitiveness: What we can learn from Clayton Christensen.** In: Journal of Tourism, 14 (1), S. 1-9.

DE BRENTANI, ULRIKE (2001): **Innovative versus incremental new business services: Different keys for achieving success.** In: The Journal of Product Innovation Management, 18, S. 169-187.

DEN HERTOG, PIM; GALLOUJ, FAIZ und SEGERS, JEROEN (2011): **Measuring innovation in a »lowtech« service industry: the case of the Dutch hospitality industry.** In: The Service Industries Journal, 31 (9), S. 1429-1449.

DEV, CHEKITAN S. und KELLER, KEVIN L. (2014): **Brand Revitalization.** In: Cornell Hospitality Quarterly, 55 (4), S. 333-341.

DÖRNER, NADIN; GURTNER, SEBASTIAN; SCHEFCZYK, MICHAEL (2009): **Overcoming resistance to innovation: an approach for the use of communication tools within the innovation process.** In: International Journal of Technology Marketing, 4, S. 199-216.

ENZ, CATHY S. (2012): **Strategies for the Implementation of Service Innovations.** In: Cornell Hospitality Quarterly, 53 (3), S. 187-195.

FROEHLE, CRAIG M.; ROTH, ALEDA V.; CHASE, RICHARD B. und VOSS, CHRISTOPHER A. (2000): **Antecedents of New Service Development Effectiveness: An Exploratory Examination of Strategic Operations Choices.** In: Journal of Service Research, 3 (1), S. 3-17.

GARDINI, MARCO (2013): **Mythos Hotelmarke. Zwischen Anspruch und Wirklichkeit.** In: Markenartikel, 8, S. 62-65.

GASSMANN, OLIVER; KAUSCH, CHRISTOPH und ENKEL, ELLEN (2005): **Einbeziehung des Kunden in die frühe Phase des Innovationsprozesses.** Artikel Thexis: Fachzeitschrift für Marketing, 22, S. 1-9.

GENTNER, A (1993): **Vom F&E- zum Innovationscontrolling. Warum die Beschränkung auf F&E-Probleme und -Lösungsansätze zu wenig ist.** In: Controlling, 1, S. 46-47.

GLEICH, RONALD und SCHENTLER, PETER (2011): **Innovationscontrolling. Erfolge, Chancen und Risiken im Innovationsprozess mess- und steuerbar machen.** In: Controller Magazin, 03&04, S. 56-57.

GRISSEMANN, URSULA SUSANNA; PIKKEMAAT, BIRGIT und WEGER, CLARA (2013): **Antecedents of innovation activities in tourism: An empirical investigation of the Alpine hospitality industry.** In: Tourism: Tourism-International Interdisciplinary Journal, 61 (1), S. 7-28.

HJALAGER, ANNE-METTE (2010): **A review of innovation research in tourism.** In: Tourism Management, 31 (1), S. 1-12.

JONES, PETER (1996): **Managing Hospitality Innovation.** In: Cornell Hotel and Restaurant Administration Quarterly, 37 (5), S. 86-95.

MARTINEZ-LOPEZ, ANTONIO M. und VARGAS-SANCHEZ, ALFONSO A. (2013): **The Strategic Management Process and the Innovative Capacity of the Spanish Hotel Industry.** In: Journal of Hospitality Marketing & Management, 22 (6), S. 596-618.

MONTEIRO, ILEANA PARDAL und SOUSA, FERNANDO CARDOSO (2011): **Understanding innovation in Hospitality through the words of innovative managers.** In: Book of Proceedings, 1, S. 169-179.

MOSCARDO, GIANNA (2008): **Sustainable tourism innovation: Challenging basic assumptions.** In: Tourism and Hospitality Research, 8 (1), S. 4-13.

OTTENBACHER, MICHAEL und GNOTH, JUERGEN (2005): **How to Develop Successful Hospitality Innovation.** In: Cornell Hotel and Restaurant Administration Quarterly, 46 (2), S. 205-222.

PIKKEMAAT, BIRGIT (2008): **Innovation in small and mediumsized tourism enterprises in Tyrol, Austria.** In: Entrepreneurship and Innovation, 9 (3), S. 187-197.

Porter, MICHAEL E. (2008): **The five competitive Forces that shape Strategy.** In: Harvard Business Review, January 2008, S. 79-93.

SCHELLE-MUELLER (2011): **Marken in der Hotellerie am Beispiel Motel One.** Vortrag an der Fakultät für Tourismus der Hochschule München.

SHAW, GARETH; WILLIAMS, ALLAN M. und BAILEY, ADRIAN (2012): **Uncovering Innovation Processes in the Hotel Industry. Executive Briefing.** London: Advanced Institute of Management Research (AIM) 2012.

SLATTEN, TERJE und MEHMETOGLU, MEHMET (2011): **What are the Drivers for Innovative Behavior in Frontline Jobs? A Study of the Hospitality Industry in Norway.** In: Journal of Human Resources in Hospitality & Tourism, 10, S. 254-272.

STAUDT, ERICH; BOCK, JÜRGEN; MÜHLEMEYER, PETER und KRIEGESMANN, BERND (1990): **Anreizsysteme als Instrument des betrieblichen Innovationsmanagements. Ergebnisse einer empirischen Untersuchung im F+E-Bereich.** In: Zeitschrift für Betriebswirtschaft, 11, S. 1183-1204.

STEINLE, ANDREAS (2014): **Die Zukunft des Gastronomiemarktes.** Vortrag beim Hacker-Pschorr Wirteforum 2014, München.

TIGU, GABRIELA; IORGULESCU, MARIA-CRISTINA und RAVAR, ANAMARIA SIDONIA (2013): **The impact of creativity and innovation in the hospitality industry on customers.** In: Journal of Tourism Challenges and Trends, 6 (1), S. 9-34.

TROMMSDORFF, VOLKER; REEB, MARIANNE und RIEDEL, FRANK (1991): **Produktinnovationsmanagement.** In: Wirtschaftswissenschaftliches Studium, 11, S. 566-572.

VERMA, ROHIT; STOCK, DEBRA und MCCARTHY, LAURA (2012): **Customer Preferences for Online, Social Media, and Mobile Innovations in the Hospitality Industry.** In: Cornell Hospitality Quarterly, 53 (3), S. 183-186.

VILA, MAR; ENZ, CATHY und COSTA, GERARD (2012): **Innovative Practices in the Spanish Hotel Industry.** In: Cornell Hospitality Quarterly, 53 (1), S. 75-85.

WAGNER, PHILIPP und PILLER, FRANK (2011): **Mit der Lead-User-Methode zum Innovationserfolg. Ein Leitfaden zur praktischen Umsetzung. CLIC Executive Briefing No. 020.** Leipzig: Center for Leading Innovation & Cooperation.

WITHIAM, GLENN (1991): **Combining Tradition and Innovation.** In: The Cornell H.R.A. Quarterly, 32 (2), S. 61-65.

WURM, STEFAN (2015): **Kameha Zürich.** Aus einem Vortrag an der Hochschule München, Dez. 2015

YEPES, MARYAM F. (2015): **Mobile Tablet Menus: Attractiveness and Impact of Nutrition Labeling Formats on Millennials' Food Choices.** In: Cornell Hospitality Quarterly, 56 (1), S. 58-67.

ZERFASS, ANSGAR; SANDHU, SWARAN und HUCK, SIMONE (2004): **Kommunikation von Innovation.** In: Kommunikationsmanager 1, 2, S. 56-58.

Dissertationen

GRUNER, AXEL (2003): **Markenloyalität in der Hotellerie – Analyse zur Gästebindung unter besonderer Berücksichtigung des Lösungsansatzes »Loyalitätsbasierendes Marketing-Management als strategisches Marketinginstrument.«** Hamburg: Verlag Dr. Kovac

INNERHOFER, ELISA (2012): **Strategische Innovationen in der Hotellerie. Eine ressourcenorientierte Fallstudienanalyse touristischer Dienstleistungsunternehmen.** Wiesbaden: Springer Gabler

Studien

BORKMANN, VANESSA; RIEF, STEFAN und IBER, BENJAMIN (2013): **FutureHotel Gastbefragung: Eine Erhebung zu innovativen Lösungen für die Hotelgäste der Hotellerie im DACH-Markt.** Stuttgart: Fraunhofer Verlag

BORKMANN, VANESSA; RIEF, STEFAN und WEBER, CLARA (2011): **Studie aus dem Forschungsprojekt Futurehotel.**

Futurehotel Hoteliersbefragung. Eine Erhebung zu innovativen Lösungen für die Hotellerie: Status Quo und zukünftige Entwicklungen. Stuttgart: Fraunhofer Verlag

Elektronische Medien

BALTES, JÜRGEN (2015): **Mehr als nur Schlafen. Wie das Hotel Montana mit Events seinen Umsatz ankurbelt.** Aufgerufen am 27.07.2015, unter: www.checkinmagazin.de

BARGHELAME, KRYSTAL (o. J.): **How Hilton Worldwide Built an Award-Winning Guest Experience Program.** Aufgerufen am 24.06.2015, unter: http://blog.medallia.com/customerexperience/hilton-worldwides-secret-sauce-award-winning-guest-experience-program/

BITKOM (2015): **Drei von vier Unternehmen nutzen Social Media.** Presseinformation vom 29.04.2015. Aufgerufen am 04.05.2015, unter: www.bitkom.org

BMBF (o. J.): **Neue Technologien.** Aufgerufen am 25.05.2015, unter: www.bmbf.de

BMI (2015): **Prozessmodelle.** Aufgerufen am 25.06.2015, unter: www. orghandbuch.de

BORKMANN, VANESSA (2015): **Innovationsnetzwerk Futurehotel – Konzepte und Lösungen für die Hotels von morgen.** Aufgerufen am 13.11.2015, unter: www.futurehotel.de/content/dam/futurehotel/de/documents/pdf/FutureHotel%20Projektbeschreibung.pdf

DUONG, ALEXANDRA (2012): **Trend-Getränk: Teenie-Hype Bubble Tea.** 08.06.2012. Aufgerufen am 23.05.2015, unter: www.spiegel.de

DUVAL, BIRGIT-CATHRIN (2009): **Ein Tischlein steht im Walde.** Aufgerufen am 10.12.2015, unter: www.zeit.de/online/2009/25/baiersbronn-wanderkoch

GASSER, HANS (2015): **Digitale Entgiftung im Urlaub – Wo ist bitte der AusKnopf?** 07.03.2015. Aufgerufen am 10.03.2015, unter: www.sueddeutsche.de

GOERLICH, BARBARA (2015): **Steakhouse, Supperclub, Brasserie.** Aufgerufen am 31.12.2015, unter: www.ahgz.de/archiv/steakhouse-supperclub-brasserie,200012227696.html#

GOLDLÜCKE, REGINA (2016): **Bühne frei für Gastrogründer.** Aufgerufen am 13.02.2016, unter: www.ahgz.de/unternehmen/buehne-frei-fuer-gastrogruender,200012227678.html

GLOCKE, BRIT (2015): **SI-Suites setzt auf Fraunhofer.** Aufgerufen am 10.07.2015, unter: www.ahgz.de

GLOCKE, BRIT (2014): **Viel Hype um nichts, oder?** 28.06.2014. Aufgerufen am 21.05.2015, unter: www.ahgz.de

GRAY, DAVE (2011): **Merrill Covey Matrix.** Aufgerufen am 02.07.2015, unter: www.gamestorming.com

GRAY, DAVE (2012): **Innovation Generator.** Aufgerufen am 02.07.2015, unter: www.gamestorming.com

GRAY, DAVE (2013): **Caroussel.** Aufgerufen am 01.07.2015, unter: www.gamestorming.com

HEIMRICH, LINETTE (2015): **Crowdsourcing im Tourismus. Mit Vielen in den Urlaub.** Aufgerufen am 13.04.2015, unter: www.muenchen.ihk.de

HELFER, CHRISTINE (2015): **Neues Wirtschaften in der Hotellerie.** Aufgerufen am 13.04.2015, unter: www.salto.bz/de/article/04012014/neues-wirtschaften-der-hotellerie

HENNING, CARSTEN (2015): **So macht man mit Musik modernes Hotelmarketing.** Aufgerufen am 16.07.2015, unter: www.hottelling.net

HORX, MATTHIAS (2015): **Ausführliche Einführung in die Trend- und Zukunftsforschung.** Aufgerufen am 21.05.2015, unter: www.horx.com

IHK Regensburg (2014): **Patente & Co. Gewerbliche Schutzrechte im Überblick.** Aufgerufen am 11.05.2015, unter: www.ihk-regensburg.de

KALTENREINER, CAROLINE (2016): **Grätzlhotel: Schlafen in der Auslage.** Aufgerufen am 31.01.2016, unter: http://kurier.at/lebensart/reise/graetzlhotel-schlafen-in-der-auslage/165.678.128

KARAVUL, BEREKAT (2015): **PMH. Was ist ein Projekt?** Aufgerufen am 11.07.2015, unter: www.projektmanagementhandbuch.de

KIRCHGEORG, MANFRED (o. J.): **Event Marketing.** Aufgerufen am 15.07.2015, unter: wirtschaftslexikon.gabler.de

KOBJOLL, KLAUS (2013): **Stolzkultur durch Transparenz!** Aufgerufen am 11.05.2015, unter: www.blog.kobjoll.de

KONZACK, SYLVIE (2014): **Talente managen,** in: first class 3/2014, S. 72–73. Aufgerufen am 11.12.2015, unter: www.blmedien.de/gastroinfoportal/Service/Fachzeitschriften/first-class/

KWIDZINSKI, RAPHAELA (2015): **Accor plant eine »Big App« für alle Belange.** 02.06.2015. Aufgerufen am 05.06.2015, unter: www.ahgz.de

Kotowski, Timo (2015): **Einchecken ohne Hotelrezeption.** Aufgerufen am 07.07.2016, unter: www.faz.net/aktuell/wirtschaft/conichi-will-die-hotelrezeption-abloesen-13794028.html

KWIDZINSKI, RAPHAELA (2016): **Neues Modell für die Hotellerie?.** Aufgerufen am 31.01.2016, unter: www.ahgz.de/archiv/neues-modell-fuer-die-hotellerie,200012227779.html

LEIBFRIED, ALEXANDRA (2015): **Bitte ein Bett ohne alles!.** Aufgerufen am 03.02.2015, unter: www.ahgz.de

LEIBFRIED, ALEXANDRA (2016): **Accorhotels gründet »Schattenvorstand«.** Aufgerufen am 10.02.2015, unter: www.ahgz.de/unternehmen/accorhotels-gruendet-schattenvorstand,200012228426.html

LORENZEN, MEIKE (2012): **Mit dem Bubble-Tea-Hype in die Pleite.** 15.11.2012. Aufgerufen am 23.05.2015, unter: www.wiwo.de

MAIER, GÜNTER (o. J.): **Intrinsische Motivation.** Aufgerufen am 20.06.2015, unter: www.wirtschaftslexikon.gabler.de

MAIONE, INES (2014): **Crowdsourcing im Tourismus. Mit Vielen in den Urlaub.** Aufgerufen am 13.04.2015, unter: www.muenchen.ihk.de

MASTROGIACOMO, MARGARET (2015): **Does Investing in Social Media Advertising Pay for Hoteliers?** Aufgerufen am 04.05.2015, unter: www.4hoteliers.com

MECKEL, ASTRID (o.J.): **Marke.** Aufgerufen am 15.07.2015, unter: www.wirtschaftslexikon.gabler.de

MEEKER, MARY (2015): **Die 24 wichtigsten Digital-Trends des Jahres.** Aufgerufen am 05.06.2015, unter: www.horizont.net

MOSTEGEL, IRIS (2015): **Flüchtlinge aus aller Welt betreiben Hotel in Wien.** Aufgerufen am 13.07.2015, unter: www.berliner-zeitung.de/panorama/hotel-magdas-fluechtlinge-aus-aller-welt-betreiben-hotel-in-wien,10808334,30428350.html#plx1766089281

NOLL, SAMANTHA (2014): **Lifestyle hotel brands: what's the hype about?** Aufgerufen am 21.05.2015, unter: www.novility.com

NUSSBAUM, MARCO (2015): **Wertschätzung der Hotelmitarbeiter hat unheimlichen Nachholbedarf – Tophotelier Marco Nussbaum: Fachkräftemangel hat auch mit schlechter Unternehmensführung zu tun.** Aufgerufen am 12.05.2015, unter: www.hottelling.net

O. V. (2015): **»Ab geht die Post…«.** Aufgerufen am 10.07.2015, unter: http://blog.susannekaufmann.com/category/hotel-post/

O. V. (2015): **Accenture – Technology.** Aufgerufen am 17.06.2015, unter: www.accenture.com

O. V. (2015): **Accor öffnet sein Buchungsportal für andere Hotels.** 03.06.2015. Aufgerufen am 08.06.2015, unter: www.ahgz.de/unternehmen/accor-oeffnet-sein-buchungsportal-fuer-andere-hotels,200012222342.html

O. V. (2015): **American Express Selects – Hotels.** Aufgerufen am 15.06.2015, unter: www.americanexpress.ch/selects/de/hotels und http://www.myswitzerland.com/de-de/swisscard-aecs.html

O. V. (o. J.): **Bio-Hotel Stanglwirt – Stanglwirts Landwirtschaft & Käseproduktion.** Aufgerufen am 18.06.2015, unter: www.stanglwirt.com

O. V. (2015): **Dolderhorn.** Aufgerufen am 10.12.2015, unter: www.doldenhorn-ruedihus.ch/ruedihus/

O. V. (2015): **Erstes Twitter-Hotel der Welt eröffnet.** Aufgerufen am 11.07.2015, unter: www.leadersnet.at

O. V. (2015): **Hotel Masson.** Aufgerufen am 10.12.2015, unter: www.hotelmasson.ch/

O. V. (2015): **IDEO – Visionen realisieren. Zukunft formulieren. Relevantes gestalten.** Aufgerufen am 17.06.2015, unter: www.ideo.com

O. V. (2015): **McDonald's: »Burger Battle« – Crowdsourcing-Aktion.** Aufgerufen am 10.12.2015, unter: www.cafe-future.net/gastro/branchennews/pages/McDonalds-Burger-Battle-Crowdsourcing-Aktion_32539.html

O. V. (2015): **Mit Genuss wandern. In der Natur bewegen. In der Natur inspirieren.** Aufgerufen am 10.12.2015, unter: www.rosengarten-baiersbronn.de/wandern-mit-dem-wander-koch-unterwegs/

O. V. (2015): **Offline-Urlaub in Österreich.** Aufgerufen am 01.06.2015, unter: www.steiermark.com

O. V. (2015): **Reiseblogger wohnen im Sandic Hotel Berlin Kurfürstendamm kostenlos.** Aufgerufen am 26.07.2015, unter: www.hottelling.net

O. V. (2015): **Roomers Bar.** Aufgerufen am 26.07.2015, unter: www.roomers-frankfurt.com/bar/

O. V. (2015): **Schweiz. Ganz natürlich – American Express.** Aufgerufen am 15.06.2015, unter: www.myswitzerland.com

O. V. (2015): **Talent Garden.** Aufgerufen am 14.06.2015, unter: www.talentgarden.de

O. V. (2015): **The Hoxton.** Aufgerufen am 10.07.2015, unter: https://thehoxton.com/

O. V. (2015): **Trendgutachten Hospitality.** Aufgerufen am 10.07.2015, unter: www.treugast.com/de/forschunglehre/wissenschaftliche-taetigkeiten/publikationen/trendgutachten-hospitality.html

O. V. (2015): **Über tripadvisor.** Aufgerufen am 10.07.2015, unter: www.tripadvisor.de/Press-Center-c6-About_Us.html

O. V. (2015): **Upcycle me. Die Inspirationscommunity für Upcycling-Ideen.** Aufgerufen am 18.10.2015, unter: upcycleme.fashionforhome.de

O. V. (2015): **Vapiano eröffnet Ende Mai ersten Freestander.** 07.05.2015. Aufgerufen am 09.05.2015, unter: www.ahgz.de/neueroeffnungen/vapiano-eroeffnet-ende-mai-ersten-freestander,200012221727.html

O. V. (2015): **Veganes Köche-Netzwerk gestartet.** Aufgerufen am 16.06.2015, unter: www.ahgz.de/jobs-und-karriere/veganes-koeche-netzwerk-gestartet,200012222458.html

O. V. (2015): **Waldhaus.** Aufgerufen am 10.12.2015, unter: www.waldhaus-sils.ch/de

O. V. (2015): **Was ist die Gemeinwohlbilanz.** Aufgerufen am 10.07.2015, unter: www.ecogood.org/gemeinwohl-bilanz/was-ist-die-gemeinwohl-bilanz

O. V. (2015): **Wellness, Wandern und Biken im Vitalpinahotel Taubers Unterwirt in Südtirol.** Aufgerufen am 10.12.2015, unter: www.unterwirt.com/de/wellness-s%C3%BCdtirol/1-0.html

O. V. (2015): **3M. Menschen machen Innovationen.** Aufgerufen am 04.10.2015, unter: die-erfinder.3mdeutschland.de

O. V. (2014): **Hilton Worldwide – Entdecken Sie unsere Geschichte und Tradition.** Aufgerufen am 28.05.2015, unter: de.hiltonworldwide.com

O. V. (2014): **Hilton Worldwide – Entdecken Sie unsere Vision, unsere Mission und unsere Werte.**

Aufgerufen am 15.06.2015, unter: de.hiltonworldwide.com

O. V. (o. J.): **Die exklusive Team Lodge des STOCK resorts in Finkenberg im Zillertal.** Aufgerufen am 24.06.2015, unter: www.stock.at

O. V. (o. J.): **Die Innovation Scorecard. Ein Arthur D. Little/ebs Projekt.** Aufgerufen am 08.07.2015, unter: www.innovationscorecard.de

O. V. (o. J.): **Gamestorming – a toolkit for innovators, rule-breakers and changemakers.** Aufgerufen am 01.07.2015, unter: www.gamestorming.com

O. V. (o. J.): **Hotel-Kompetenz-Zentrum – m:kubik – wenn Personalentscheider über HR diskutieren aus der HR Praxis.** Aufgerufen am 04.07.2015, unter: www.hotelkompetenzzentrum.de

O. V. (o. J.): **Instant Feedback – What it is?** Aufgerufen am 02.07.2015, unter: www.instant-feedback.co.uk

O. V. (o. J.): **Motel One – History.** Aufgerufen am 29.05.2015, unter: www.motel-one.com

O. V. (o. J.): **Nells Park Hotel – MOVE UP! Motivationsprogramm für Nachwuchstalente.** Aufgerufen am 24.06.2015, unter: www.nellsparkhotel.de

O. V. (o. J.): **Rational.** Aufgerufen am 28.05.2015, unter: www.rational-online.com

O. V. (o. J.): **Schindlerhof – Grundsätze Spielkultur und unsere Spielregeln.** Aufgerufen am 02.07.2015, unter: www.schindlerhof.de

O. V. (o. J.): **Service-Blueprinting: Dienstleistungen kundenorientiert gestalten.** Aufgerufen am 09.07.2015, unter: www.marketingberatung.de

O. V. (o. J.): **Slowfood Deutschland – Die Geschichte.** Aufgerufen am 31.05.2015, unter: www.slowfood.de

O. V. (o. J.): **Starwood ruft Kreativschmiede ins Leben.** Aufgerufen am 09.06.2015, unter: www.ahgz-hoteldesign.de/news/hoteldesign/starwood-ruft-kreativschmiede-ins-leben,200012222474.html

O. V. (o. J.): **Veganista – ehrliches Eis.** Aufgerufen am 09.06.2015, unter: www.veganista.at

PwC (2015): **Hospitality Directions US. Spotlight on connected devices.** Aufgerufen am 23.07.2015, unter: www.hospitalitynet.org

RIEMANN, JENS (2015): **Die Hotellerie hat ein Preisproblem – Hintergrundgespräch mit Cost & Logis-Herausgeber Jens Riemann.** Aufgerufen am 12.05.2015, unter: www.hottelling.net

RUBY SOFIE (o. J.): **Lean Luxury.** Aufgerufen am 28.05.2015, unter: www.ruby-hotels.com

STATISTA (2015): **Anzahl der Smartphone-Nutzer in Deutschland bis 2015.** Aufgerufen am 04.06.2015, unter: de.statista.com

STAUDINGER, MELANIE (2012): **Erfolgreiche Kette Motel One – Wie das Prinzip Billighotel funktioniert.** 06.03.2012. Aufgerufen am 06.04.2015, unter www.sueddeutsche.de/muenchen/motel-one-wie-das-prinzip-billig-hotel-funktioniert-1.1300813

STUART-HILL, TREVOR (o. J.): **Revenue Management: An overview on Past, Present and Future.** Aufgerufen am 01.06.2015, unter: www. hotelexecutive.com

THIEME, MATTHIAS; LAUBE, HELENE; MUSCAT, SABINE; ZAPF, MARINA und HECKING, CLAUS (2014): **Teilen und Herrschen – die knallharten Geschäftsmodelle von Uber, AirBnB und Co.** Aufgerufen am 03.10.2015, unter: total-global.info

THOMMEN, JEAN-PAUL (o. J.): **Anspruchsgruppen.** Aufgerufen am 21.06.2015, unter: www.wirtschaftslexikon.gabler.de

VAN DELDEN, CATHARINA (2015): **Ganz nach dem Geschmack der Kunden.** Aufgerufen am 04.07.2015, unter: www.muenchen.ihk.de

VOLLMUTH, HANNES (2015): **Robokoch.** Aufgerufen am 10.12.2015, unter: www.sueddeutsche.de/stil/samstagskueche-robokoch-1.2721443

WOJCIECH, CZAJA (2015): **Das Hotel als Social Business für Kulturhedonisten.** Aufgerufen am 13.07.2015, unter: http://derstandard.at/2000011668969/Das-Hotel-als-Social-Business-fuer-Kulturhedonisten?_slide=2

ZILTZ, NATASCHA (2015): **Kostendruck führt auch zu Kreativität.** 07.05.2015. Aufgerufen am 09.05.2015, unter: www.ahgz-hoteldesign.de/news/hoteldesign/kostendruck-fuehrt-auch-zu-kreativitaet,200012221624.html